U0138008

中华文史名著精选精译精注

章培恒 安平秋 马樟根 —————— 主编

二十四史

（附清史稿）

05

魏书

北齐书

周书

凤凰出版社

目　录

魏书

北齐书

周书

魏书

杨世文　译注
郑晔
周勋初　审阅

导　言

一

　　鲜卑拓跋氏建立的北魏，历时一百四十九年（386—534），是魏晋南北朝时期立国时间最长的一个王朝。由此可见它在这一历史时期的重要地位。

　　拓跋氏原来居住在今黑龙江省嫩江流域大兴安岭一带，经过历代迁徙，到了魏、晋之交（三世纪左右），始祖力微率领部落在云中（今内蒙古托克托东北云中古城）一带游牧。到了猗庐时，正值西晋末年，拓跋氏有"控弦骑士四十余万"，成为塞上的一支强大力量。又经过几代，什翼犍任首领。公元338年，他在繁畤（今山西浑源西北）即代王位，"始置百官，分掌众职"，代国至此初具国家规模。公元376年，前秦苻坚出兵二十万进攻代国，什翼犍大败，部落离散，前秦灭代。

　　淝水之战后，前秦瓦解，鲜卑慕容氏首领慕容垂在中山（今河北定州）称帝，建立后燕。公元386年，什翼犍之孙拓跋珪也纠合旧部，在牛川（今内蒙古锡拉木林河）召开部落大会，并即代王位，同年改国号为魏，称登国元年，正式建立北魏王朝。公元396年，慕容垂病死，拓跋珪乘势进军中原。公元398年，定都平城（今山西大同），即皇帝位，是为魏道武帝。到了太武帝拓跋焘（拓跋珪孙）时，灭匈奴夏赫连氏（431）、北燕冯氏（436）、卢水胡北凉沮渠氏（439），统一了黄河流域，与南方刘宋王朝对峙，形成了南北朝的局面。公元450年，太武帝又进军江淮，到达瓜步（今江苏六合东南），因受到猛烈的抵抗，被迫后撤，掳掠淮南五万余家而回。至此,北方的实力已超过了南方。

北魏的历史,可以分为三个时期。从道武帝拓跋珪建国到太武帝拓跋焘统一北方的六十六年(386—451)为前期,共历三帝。从文成帝拓跋浚到孝文帝拓跋宏(元宏)的四十八年(452—499)为中期,共历三帝。从宣武帝元恪到孝武帝元修的三十五年(500—534)为后期,共历五帝二王。

拓跋珪建国后,鲜卑拓跋部开始在塞上"分土定居,不听迁徙,其君长大人,皆同编户",逐渐改变了游牧的生活方式,成为农业人口,并将中原地区及蒙古草原上的大批被征服人口迁到平城。由于各民族的广泛接触,文化上互相影响,逐渐开始了民族大融合的过程。政治上,道武帝任用汉族地主官僚协助鲜卑贵族对中原进行统治,如清河士族崔玄伯被吸收入新政权,为北魏王朝制定各种典章制度,加速了北魏的社会发展。太武帝统一北方后,更注意北魏的文化建设与政权建设。他任用崔浩改定律令,助道抑佛,大批北方士族集合在崔浩周围。总的来说,北魏前期是完成北方统一、实现社会稳定、鲜卑拓跋部封建化和完备各种典章制度、接受汉文化的历史时期。

公元451年,拓跋焘被宦官宗爱杀死。经过一系列残酷的宫廷斗争,拓跋浚被推上了皇位,是为文成帝。他在位十四年(452—465),北魏历史进入中期。公元471年,年仅五岁的孝文帝拓跋宏即位,太皇太后冯氏临朝听政。为了缓和当时各种复杂的社会矛盾,巩固拓跋氏政权,曾进行吏治改革,实行三长制与均田制,目的是强化地方政权,缓和因土地问题造成的阶级矛盾与社会动荡,增加国家的财政收入。均田制对北齐、北周和隋唐土地制度产生了深刻的影响。公元490年,冯氏去世,孝文帝亲政,又进一步实行社会与政治改革。太和十七年(493),孝文帝毅然迁都,使统治中心从偏僻的北方移到中原政治文化中心洛阳,对于鲜卑文化与汉文化的进一步融合,具有决定性意义。接着,孝文帝颁布法令,着手全面改变鲜卑人的生活方式,使经济生活完全农业化，生活习惯充分汉化，清除氏族制与奴隶制残余。这方面的改革措施主要有这样几条：禁鲜卑语，以汉语为北魏唯一的通行语言；改鲜卑复姓为汉字单姓；禁"胡服"，采用规范化的汉族传统服饰；改革拓跋氏的天神崇拜旧俗，采用汉地帝王祭祀天地神祖的礼仪；改革官制，清除官府系统中的鲜卑官名，采用两晋、南朝的文武内外职官名称；改定律令，废除酷刑与门诛；采用汉族门第制度，制定姓族。

孝文帝通过改革，使北魏俨然以华夏正统王朝自居，终于使鲜卑人全面接受了中原文化，鲜卑人与汉人之间的民族差异逐渐缩小。

孝文帝所进行的改革，与历史上所有的重大改革一样，也受到了来自保守势力的反对，但孝文帝对他们进行了坚决打击，使改革得以贯彻下去。孝文帝还想统一南方，但终因南北两方大体上处于均势，未能实现。孝文帝统治时期，是北魏经济、文化得到发展，政治相对稳定的时期。

公元499年，孝文帝去世，子元恪（宣武帝）即位，北魏政治趋于腐败，北魏历史步入后期。宣武帝死，子元诩（孝明帝）即位，年仅七岁，母胡太后临朝。她崇奉佛教，大力兴建寺塔，开凿石窟，预征六年的租调，民不聊生。公元520年，宗室元叉与宦官刘腾幽禁胡太后于北宫，叉、腾共执朝政，北魏政权至此已全面腐败。卖官鬻爵，贿赂公行，官僚、宗室奢侈腐化，挥霍无度，兵役、徭役和赋税繁重，自耕农纷纷破产，阶级矛盾、民族矛盾及统治阶级内部矛盾日趋激化。与此同时，北魏王朝又时刻面临着北方柔然与南方梁朝的威胁。在内外交困的情况下，终于爆发了各族人民大起义。

早在宣武帝一朝，就发生了十次起义。公元523年，爆发了破六韩拔陵领导的六镇起义，史称"诸镇华夷之民，往往响应"，声势浩大，给北魏王朝以沉重的打击。接着，又爆发了河北人民大起义，山东、关陇地区也烽火四起。北魏王朝在各地起义的烈火中分崩离析。公元528

年,孝明帝被其母胡太后毒死,三岁小儿元钊被立为帝。同年,契胡首领尔朱荣率兵南下,将胡太后与小皇帝沉入黄河,并在河阴杀死王公大臣两千余人,把洛阳的鲜卑贵族和出仕北魏的汉人士族消灭殆尽。他拥立孝庄帝为傀儡。其后孝庄帝杀死尔朱荣,尔朱荣的侄子尔朱兆等带兵入洛,杀死孝庄帝,改立节闵帝元恭,北魏政权落入尔朱氏手中。后来高欢消灭了尔朱氏的势力,公元534年,高欢进入洛阳,拥立年仅十一岁的元善见为帝(孝静帝)。后迁都邺城(今河北临漳西南),史称东魏。同年,宇文泰在长安拥立元宝炬为帝,是为西魏文帝。至此,北魏已分裂为东魏与西魏。公元550年,高欢子高洋取代东魏称帝,国号齐。公元557年,宇文觉称天王,国号周。至此,拓跋氏建立的王朝正式灭亡。

二

《魏书》的作者魏收(506—572),字伯起,巨鹿下曲阳(今河北平乡一带)人。他是北齐著名的文人,在北魏时与温子昇、邢子才齐名,世号"三才"。早在北魏末年,他就参加了国史与起居注的编修,历任太学博士、记室参军、主客郎中、秘书监、著作郎等职。公元550年,高洋灭东魏,建立北齐,魏收为中书令,仍兼著作郎,后为中书监、尚书右仆射。公元572年病死,终年六十七岁。

魏收在北魏、北齐,始终是一位职业史官。他也很受高欢、高洋父子的赏识。北齐天保二年(551),他奉诏修《魏书》,由平原王高隆之任总监,一同修史的有房延祐、辛元植、刁柔、裴昂之、高孝干等人,但实际负责的是魏收。五年(554)三月奏上纪、传,十一月后又奏上十志,"其史三十五例,二十五序,九十四论,前后二表一启,皆独出于收"(《北史·魏收传》)。书成之后,舆论哗然,群起指责,目为"秽史"。直到今天,这仍是一桩没有了结的公案。我们究竟如何看待这个问题?

第一,应该承认,魏收作为当时的文坛巨头,他的才学是举世公认的。他本人也立志"直笔东观,早出《魏书》"。作为一位职业史官,他是有能力胜任修史之责的。第二,作为一个生于乱世的文人,魏收熟知古代与近代因修史而造成的各种惨案,着笔时也不能不谨慎。高欢曾对他说过:"我后世身名在卿手,勿谓我不知。"这是赤裸裸的威胁。高洋虽曾许诺:"好直笔,我终不作魏太武,诛史官。"诛史官,是指拓跋焘杀崔浩一案,有两千多人受牵连。魏收要在专制权威下讨生活,不能不加倍小心。他如果不对高氏父子笔下留情,也许《魏书》早已被扼杀在襁褓之中,与崔浩《国书》命运相同。第三,正如《四库全书总目提要》提到过的:"魏齐世近,著名史籍者并有子孙,孰不欲显荣其祖父。既不能一一如志,遂哗然群起而攻。"这是"秽史"之说的主要起因。简言之,《魏书》涉及当代人,而魏收"意存实录,好抵阴私"(《北史》本传),褒少贬多,故引起一些人的不平。因此,我们对"秽史"之说,应作客观分析,予以公平的评价。

但是,魏收的史德也并不是无可指责的。如他曾公然宣称:"何物小子,敢共魏收作色!举之则使上天,按之当使入地!"凡史官的祖先姻亲,多列入史传,饰以美言,据说他还有收受贿赂的行为。清人赵翼《廿二史札记》中有《魏书多曲笔》一篇,对魏收趋附避讳、是非失当之处多有指出。《魏书》一些地方诏媚北齐,曲事权贵,确是事实。这些都使魏收史德有亏,大大损害了《魏书》的真实性。

除"秽史"之谤,《魏书》还受到"芜杂"之讥。对于这一点,我们也应加以分析。《北史·魏收传》称他"学博今古,才极纵横",所作《魏书》也"婉而有则,繁而不芜"。但今本《魏书》确实存在"芜冗"的弊病。赵翼指出《魏书》每为一人立传,则其子孙不论有无官职,有无功绩,都附传于后,一传有至数十人者,就像代人作家谱。造成这种情况的原因是多方面的。我们应该注意到,《魏书》修成后,由于许多人不满,二十年内经过三次修改，其中两次是在魏收生前进行的。公元560年，齐孝昭帝高演"以魏史未行，诏收更加研审。收奉诏，颇有改正"。公元561年，武成帝高湛又下令修改。公元573年，这时魏收已死，后主高纬命史官李纬重撰《魏书》，李纬就魏收原著加以补充，这是第三次修改。由是越改越乱，正如范文澜指出的："设收能使当时谤史之人皆各餍所望，则其繁秽恐将十百倍而不已也。"（《正史考略》）

三

《魏书》一百一十四卷，其中有分一卷为上中下卷的，故实为一百三十卷，记载了从拓跋先世直到东、西魏相继灭亡的历史。历代对《魏书》虽褒贬不同，但它仍是现存叙述北魏历史的最原始和较为完备的资料。

在魏收之前，北魏王朝曾多次下诏修撰魏史。北魏道武帝时，邓渊撰《国记》十卷。太武帝时，崔浩撰《国书》三十卷，因"叙述国事，无隐所恶"，被夷三族，从此废史官。文成帝时，恢复史官之职，以高允、刘模重修国史。这三种都是编年史。孝文帝时，李彪、崔光等撰史，"创为纪、传、表、志之目"。宣武帝时邢峦撰《孝文起居注》，止于太和十四年（490）。其后崔鸿、王遵业补续，迄于孝明帝。后温子昇又撰《孝庄帝纪》，元晖业撰《辨宗室录》。到公元531年，魏设修史局，以谷纂、山伟监修国史，魏收也参加了修史局。一直到公元550年东魏灭亡，魏史记录未尝中断。这为魏收撰成《魏书》奠定了基础。魏收还"大征百家谱状，斟酌以成《魏书》"（《史通·正史》），可知此书曾参考了当时大量的文献资料。这些资料都已亡佚，仅赖《魏书》而得以保存下来。唐李延寿修《北史》，北魏部分多据《魏书》而成。

今本《魏书》本纪十二篇、列传九十二篇、志十篇，保存了许多重要资料。其中帝纪材料丰富，尤以道武、太武、孝文三纪最为详备。帝纪第一篇为《序纪》，记拓跋先世的历史。《食货志》记叙北魏的社会经济制度，是研究北魏经济史特别是均田制、三长制与租庸调制的宝贵资料。南北朝史书中，设《食货志》的仅此一篇。《释老志》是魏收的创新之作，充分反映了他的史才，记载了佛道二教的流传与发展，并可因此考知北魏寺院经济的状况，以及僧俗地主之间、佛道二教之间、佛道二教与政府之间的关系，是珍贵的宗教史资料。其他如《官氏志》记录了鲜卑部落的姓氏，《灵征志》记录了地震与天文资料，都有一定的价值。正因为《魏书》对于研究北魏历史具有不可替代的地位，所以后世把它列为正史。

　　《魏书》到北宋时已残缺三十卷左右，经刘攽、刘恕、安焘、范祖禹等人校订，采摭隋魏澹《魏书》、唐李延寿《北史》、张太素《后魏书》、高峻《高氏小史》及《修文殿御览》等书中的材料补充，仍分为一百三十卷。此后历代整理与研究《魏书》的人很少。传世诸本《礼志》《乐志》《刑罚志》各脱一页。清代学者卢文弨据《通典》补正过《乐志》，近人陈垣又据《册府元龟》补全。中华书局标点本吸收了前人的校勘成果，又据《册府元龟》《通典》补入《礼志》《刑罚志》的脱页，使之较为完善。

　　本书选文标准，一是重视人物影响，二是重视史料价值，三是重视可读性。共选录纪、传、志十二篇，对于篇幅过长的予以节录。为了帮助读者理解原文，书中对于典章制度、生僻字词以及重要的地名、典故和人名作了简注。凡前后互见的，一般不重复作注。

杨世文　郑　晔

太祖道武帝纪

导读

　　北魏太祖道武帝拓跋珪(371—409)，是北魏的开国皇帝，在位共24年(386—409)。拓跋珪的祖父什翼犍曾在繁峙(今山西浑源西)即代王位，置百官，定律令，重用汉族士大夫，代国至此正式具有国家规模，并吸收了汉族的先进文化。公元378年，前秦苻坚率军二十万人击代，代国灭亡。拓跋珪是什翼犍之孙，代国灭亡后拓跋部族四处流离。淝水之战后，前秦政权分崩离析。公元386年，拓跋珪纠合旧部，在牛川(今内蒙古锡拉木林河)即代王位，同年又改国号为魏，称登国元年。本篇节选记录拓跋珪生平历史中的重要一页：皇始元年(396)后燕皇帝慕容垂亲率大军直扑云中、拓跋珪退守善无，至天兴元年(398)拓跋珪定都平城，即皇帝位。这是拓跋珪领导鲜卑拓跋部复兴代国、艰难创业的历程。在这短短的三年中，拓跋部由弱到强，与主要对手鲜卑慕容部慕容垂建立的后燕多次较量，终于在实力上占了绝对优势，为在北方立国直至统一中原奠定了牢固的军事基础。拓跋珪统治时期，令鲜卑人分地定居，从事耕作，并任用汉族地主官僚，加快了鲜卑社会发展。但他晚年政事苛暴，被次子拓跋绍杀死。本篇还节录了天赐六年(409)拓跋珪因服用寒食散而精神错乱、多疑擅杀的一段文字，有助于后人全面了解拓跋珪其人。(选自卷二)

原文

皇始元年春正月①，大

翻译

　　皇始元年(396)春天的正月，太祖

蒐于定襄之虎山②，因东幸善无北陂③。三月，慕容垂来寇桑干川④。陈留公元虔先镇平城⑤，时征兵未集，虔率麾下邀击⑥，失利死之。垂遂至平城西北，逾山结营，闻帝将至，乃筑城自守。疾甚，遂遁走，死于上谷⑦。子宝匿丧而还⑧，至中山乃僭立⑨。

在定襄的虎山大阅兵，于是东巡到达善无的北坡。三月，慕容垂来进犯桑干川。陈留公元虔先前镇守平城，当时征调的军队还没有集结，元虔率部下截击，战败而死。慕容垂于是到达平城西北，越过山头扎营，听说太祖将赶到，就筑城防守。慕容垂病重，于是逃跑，死在上谷。他的儿子慕容宝秘不发丧而回，到达中山就僭号称帝。

注释　①皇始：魏道武帝拓跋珪年号，共两年（396—397）。　②定襄：汉郡名，治盛乐（今内蒙古和林格尔西北）。　③善无：郡名，治今山西左云县西。大蒐（sōu）：对军队进行大检阅。　④慕容垂（326—396）：鲜卑人，十六国时期后燕的建立者，在位13年（384—396）。桑干川：河流名，即今桑干河，流经山西东北、河北西北及北京市郊。　⑤平城：地名，今山西大同一带。　⑥麾（huī）下：部下。邀击：拦截进攻。　⑦上谷：郡名，治今河北张家口、北京延庆一带。　⑧宝：即慕容宝，在位两年（396—397）。　⑨中山：郡名，治今河北定州。

原文

夏六月癸酉，遣将军王建等三军讨宝广宁太守刘亢泥①，斩之，徙其部落。宝上谷太守慕容普邻，捐郡奔走。丁亥，皇太后贺氏崩②。是月，葬献明太后③。

翻译

夏季六月癸酉，太祖派将军王建等三军讨伐慕容宝的广宁太守刘亢泥，杀了他，迁移他的部落。慕容宝的上谷太守慕容普邻弃郡逃跑。丁亥，皇太后贺氏去世。这个月，安葬献明太后。

注释　① 广宁:郡名,治今河北涿鹿。太守:一郡的最高长官,秩二千石。　② 贺氏:太祖拓跋珪生母,太祖即位后追尊为皇太后。　③ 献明:拓跋珪父拓跋寔,太祖即位后追尊为献明皇帝。

原文

　　秋七月,右司马许谦上书劝进尊号①,帝始建天子旌旗,出入警跸②,于是改元。八月庚寅,治兵于东郊。己亥,大举讨慕容宝,帝亲勒六军四十余万,南出马邑③,逾于句注④,旌旗骆驿二千余里,鼓行而前,民屋皆震。别诏将军封真等三军,从东道出袭幽州⑤,围蓟⑥。九月戊午,次阳曲⑦,乘西山,临观晋阳⑧,命诸将引骑围胁,已而罢还。宝并州牧辽西王农大惧⑨,将妻子弃城夜出,东遁,并州平。

翻译

　　秋季七月,右司马许谦上书劝进尊号,太祖开始设置天子旌旗和出入的警戒仪仗,于是改年号。八月庚寅,在东郊整治军队。己亥,大举讨伐慕容宝,太祖亲自率领六军四十多万人,从南经过马邑,越过句注,旌旗车马绵延二千余里,击鼓前进,百姓的房屋都被震动了。另外下诏命令封真等三军,从东路出击幽州,围困蓟城。九月戊午,大军到达阳曲,太祖登上西山,俯视晋阳,命令各将领率领骑兵围逼,随后作罢收兵。慕容宝的并州牧辽西王慕容农很恐惧,带领妻子儿女弃城夜出,向东逃跑,并州被平定了。

注释　① 右司马:官名,协掌军务。　② 警跸(bì):古时帝王出入,左右侍卫为警,止人清道为跸,以禁止他人通行。　③ 马邑:地名,在今山西朔州。　④ 句注:山名,在今山西宁武东北。　⑤ 幽州:州名,治今北京。　⑥ 蓟:县名,治今北京一带。　⑦ 阳曲:县名,治今山西阳曲一带。　⑧ 晋阳:县名,治今山西太原南。　⑨ 并州:州名,治晋阳。牧:州的军政长官,相当于刺史。

原文

初建台省①，置百官，封拜公侯、将军、刺史、太守，尚书郎已下悉用文人②。帝初拓中原，留心慰纳，诸士大夫诣军门者③，无少长，皆引入赐见，存问周悉④，人得自尽，苟有微能，咸蒙叙用。己未，诏辅国将军奚牧略地晋川⑤，获慕容宝丹阳王买得等于平陶城⑥。

翻译

开始建立台省，设置百官，封拜公侯、将军、刺史、太守，尚书郎以下都任用文人。太祖刚开拓中原，留心安抚接纳人才，士大夫们来到军门的，无论年纪大小，都让人带进来予以接见，慰问周到，人们能够各自竭尽才能，假如有一点微小的能力，都受到录用。己未，下诏命令辅国将军奚牧在晋川夺取土地，在平陶城俘获了慕容宝的丹阳王买得等人。

注释 ①台省：泛指官署。 ②尚书郎：官名，尚书省属下官员。 ③士大夫：指封建地主阶级文人、士族。 ④存问：慰问。 ⑤辅国将军：官名，掌军事，秩从三品。晋川：河名，即晋水，源出太原西南。 ⑥平陶：地名，即平遥（今山西平遥）。

原文

冬十月乙酉，车驾出井陉①，使冠军将军王建、左军将军李栗五万骑先驱启行②。十有一月庚子朔，帝至真定③。自常山以东④，守宰或捐城奔窜，或稽颡军门⑤，唯中山、邺、信都三城不下⑥。别诏征东大将军东平公仪五万骑南攻邺⑦，冠

翻译

冬季十月乙酉，太祖的车马东出井陉，派冠军将军王建、左军将军李栗率五万名骑兵作为前驱开路。十一月庚子初一，太祖到达真定。自常山以东，地方长官有的弃城逃窜，有的到军营磕头投降，只有中山、邺城、信都三城没有攻下。于是另外下令征东大将军东平公元仪率五万名骑兵南攻邺城，冠军将军王建、左军将军李栗等进攻信都，大军所到之地，不得伤害百姓种植的桑、

军将军王建、左军将军李栗等攻信都，军之所行，不得伤民桑枣。戊午，进军中山。己未，引骑围之。帝谓诸将曰："朕量宝不能出战，必当凭城自守，偷延日月，急攻则伤士，久守则费粮，不如先平邺、信都，然后还取中山，于计为便。若移军远去，宝必散众求食民间，如此，则人心离阻，攻之易克。"诸将称善。丁卯，车驾幸鲁口城⑧。

枣。戊午，进军中山。己未，率骑兵加以围困。太祖对各将领说："我估量慕容宝没有力量出战，一定会凭借城池固守，拖延时间，我军急攻就会损伤士兵，长期围困就会浪费粮食，不如先平定邺城、信都，然后回来夺取中山，在策略上较为合理。如果转移军队远离而去，慕容宝必然分散人马到民间找粮食，如此，则人心离散阻隔，进攻他们容易取胜。"各将领都称赞主意好。丁卯，太祖的车马到达鲁口城。

注释 ① 车驾：皇帝的车马，借指皇帝。井陉：县名，治今河北井陉西北。 ② 冠军将军：官名，掌军事，秩从三品。左军将军：官名，掌军事，正四品。 ③ 真定：县名，治今河北正定南。 ④ 常山：郡名，治今河北石家庄一带。 ⑤ 稽颡(sǎng)：磕头请罪。颡：额。 ⑥ 邺：县名，治今河北临漳西南。信都：县名，治今河北冀州。 ⑦ 征东大将军：官名，掌一方军事，正二品。仪：即元仪，封卫王，天赐六年(409)被赐死。 ⑧ 鲁口城：地名，在今河北饶阳西南。

原文

是岁，司马昌明死①，子德宗僭立②，遣使朝贡。吕光僭称天王③，号大凉，遣使朝贡。

翻译

这一年，司马昌明死，儿子司马德宗僭立为帝，派使臣来朝贡。吕光僭称天王，建号大凉，派使臣来朝贡。

注释　① 司马昌明：即晋孝武帝司马曜，在位二十四年（373—396）。　② 德宗：即晋安帝司马德宗，在位二十二年（397—418）。　③ 吕光：氐族人，十六国时期后凉的建立者，在位十四年（386—399）。

原文

　　二年春正月己亥朔，大飨群臣于鲁口。慕容宝遣其左卫将军慕容腾寇博陵①，杀中山太守及高阳诸县令长②，抄掠租运。是时信都未下，庚申，乃进军。壬戌，引骑围之。其夜，宝冀州刺史宜都王慕容凤逾城奔走③，归于中山。癸亥，宝辅国将军张骧、护军将军徐超率将吏已下举城降④。宝闻帝幸信都，乃趣博陵之深泽⑤，屯呼沲水⑥，遣弟贺麟寇杨城⑦，杀常山守兵三百余人。宝悉出珍宝及宫人招募郡县，群盗无赖者多应之。

翻译

　　二年（397）春正月己亥初一日，太祖在鲁口城大宴群臣。慕容宝派他的左卫将军慕容腾进犯博陵，杀死中山太守及高阳各县长官，劫掠租赋运输品。这时信都还未攻下，庚申，进军。壬戌，率骑兵围困信都。那天晚上，慕容宝的冀州刺史宜都王慕容凤越城逃跑，投奔中山。癸亥，慕容宝的辅国将军张骧、护军将军徐超率领将吏以下全城投降。慕容宝听说太祖到达信都，于是逃奔到博陵的深泽，屯驻在呼沲河边，派弟弟慕容贺麟进犯杨城，杀害常山守兵三百余人。慕容宝把珍宝和后宫妇女全部拿出来在郡县招兵买马，许多盗贼和无赖响应他。

注释　① 左卫将军：官名，掌军事，秩从二品。博陵：郡名，治今河北安平。　② 高阳：郡名，治今河北高阳一带。　③ 冀州：州名，治今河北冀州。　④ 护军将军：官名，掌军事，从二品。　⑤ 深泽：县名，治今河北深泽东南。　⑥ 呼沲水：河流名，即今河北境内的滹沱河。　⑦ 贺麟：即慕容麟，慕容垂子，封赵王。杀慕容详后自立为王，年号延平。后被南燕王慕容德杀死。杨城：地名，在今河北宁晋。

原文

二月己巳，帝进幸杨城。丁丑，军于巨鹿之柏肆坞①，临呼沱水。其夜，宝悉众犯营，燎及行宫②，兵人骇散。帝惊起，不及衣冠，跣出击鼓③。俄而左右及中军将士，稍稍来集。帝设奇陈④，列烽营外，纵骑冲之，宝众大败，斩首万余级，擒其将军高长等四千余人。戊寅，宝走中山，获其器仗辎重数十万计⑤。宝尚书闵亮⑥、秘书监崔逞⑦、太常孙沂⑧、殿中侍御史孟辅等并降⑨。降者相属，赐拜职爵各有差。平原徐超聚众反于畔城⑩，诏将军奚辱捕斩之。并州守将封真率其种族与徒何为逆⑪，将攻刺史元延，延讨平之。

翻译

二月己巳，太祖前进到杨城。丁丑，驻军在巨鹿的柏肆坞，临近呼沱河。那天晚上，慕容宝倾巢出动来进攻军营，火烧到了太祖的行宫，士兵惊骇逃散。太祖被惊起，来不及穿衣戴帽，赤脚出去击鼓。不久左右侍从及中军将士，逐渐前来集结。太祖设置不寻常的阵势，在营外燃起烽火，让铁骑冲击敌人，慕容宝的人马大败，一万多人被杀，将军高长等四千余人被擒。戊寅，慕容宝逃到中山，缴获了他的武器和军用物资达数十万。慕容宝的尚书闵亮、秘书监崔逞、太常孙沂、殿中侍御史孟辅等都投降了。投降的人接踵而来，赏赐职位官爵各有等差。平原人徐超聚众在畔城造反，诏令将军奚辱捕获杀了他。并州守将封真率领他的宗族与徒何人一起造反，将进攻刺史元延，元延讨伐平定了他们。

注释 ① 巨鹿:郡名,治今河北晋州西。柏肆坞:地名,故址在今河北晋州西。
② 行宫:皇帝外出驻扎的地方。 ③ 跣(xiǎn):赤脚。 ④ 奇陈(zhèn):出人意料的
阵势。"陈",同"阵"。 ⑤ 器仗:兵器。辎重:军用物资。 ⑥ 尚书:官名,协助皇帝
处理政务。 ⑦ 秘书监:官名,秘书省长官,掌图书著作等事。 ⑧ 太常:官名,为
九卿之一,掌宗庙礼仪、祭祀等。 ⑨ 殿中侍御史:官名,为监察官之一,掌殿廷仪
卫及京城纠察等。 ⑩ 平原:县名,治今山东平原西南。畔城:地名,当在今山东平
原境内。 ⑪ 种族:宗族。徒何:即徒河,县名,治今辽宁锦州一带。因鲜卑族慕容
廆率部迁于徒河的青山,故称鲜卑慕容部为徒河。

原文

是时,柏肆之役,远近
流言,贺兰部帅附力眷、纥
突邻部帅匿物尼、纥奚部帅
叱奴根聚党反于阴馆①。南
安公元顺率军讨之②,不克,
死者数千。诏安远将军庚
岳总万骑③,还讨叱奴根等,
灭之。

三月己酉,车驾次于卢
奴④。宝遣使求和,请送元
觚⑤,割常山以西奉国,乞守
中山以东,帝许之。已而宝
背约。辛亥,车驾次中山,
命诸将围之。是夜,宝弟贺
麟将妻子出走西山。宝见
贺麟走,恐先据和龙⑥,壬子

翻译

当柏肆之战时,远近都传说贺兰部
统帅附力眷、纥突邻部统帅匿物尼、纥
奚部统帅叱奴根聚集党羽在阴馆造反。
于是派南安公元顺率军讨伐他们,未能
取胜,死去数千人。太祖命令安远将军
庚岳统领一万骑兵,回去讨伐叱奴根等
人,消灭了他们。

三月己酉,太祖的车马驻扎在卢
奴。慕容宝派使者来求和,请求送回元
觚,把常山以西地区割让给我国,并请
求让他守护常山以东地区,太祖同意
了。不久慕容宝违背盟约。辛亥,太祖
的车马到达中山,下令各将领围困中
山。这天晚上,慕容宝的弟弟慕容贺麟
带领妻子儿女出逃到西山。慕容宝见
贺麟逃跑,怕他先占据和龙,壬子夜,就
带着他的妻子儿女及兄弟宗族数千人

夜,遂将其妻子及兄弟宗族数千骑北遁。宝将李沈、王次多、张超、贾归等来降。遣将军长孙肥追之,至范阳⑦,不及而还。城内共立慕容普邻为主⑧。

骑马北逃。慕容宝的将领李沈、王次多、张超、贾归等来投降。太祖派将军长孙肥追击慕容宝,到达范阳,没有追上而返回。中山城中人们共同拥立慕容普邻为首领。

注释 ① 贺兰部、纥突邻部、纥奚部:都是鲜卑部落名。阴馆:地名,在今山西代县西北。 ② 元顺:魏宗室。太祖即位,赐爵南安公,进封为毗陵王。 ③ 安远将军:官名,掌军事,正四品。 ④ 卢奴:县名,治今河北定州。 ⑤ 元觚:魏宗室,出使慕容垂,被留,后又为慕容宝所获,终遇害。追赠为秦愍王。 ⑥ 和龙:地名,今辽宁朝阳。 ⑦ 范阳:郡名,治今河北涿州。 ⑧ 慕容普邻:即慕容详,397 年称帝,年号建始。后被慕容麟杀死。

原文

夏四月,帝以军粮未继,乃诏征东大将军东平公元仪罢邺围,徙屯巨鹿,积租杨城。普邻出步卒六千余人,伺间犯诸屯兵,诏将军长孙肥等轻骑挑之,帝以虎队五千横截其后①,斩首五千,生房七百人,宥而遣之②。

夏五月庚子,大赏功臣。帝以中山城内为普邻所胁,而大军迫之,欲降无

翻译

夏季四月,太祖鉴于军粮接济不上,于是命令征东大将军东平公元仪解除对邺城的围困,迁徙到巨鹿驻扎,在杨城聚集粮食。慕容普邻出步兵六千余人,伺机进犯各屯驻防军队,太祖下诏命令将军长孙肥等以轻骑挑战,并用虎队五千人横截敌人后面,杀敌五千人,生擒七百人,赦免遣散了他们。

夏季五月庚子,大赏功臣。太祖鉴于中山城内的人被慕容普邻胁迫,而大军逼近,想投降又没有门路,于是暗中招抚他们。甲辰,向城里显示军威,并

路,乃密招喻之。甲辰,耀兵扬威以示城内,命诸军罢围南徙以待其变。甲寅,以东平公元仪为骠骑大将军③、都督中外诸军事④、兖豫雍荆徐扬六州牧、左丞相⑤,封卫王。襄城公元题⑥,进封为王。

命令各军撤围南移,等待城中发生变故。甲寅,以东平公元仪为骠骑大将军、都督中外诸军事、兖豫雍荆徐扬六州牧、左丞相,封为卫王。襄城公元题,进封为王。

注释 ① 虎队:精锐兵力,形容其勇猛如虎。 ② 宥(yòu):赦免。 ③ 骠骑大将军:官名,掌军事,位在三司之上,秩一品下。 ④ 都督中外诸军事:官名,又称大都督,为全国最高军事统帅,秩一品下。 ⑤ 左丞相:官名,总领朝政,协助皇帝治理国家,为宰相之一。 ⑥ 元题:魏宗室,赐爵襄城公,进封襄城王。后进攻慕容麟,中流矢死。

原文

秋七月,普邻遣乌丸张骧率五千余人出城求食①,寇常山之灵寿②,杀害吏民。贺麟自丁零中入于骧军③,因其众,复入中山,杀普邻而自立。帝还幸鲁口,遣将军长孙肥一千骑袭中山,入其郭而还④。

八月丙寅朔,帝自鲁口进军常山之九门⑤。时大

翻译

秋季七月,慕容普邻派乌丸人张骧率五千余人出城寻找食物,寇掠常山的灵寿,杀害官吏百姓。慕容贺麟从丁零进入张骧军中,借助他的人马,又进入中山,杀掉慕容普邻而自立。太祖回到鲁口,派将军长孙肥的一千名骑兵袭击中山,攻入它的外城后撤回。

八月丙寅初一日,太祖从鲁口进军常山的九门。当时流行大瘟疫,人马牛死了很多。太祖向各将领询问疫情,回答说:"活着的只有十分之四五。"这时

疫，人马牛多死。帝问疫于诸将，对曰："在者才十四五。"是时中山犹拒守，而饥疫并臻，群下咸思还北。帝知其意，因谓之曰："斯固天命，将若之何！四海之人，皆可与为国，在吾所以抚之耳，何恤乎无民！"群臣乃不敢复言。遣抚军大将军略阳公元遵袭中山⑥，芟其禾茉⑦，入郭而还。

中山还在顽抗固守，而饥荒和瘟疫同时袭来，部下们都想回北方。太祖知道他们的心思，于是对他们说："这本来是天命，有什么办法！四海的人，都可以与他们一起建立国家，在于我如何安抚他们就是了，怎么担心没有人民！"群臣于是不敢再说。太祖派抚军大将军略阳公元遵袭击中山，割掉他们的庄稼，攻入外城后撤回。

注释 ① 乌丸：即乌桓，我国古代北方民族名。 ② 灵寿：县名，治今河北灵寿。 ③ 丁零：我国古代北方民族名。公元四、五世纪又称铁勒、高车、回纥、回鹘。 ④ 郭（fú）：外城。 ⑤ 九门：县名，治今河北石家庄藁城区西北。 ⑥ 抚军大将军：官名，掌军事，秩二品下。元遵：魏宗室，赐爵略阳公，封常山王。后因酒醉失礼被杀。 ⑦ 芟（shān）：割。禾茉（hé）：庄稼。

原文

九月，贺麟饥穷，率三万余人出寇新市①。甲子晦②，帝进军讨之，太史令晁崇奏曰③："不吉。"帝曰："其义云何？"对曰："昔纣以甲子亡④，兵家忌之。"帝曰："纣以甲子亡，周武不以甲

翻译

九月，慕容贺麟饥饿窘迫，率三万多人出来寇掠新市。甲子晦日，太祖进军讨伐他。太史令晁崇上奏说："不吉利。"太祖说："它的意思是什么？"回答说："过去商纣王在甲子日灭亡，兵家忌讳这个日子。"太祖说："商纣王在甲子日灭亡，周武王不是在甲子日获胜吗？"晁崇无话回答。

子胜乎⑤?"崇无以对。

注释　①新市:县名,治今河北新乐南。　②晦:每月的最后一天。　③太史令:官名,魏晋以后主要掌推算天文历法。　④纣:即商纣王辛,历史上有名的暴君。　⑤周武:即周武王,灭商建周。

原文

　　冬十月丙寅,帝进军新市,贺麟退阻泒水①,依渐洳泽以自固②。甲戌,帝临其营,战于义台坞③,大破之,斩首九千余级。贺麟单马走西山,遂奔邺,慕容德杀之④。甲申,其所署公卿、尚书、将吏、士卒降者二万余人。其将张骧、李沈、慕容文等先来降,寻皆亡还,是日复获之,皆赦而不问。获其所传皇帝玺绶⑤、图书、府库珍宝⑥,簿列数万。班赐功臣及将士各有差。中山平。乙酉,襄城王题薨⑦。丁亥,遣三万骑赴卫王仪,将以攻邺。

　　是岁,鲜卑秃发乌孤私署大单于⑧、西平王。

翻译

　　冬季十月丙寅,太祖进军新市,慕容贺麟退守泒水,凭借渐洳泽来保全自己。甲戌,太祖逼近他的军营,在义台坞交战,大败慕容贺麟,杀敌九千余人。慕容贺麟单马逃往西山,于是投奔邺城,慕容德杀了他。甲申,慕容贺麟任命的公卿、尚书、将吏、士兵有两万多人投降。他手下的将领张骧、李沈、慕容文等以前曾来投降,不久都逃回去,这天又被抓获,都赦免不问罪。缴获了他所继承的皇帝印绶、图书、官府仓库的珍宝,账目上登记的有数万件。赏赐功臣及将士各有等差。中山平定。乙酉,襄城王元题去世。丁亥,派三万骑兵去增援卫王元仪,准备用来进攻邺城。

　　这年,鲜卑秃发乌孤私自号称大单于、西平王。

注释 ① 泒水:河流名,即今河北境内大沙河。 ② 渐洳泽:湖名,在今河北新乐东。 ③ 义台坞:地名,今河北新乐南。 ④ 慕容德:字玄明,慕容垂弟,封范阳王。后称燕王,年号燕元。公元 400 年称帝,年号建平,在位五年(400—404),史称南燕。 ⑤ 玺绶:皇帝的印绶。 ⑥ 府库:官府仓库。 ⑦ 薨(hōng):古代称诸侯或王侯死叫薨。 ⑧ 秃发乌孤:十六国时南凉的建立者,在位三年(397—399)。

原文

天兴元年春正月①,慕容德走保滑台②,仪克邺,收其仓库。诏赏将士各有差。仪追德至于河,不及而还。庚子,车驾自中山行幸常山之真定③,次赵郡之高邑④,遂幸于邺。民有老不能自存者,诏郡县赈恤之。帝至邺,巡登台榭⑤,遍览宫城,将有定都之意。乃置行台⑥,以龙骧将军日南公和跋为尚书⑦,与左丞贾彝率郎吏及兵五千人镇邺⑧。车驾自邺还中山,所过存问百姓。诏大军所经州郡,复赀租一年⑨,除山东民租赋之半⑩。车驾将北还,发卒万人治直道⑪,自望都铁关凿

翻译

天兴元年(398)春季正月,慕容德逃守滑台,元仪攻克邺城,收缴了他的仓库。太祖下令赏赐将士各有等差。元仪追击慕容德到黄河边,没有追上而回来。庚子,太祖的车马从中山进发驾临常山的真定,驻扎在赵郡的高邑,于是驾临邺城。百姓中有年老而不能养活自己的,下令由郡县救济他们。太祖到达邺城,登临楼台,遍观宫城,有将定都于此的意思。于是设置行台,以龙骧将军日南公和跋为尚书,与左丞贾彝率领郎吏及士兵五千人镇守邺城。太祖的车马从邺城回中山,所过之地慰问百姓。下诏命令大军所经过的州郡,免去租赋一年,免去太行山以东地区百姓租赋的一半。太祖的车马将回北方,征调士兵一万人修整直道,从望都铁关开凿恒岭直到代郡五百余里。太祖担心回去后山东发生变故,于是在中山设置行台,命令左丞相、守尚书令、卫王元仪镇

恒岭至代五百余里⑫。帝虑还后山东有变，乃置行台于中山，诏左丞相、守尚书令、卫王仪镇中山⑬，抚军大将军、略阳公元遵镇勃海之合口⑭。右军将军尹国先督租于冀州⑮，闻帝将还，谋反，欲袭信都，安南将军长孙嵩执送⑯，斩之。辛酉，车驾发自中山，至于望都尧山⑰。徙山东六州民吏及徒河、高丽杂夷三十六万，百工伎巧十万余口⑱，以充京师。车驾次于恒山之阳。博陵、勃海、章武群盗并起⑲，略阳公元遵等讨平之。广川太守贺卢杀冀州刺史王辅⑳，驱勒守兵，抄掠阳平㉑、顿丘诸郡㉒，遂南渡河，奔慕容德。

守中山，抚军大将军、略阳公元遵镇守渤海的合口。右军将军尹国先前在冀州催租，听说太祖将回北方，阴谋反叛，想袭击信都，安南将军长孙嵩把他抓获送来，杀了他。辛酉，太祖的车马从中山出发，到达望都尧山。迁徙山东六州百姓官吏以及徒何、高丽等少数民族三十六万人，各种工匠十万余人，以充实京城。太祖的车马驻扎在恒山南面。博陵、勃海、章武群盗接连起事，略阳公元遵等讨伐平定了他们。广川太守贺卢杀死冀州刺史王辅，驱使守兵，劫掠阳平、顿丘各郡后，就南渡黄河，投奔慕容德。

注释　① 天兴：北魏道武帝拓跋珪年号，共六年（398—403）。　② 滑台：地名，在今河南滑县。　③ 真定：县名，治今河北正定南。　④ 赵郡：郡名，治今河北赵县。高邑：县名，治今河北高邑一带。　⑤ 台榭（xiè）：楼台。　⑥ 行台：在地方上代表朝廷行尚书省事的机构。　⑦ 龙骧将军：官名，掌军事，正三品。　⑧ 左丞：即尚书左丞，尚书曹司长官之一。郎吏：泛称尚书曹司的属官。　⑨ 赀（zī）租：口赋和田租，泛指赋税。　⑩ 山东：太行山以东。　⑪ 直道：直通的大道。　⑫ 望都：县名，治今河北望都西北。恒岭：即恒山，我国五大名山之一，在河北西与山西交界处。代：郡名，治今山西大同北。⑬ 守：官吏试职称守。尚书令：尚书曹司的最高长官，总揽一切政务。⑭ 勃海：郡名，治今河北南皮县北。合口：地名，在今河北沧州一带。⑮ 右军将军：官名，掌军事，从四品。⑯ 安南将军：官名，掌军事，正三品。长孙嵩：北魏开国功臣。历官侍中、司徒、相州刺史，封南平公，迁太尉，加柱国大将军。⑰ 尧山：山名，在今河北唐县、顺平一带。⑱ 百工伎巧：各种工匠。⑲ 章武：县名，治今河北黄骅西南。⑳ 广川：县名，治今河北枣强东北。㉑ 阳平：郡名，治今河北馆陶。㉒ 顿丘：郡名，治今河南清丰西南。

原文

二月，车驾自中山幸繁畤宫①，更选屯卫。诏给内徙新民耕牛，计口受田。

三月，离石胡帅呼延铁②、西河胡帅张崇等聚党数千人叛③，诏安远将军庾岳讨平之。渔阳群盗库傉官韬聚众反④。诏中坚将军伊谓讨之⑤。征左丞相、卫王仪还京师，诏略阳公遵代镇中山。

翻译

二月，太祖的车马从中山巡幸繁畤宫，重新选人驻守。命令发给新近内迁的百姓耕牛，按人口分给土地。

三月，离石胡统帅呼延铁、西河胡统帅张崇等聚集党羽数千人反叛，太祖命令安远将军庾岳讨伐平定他们。渔阳群盗库傉官韬聚众造反。太祖命令中坚将军伊谓讨伐他们。召左丞相、卫王元仪回京城，下诏命令略阳公元遵代理他镇守中山。

注释 ① 繁畤宫：宫殿名，在繁畤（今山西浑源西）城内。② 离石：地名，今山西离石。③ 西河：郡名，治今山西汾阳。④ 渔阳：郡名，治今天津武清西北。⑤ 中坚将军：官名，掌军事，正四品。

原文

夏四月壬戌,进遵封常山王,南安公元顺进封毗陵王,征虏将军历阳公穆崇为太尉①,安南将军巨鹿公长孙嵩为司徒②。帝祠天于西郊,麾帜有加焉③。广平太守、辽西公元意烈谋反④,于郡赐死,原其妻子。郦城屠各董羌⑤、杏城卢水郝奴⑥、河东蜀薛榆⑦、氐帅符兴⑧,各率其种内附。

翻译

夏季四月壬戌,进封元遵为常山王,南安公元顺进封为毗陵王,征虏将军、历阳公穆崇为太尉,安南将军、巨鹿公长孙嵩为司徒。太祖在西郊祭天,各种旗帜比过去增加很多。广平太守、辽西公元意烈阴谋反叛,在郡中将他赐死,赦免他的妻儿。郦城屠各董羌、杏城卢水郝奴、河东蜀薛榆、氐族统帅符兴,各率他们的种族归附。

注释 ① 征虏将军:官名,掌军事,三品上。穆崇:北魏大将。随太祖平定中原,赐爵历阳公,改安邑公,又改宜都公。历官征虏将军、散骑常侍、太尉、侍中。 ② 司徒:官名,与太尉、司空合称三公,魏时已成封赠高官的荣誉头衔。 ③ 麾帜:旗帜。 ④ 广平:郡名,治今河北鸡泽县西南。 ⑤ 郦城:郡名,治今陕西洛川县东南。屠各:匈奴部落之一。 ⑥ 杏城:地名,在今陕西黄陵西南。卢水:匈奴部落之一。 ⑦ 河东:郡名,治今山西夏县西北。河东薛氏本为蜀人,其先人徙居于此。 ⑧ 氐:我国古代民族。公元351年,氐族首领符健建立前秦。后符坚继立,统一北方。

原文

六月丙子,诏有司议定国号①。群臣曰:"昔周秦以前,世居所生之土,有国有家,及王天下,即承为号。

翻译

六月丙子,诏令有关部门讨论确定国号。群臣说:"过去周、秦以前,世代居住在生长的土地上,有国有家,等到称王天下时,就沿袭为国号。从汉朝以来,废诸侯,置太守,其时没有世袭的土自汉以来,罢侯置守②,时无世继,其应运而起者,皆不由尺土之资。今国家万世相承,启基云代③,臣等以为若取长远,应以代为号。"诏曰:"昔朕远祖,总御幽都④,控制遐国,虽践王位,未定九州⑤。逮于朕躬,处百代之季,天下分裂,诸华乏主⑥。民俗虽殊,抚之在德,故躬率六军,扫平中土⑦,凶逆荡除,遐迩率服,宜仍先号,以为魏焉。布告天下,咸知朕意。"

秋七月,迁都平城⑧,始营宫室,建宗庙⑨,立社稷⑩。渔阳乌丸库傉官韬复聚党为寇。诏冠军将军王建讨平之。

地,那些应天命而建国的人,都不借助一点点土地的资本。现在国家万代相传,在云中、代郡开拓基业,我们认为如果从长远计,应该以代作为国号。"太祖下诏说:"从前我的远祖,总领幽都地区,控制远方之国,虽然登上了王位,还没有平定九州。到我自己时,处于百代的末期,天下分裂,华夏没有君主。民俗虽然不同,安抚他们却在于德行,所以我亲率六军,扫平中原,荡除凶顽逆贼,远近都顺服了,应当继承以前的国号,称为魏国。向天下公布,让他们都明白我的意思。"

秋季七月,迁都平城,开始营造宫殿,建立宗庙,设立社稷。渔阳乌丸库傉官韬又聚集党羽作乱。太祖命令冠军将军王建讨伐平定了他。

注释 ① 有司:有关官署。 ② 罢侯置守:废诸侯,置郡守。 ③ 启基:开拓基业。云代:云,云中郡,在今内蒙古托克托东北。代,古郡名,治今河北蔚县西南。 ④ 总御:统辖。 ⑤ 九州:指全国。 ⑥ 诸华:华夏各族。 ⑦ 中土:中原。⑧ 平城:地名,今山西大同。魏初定都于此。 ⑨ 宗庙:供奉祖宗神位的庙堂。 ⑩ 社稷:祭祀土神和谷神的地方。

原文

八月，诏有司正封畿^①，制郊甸^②，端径术^③，标道里^④，平五权^⑤，较五量^⑥，定五度^⑦。遣使循行郡国，举奏守宰不法者^⑧，亲览察黜陟之^⑨。

九月，乌丸张骧子超，收合亡命，聚党三千余家，据勃海之南皮^⑩，自号征东大将军、乌丸王，抄掠诸郡。诏将军庾岳讨之。

翻译

八月，诏令有关部门划定封畿，规定郊野，端正路径，标明里程，测定五种衡器，较正五种量器，确定五种度量长短的工具。派使臣巡视各地，检举奏报不法的地方长官，太祖亲自考察考核后予以升官或降职。

九月，乌丸人张骧的儿子张超，纠合亡命之徒，聚集党羽三千余家，占据渤海的南皮，自号征东大将军、乌丸王，劫掠各郡。太祖下令将军庾岳去讨伐他。

注释 ① 封畿：京城一带地域。 ② 郊甸：郊野。 ③ 径术：道路。 ④ 道里：里程。 ⑤ 五权：铢、两、斤、钧、石五种重量单位。 ⑥ 五量：龠(yuè)、合、升、斗、斛五种量具。 ⑦ 五度：分、寸、丈、尺、引五种长度单位。 ⑧ 守宰：郡太守与县令，泛指地方官。 ⑨ 黜陟(chù zhì)：贬退与晋升。 ⑩ 南皮：县名，治今河北南皮北。

原文

冬十月，起天文殿。

十有一月辛亥，诏尚书吏部郎中邓渊典官制^①，立爵品，定律吕^②，协音乐；仪曹郎中董谧撰郊庙^③、社稷、朝觐^④、飨宴之仪；三公郎中王德定律令^⑤，申科禁^⑥；太史

翻译

冬季十月，修筑天文殿。

十一月辛亥，下令尚书吏部郎中邓渊主管官制，设立爵位品级，制定律吕，调和音乐；仪曹郎中董谧制定郊庙、社稷、朝觐、宴会群臣的礼仪；三公郎中王德制定律令，申明禁令；太史令晁崇制造浑仪，观测天象；吏部尚书崔玄伯汇总而加以裁决。

令晁崇造浑仪^⑦,考天象;吏部尚书崔玄伯总而裁之^⑧。

注释 ① 尚书吏部郎中:官名,掌全国官吏的任免、考课、升降、调动等事务。② 律吕:乐律的统称。 ③ 仪曹郎中:官名,掌吉凶礼制。郊庙:祭祀天地与祖先的礼仪。 ④ 朝觐(jìn):臣子朝见君主。 ⑤ 三公郎中:官名,属三公曹。 ⑥ 科禁:禁令。 ⑦ 浑仪:浑天仪,观测天象的仪器。 ⑧ 吏部尚书:官名,吏部的最高长官。崔玄伯:清河东武城(今山东临清)人,崔浩父。历仕前秦、后燕,后归魏,任黄门侍郎,迁吏部尚书,魏初典章制度多由他制定。后拜天部大人,进爵白马公。

原文

闰月,左丞相、骠骑大将军、卫王仪及诸王公卿士,诣阙上书曰^①:"臣等闻宸极居中^②,则列宿齐其晷^③;帝王顺天,则群后仰其度^④。伏惟陛下德协二仪^⑤,道隆三五^⑥,仁风被于四海,盛化塞于大区^⑦,泽及昆虫,恩沾行苇^⑧,讴歌所属,八表归心^⑨,军威所及,如风靡草^⑩,万姓颙颙^⑪,咸思系命。而躬履谦虚,退身后己,宸仪未彰^⑫,衮服未御^⑬,非所以上允皇天之意,下副乐推之心。宜光崇圣

翻译

闰月,左丞相、骠骑大将军、卫王元仪及众王公卿士,到朝廷上书说:"我们听说:北极星位于中央,众星就不离自己的轨道;帝王顺应天命,列国诸侯就仰赖他的气度。我们寻思陛下大德与天地一致,道术比三皇五帝还高,仁风覆盖四海,盛大的教化充塞天空,德泽施及昆虫,恩惠滋润了路边的苇草,讴歌所传之地,八方百姓归心,军威所到之处,如风吹伏野草,万姓仰慕,都想把生命来托付。而您却立身行事谦虚退让,帝王的排场不展示,天子的礼服未上身,这上不符皇天的意志,下不合大家乐于推戴的心意。应当光大神圣的事业,向万世显示法度。我们恭敬地冒死上奏给您听。"太祖多次推让后才同意。

烈,示轨宪于万世^⑭。臣等谨
昧死以闻。"帝三让乃许之。

注释 ① 诣阙:上朝廷。 ② 宸(chén)极:北极星。 ③ 晷(guǐ):同"轨"。 ④ 群后:众多诸侯。 ⑤ 二仪:天地。 ⑥ 三五:三皇五帝。 ⑦ 大区:广阔的天空。 ⑧ 行苇:路边的芦苇。 ⑨ 八表:八方。 ⑩ 靡(mí):吹倒。 ⑪ 颙(yóng)颙:仰慕的样子。 ⑫ 宸仪:帝王的礼仪。 ⑬ 衮服:帝王的衣服。 ⑭ 轨宪:法则。

原文

十有二月己丑,帝临天文殿,太尉、司徒进玺绶^①,百官咸称万岁。大赦,改年。追尊成帝已下及后号谥^②。乐用《皇始》之舞。诏百司议定行次^③,尚书崔玄伯等奏从土德,服色尚黄,数用五,未祖辰腊^④,牺牲用白^⑤,五郊立气^⑥,宣赞时令^⑦,敬授民时,行夏之正^⑧。……

翻译

十二月己丑,太祖驾临天文殿,太尉、司徒进献印玺,百官都呼万岁。大赦,改年。追尊成帝以下诸帝及皇后的谥号。音乐用《皇始》乐舞。诏令各部门议定五行次序,尚书崔玄伯等奏请用土德,衣服以黄色为尊,数字用五,未时祭祖,辰时行腊祭,祭品用白色,在五郊设立迎气之所,宣布时令,敬重地向百姓颁布历法,实行夏正。……

注释 ① 玺绶:皇帝的印绶,是天子最高权力的象征。 ② 号谥:这里指尊号与谥号,为死者加的荣誉性称号。 ③ 行次:五行次序。古代以金、木、水、火、土五行相生相克的道理来附会朝代更替,以为每个朝代体现了五行中的某一德。 ④ 祖、腊:祭名。祖为祭祖,腊为年终祭祀。 ⑤ 牺牲:祭品。 ⑥ 五郊立气:古时皇帝迎节气于东南西北中五郊。 ⑦ 宣赞:颁布。 ⑧ 行夏之正:以正月为岁首。

原文

六年夏，帝不豫①。初，帝服寒食散②，自太医令阴羌死后③，药数动发，至此逾甚。而灾变屡见④，忧懑不安，或数日不食，或不寝达旦。归咎群下，喜怒乖常，谓百僚左右人不可信，虑如天文之占，或有肘腋之虞。追思既往成败得失，终日竟夜独语不止，若旁有鬼物对扬者。朝臣至前，追其旧恶皆见杀害，其余或以颜色变动，或以喘息不调，或以行步乖节，或以言辞失措，帝皆以为怀恶在心，变见于外，乃手自殴击，死者皆陈天安殿前。于是朝野人情各怀危惧，有司懈怠，莫相督摄，百工偷劫⑤，盗贼公行，巷里之间人为希少。帝亦闻之，曰："朕纵之使然，待过灾年，当更清治之尔。"

翻译

（天赐）六年（409）夏，太祖患病。当初，太祖服用寒食散，自从太医令阴羌死后，药效数次发作，到这时就更严重了。加之灾变频繁出现，太祖忧郁愤闷不安，有时几天不吃东西，有时通宵不眠。他归咎群臣，喜怒无常，认为百官和左右的人都不可信，担心就像天文占验的那样，或许身边会有危险。他回想以往的成败得失，整日整夜不停地自言自语，似乎旁边有鬼物在与他对话。朝臣来到跟前，从前有过错的被追究而被杀害，其他人有的因为脸色有变，有的因为喘息不调，有的因为行走不合规范，有的因为言辞慌乱失常，太祖都以为他们心怀恶意，表征显示于外，于是亲手殴打，将打死的人都摆在天安殿前。因此朝野人心各怀恐惧，官司懈怠，没有人相互督察统摄，百工偷窃劫掠，盗贼公开活动，里巷之间人口稀少。太祖也听说了这些情况，说："这是我放纵他们才造成这个样子，等过了灾年，将对他们进行查处。"

注释 ① 不豫:对帝王生病的讳称。 ② 寒食散:药名。服后身体发热,宜吃冷食。 ③ 太医令:官名,负责给皇帝治病。 ④ 见(xiàn):出现。 ⑤ 百工:各种工匠。

原文

秋七月,慕容支属百余家①,谋欲外奔,发觉,伏诛,死者三百余人。八月,卫王仪谋叛,赐死。

冬十月戊辰,帝崩于天安殿,时年三十九。永兴二年九月甲寅②,上谥宣武皇帝,葬于盛乐金陵③,庙号太祖④。泰常五年⑤,改谥曰道武。

翻译

秋季七月,慕容氏的亲属一百余家阴谋外逃,被发觉后处死刑,死的有三百多人。八月,卫王元仪阴谋叛乱,被赐死。

冬十月戊辰,太祖在天安殿去世,时年三十九岁。永兴二年(410)九月甲寅,上谥号为宣武皇帝,安葬在盛乐金陵,庙号太祖。泰常五年(420),改谥号叫道武。

注释 ① 慕容:鲜卑的一支。支属:亲属。 ② 永兴:北魏明元帝拓跋嗣年号,共五年(409—413)。 ③ 金陵:北魏初帝王陵墓,在今内蒙古和林格尔一带。 ④ 庙号:帝王死后,供奉在太庙中,并追尊为某祖(或某宗)的名号,称庙号。 ⑤ 泰常:北魏明元帝拓跋嗣年号,共八年(416—423)。

文成文明皇后冯氏传

北魏历史，在孝文帝迁都洛阳后发生了深刻变化。而孝文帝的改革，早在迁都洛阳以前已经开始，如实施均田令与三长制等。可以说，自从北魏文成帝拓跋浚死后，直到太和十四年(490)文成皇后去世，冯太后主宰北魏政治达二十五年之久。这一时期北魏的各项政令、宫廷斗争都与冯氏息息相关。她虽为女流，但精于权术，在献文帝即位之初，铲除权相乙浑，临朝听政。在献文帝不听使唤时，她断然实行废立，逼迫献文帝退位，后来又害死了他。太后立孝文帝为新君，政治上事无大小，都由她裁决，生杀赏罚，决之一瞬。她听政期间，善于用人，如李冲等能臣，被委以重任，大胆实行改革。在这个时期，北魏政局相对稳定，北方经济有了一定的发展。可以说，作为中国历史上少见的一位女政治家，她是成功的。至于她在政治斗争中心狠手辣，男宠盈门，也是封建统治者的常态，只不过她是一个女流罢了，后人也就不必对此有所苛责。(选自卷一三)

原文

文成文明皇后冯氏，长乐信都人也①。父朗，秦、雍二州刺史②、西城郡公，母乐浪王氏③。后生于长安④，有神光之异。朗坐事诛，后遂入宫。世祖左昭仪⑤，后

翻译

文成文明皇后冯氏，长乐信都人。父亲冯朗，是秦、雍二州刺史、西城郡公，母亲是乐浪王氏。皇后生在长安，出生时出现异常的神光。冯朗因事被杀，皇后就被收入后宫。世祖的左昭仪，是皇后的姑母，素来有母德，抚养教

之姑也，雅有母德，抚养教训。年十四，高宗践极⑥，以选为贵人⑦，后立为皇后。高宗崩，故事：国有大丧，三日之后，御服器物一以烧焚，百官及中宫皆号泣而临之。后悲叫自投火中，左右救之，良久乃苏。

育皇后。冯氏十四岁时，高宗即皇位，入选为贵人，后来立为皇后。高宗去世后，按惯例，国家有大的丧事，三天之后，皇帝所穿的衣服和所用的器物都要焚烧，百官及宫内人员都哭号参加。皇后悲痛哭叫着投身火中，左右的人救出她，过了很久才苏醒过来。

注释　①长乐：郡名，治今河北冀州。　②秦：州名，治今甘肃天水。雍：州名，治今陕西西安西北。　③乐浪：郡名，治今辽宁朝阳。　④长安：地名，今陕西西安一带。　⑤世祖：即魏太武帝拓跋焘（408—452），在位三十年（423—452）。他任用以崔浩为首的汉人士族地主，统一了北方。后被宦官宗爱杀死。左昭仪：宫中女官名。　⑥高宗：即魏文成帝拓跋濬（440—465），在位十四年（452—465）。　⑦贵人：宫中女官名。

原文

　　显祖即位①，尊为皇太后。丞相乙浑谋逆②，显祖年十二，居于谅闇③，太后密定大策，诛浑，遂临朝听政。及高祖生④，太后躬亲抚养。是后罢令，不听政事。太后行不正，内宠李弈⑤，显祖因事诛之，太后不得意。显祖暴崩，时言太后为之也。

翻译

　　显祖登位，尊冯氏为皇太后。丞相乙浑阴谋叛乱，显祖才十二岁，住在守丧的地方，太后暗中制定重大策略，杀掉乙浑，于是临朝处理政事。等到高祖出生，太后亲自抚养。自此停止发布命令，不管政事。太后行为不正，宫中宠爱李弈，显祖借故杀了他，太后不得如愿。后来显祖突然去世，当时传说是太后害死的。

注释 ① 显祖:即魏献文帝拓跋弘(454—476),在位五年(466—470),让位给孝文帝,后被冯太后害死。 ② 乙浑:北魏前期大臣,官至车骑大将军、东郡公、太原王、太尉、录尚书事,专权跋扈,天安元年(466)以谋反罪被杀。 ③ 谅闇:帝王居丧。 ④ 高祖:即魏孝文帝拓跋(元)宏(467—499),在位29年(471—499)。他改革吏治,实行三长制与均田制,又迁都洛阳,改行汉姓,对各民族大融合和各族封建化进程都起到了积极作用。 ⑤ 李弈:李顺子。历官散骑常侍、宿卫监、都官尚书,封安平侯。深受冯太后宠爱,后被杀。

原文

承明元年①,尊曰太皇太后,复临朝听政。太后性聪达,自入宫掖,粗学书计②。及登尊极,省决万机。高祖诏曰:"朕以虚寡,幼纂宝历③,仰恃慈明,缉宁四海,欲报之德,正觉是凭④,诸鸷鸟伤生之类⑤,宜放之山林。其以此地为太皇太后经始灵塔⑥。"于是罢鹰师曹⑦,以其地为报德佛寺。太后与高祖游于方山⑧,顾瞻川阜⑨,有终焉之志,因谓群臣曰:"舜葬苍梧⑩,二妃不从。岂必远祔山陵⑪,然后为贵哉! 吾百年之后,神其安此。"高祖乃诏有司营

翻译

承明元年(476),被尊为太皇太后,再次临朝处理政事。太后秉性聪明练达,自从入宫后,粗略地学了些书写和计算。到登上尊位后,处理决定各种事务。高祖下诏说:"我以孤苦伶仃的处境,幼年继承皇位,仰赖太皇太后慈爱明察,安定四海,想报答她的恩德,应当按照佛家的信仰,各种伤害生灵的猛禽,应当放归山林。可用这个地方为太皇太后修建灵塔。"于是撤销鹰师曹,把那个地方建为报德佛寺。太后与高祖在方山游玩,观览河谷和山岗,有终归于此的心意,于是对群臣说:"舜安葬在苍梧,二妃不随从。难道必须要合葬在远方先帝的陵墓,然后才算尊贵吗! 我去世以后,神灵要安放在这里。"高祖于是命令有关部门在方山修造寿陵,又修建永固石室,将作为宗庙。太和五年

建寿陵于方山⑫，又起永固石室，将终为清庙焉⑬。太和五年起作⑭，八年而成，刊石立碑，颂太后功德。太后以高祖富于春秋，乃作《劝戒歌》三百余章，又作《皇诰》十八篇，文多不载。太后立文宣王庙于长安⑮，又立思燕佛图于龙城⑯，皆刊石立碑。太后又制，内属五庙之孙⑰，外戚六亲缌麻⑱，皆受复除⑲。性俭素，不好华饰，躬御缦缯而已⑳。宰人上膳㉑，案裁径尺㉒，羞膳滋味减于故事十分之八。太后尝以体不安，服庵蔺子㉓。宰人昏而进粥，有蝘蜒在焉㉔，后举匕得之㉕。高祖侍侧，大怒，将加极罚，太后笑而释之。

(481)开工，八年(484)修成，刻石立碑，歌颂太后的功德。太后鉴于高祖年富力强，于是作《劝戒歌》三百多章，又作《皇诰》十八篇，文字太多不载录。太后在长安设立文宣王庙，又在龙城设立思燕佛图，都刻石立碑。太后又下令，内部亲属五庙的子孙，外戚六亲穿细麻布孝服的人，都受免除徭役的优待。她生性俭朴，不喜欢华丽装扮，自己只穿一些没有花纹图案的丝织品而已。宰人上膳食，几案只有一尺来宽，美味食物比惯例减少十分之八。太后曾经因为身体不适，服食庵蔺子。宰人在昏暗中进粥，有一只蝘蜒在里面，太后举起汤匙舀到了它。高祖在身边侍候，大怒，将对宰人处以极刑，太后笑笑放过了他。

注释 ①承明：魏孝文帝年号，共一年(476)。 ②书计：书写与计算。 ③宝历：即国祚，封建王朝统治的年代。 ④正觉：即佛教。 ⑤鸷鸟：猛禽。 ⑥灵塔：为乞福而建造的佛塔。 ⑦鹰师曹：官署名，掌管喂养猎鹰。 ⑧方山：山名，在今山西大同北。 ⑨川阜：原野与山岗。 ⑩苍梧：山名，又名九嶷山，在今湖南宁远。 ⑪祔：合葬。山陵：皇帝的陵墓。 ⑫寿陵：又称寿宫，生前所造的陵墓。 ⑬清庙：即宗庙，祭祀祖先的地方。 ⑭ 太和：魏孝文帝年号，共 23 年（477—499）。
⑮ 文宣王庙：即孔子庙。 ⑯ 龙城：地名，今辽宁朝阳一带。 ⑰ 五庙：指较近的亲
属。 ⑱ 缌麻：丧服名，五服中最轻的一种，由较疏远的亲属穿。 ⑲ 复除：免除赋
税徭役。 ⑳ 缦缯：无花纹图案的丝织品。 ㉑ 宰人：掌膳食的官。 ㉒ 裁：才。
㉓ 庵蔄（lú）子：即青蒿的果实，可入药。 ㉔ 蝘（yǎn）蜓（tíng）：壁虎。 ㉕ 匕：
汤匙。

原文

　　自太后临朝专政，高祖
雅性孝谨，不欲参决，事无
巨细，一禀于太后。太后多
智略，猜忍，能行大事，生杀
赏罚，决之俄顷，多有不关
高祖者。是以威福兼作，震
动内外。故杞道德、王遇、
张祐、苻承祖等拔自微阉①，
岁中而至王公；王睿出入卧
内，数年便为宰辅②，赏赉财
帛以千万亿计，金书铁券③，
许以不死之诏。李冲虽以
器能受任④，亦由见宠帷
幄⑤，密加锡赉⑥，不可胜
数。后性严明，假有宠待，
亦无所纵。左右纤介之愆，
动加捶楚，多至百余，少亦
数十。然性不宿憾，寻亦待

翻译

　　自从太后当朝独揽大权，高祖生性
孝顺谨慎，不想参与决策，事无大小，都
禀承太后的意旨。太后多智谋，猜疑残
忍，能行大事，生杀赏罚，决定于短时间
内，许多事不与高祖商议。她因此作威
作福，震动内外。所以杞道德、王遇、张
祐、苻承祖等从低级宦官中被提拔上
去，一年之内位至王公；王睿出入卧房
之内，几年便官至宰辅，赏赐他的财物
以千万亿计，颁给他金书铁券，发给他
有罪不判死刑的诏书。李冲虽然因才
能而被任用，也由于在宫中被宠幸，暗
中被加以赏赐，不可胜数。太后生性严
明，即使有所宠幸，也没有什么放纵。
左右侍从若有轻微的过错，动不动就施
加杖刑，多的达一百多下，少的也达数
十下。但生性不记旧仇，不久又待他们
如初，有的因此更加富贵。所以人人心
怀利欲，到死也不想引退。

之如初，或因此更加富贵。
是以人人怀于利欲，至死而
不思退。

注释 ① 微阉：低贱的宦官。 ② 宰辅：皇帝的辅政大臣，一般指宰相和三公。
③ 金书铁券：封建王朝颁给功臣世代享受某种特权的契券。 ④ 器能：才能。
⑤ 帷幄：这里指宫中的帷幕。 ⑥ 锡费：赏赐财物。锡，同"赐"。

原文

太后曾与高祖幸灵泉池①，燕群臣及藩国使人②、诸方渠帅③，各令为其方舞。高祖帅群臣上寿，太后欣然作歌④，帝亦和歌，遂命群臣各言其志，于是和歌者九十人。

太后外礼民望元丕⑤、游明根等⑥，颁赐金帛舆马，每至褒美睿等，皆引丕等参之，以示无私。又自以过失，惧人议己，小有疑忌，便见诛戮。迄后之崩，高祖不知所生。至如李䜣、李惠之徒⑦，猜嫌覆灭者十余家，死者数百人，率多枉滥，天下冤之。

翻译

太后曾与高祖驾临灵泉池，宴会群臣及藩国使者、各方首领，命令他们各自跳本地的舞。高祖带领群臣祝寿，太后高兴地创作歌曲，高祖也应和作歌，于是让群臣各自诉说他们的志向，和歌的达九十人。

太后表面上礼遇百姓拥护的人元丕、游明根等，赏给钱财车马，每当奖励王睿等人时，都请元丕等人参加，以显示无私。加之自己觉得有过失，怕人议论自己，如果有人稍有怀疑忌恨，便会被诛杀。直到太后死时，高祖还不知道自己是谁生的。至于像李䜣、李惠这些人，因猜忌怀疑而被灭族的有十余家，死者数百人，大多无辜受害，天下的人觉得他们冤枉。

注释 ①灵泉池：湖名，在今山西大同北。 ②燕：同"宴"。藩国：指臣服的各国。 ③渠帅：首领。 ④欣然：欣喜的样子。 ⑤民望：民众中有声望的人。元丕：魏宗室，封乐平王，拜车骑大将军。 ⑥游明根（419—499）：字志远，官至给事中、散骑常侍、仪曹尚书、广平公。 ⑦李䜣：字元盛，小名真奴，历官仪曹尚书、中秘书、安南将军、相州刺史，迁司空，进爵范阳公，加侍中、开府仪同三司、徐州刺史。后以谋叛罪被杀。李惠：魏献文帝皇后李氏父，历官散骑常侍、侍中、征西大将军、秦益二州刺史、南郡王、开府仪同三司、青州刺史。后以谋叛罪被杀。

原文

十四年，崩于太和殿，时年四十九。其日，有雄雉集于太华殿。高祖酳饮不入口五日，毁慕过礼①。谥曰文明太皇太后。葬于永固陵，日中而反，虞于鉴玄殿②。诏曰："尊旨从俭，不申罔极之痛；称情允礼，仰损俭训之德。进退思惟，倍用崩感③。又山陵之节，亦有成命，内则方丈，外裁掩坎，脱于孝子之心有所不尽者，室中可二丈，坟不得过三十余步。今以山陵万世所仰，复广为六十步。辜负遗旨，益以痛绝。其幽房大小④，棺椁质约，不设明

翻译

十四年（490），太后在太和殿去世，时年四十九岁。那一天，有雄鸡聚集在太华殿。高祖五天不吃不喝，哀伤思念超过常礼。谥号叫文明太皇太后。高祖将她安葬在永固陵，正午回宫后，又在鉴玄殿拜祭。下诏说："如果遵照太后的旨意丧事从俭，就无法表达无限的悲痛；办得合情合礼，又损害了太后要求节俭的德行。我反复思量，很是伤感。而且陵墓的规格，太后也有既定的指示，要求墓室方一丈，外面只要能掩盖墓穴就行了，假使孝子之心还不能完全表达的话，墓室中可以宽二丈，坟宽不得超过三十步。现在考虑到陵墓要万世瞻仰，再扩大为六十步。我辜负了太后的遗嘱，更是悲痛万分。命令墓室大小适度，棺椁质朴，不摆设明器。至于白色帐幕、无文饰的布垫、瓷瓦器具

器⑤。至于素帐、缦茵⑥、瓷瓦之物，亦皆不置。此则遵先志，从册令，俱奉遗事。而有从有违，未达者或以致怪。梓宫之里⑦，玄堂之内⑧，圣灵所凭，是以一一奉遵，仰昭俭德。其余外事，有所不从，以尽痛慕之情。其宣示远近，著告群司⑨，上明俭诲之善，下彰违命之失。”及卒哭⑩，孝文服衰⑪，近臣从服，三司已下外臣衰服者⑫，变服就练，七品已下尽除即吉⑬。设祔祭于太和殿⑭，公卿已下始亲公事。高祖毁瘠⑮，绝酒肉，不内御者三年⑯。

等物品，也都不设置。这些都是遵照太后的遗志，按照册令办理后事。但有照办的，也有没照办的，不明白的人或许会产生疑问。棺材的内壁，墓室的内部，是她神圣的灵魂所依托的地方，因此一一遵照遗嘱处理，用来彰显太后俭朴的德行。其他外部的事，有的没有依从，以尽我的哀痛思念之情。命令向各地宣传，明白告知各部门，在上表明太后教诲俭朴的善德，在下显示我违背遗命的过失。”到行卒哭礼时，孝文帝穿衰服，近臣随着服衰，三司以下的外臣本穿衰服的，改穿练服，七品以下的官都除去丧服穿上礼服。在太和殿设祔祭后，公卿以下的官员才开始处理公事。高祖因哀伤过度而消瘦，禁绝酒肉，三年不入后宫。

注释 ①毁慕：过度忧伤思念。 ②虞：父母葬后，迎魂安于殡宫的祭礼。 ③崩感：心中不安。 ④幽房：墓室。 ⑤明器：随葬的器物。 ⑥缦茵：无文饰的帷帐。 ⑦梓宫：皇帝及皇后所用的棺材。 ⑧玄堂：墓室。 ⑨群司：百官。 ⑩卒哭：古代丧礼，百日祭后，止无时之哭为朝夕一哭，称为卒哭。 ⑪服衰（cuī）：古代丧服名，子女对父母、祖父母等服衰，以粗麻布制。 ⑫三司：指太尉、司徒、司空。 ⑬吉：礼服。 ⑭祔祭：古祭名，新死者与祖先合享的祭礼。 ⑮毁瘠：哀伤过度而消瘦。 ⑯内御：入后宫。

原文

初，高祖孝于太后，乃于永固陵东北里余，豫营寿宫①，有终焉瞻望之志。及迁洛阳，乃自表瀍西以为山园之所②，而方山虚宫至今犹存，号曰"万年堂"云。

翻译

当初，高祖对太后孝顺，就在永固陵东北一里多远的地方预建墓祠，有永久瞻望的志向。后来迁都洛阳，就自选瀍河西边作为陵园之地，而方山的空墓祠至今还在，称为"万年堂"。

注释　①豫：同"预"。　②瀍（chán）：即瀍河，源出河南洛阳西北，南经洛阳城东流入洛水。

王 慧 龙 传

导读

　　王慧龙是由南朝宋逃入北魏的人物。他入魏以后，很受器重。由于他自称太原王氏之后，具有高贵的血统，更受北方士族的大力推崇。特别是出于清河高门的北方士族崔浩一家，对王慧龙的到来欣喜不已，急忙与他联姻。崔浩还对王慧龙的酒糟鼻赞不绝口，称它是贵种的标志，以至于有人向皇帝告状，说崔浩赞赏南方人，有讥笑朝廷、鄙视鲜卑人的嫌疑，崔浩差点由此获罪。后来有人说王慧龙并非出自什么贵种，而是王家婢女与和尚私通所生的私生子。王慧龙到底是不是私生子，这并不重要，不过注重门第血统，倒是魏晋南北朝的普遍风尚。王慧龙得崔浩之助，领军与刘宋对抗，多次立下战功，使南方人不能小看他。南朝于是设反间计、派刺客，想除掉他，但都没有成功。本篇文字简练，亦庄亦谐，特别是描写崔浩以长相论人，寥寥数语，读后令人捧腹。（选自卷三八）

原文

　　王慧龙，自云太原晋阳人①，司马德宗尚书仆射愉之孙②，散骑侍郎缉之子也③。幼聪慧，愉以为诸孙之龙，故名焉。初，刘裕微时④，愉不为礼，及得志，愉

翻译

　　王慧龙，自称是太原晋阳人，晋安帝时尚书仆射王愉的孙子，散骑侍郎王缉的儿子。少年聪慧，王愉认为他是孙子中的一条龙，因此取这个名字。当初，刘裕卑微时，王愉对他无礼，到他得志后，王愉全家被杀。王慧龙十四岁，被和尚僧彬藏了起来。过了一百多天，

合家见诛。慧龙年十四，为沙门僧彬所匿⑤。百余日，将慧龙过江，为津人所疑⑥，曰："行意匆匆徬徨⑦，得非王氏诸子乎？"僧彬曰："贫道从师有年⑧，止西岸，今暂欲定省⑨，还期无远，此随吾受业者，何至如君言！"既济，遂西上江陵⑩，依叔祖忱故吏荆州前治中习辟疆⑪。时刺史魏咏之卒，辟疆与江陵令罗修、前别驾刘期公⑫、土人王腾等谋举兵⑬，推慧龙为盟主，克日袭州城⑭。而刘裕闻咏之卒，亦惧江陵有变，遣其弟道规为荆州，众遂不果。罗修将慧龙，又与僧彬北诣襄阳⑮。司马德宗雍州刺史鲁宗之资给慧龙，送渡江，遂自虎牢奔于姚兴⑯。其自言也如此。

僧彬带着王慧龙过江，引起守渡口的人的怀疑，说："看你们赶路匆匆忙忙，徘徊不定，莫不是王氏后人吧？"僧彬说："贫道从师多年，居住在西岸，现在想暂时回家探望亲人，不久就回来，这位是跟随我学习的徒弟，怎么会像你说的那样！"渡江以后，就西上江陵，投奔叔祖王忱的老部下荆州前治中习辟疆。当时刺史魏咏之去世，习辟疆与江陵令罗修、前别驾刘期公、当地人王腾等谋划起兵，推举王慧龙为盟主，确定日期进攻州城。而刘裕听说魏咏之去世，也担心江陵有变故，就派他的弟弟刘道规为荆州刺史，众人才没有起兵。罗修带着王慧龙，又与僧彬北到襄阳。晋安帝的雍州刺史鲁宗之资助王慧龙，送他过江，于是从虎牢投奔姚兴。慧龙自己就是这样说的。

注释　①太原晋阳：地名，今山西太原南。　②司马德宗：即东晋安帝。尚书仆射(yè)：官名，尚书省的长官。　③散骑侍郎：官名，在皇帝左右规谏过失，备顾问。　④刘裕(363—422)：即南朝宋武帝，宋的建立者，公元420—422年在位。　⑤沙门：梵语音译，即和尚。　⑥津人：指守渡口的官兵。　⑦匆匆徬徨：急急忙忙，徘徊不定。 ⑧ 贫道:和尚僧彬的谦称。 ⑨ 定省(xǐng):探望父母。 ⑩ 江陵:地名,今湖北江陵。 ⑪ 治中:官名,为州刺史的助理。 ⑫ 别驾:官名,为州刺史的佐吏。 ⑬ 土人:当地人。 ⑭ 克日:约定日期。 ⑮ 襄阳:郡名,治今湖北襄阳。 ⑯ 虎牢:地名,故址在今河南荥阳西北。姚兴(366—416):十六国时后秦国君,公元394—416 年在位。

原文

泰常二年,姚泓灭①,慧龙归国。太宗引见与言②,慧龙请效力南讨,言终,俯而流涕,天子为之动容。谓曰:"朕方混一车书③,席卷吴会④,卿情计如此,岂不能相资以众乎!"然亦未之用。后拜洛城镇将⑤,配兵三千人镇金墉⑥。既拜十余日,太宗崩。世祖初即位,咸谓南人不宜委以师旅之任,遂停前授。

翻译

泰常二年(417),姚泓被消灭,王慧龙归附魏国。太宗召见他,与他交谈,王慧龙请求效力征讨南方,说完,俯身流泪,天子被他感动。太宗对他说:"我正要统一车书,席卷江东,你心中如此打算,我怎能不资助你人马呢!"但并没有任用他。后来拜他为洛城镇将,配给他三千士兵镇守金墉。任职十多天后,太宗去世。世祖刚即位,朝臣都说不宜委任南方人统领军队,于是撤销以前的任命。

注释 ① 姚泓:姚兴长子,继姚兴任后秦国君。在位两年(416—417),被刘裕俘获,斩于建康(今江苏南京)。 ② 太宗:即魏明元帝拓跋嗣,公元 409—423 年在位。 ③ 混一车书:统一车马与文字,指统一全国。 ④ 吴会:吴、越之地,指江南。 ⑤ 洛城:地名,即洛阳。镇将:北魏在各地驻兵屯戍,建立军镇,设都大将统领镇兵。 ⑥ 金墉(yōng):地名,在今河南洛阳北。

原文

初，崔浩弟恬闻慧龙王氏子①，以女妻之。浩既婚姻，及见慧龙，曰："信王家儿也。"王氏世齄鼻②，江东谓之齄王。慧龙鼻大，浩曰："真贵种矣。"数向诸公称其美。司徒长孙嵩闻之，不悦，言于世祖，以其叹服南人，则有讪鄙国化之意③。世祖怒，召浩责之。浩免冠陈谢得释。及鲁宗之子轨奔姚兴，后归国，云慧龙是王愉家竖，僧彬所通生也④。浩虽闻之，以女之故，成赞其族。慧龙由是不调。

翻译

起初，崔浩的弟弟崔恬听说王慧龙是王氏的后人，就把女儿许配给他。崔浩既与王慧龙联姻，等到见过王慧龙后，说："果真是王家的后人啊。"王氏世代是酒糟鼻，江东的人称之为酒糟鼻王氏。王慧龙鼻子大，崔浩说："真是贵种啊。"多次向人们赞美他。司徒长孙嵩听说后，不高兴，就向世祖进言，说他叹服南方人，也就有讪笑贬低我国风化的用意。世祖发怒，把崔浩召来责备。崔浩摘下帽子解释告罪，才被放过。直到鲁宗之的儿子鲁轨投奔姚兴，后来归附魏国，说王慧龙是王愉的家奴与僧彬的私生子。崔浩虽也听到了这事，但因侄女的缘故，就帮他证明是王氏族人。王慧龙因此未被升调。

注释 ① 崔浩（381—450）：北魏清河东武城（今山东武城西）人，字伯渊。官至司徒，为北魏前期最著名的大臣。他参与制定律令，协助太武帝统一北方，荐拔北方士族参政。后以修史暴露"国恶"的罪名被杀。 ② 齄（zhā）鼻：鼻尖发暗红色疱点，俗称酒糟鼻。 ③ 讪鄙：讥笑。 ④ 家竖：在家中供役事的奴婢。

原文

久之，除乐安王范傅①，领并荆扬三州大中正②。慧龙抗表③，愿得南垂自效④。

翻译

过了很久，被委任为乐安王元范的师傅，领并荆扬三州大中正。王慧龙激昂地上表，希望在南部边陲效劳。崔浩崔浩固言之，乃授南蛮校尉⑤、安南大将军左长史⑥。及刘义隆荆州刺史谢晦起兵江陵，引慧龙为援。慧龙督司马灵寿等一万人拔其思陵戍⑦，进围项城⑧。晦败，乃班师。后刘义隆将王玄谟寇滑台⑨，诏假慧龙楚兵将军⑩，与安颉等同讨之。相持五十余日，诸将以贼盛莫敢先，慧龙设奇兵大破之。世祖赐以剑马钱帛，授龙骧将军⑪，赐爵长社侯，拜荥阳太守⑫，仍领长史。在任十年，农战并修，大著声绩。招携边远⑬，归附者万余家，号为善政。

尽力为他说话，于是委任他为南蛮校尉、安南大将军左长史。后来刘义隆的荆州刺史谢晦在江陵起兵，引王慧龙为援兵。王慧龙督率司马灵寿等一万人攻下刘义隆的思陵戍，进军围困项城。谢晦失败，这才撤兵。后来刘义隆的大将王玄谟进犯滑台，世祖下诏王慧龙代理楚兵将军，与安颉等一同去讨伐。相持五十多天，众将鉴于敌军强盛，没有人敢首先作战，王慧龙设奇兵大败敌人。世祖赐给他宝剑、战马和钱财，授予龙骧将军，赐爵长社侯，拜为荥阳太守，仍任长史。在任十年，农事与战备一起修整，很有名声和政绩。他招纳边远地方的人，归附的有一万多家，号称善政。

注释 ①傅：师傅。 ②大中正：官名。魏晋南北朝时期以九品中正制选拔人才，由各地有声望的人出任中正，将当地士人按才能评定为九等，政府按等选用。 ③抗表：上奏表直言。 ④垂：同"陲"，边境。 ⑤南蛮校尉：官名，掌军事。 ⑥安南大将军：官名，掌军事，从二品。大将军为将军的最高一级。左长史：官名，为幕府属官。 ⑦思陵戍：地名，在今河南漯河东北。 ⑧项城：县名，治今河南沈丘。 ⑨刘义隆（407—453）：即南朝宋文帝，刘裕子，公元424—453年在位。 ⑩假：古时官吏代理职务，正式任命以前称假。楚兵将军：官名，掌军事。 ⑪龙骧将军：官名，掌军事，从三品。 ⑫荥阳：郡名，治今河南荥阳。 ⑬招携：招抚背叛的人。

原文

　　其后，刘义隆将到彦之、檀道济等频顿淮、颍①，大相侵掠，慧龙力战，屡摧其锋。彦之与友人萧斌书曰："鲁轨顽钝，马楚粗狂，亡人之中唯王慧龙及韩延之可为深惮。不意儒生懦夫，乃令老子讶之②。"刘义隆纵反间③，云慧龙自以功高而位不至，欲引寇入边，因执安南大将军司马楚之以叛。世祖闻曰："此必不然，是齐人忌乐毅耳④。"乃赐慧龙玺书曰⑤："义隆畏将军如虎，欲相中害，朕自知之。风尘之言⑥，想不足介意也。"刘义隆计既不行，复遣刺客吕玄伯购慧龙首，二百户男⑦、绢一千匹。玄伯伪为反间来，求屏人有所论。慧龙疑之，使人探其怀，有尺刀。玄伯叩头请死。慧龙曰："各为其主也，吾不忍害此人。"左右皆言

翻译

　　后来，刘义隆的大将到彦之、檀道济等经常驻扎在淮、颍一带，大肆侵袭掠夺，王慧龙努力作战，多次挫败敌人的锋芒。到彦之给友人萧斌写信说："鲁轨愚顽迟钝，马楚粗疏狂妄，逃亡的人中只有王慧龙和韩延之令人特别畏惧。想不到儒生懦夫，却让老夫惊讶。"刘义隆设反间计，说王慧龙自以为功大而职位不相称，想引敌人进入边境，由此擒获安南大将军司马楚之而反叛。世祖听到后说："这一定不真实，是齐人忌恨乐毅而已。"于是赐给王慧龙亲笔信说："刘义隆畏将军如虎，想中伤陷害你，我自己心中明白。流言蜚语，我想你不用介意吧。"刘义隆的诡计既没有成功，又派刺客吕玄伯前去，悬赏若得王慧龙的头，封二百户男、赏绢一千匹。吕玄伯伪装为反间而来，请求屏退其他人，他有话要说。王慧龙怀疑他，派人搜索他的怀中，有一尺长的刀。吕玄伯叩头请死。王慧龙说："各自为自己的主人啊，我不忍心杀害这个人。"左右的人都说刘义隆贼心未死，不杀吕玄伯，无法制止将来的事。王慧龙说："死生有命，他怎么能害我？并且我正以仁义作武

义隆贼心未已，不杀玄伯，无以制将来。慧龙曰："死生有命，彼亦安能害我？且吾方以仁义为干卤⑧，又何忧乎刺客！"遂舍之。时人服其宽恕。

器，又担心刺客做什么！"于是放了他。当时人们都佩服他的宽容。

注释 ① 淮颍：淮河与颍水。颍水源出河南登封西南，东南流入淮河。 ② 老子：老夫，自称。 ③ 反间：利用间谍离间敌方内部。 ④ 齐人忌乐毅：乐毅是战国时燕国大将，他率领五国大军攻伐齐国，攻占七十余城，只有莒与即墨未攻下。后来齐人行反间计，燕王派骑劫代替乐毅，乐毅逃奔赵国，齐人于是大败燕军，尽收失地。 ⑤ 玺书：用印章封记的文书。 ⑥ 风尘之言：流言蜚语。 ⑦ 二百户男：食邑二百户的男爵。 ⑧ 干卤：又作干橹。小盾为干，大盾为卤，泛指武器。

原文

慧龙自以遭难流离，常怀忧悴，乃作《祭伍子胥文》以寄意焉①。生一男一女，遂绝房室。布衣蔬食，不参吉事，举动必以礼。太子少傅游雅言于朝曰②："慧龙，古之遗孝也。"撰帝王制度十八篇，号曰《国典》。真君元年③，拜使持节④、宁南将军⑤、虎牢镇都副将⑥。未至镇而卒。临没，谓功曹郑

翻译

王慧龙自以为遭受家难而流离，常心怀忧愁，于是作《祭伍子胥文》寄托心志。生有一男一女后，就断绝房事。穿布衣，吃蔬菜，不参与喜庆的事，一举一动必以礼法为准则。太子少傅游雅在朝廷上说："王慧龙，是古代遗留下来的孝子。"他著有帝王制度十八篇，称为《国典》。真君元年，被拜为使持节、宁南将军、虎牢镇都副将。他没有到虎牢镇就去世了。临终时，对功曹郑晔说："我是寄居做客的南方人，恩义不是过去结下的，承蒙圣朝特殊的慈爱，得以

晔曰⑦："吾羁旅南人，恩非旧结，蒙圣朝殊特之慈，得在疆场效命。誓愿鞭尸吴市，戮坟江阴⑧。不谓婴此重疾，有心莫遂。非唯仰愧国灵，实亦俯惭后土⑨。修短命也，夫复何言！身殁后⑩，乞葬河内州县之东乡⑪，依古墓而不坟，足藏发齿而已。庶魂而有知，犹希结草之报⑫。"时制，南人入国者皆葬桑干⑬。晔等申遗意，诏许之。赠安南将军、荆州刺史，谥穆侯。吏人及将士共于墓所起佛寺，图慧龙及僧彬象赞之。吕玄伯感全宥之恩，留守墓侧，终身不去。

在边疆上效命。我立誓要到吴市中去鞭打仇人的尸首，在江南去铲平仇人的坟墓。想不到得了这种重病，心愿无法实现。不仅上愧国家的神灵，实在也下惭土地之神。年岁长短是命中注定的，还有什么话可说！我死以后，请求把我埋葬在河内州县的东方，按古墓的样子，不起封土，足以掩盖发齿就行了。或许灵魂有知，我还希望报答皇上的恩情。"当时规定，归附魏国的南方人都安葬在桑干。郑晔等把他的遗愿向朝廷报告，朝廷下令允许。追赠他为安南将军、荆州刺史，谥号叫穆侯。吏人及将士共同在他的墓地修建佛寺，画慧龙和僧彬的像而颂扬他们。吕玄伯感激他保全自己性命、赦免罪过的恩德，在墓侧留守，终身不离开。

注释　①伍子胥：名员，春秋时楚国人。父兄都被楚平王杀害，他逃奔吴国，吴封给申地，故称申胥。后与孙武佐吴王伐楚，五战入郢（楚都，今湖北江陵），掘平王墓，鞭尸三百。吴王夫差败越，越请和，子胥谏不从，被迫自杀。　②太子少傅：官名，与太子少师、太子少保合称"三少"，辅导太子。　③真君：即太平真君，太武帝拓跋焘年号（440—450）。　④使持节：魏晋南北朝时，掌地方军政的长官往往加使持节称号，有权诛杀中下级官吏。次一等的称持节，有权杀无官职的人。再次称假节，有权杀犯军令的人。　⑤宁南将军：军官名。　⑥虎牢镇：在今河南荥阳西北，北魏在此驻军。都副将位低于都大将,为镇兵指挥官之一。 ⑦ 功曹:地方官的佐吏。 ⑧ 疆埸(yì):边疆。吴市、江阴:这里指建康(今江苏南京)。 ⑨ 后土:土地神。 ⑩ 殁(mò):死。 ⑪ 河内:郡名,治今河南沁阳。 ⑫ 结草之报:死后报恩的意思。 ⑬ 桑干:地名,今山西山阴东。

高 允 传

导读

　　高允（390—487）前后经历五帝，历任中书博士、著作郎、中书令、秘书监，进爵咸阳公，加光禄大夫，前后五十余年，备历要职。他博通经史、天文、术数，曾与崔浩同修国史。崔浩因国史案被杀，高允则获太子救助，得以幸免。他曾劝谏文成帝爱惜民力，不要大修宫室，并上书指陈风俗得失。献文帝时，他受命主持讨论学校制度，郡国立学，自此开始，有利于北方文化的发展。文明太后临朝，他参决大政，议定律令，备受尊崇。高允终年九十八岁，而在政坛上经历了数十年的风风雨雨，是北魏中前期历史的见证人。高允的列传颇长，记载极为详细。特别是大量引用高允的奏疏、文章，虽于保存史料极有价值，但读起来非常繁冗。我们在不损害列传原貌的同时，删去了《征士颂》《北伐颂》《酒训》等几段文字，选译了史实性、故事性较强，能够较全面反映高允生平的部分，使高允的政治生涯和当时的时代特征，更加全面地展示在读者面前。（选自卷四八）

原文

　　高允，字伯恭，渤海人也。祖泰，在叔父湖传。父韬，少以英朗知名[①]，同郡封懿雅相敬慕。为慕容垂太尉从事中郎[②]。太祖平中山，以

翻译

　　高允，字伯恭，渤海人。祖父高泰，记载在其叔父高湖的列传中。父亲高韬，少年时以英明知名，同郡封懿向来敬慕他。他曾任慕容垂的太尉从事中郎。太祖平定中山，以高韬为丞相参军。高韬去世得很早。

韬为丞相参军③。早卒。

原文

　　允少孤夙成①，有奇度，清河崔玄伯见而异之，叹曰："高子黄中内润②，文明外照，必为一代伟器，但恐吾不见耳。"年十余，奉祖父丧还本郡，推财与二弟而为沙门，名法净。未久而罢。性好文学，担笈负书③，千里就业。博通经史、天文、术数④，尤好《春秋公羊》⑤。郡召功曹。

翻译

　　高允少年时父母双亡却老成持重，有奇异的气度，清河崔玄伯见到他很惊奇，赞叹说："高子中和之德滋润于内，文采光明辉映于外，必定成为一代大器，只怕我见不到了。"十余岁时，他护送祖父的灵柩回本郡，把家产推让给二弟，自己去做和尚，名法净。不久还俗。他生性爱好文学，挑着书箱，背着书籍，到千里外去从师学习。博通经史、天文、术数，尤其爱好《春秋公羊传》。郡中征召他为功曹。

原文

　　神䴥三年①，世祖舅阳平王杜超行征南大将军②，

翻译

　　神䴥三年（430），世祖的舅父阳平王杜超代理征南大将军，镇守邺城，以

镇邺，以允为从事中郎，年四十余矣。超以方春而诸州囚多不决，乃表允与中郎吕熙等分诣诸州，共评狱事。熙等皆以贪秽得罪，唯允以清平获赏。府解，还家教授，受业者千余人。四年，与卢玄等俱被征③，拜中书博士。迁侍郎④，与太原张伟并以本官领卫大将军⑤、乐安王范从事中郎。范，世祖之宠弟，西镇长安，允甚有匡益，秦人称之。寻被征还。允曾作《塞上翁诗》，有混欣戚、遗得丧之致。骠骑大将军、乐平王丕西讨上邽⑥，复以本官参丕军事。语在丕传。凉州平，以参谋之勋，赐爵汶阳子，加建武将军⑦。

高允为从事中郎，当时他已四十多岁了。杜超鉴于正是春天而各州囚徒多没有判决，于是上表请求派高允与中郎吕熙等分别到各州去共同甄别案件。吕熙等人都因贪赃获罪，只有高允以清廉公正获赏。大将军府撤销以后，他回家教书授徒，向他学习的有一千余人。四年（431），与卢玄等都被征召，被拜为中书博士。转为侍郎，与太原张伟都以本官兼任卫大将军、乐安王元范的从事中郎。元范，是世祖的爱弟，西镇长安，高允对他很有帮助，秦人为此很称赞他。不久被召回。高允曾作《塞上翁诗》，有不分喜忧、不计得失的风致。骠骑大将军、乐平王元丕西征上邽，高允又以本官参与元丕的军事行动。这记载在元丕的传记中。凉州平定后，因参与谋划的功勋，被赐爵汶阳子，加封建武将军。

注释　① 神䴥(jiā)：魏太武帝年号，共四年（428—431）。　② 行：代理。征南大将军：官名，掌军事，正二品。　③ 卢玄：字子真，历官中书博士、宁朔将军、散骑常侍。　④ 中书博士、侍郎：官名，都属中书省，掌管机要，发布政令。　⑤ 卫大将军：官名，掌军事，正二品。　⑥ 上邽(guī)：地名，在今甘肃天水西南。　⑦ 建武将军：官名，掌军事，从四品。

原文

后诏允与司徒崔浩述成《国记》，以本官领著作郎[1]。时浩集诸术士[2]，考校汉元以来，日月薄蚀[3]、五星行度[4]，并识前史之失，别为魏历，以示允。允曰："天文历数不可空论[5]。夫善言远者必先验于近。且汉元年冬十月[6]，五星聚于东井[7]，此乃历术之浅。今讥汉史，而不觉此谬，恐后人讥今犹今之讥古。"浩曰："所谬云何？"允曰："案《星传》，金水二星常附日而行。冬十月，日在尾箕[8]，昏没于申南[9]，而东井方出于寅北[10]。二星何因背日而行？是史官欲神其事，不复推之于理。"浩曰："欲为变者何所不可，君独不疑三星之聚，而怪二星之来？"允曰："此不可以空言争，宜更审之。"时坐者咸怪，唯东宫少傅游雅曰[11]："高君长于历

翻译

后来朝廷命令高允与司徒崔浩编成《国记》，以本官兼任著作郎。当时崔浩召集各种术士，考校汉初以来，日食月食、五星运行轨道，并记录以前史籍的失误，另作魏历，把它给高允看。高允说："天文历法不可空谈。善于谈论远古事情的人，必须先在近前验证。而且汉元年冬季十月，五星聚于东井，这是历术的浅陋造成的。现在讥笑汉史，却没有发觉这个错误，恐怕后人要讥笑今人，就像今人讥笑古人一样。"崔浩说："错在什么地方？"高允说："考查《星传》，金水二星常依附太阳而运行。冬季十月，太阳在尾箕，黄昏日落于申南，而东井才出现于寅北。二星为什么能背离太阳而运行？这是史官想神化汉高祖的事，不再以理推验它。"崔浩说："要想做改变的人什么不能改，你怎么独不怀疑三星的会聚，却奇怪二星的出现？"高允说："这不能以空言争论，应再考证它。"当时在座的人都感到奇怪，只有东宫少傅游雅说："高君擅长推算天文历法，应当不假。"后来过了一年多，崔浩对高允说："你先前所说的，我本来没有注意，后来再加考究，果真如君说的，五星在前三月聚于东井，不是十

数,当不虚也。"后岁余,浩谓允曰:"先所论者,本不注心,及更考究,果如君语,以前三月聚于东井,非十月也。"又谓雅曰:"高允之术,阳元之射也⑫。"众乃叹服。允虽明于历数,初不推步⑬,有所论说。唯游雅数以灾异问允。允曰:"昔人有言,知之甚难,既知复恐漏泄,不如不知也。天下妙理至多,何遽问此?"雅乃止。

月。"又对游雅说:"高允的推步术,就像晋时魏舒的箭术一样精到。"大家就对他赞叹佩服。高允虽然精通天文历法,当初并不进行推算和有所论述。只有游雅多次以灾异询问高允。高允说:"古人说过,明白它很难,知道以后又怕漏泄,不如不知。天下精妙的道理很多,你怎么突然问这个?"游雅这才不再问。

注释 ① 著作郎:官名,掌编纂国史。 ② 术士:指巫祝占卜之流。 ③ 薄蚀:日月相掩。 ④ 五星:金、土、水、火、木五大行星。 ⑤ 历数:推断节气的方法。 ⑥ 汉元年:即公元206年。 ⑦ 东井:星名,即井宿。 ⑧ 尾箕:星名,尾宿与箕宿。 ⑨ 申南:指西南。 ⑩ 寅北:指东北。 ⑪ 东宫少傅:即太子少傅,为辅导太子的官员。游雅:字伯度,北魏大臣,曾和高允参与律令的改制。 ⑫ 阳元:即魏舒,西晋人,官至侍中、右仆射、司徒,善于射箭。 ⑬ 推步:推算天文历法的学问。

原文

　　寻以本官为秦王翰傅①。后敕以经授恭宗②,甚见礼待。又诏允与侍郎公孙质、李虚、胡方回共定律令。世祖引允与论刑政,

翻译

　　不久,高允以本官任秦王元翰师傅。后又受命以经典教授恭宗,很受礼遇。又命令高允与侍郎公孙质、李虚、胡方回共定法令。世祖召见高允,与他讨论刑政,言语很合心意。于是问高允说:"许许多多的政事,以哪种为先?"当

言甚称旨。因问允曰:"万机之务,何者为先?"是时多禁封良田,又京师游食者众③。允因言曰:"臣少也贱,所知唯田,请言农事。古人云:方一里则为田三顷七十亩,百里则田三万七千顷。若勤之,则亩益三斗,不勤则亩损三斗。方百里损益之率,为粟二百二十二万斛④,况以天下之广乎?若公私有储,虽遇饥年,复何忧哉?"世祖善之。遂除田禁,悉以授民。

时朝廷多封占良田,京城中过游手好闲生活的人很多。高允于是上言:"我小时候贫贱,所知道的只有种田,请让我说说农事。古人说:方一里就有田三顷七十亩,一百里就有田三万七千顷。如果勤于耕种,那么每亩可增产三斗,不勤于耕种,那么每亩减产三斗。方一百里增产或减产的数额,共计有粟二百二十二万斛,何况天下这样广大呢?如果公私有储备,即使遇上饥荒年份,又有什么忧患呢?"世祖赞赏他的话。于是废除了封占良田的禁令,把它们全部授给百姓。

注释 ① 秦王翰:即元翰,魏太武帝拓跋焘之子。后改封东平王,太武帝死后被杀。 ② 恭宗:即太武帝拓跋焘长子拓跋晃(428—451),五岁时被立为太子,未及继位而死。后被追谥为恭宗。 ③ 游食:游手好闲而食,不事生产。 ④ 斛:计量粮食的容器,十斗为一斛。

原文

初,崔浩荐冀、定①、相②、幽、并五州之士数十人,各起家郡守。恭宗谓浩曰:"先召之人,亦州郡选也,在职已久,勤劳未答。今可先补前召外任郡县,以

翻译

当初,崔浩推荐冀、定、相、幽、并五州的人才数十人,一开始就任郡守。恭宗对崔浩说:"先征召的人,也是州郡官的人选,在职已久,还没有酬谢他们的勤劳。现在可以先以从前征召的人出任郡县官,以新征召的人代替他们任郎

原文

新召者代为郎吏。又守令宰民,宜使更事者。"浩固争而遣之。允闻之,谓东宫博士管恬曰③:"崔公其不免乎!苟逞其非,而校胜于上,何以胜济?"

注释 ① 定:州名,治今河北定州。 ② 相:州名,治今河南安阳北。 ③ 东宫博士:官名,掌教授太子。

原文

辽东公翟黑子有宠于世祖,奉使并州,受布千匹,事寻发觉。黑子请计于允曰:"主上问我,为首为讳乎?"允曰:"公帷幄宠臣,答诏宜实。又自告忠诚,罪必无虑。"中书侍郎崔览、公孙质等咸言首实罪不可测,宜讳之。黑子以览等为亲己,而反怒允曰:"如君言,诱我死,何其不直!"遂与允绝。黑子以不实对,竟为世祖所疏,终获罪戮。

是时,著作令史闵湛、郄摽性巧佞①,为浩信待。

翻译

吏。而且郡守县令治理百姓,应当任用有经验的人。"崔浩力争而派出新征召者。高允听说后,对东宫博士管恬说:"崔浩恐怕不能免祸吧!假如放肆地做错事,而与皇上争胜,怎么能成呢?"

翻译

辽东公翟黑子受世祖宠爱,奉命出使并州,接受了布一千匹,不久事情被发觉。翟黑子向高允求计,说:"如果皇上问我,我是自首呢还是隐瞒不说?"高允说:"您是宫廷内的宠臣,回答皇上问话应当老实。而且你自己向皇上表示忠诚,不必担心获罪。"中书侍郎崔览、公孙质等都说自首认罪后果无法预测,应当隐瞒。翟黑子就以为崔览等人亲近自己,反而怨恨高允说:"照君所说,是引诱我送死,你为什么这样不正派!"于是与高允绝交。翟黑子因不如实回答,竟被世祖疏远,最后获罪被杀。

这时,著作令史闵湛、郄摽生性虚伪,阿谀逢迎,受到崔浩信任。他们看到崔浩所注的《诗经》《论语》《尚书》《周见浩所注《诗》《论语》《尚书》《易》，遂上疏，言马、郑、王、贾虽注述《六经》②，并多疏谬，不如浩之精微。乞收境内诸书，藏之秘府③。班浩所注④，命天下习业。并求敕浩注《礼传》⑤，令后生得观正义。浩亦表荐湛有著述之才。既而劝浩刊所撰国史于石，用垂不朽，欲以彰浩直笔之迹。允闻之，谓著作郎宗钦曰："闵湛所营，分寸之间，恐为崔门万世之祸，吾徒无类矣⑥。"未几而难作。

易》，于是上奏疏，说马融、郑玄、王肃、贾逵虽然注解过《六经》，但有很多疏误，不如崔浩的注解精深微妙。他们请求收缴境内各种书籍，把它们藏在秘府中。颁布崔浩所注的书，命令天下士子学习。并请求敕令崔浩注《礼传》，使青年学子能看到正确的经义。崔浩也上表推荐闵湛有著述的才能。闵湛后来劝崔浩把所撰写的国史刻在石碑上，借以永垂不朽，想以此显示崔浩秉笔直书的行为。高允听说这事后，对著作郎宗钦说："闵湛所谋划的事，过不了多久，恐怕会成为崔家万世的灾祸，我们这些人无一能幸免于难。"不久灾难就发生了。

注释 ① 著作令史：官名，为著作郎下的属官。郗撝(xī biāo)：人名。 ② 马：马融。郑：郑玄。王：王肃。贾：贾逵。都是汉魏大经学家。 ③ 秘府：古代宫中藏图书的地方。 ④ 班：同"颁"。 ⑤《礼传》：即《礼记》，儒家经典之一。 ⑥ 无类：不加选择，一个不剩。

原文

初，浩之被收也，允直中书省①。恭宗使东宫侍郎吴延召允②，仍留宿宫内。翌日，恭宗入奏世祖，命允骖乘③。至宫门，谓曰："人

翻译

起初，崔浩被拘捕时，高允在中书省当班。恭宗派东宫侍郎吴延召见高允，仍在宫内留宿。第二天，恭宗进宫向世祖上奏，让高允陪乘。到达宫门，恭宗对高允说："进去应当见皇上，我自

当见至尊，吾自导卿。脱至尊有问④，但依吾语。"允请曰："为何等事也？"恭宗曰："入自知之。"既入见帝，恭宗曰："中书侍郎高允自在臣宫，同处累年，小心密慎，臣所委悉。虽与浩同事，然允微贱，制由于浩。请赦其命。"世祖召允，谓曰："《国书》皆崔浩作不？"允对曰："《太祖记》，前著作郎邓渊所撰。《先帝记》及《今记》，臣与浩同作。然浩综务处多，总裁而已。至于注疏⑤，臣多于浩。"世祖大怒曰："此甚于浩，安有生路！"恭宗曰："天威严重，允是小臣，迷乱失次耳。臣向备问，皆云浩作。"世祖问："如东宫言不？"允曰："臣以下才，谬参著作，犯逆天威，罪应灭族⑥，今已分死，不敢虚妄。殿下以臣侍讲日久，哀臣乞命耳。实不问臣，臣无此言。臣以实对，不敢迷

然要引导你。假使皇上有话要问，你只管依照我的话回答。"高允问道："是什么事呢？"恭宗说："进去自然就知道了。"进去后见到皇帝，恭宗说："中书侍郎高允自从在我宫中后，我与他共同相处多年，他小心谨慎，我是完全清楚的。他虽然与崔浩共事，但官位卑微低贱，裁断皆由崔浩作出。我请求饶他的命。"世祖召见高允，问他说："《国书》都是崔浩作的吗？"高允回答说："《太祖记》，是前著作郎邓渊撰写的。《先帝记》和《今记》，是我与崔浩共同作的。但汇总的地方很多，他只是总的裁决罢了。至于注解，我多于崔浩。"世祖大怒说："这比崔浩还严重，哪有活路！"恭宗说："皇上的威严雷霆万钧，高允是小臣，吓得神智错乱、语无伦次了。我先曾仔细问过他，他都说是崔浩作的。"世祖问："是不是像太子说的那样？"高允说："我以低下的才能，错误地参与著作，触犯皇上的威严，罪行应当灭族，现在已死定了，不敢胡说。殿下因我侍讲时间久，怜悯我，为我请求饶命而已。他真的没有问我，我也没有说这话。我如实回答，不敢荒谬错乱。"世祖对恭宗说："耿直啊！这也是人情难以办到的，却能临死不变，不是很难做到吗！而且

乱。"世祖谓恭宗曰："直哉！此亦人情所难，而能临死不移，不亦难乎！且对君以实，贞臣也。如此言，宁失一有罪，宜宥之。"允竟得免。于是召浩前，使人诘浩。浩惶惑不能对。允事事申明，皆有条理。时世祖怒甚，敕允为诏，自浩已下、僮吏已上百二十八人皆夷五族⑦。允持疑不为，频诏催切。允乞更一见，然后为诏。诏引前，允曰："浩之所坐，若更有余衅，非臣敢知。直以犯触，罪不至死。"世祖怒，命介士执允⑧。恭宗拜请。世祖曰："无此人忿朕，当有数千口死矣。"浩竟族灭，余皆身死。宗钦临刑，叹曰："高允其殆圣乎！"

如实回答君王，是正直的大臣。像这样说，宁可放过一个有罪的人，应当赦免他。"高允竟得以幸免。世祖于是召崔浩上前，让人盘问崔浩。崔浩惊惶失措，不能回答。高允事事解释清楚，都有条理。当时世祖很恼怒，命令高允作诏书，自崔浩以下、家僮属吏以上一百二十八人都灭五族。高允犹豫迟疑不写，世祖多次下诏催促。高允请求再见一次世祖，然后写诏书。世祖下令把他带上前来，高允说："崔浩获罪之事，如果另有其他罪行，那不是我敢知道的。如果只因冒犯抵触，罪不至于处死。"世祖发怒，命令武士拿下高允。恭宗跪拜请求宽恕他。世祖说："如果没有这个人激怒我，将有数千人死了。"崔浩最终被灭族，其余的人都只是自己被处死。宗钦临刑时感叹："高允大概是圣人吧！"

注释　①中书省：官署名，为秉承皇帝意旨、掌管机要、发布政令的机构。　②东宫侍郎：官名，为太子的僚属。　③骖（cān）乘：陪乘。　④脱：假如。　⑤注疏：注解。　⑥灭族：诛杀全宗族。　⑦僮吏：奴仆和小吏。　⑧介士：带甲的武士。

原文

恭宗后让允曰："人当知机，不知机，学复何益？当尔之时，吾导卿端绪，何故不从人言，怒帝如此？每一念之，使人心悸。"允曰："臣东野凡生^①，本无宦意。属休延之会^②，应旌弓之举^③，释褐凤池^④，仍参麟阁^⑤，尸素官荣，妨贤已久。夫史籍者，帝王之实录，将来之炯戒^⑥，今之所以观往，后之所以知今。是以言行举动，莫不备载，故人君慎焉。然浩世受殊遇，荣曜当时，孤负圣恩^⑦，自贻灰灭。即浩之迹，时有可论。浩以蓬蒿之才^⑧，荷栋梁之重，在朝无謇谔之节^⑨，退私无委蛇之称^⑩，私欲没其公廉，爱憎蔽其直理，此浩之责也。至于书朝廷起居之迹，言国家得失之事，此亦为史之大体，未为多违。然臣与浩实同其事，死生荣辱，义无独

翻译

恭宗后来责备高允说："人应该预知事情的征兆，不识时务，有学问又有什么用处？当那个时候，我引导你回答皇上问话的思路，你为什么不听从我的话，如此激怒皇上？每当想到它，使人心中颤抖。"高允说："我是一个乡间凡人，本来没有做官的意图。恰逢太平盛世，接受征聘，到中书省做官，并进入秘书省，享受官家荣华，尸位素餐，妨碍贤才已经很久了。史籍，是帝王言行的真实记录、将来的明白鉴戒，现在用来反思过去，今后用来了解现在。因此言行举动，无不详细记载，所以帝王对它很慎重。但崔浩世代受到特殊的礼遇，在当时很荣耀，辜负皇上的恩情，自取灭亡。就崔浩的行为而言，有的是可以议论的。崔浩以平凡的才能，担负栋梁的重任，在朝廷上没有正直的气节，私下里没有随和的名声，私欲掩盖了他的公正廉洁，爱憎蒙蔽了他的正直和理智，这是崔浩的责任。至于记录朝廷起居的事迹，谈论国家得失的情况，这也是撰写历史的大体，并没有很多违失。但我与崔浩确实一同做那件事，死生荣辱，从道义上说不能独自不同。确实是承受殿下大力成全的慈爱，但违心地说

殊。诚荷殿下大造之慈,违心苟免,非臣之意。"恭宗动容称叹。允后与人言:"我不奉东宫导旨者,恐负翟黑子。"

话以求侥幸免死,不是我的本意。"恭宗感动地称赞他。高允后来对人说:"我不遵照太子对我的提示,怕对不起翟黑子。"

注释　①东野:乡间。　②休延:指太平之世。　③旌弓:古代征聘的礼节。以旌招大夫,以弓招士。　④凤池:指中书省。　⑤麟阁:本为图绘功臣之处,这里指秘书省。　⑥炯戒:明白的鉴戒。　⑦孤负:辜负。孤,同"辜"。　⑧蓬蒿之才:意指才疏学浅。　⑨謇谔(jiǎn è):忠直敢言。　⑩委蛇:雍容自得、从容不迫的样子。

原文

恭宗季年,颇亲近左右,营立田园,以取其利。允谏曰:"天地无私,故能覆载;王者无私,故能包养。昔之明王,以至公宰物,故藏金于山,藏珠于渊,示天下以无私,训天下以至俭。故美声盈溢,千载不衰。今殿下国之储贰①,四海属心,言行举动,万方所则,而营立私田,畜养鸡犬,乃至贩酤市廛②,与民争利,议声流布,不可追掩。夫天下者,殿下之天下,富有四海,何

翻译

恭宗晚年,很亲近身边的人,经营建立田园,以便从中获利。高允劝告说:"天地没有私心,所以能覆盖载负万物;君王没有私心,所以能包容哺养百姓。过去的圣明君主,以最公平的心主宰事物,所以把金子藏在山中,把宝珠藏在深渊,向天下人显示无私,以俭朴训勉天下人。所以他们的美名四处流传,千年不衰。现在殿下是国家的皇位继承人,四海归心,言行举动被万方效法,而营建私田、畜养鸡犬,甚至在市场中卖酒,与百姓争利,人们议论纷纷,恶名无法补救遮掩。天下,是殿下的天下,富有四海,什么东西不能得到,什么欲望不能满足,却要与贩卖东西的男女

求而不获，何欲而弗从，而与贩夫贩妇竞此尺寸？昔虢之将亡③，神乃下降，赐之土田，卒丧其国。汉之灵帝④，不修人君之重，好与宫人列肆贩卖⑤，私立府藏⑥，以营小利，卒有颠覆倾乱之祸。前鉴若此，甚可畏惧。夫为人君者，必审于择人。故称知人则哲，惟帝难之。《商书》云'无迩小人'。孔父有云⑦，小人近之则不逊，远之则怨矣。武王爱周、邵、齐、毕⑧，所以王天下。殷纣爱飞廉、恶来⑨，所以丧其国。历观古今存亡之际，莫不由之。今东宫诚曰乏人，俊乂不少⑩。顷来侍御左右者，恐非在朝之选。故愿殿下少察愚言，斥出佞邪，亲近忠良，所在田园，分给贫下，畜产贩卖，以时收散。如此则休声日至，谤议可除。"恭宗不纳。

争夺这些小利？过去虢国将亡的时候，天神曾经下降，赐给它土地，可最后还是丧失了那个国家。汉朝的灵帝，不尽做皇帝的责任，喜欢与宫人设商店做买卖，私设仓库，以谋取小利，终于有颠覆丧乱的祸患。以前的教训如此，非常值得畏惧。做君主的人，对选择人才必须谨慎。所以说知人就是明智，可是皇上唯独难于做到这点。《商书》说'不要亲近小人'。孔子说过，亲近小人，他们就无礼；疏远他们，他们就怨恨。周武王喜爱周公、邵公、姜太公、毕公高，所以能称王天下。殷纣王喜欢飞廉、恶来，所以丧失了他的国家。纵观古今存亡之事，无不由此造成。现在东宫确实是缺乏人才，但有贤德的人也不少。近来侍奉左右的，恐怕不是在朝廷中的恰当人选。所以希望殿下稍微体察我的话，斥退谄媚奸邪的人，亲近忠良，把各地的田园，分给贫穷的人，畜产和贩卖的东西，及时收回散发出去。如果这样，颂扬之声就会一天天传来，非议可以消除。"恭宗不接受他的意见。

注释 ① 储贰:皇位继承人。 ② 市廛(chán):集市。 ③ 虢(guó):周代诸侯国名。 ④ 汉之灵帝:即刘宏(156—189),东汉皇帝,公元168—189年在位。 ⑤ 列肆贩卖:摆摊贩卖。 ⑥ 府藏:仓库。 ⑦ 孔父:即孔子。父为男子的美称。 ⑧ 武王:即周武王,西周的建立者。周、邵、齐、毕:即周公姬旦、邵公奭、太公姜尚、毕公高,都是西周的元老重臣。 ⑨ 殷纣:即商朝的亡国之君帝辛。飞廉、恶来:纣王时的奸臣。 ⑩ 俊乂(yì):德高望重的老人。

原文

恭宗之崩也,允久不进见。后世祖召,允升阶歔欷①,悲不能止。世祖流泪,命允使出。左右莫知其故,相谓曰:"高允无何悲泣,令至尊哀伤,何也?"世祖闻之,召而谓曰:"汝不知高允悲乎?"左右曰:"臣等见允无言而泣,陛下为之悲伤,是以窃言耳。"世祖曰:"崔浩诛时,允亦应死,东宫苦谏,是以得免。今无东宫,允见朕因悲耳。"

翻译

恭宗去世,高允很久不进宫朝见。后来世祖召见他,高允登上台阶叹息,抑制不住悲伤。世祖流泪,让高允出去。左右侍从不知为什么,纷纷说:"高允莫名其妙地悲伤哭泣,使皇上哀伤,为什么呢?"世祖听见后,把他们召来,说道:"你们不知高允为什么悲伤吗?"左右侍从说:"我们见高允不说话而哭泣,陛下因此悲伤,所以私下议论。"世祖说:"崔浩被杀时,高允也应死,太子苦苦劝谏我,他因此得以幸免。现在没有了太子,高允见到我于是悲伤啊。"

注释 ① 歔欷(xū xī):叹息声。

原文

允表曰:"往年被敕①,

翻译

高允上表说:"往年我得到指示,命

令臣集天文灾异,使事类相从,约而可观。臣闻箕子陈谟而《洪范》作[2],宣尼述史而《春秋》著[3],皆所以章明列辟[4],景测皇天者也[5]。故先其善恶而验以灾异,随其失得而效以祸福,天人诚远,而报速如响,甚可惧也。自古帝王莫不尊崇其道而稽其法数[6],以自修饬。厥后史官并载其事,以为鉴诫[7]。汉成帝时[8],光禄大夫刘向见汉祚将危[9],权归外戚[10],屡陈妖眚而不见纳。遂因《洪范》《春秋》灾异报应者而为其传,觊以感悟人主[11],而终不听察,卒以危亡。岂不哀哉!伏惟陛下神武则天[12],睿鉴自远[13],钦若稽古[14],率由旧章,前言往行,靡不究鉴,前皇所不逮也。臣学不洽闻[15],识见寡薄,惧无以裨广圣听,仰酬明旨。今谨依《洪范传》《天文志》,撮其事要,略其文

令我汇集天文灾异,使事情按类编排,简略以便于观览。我听说箕子陈述谋略而创作《洪范》,孔子记述历史而撰写《春秋》,都是用以显明各种法度,测度上天意志的。所以在评定善恶之前而以灾异应验,随着行为得失而以祸福呈现,天与人距离确实远,而报应快得如声响,很可怕啊。自古帝王没有人不尊崇上天的原则而考察它的法度,以自我修整。那以后史官都记载灾异之事,作为借鉴和告诫。汉成帝时,光禄大夫刘向见汉朝的国运危急,政权归外戚掌管,多次陈述怪异之事而不被采纳。于是根据《洪范》《春秋》的灾异报应原理而为它作传,希望感化开悟君主,却始终不被听从,西汉最终因此危亡。这怎么不值得悲哀呢!我私下思量陛下神明威武效法上天,能够明鉴长远,恭敬地稽考古道,全按旧有的章程行事,对从前的言语、过去的行为,无不研究借鉴,这是以前的皇帝赶不上的。我学问不广博,识见浅陋,怕没有什么可以用来增广皇上的听闻,酬答皇上的明诏。现在敬依《洪范传》《天文志》,摘录要点,省略文辞,共为八篇。"世祖阅览后认为好,说:"高允懂灾异,哪一点比崔浩差呢?"到高宗即位,高允也在很多方

辞,凡为八篇。"世祖览而善之,曰:"高允之明灾异,亦岂减崔浩乎?"及高宗即位,允颇有谋焉。司徒陆丽等皆受重赏,允既不蒙褒异,又终身不言。其忠而不伐,皆此类也。

面参与了谋划。司徒陆丽等都受到重赏,高允既不受褒奖优待,又终身不说出来。他忠诚而不表功,都如此类。

注释 ① 敕(chì):皇帝的命令或诏书。 ② 箕(jī)子:商代贵族,纣王叔父,官太师,封于箕(今山西太谷东北)。曾劝谏纣王,纣王不听,把他囚禁。周武王灭商后才被释放。《尚书·洪范》记述有他答武王的话,是后人拟作的。 ③ 宣尼:即孔子。 ④ 列辟(bì):各种法度。 ⑤ 景测:测定。景,同"影"。 ⑥ 法数:法术,法度。 ⑦ 鉴诫:又作鉴戒,引他事以为教训。 ⑧ 汉成帝:西汉皇帝,即刘骜,公元前32—前7年在位。 ⑨ 光禄大夫:官名,掌顾问应对。刘向:字子政,西汉末著名学者,著有《别录》一书,为我国最早的分类目录。另有《新序》《说苑》《列女传》《洪范五行论》等书。 ⑩ 外戚:帝王的母族、妻族。 ⑪ 觊(jì):希图。 ⑫ 伏惟:俯伏思量,下对上的敬词。 ⑬ 睿鉴:高明的见识。 ⑭ 钦若稽古:钦若,恭敬地顺从。稽古,稽考古道。 ⑮ 洽(qià)闻:知识丰富,见闻广博。

原文

给事中郭善明①,性多机巧,欲逞其能,劝高宗大起宫室。允谏曰:"臣闻太祖道武皇帝既定天下,始建都邑。其所营立,非因农隙,不有所兴。今建国已久,宫室已备,永安前殿足

翻译

给事中郭善明,生性多机智灵巧,想显示他的才干,劝高宗大力修造宫室。高允劝谏说:"我听说太祖道武皇帝平定天下以后,才开始修建都市。他所营建的,如果不利用农闲,不得动工。现在建国已久,宫室已经齐备,永安前殿足以朝会万国,西堂温室足以让皇上

以朝会万国，西堂温室足以安御圣躬②，紫楼临望可以观望远近。若广修壮丽为异观者，宜渐致之，不可仓卒。计斫材运土及诸杂役须二万人③，丁夫充作，老小供饷，合四万人，半年可讫。古人有言：一夫不耕，或受其饥；一妇不织，或受其寒。况数万之众？其所损废，亦以多矣。推之于古，验之于今，必然之效也。诚圣主所宜思量。"高宗纳之。

安住，在紫楼上眺望可以观望远近。如果要广修壮丽的宫室作为奇观，应当慢慢进行，不可仓猝。预计砍伐木材、运输土方及各种杂活需二万人，壮丁充当劳作、老小供给粮饷，共四万人，半年可以完工。古人说过，一个男人不耕作，就有人受饥饿；一个妇女不纺织，就有人受冻。何况数万人之多？他们所损耗荒废的，也就多了。考究古代，验证当今，是必然的结果。这确实是圣明的皇上应当思量的。"高宗听从了他的建议。

注释 ① 给事中：官名，备顾问应对，讨论政事。 ② 温室：本汉宫殿名，此指暖室。 ③ 斫（zhuó）：砍。

原文

允以高宗纂承平之业，而风俗仍旧，婚娶丧葬，不依古式，允乃谏曰：

"前朝之世，屡发明诏，禁诸婚娶不得作乐，及葬送之日歌谣、鼓舞、杀牲、烧葬，一切禁断。虽条旨久颁，而俗不革变。将由居上

翻译

高允鉴于高宗继承太平的事业，而风俗沿袭鲜卑旧习，婚娶丧葬，不依照古代的办法，于是进谏说：

"前朝之时，多次颁布明白的诏令，严令各种婚娶不得奏乐，以及葬送之日唱歌、击鼓舞蹈、宰杀牲口、火葬等，一切严禁。虽然条令颁布已久，而风俗仍旧未变。大概由于身居高位的人不能

者未能悛改①,为下者习以成俗,教化陵迟②,一至于斯。昔周文以百里之地③,修德布政,先于寡妻④,及于兄弟,以至家邦,三分天下而有其二。明为政者先自近始。《诗》云:'尔之教矣,民胥效矣。'人君举动,不可不慎。

改变,下面的人习以成俗,教化衰落,以至于这样。过去周文王以百里的土地,修养德行,施行政教,先从嫡妻做起,推广到兄弟,以至于国家,三分天下也就拥有其二。懂得治理国家的人先从近处开始。《诗经》说:'你的教化,百姓都效法。'君主的举动,不可不谨慎。

注释　①悛(quān)改:悔改。　②陵迟:衰落。　③周文:即周文王姬昌,商末周族的领袖。　④寡妻:嫡妻。

原文

"《礼》云:'嫁女之家,三日不息烛;娶妇之家,三日不举乐。'今诸王纳室①,皆乐部给伎以为嬉戏②,而独禁细民不得作乐,此一异也。

翻译

"《礼》说:'嫁女的人家,三日不熄灭烛火;娶妻的人家,三日不奏乐。'现在各王娶家室,都由乐部给歌伎作为嬉戏,却偏偏禁止平民百姓奏乐,这是怪事之一。

注释　①纳室:娶妻妾。　②乐部:官署名,主管声乐之事。伎:歌女。

原文

"古之婚者,皆拣择德义之门,妙选贞闲之女①,先

翻译

"古代结婚的人,都选择有德义的家门,精心选取贞洁贤淑的女子,先以

之以媒娉，继之以礼物，集僚友以重其别，亲御轮以崇其敬②。婚姻之际，如此之难。今诸王十五，便赐妻别居。然所配者，或长少差舛③，或罪人掖庭④，而作合宗王⑤，妃嫔藩懿⑥。失礼之甚，无复此过。往年及今，频有检劾⑦。诚是诸王过酒致责⑧，迹其元起⑨，亦由色衰相弃，致此纷纭⑩。今皇子娶妻，多出宫掖，令天下小民，必依礼限，此二异也。

媒妁去订婚，接着送给礼物，聚集同僚好友以重视她的离别，亲自驾车以示对她的尊重。婚姻阶段，如此之难。观在众王十五岁时，便赐给妻子让他们另居一处。但所匹配的人，有的年龄大小有差错，有的是因罪没入掖廷，而与宗室王公婚配，做藩王的妃嫔。失礼的严重，没有超过这事的了。从往年到现今，有过多次检举揭发。确实是因众王公过度饮酒招致指责，追溯它的起因，也是由于女方姿色衰减而被抛弃，导致这些纷争。现在皇子娶妻，很多出自掖庭，不合礼法，却命令天下平民百姓，必须遵守礼法的界限，这是怪事之二。

注释 ① 妙选：善于选择。贞闲：贞洁贤淑。 ② 御轮：驾车。 ③ 差舛(chuǎn)：差错。 ④ 掖(yè)庭：宫中旁舍，宫女居住的地方。 ⑤ 宗王：宗室诸王。 ⑥ 藩懿：诸侯，亲王。 ⑦ 检劾：检举揭发。 ⑧ 过酒：酗酒。 ⑨ 元起：原因。 ⑩ 纷纭：纠纷。

原文

"万物之生，靡不有死，古先哲王，作为礼制，所以养生送死，折诸人情。若毁生以奉死，则圣人所禁也。然葬者藏也，死者不可再见，故深藏之。昔尧葬谷

翻译

"万物的生长，没有不死的，古代智慧的君王，制作礼制，是用来养生送死、折衷人情的。如果损耗生者来侍奉死者，那就是圣人所禁止的了。所谓葬，是藏的意思，死去的人再也不可见到，所以深深地将他们藏起来。过去尧被

林①,农不易亩;舜葬苍梧,市不改肆。秦始皇作为地市②,下固三泉,金玉宝货不可计数,死不旋踵③,尸焚墓掘。由此推之,尧舜之俭,始皇之奢,是非可见。今国家营葬,费损巨亿④,一旦焚之,以为灰烬。苟靡费有益于亡者⑤,古之臣奚独不然?今上为之不辍⑥,而禁下民之必止,此三异也。

安葬在谷林,农作不改换耕地;舜被安葬在苍梧,交易不改换市场。秦始皇修建地下都市,地下堵住了三泉,金玉财宝不可胜数,刚死不久,尸体被焚,坟墓被掘。由此推论,尧舜的俭朴,秦始皇的奢侈,是非可见而知。现在国家营建墓葬,花费亿万财富,一旦焚烧它,就成为灰烬。如果浪费财物对死者有好处,古代的臣子为什么唯独不这样做?现在上面的人不断做这种事,却严令在下的臣民一定要禁止,这是怪事之三。

注释 ①谷林:地名,今山东菏泽东北有尧陵,相传尧帝葬于此。 ②地市:地下都市。 ③旋踵:形容时间极短。 ④巨亿:亿万。 ⑤靡(mí)费:耗费。 ⑥辍(chuò):停止。

原文

"古者祭必立尸①,序其昭穆②,使亡者有凭,致食飨之礼③。今已葬之魂,人直求貌类者事之如父母④,燕好如夫妻⑤,损败风化,渎乱情礼⑥,莫此之甚。上未禁之,下不改绝,此四异也。

翻译

"古时祭祀必定设立代受祭品的人,排列祖宗的昭穆顺序,使死去的人有所依凭,施行供祭食物的礼仪。现在对已安葬的魂灵,人们只找面容相似的人,侍奉他们如父母,亲爱如夫妻,损害风俗,亵渎情感和礼义,没有比这更严重的了。上面不加禁止,下面不改变摈弃,这是怪事之四。

注释 ①尸：古代祭祀时代表死者受祭的人。 ②昭穆：古代宗法制度，宗庙或墓地的辈次排列，以始祖居中；二世、四世、六世居于始祖的左方，称昭；三世、五世、七世位于右方，称穆；用来分别宗族内部的长幼、亲疏和远近。 ③飨（xiǎng）：用酒食招待，引申为供奉鬼神。 ④直：只，仅仅。 ⑤燕好：亲爱，和好。 ⑥渎（dú）乱：亵渎。

原文

　　"夫飨者，所以定礼仪，训万国，故圣王重之。至乃爵盈而不饮①，肴干而不食，乐非雅声则不奏②，物非正色则不列。今之大会，内外相混，酒醉喧譊③，罔有仪式④。又俳优鄙艺⑤，污辱视听。朝廷积习以为美，而责风俗之清纯，此五异也。

翻译

　　"大宴宾客，是用来制定礼仪、训导万国的，所以圣明的君王重视它。以至于酒杯盛满就不饮，菜肴干掉就不吃，音乐如果不是正声就不演奏，物品不是正色就不摆设。现在的大宴会，内外相混，酒醉喧哗，没有礼节规范。加之俳优庸俗的技艺，污辱视听。朝廷积习以它为美，而又要求风俗的清明纯朴，这是怪事之五。

注释 ①爵：酒器。 ②雅声：正声，高雅的音乐。 ③喧譊（náo）：喧哗。 ④仪式：秩序。 ⑤俳优：艺人。

原文

　　"今陛下当百王之末，踵晋乱之弊，而不矫然厘改①，以厉颓俗，臣恐天下苍生，永不闻见礼教矣。"

　　允言如此非一，高宗从

翻译

　　"现在陛下正值百王之后，紧承晋代动乱后的弊病，却不立即改正，以振起颓败的风俗，我担心天下的民众，永远不能听到和看到礼教了。"

　　高允不止一次地这样说，高宗耐心地听他的话。有时有触犯的地方，高宗容听之。或有触迕②，帝所不忍闻者，命左右扶出。事有不便，允辄求见，高宗知允意，逆屏左右以待之③。礼敬甚重，晨入暮出，或积日居中，朝臣莫知所论。

不忍听的，就命左右的人把他扶出去。如果事情有所不便，高允就常常求见，高宗明白高允的心意，事先屏退左右的人来接待他。高宗对他特别礼遇尊重，高允早晨进来，日暮出去，有时多日留在宫中，朝中大臣不知道他们谈论些什么。

注释 ① 矫然厘改：立即改正。② 触迕(wǔ)：违反，抵触。 ③ 逆屏：屏退。

原文

或有上事陈得失者，高宗省而谓群臣曰："君父一也，父有是非，子何为不作书于人中谏之，使人知恶，而于家内隐处也？岂不以父亲，恐恶彰于外也？今国家善恶，不能面陈而上表显谏，此岂不彰君之短，明己之美？至如高允者，真忠臣矣。朕有是非，常正言面论。至朕所不乐闻者，皆侃侃言说，无所避就①。朕闻其过，而天下不知其谏，岂不忠乎！汝等在左右，曾不闻一正言，但伺朕喜时求官

翻译

有人上书陈述朝政得失的，高宗阅览后对群臣说："君王与父亲一样，父亲有过失，儿子为什么不作书在众人中劝谏他，使人们知道父亲的过错，却将过错隐藏在家中呢？难道不是因为父亲亲近，怕过错显露在外吗？现在国家的善恶，他不能当面陈述，却上奏表公开劝谏，这难道不是想暴露君王的短处，表现自己的优胜吗？至于像高允，真是忠臣啊。我有过失，常常当面说出来。说到那些我不爱听的，他都侃侃而谈，没有回避迎合我的。我听到了自己的过错，而天下人不知道他的劝谏，这难道还不忠诚吗！你们在我的身边，从来没有听到你们一句正道的话，只窥伺我高兴时就乞求官职。你们这些人握着弓刀侍候在我的身边，只不过有站立的

乞职。汝等把弓刀侍朕左右，徒立劳耳，皆至公王。此人把笔匡我国家，不过作郎。汝等不自愧乎？"于是拜允中书令②，著作如故。司徒陆丽曰："高允虽蒙宠待，而家贫布衣，妻子不立。"高宗怒曰："何不先言！今见朕用之，方言其贫。"是日幸允第，惟草屋数间，布被缊袍③，厨中盐菜而已。高宗叹息曰："古人之清贫岂有此乎！"即赐帛五百匹、粟千斛，拜长子忱为绥远将军④、长乐太守。允频表固让，高宗不许。初与允同征游雅等多至通官封侯，及允部下吏百数十人亦至刺史二千石，而允为郎二十七年不徙官⑤。时百官无禄，允常使诸子樵采自给⑥。

劳苦罢了，却都官至公王。这个人握笔匡正我的国家，不过做郎官。你们这些人自己不感到惭愧吗？"于是拜高允为中书令，仍旧任著作郎。司徒陆丽说："高允虽受宠爱礼遇，而家境贫穷，身穿布衣，妻子儿女无法自立。"高宗发怒说："怎么不早说！现在你们见我重用他，才说他贫穷。"这天高宗亲临高允家，见只有草屋数间，用的是粗布被、乱麻作里的袍子，厨房中只有盐菜而已。高宗叹息说："古人的清贫哪有这样的呢！"立即赐给丝织物五百匹、粮食一千斛，拜他的长子高忱为绥远将军、长乐太守。高允屡次上表坚决推辞，高宗不同意。当初与高允一同被征召的游雅等人多做到大官并封侯，就连高允部下一百几十名吏员也官至刺史二千石，而高允却做了二十七年郎官没有升迁。当时百官没有俸禄，高允常让儿子们打柴养活自己。

注释　①避就：回避迁就。　②中书令：官名，中书省长官，掌管机要，任职的多为有文学名望的人。　③缊（yùn）袍：用乱麻衬里的袍子。　④绥远将军：官名，掌军事，正七品。　⑤郎：对皇帝侍从官的通称。　⑥樵采：打柴。

原文

初,尚书窦瑾坐事诛[1],瑾子遵亡在山泽,遵母焦没入县官[2]。后焦以老得免,瑾之亲故,莫有恤者[3]。允愍焦年老[4],保护在家。积六年,遵始蒙赦。其笃行如此[5]。转太常卿,本官如故。允上《代都赋》,因以规讽,亦《二京》之流也[6]。文多不载。时中书博士索敞与侍郎傅默、梁祚论名字贵贱,著议纷纭。允遂著《名字论》以释其惑,甚有典证[7]。复以本官领秘书监,解太常卿,进爵梁城侯,加左将军[8]。

翻译

先前,尚书窦瑾因事被杀,窦瑾的儿子窦遵在山泽中逃亡,窦遵的母亲焦氏被籍没入官府。后来焦氏因年老获得释放,窦瑾的亲戚故友没有人接济她。高允怜悯焦氏年老,把她养护在家中。过了六年,窦遵才获得赦免。高允行为敦厚就像这样。转任太常卿,仍旧担任原官。高允献上《代都赋》,用以规劝讽谕,也是《二京赋》之类的作品。文字太多,这里不载录。当时中书博士索敞与侍郎傅默、梁祚论说名字的贵贱,撰写了很多论著。高允于是著《名字论》以解答他们的疑惑,论证很有根据。后来又以本官兼任秘书监,解除太常卿职务,进爵位为梁城侯,加左将军。

注释 ①坐事:因事获罪。 ②县官:官府。 ③恤(xù):体恤,怜悯。 ④愍(mǐn):怜悯。 ⑤笃行:行为敦厚。 ⑥《二京》:即《二京赋》,东汉张衡作。二京指汉代的东京(洛阳)、西京(长安)。 ⑦典证:有典故可以作论据。 ⑧左将军:官名,从二品。

原文

初,允与游雅及太原张伟同业相友,雅尝论允曰:

翻译

当初,高允与游雅及太原人张伟一同学习,互相友善,游雅曾评论高允说:

"夫喜怒者，有生所不能无也。而前史载卓公宽中①，文饶洪量②，褊心者或之弗信③。余与高子游处四十年矣，未尝见其是非愠喜之色，不亦信哉！高子内文明而外柔弱，其言呐呐不能出口④，余常呼为'文子'。崔公谓余云：'高生丰才博学，一代佳士，所乏者矫矫风节耳⑤。'余亦然之。司徒之谴，起于纤微，及于诏责，崔公声嘶股战不能言，宗钦已下伏地流汗，都无人色。高子敷陈事理，申释是非，辞义清辩，音韵高亮。明主为之动容，听者无不称善。仁及僚友，保兹元吉⑥。向之所谓矫矫者，更在斯乎？宗爱之任势也⑦，威振四海。尝召百司于都坐⑧，王公以下，望庭毕拜，高子独升阶长揖。由此观之，汲长孺可卧见卫青⑨，何抗礼之有⑩！向之所谓风节者，得不谓此

"喜怒，是有生命的东西所不能没有的。而从前史籍记载卓公内心宽广，文饶大度，心地狭小的人或许不相信。我与高允交往相处四十年了，从没有见他有是非喜怒的脸色，难道不是真实的吗！高子内心文采光明而外表柔弱，他的言语迟钝说不出来，我常称呼他为'文子'。崔公曾对我说：'高子才能丰富，学问广博，是一代美才，所缺少的只是超群的气节罢了。'我也同意他的话。司徒被谴责，是由小事引起的，后来下诏斥责，崔公声音嘶哑、大腿战栗，不能言语，宗钦以下的人伏在地上流汗，都面无人色。高子陈述事理，论辩是非，语言清晰，意思明确，声调高亢宏亮。圣明的皇上为他感动，听的人无不称赞说好。仁德施及僚友，得以保持这大吉。以前所说的超群，反而在这里吧？宗爱当权时，威震四海。曾在都坐召见百官，王公以下，全部面向厅堂跪拜，高子独自登上台阶长揖。由此看来，汲长孺可以躺着见卫青，哪又谈得上行对等之礼！以前所说的气节，能不是指的这些吗？了解人固然不容易，人也不容易被了解。我既没有理解他的内心，崔公也失之于他的外表。伯牙死后，钟子期不再听音乐，管仲受鲍叔牙的知遇而显达，确实是有

乎？知人固不易，人亦不易知。吾既失之于心内，崔亦漏之于形外。钟期止听于伯牙^⑪，夷吾见明于鲍叔^⑫，良有以也。”其为人物所推如此。

原因的。”他就是这样被人们推重。

注释　① 卓公：字子康，西汉末东汉初人，史称他性宽仁恭爱，光武帝时任太傅。② 文饶：即刘宽，东汉人，官至尚书令、南阳太守。曾有人失牛而误认刘宽拉车之牛为己牛，刘宽于是将牛给他而下车步行，不久那人失牛复归，将刘宽之牛送回致歉。　③ 褊（biǎn）心：心地狭窄。　④ 呐呐（nè）：形容言语迟钝。　⑤ 矫矫：勇武的样子。　⑥ 元吉：大吉。　⑦ 宗爱：魏太武帝拓跋焘时宦官，官至中常侍，封秦郡公。杀拓跋焘，立吴王拓跋余，任大司马、大将军、太师、都督中外诸军事，领中秘书，封冯翊王。后又杀拓跋余。高宗立，被杀。　⑧ 百司：百官。都坐：大臣议政的地方。⑨ 汲长孺：即汲黯，西汉景帝、武帝时人，生性倨傲少礼，历官太子洗马、淮阳太守。卫青：西汉名将，他率大军击走匈奴，解除了匈奴对汉王朝的威胁。　⑩ 抗礼：行对等的礼节。　⑪ 钟期：即钟子期。春秋时楚人，善于鼓琴，只有伯牙是他的知音。后来伯牙死，钟子期终身不再鼓琴。　⑫ 夷吾：即管仲。由鲍叔牙推荐，受齐桓公重用，帮助齐成就霸业。

原文

高宗重允，常不名之，恒呼为“令公”。“令公”之号，播于四远矣。高宗崩，显祖居谅暗，乙浑专擅朝命，谋危社稷。文明太后诛之，引允禁中，参决大政。又诏允曰：

翻译

高宗尊重高允，常不称他的名字，一直叫他“令公”。“令公”的称号，传播到了四方。高宗去世后，显祖守丧，乙浑独掌朝政，阴谋危害国家。文明太后杀了他，引高允入宫中，参与决定国家大事。又诏令高允说：“最近以来，学校

"自顷以来，庠序不建①，为日久矣。道肆陵迟，学业遂废，子衿之叹②，复见于今。朕既纂统大业③，八表晏宁，稽之旧典，欲置学官于郡国，使进修之业，有所津寄④。卿儒宗元老，朝望旧德，宜与中、秘二省参议以闻⑤。"允表曰："臣闻经纶大业⑥，必以教养为先；咸秩九畴⑦，亦由文德成务。故辟雍光于周诗⑧，泮宫显于鲁颂⑨。自永嘉以来⑩，旧章殄灭。乡间芜没《雅》《颂》之声⑪，京邑杜绝释奠之礼⑫。道业陵夷⑬，百五十载。仰惟先朝每欲宪章昔典⑭，经阐素风，方事尚殷，弗遑克复。陛下钦明文思⑮，纂成洪烈，万国咸宁，百揆时叙⑯。申祖宗之遗志，兴周礼之绝业，爰发德音⑰，惟新文教。搢绅黎献⑱，莫不幸甚。臣承旨敕，并集二省，披览史籍⑲，备究典纪⑳，靡不敦儒以劝

没有建立，为时已很久了。大道既已衰落，学业于是荒废，希望得到人才的感叹，又出现在今日。我既已继承大业，天下安宁，查考过去的典章，想在郡国设立学官，使进修的学业，有所传授。你是儒宗元老，又是朝中有声望的旧臣，应当与中书、秘书二省一起议定后告诉我。"高允上表说："我听说筹划治国的大业，必须以教养为先；使九畴都能有序，也要以礼乐教化成就事业。所以辟雍由周诗而光大，泮宫为鲁颂所显扬。自永嘉以来，旧有的典章被破坏。乡间听不到《雅》《颂》的声音，京城失传了释奠的礼仪。大道之业衰落，达一百五十年。回想先朝常想效法过去的典章，弘扬淳朴的风气，正值国事尚多，无暇恢复。陛下咸严圣明，思虑深远，继承大业，万国安宁，各种政务都井井有条。伸张祖宗的遗志，振兴周礼失传的事业，于是发布善言，更新文教。士大夫和贤能的人，没有不感到幸运的。我承奉诏旨，集合二省的人，查阅史籍，详究典籍的记载，无不敦促儒士以激励他们的事业，尊重学问使他们专心明道。我私下思量皇上的明诏，与古义相同。应当依照圣旨，修建学校，以激励风俗。使先王的大道，在圣明的时代被发扬光

其业，贵学以笃其道。伏思明诏，玄同古义㉑。宜如圣旨，崇建学校以厉风俗㉒。使先王之道，光演于明时；郁郁之音㉓，流闻于四海。请制大郡立博士二人㉔、助教四人㉕、学生一百人，次郡立博士二人、助教二人、学生八十人，中郡立博士一人、助教二人、学生六十人，下郡立博士一人、助教一人、学生四十人。其博士取博关经典㉖、世履忠清、堪为人师者，年限四十以上。助教亦与博士同，年限三十以上。若道业夙成，才任教授，不拘年齿。学生取郡中清望㉗，人行修谨，堪循名教者，先尽高门，次及中第。"显祖从之。郡国立学，自此始也。……

大；文采焕发的声音，流传到四海。请求规定大郡设立博士二人、助教四人、学生一百人，次郡设立博士二人、助教二人、学生八十人，中郡设立博士一人、助教二人、学生六十人，下郡设立博士一人、助教一人、学生四十人。博士择取博通经典、世代忠诚清白、能够为人师表的人担任，年龄限制在四十岁以上。助教也与博士一样，年龄限制在三十岁以上。如果道德学业早成，才能可以胜任教书授徒的职责，不限制年龄大小。学生择取郡中有清白名望、行为端正、能遵循名教的人，先将高门子弟择取完，然后择取中等门望的人。"显祖采纳了他的建议。郡国设立学校，是从这时开始的。……

注释　①庠序：学校。　②子衿之叹：《子衿》本为《诗经·郑风》中的篇名，描写男女思念之情。后来借以表示对人才的渴望。　③纂统：继承皇位治理国家。④津寄：依托。　⑤中、秘二省：中书省、秘书省。　⑥经纶大业：筹划治理国家的大事。　⑦九畴：治理国家的九种大政。可见《尚书·洪范》。　⑧辟雍：周代为贵族子弟设的学校。 ⑨ 泮官：相传春秋时代诸侯设的学校。《鲁颂》：《诗经》分为国风、大雅、小雅、颂四类。《鲁颂》是颂中的一组诗。 ⑩ 永嘉：晋怀帝司马炽年号，共六年(307—412)。 ⑪ 芜没：荒废。 ⑫ 释奠：立学时祭祀先圣先师。 ⑬ 陵夷：衰落。 ⑭ 宪章：效法。 ⑮ 钦明文思：恭敬聪明，有功业道德。 ⑯ 百揆：众多政务。 ⑰ 德音：善言。 ⑱ 搢(jìn)绅黎献：士大夫与百姓中的贤人。献，贤人。 ⑲ 披览：查阅。 ⑳ 典纪：文献记载。 ㉑ 玄同：同一。 ㉒ 厉：同"励"，激励。 ㉓ 郁郁：文采富盛的样子。 ㉔ 博士：学官名，掌传授经学。 ㉕ 助教：学官名，协助博士传授经学。 ㉖ 博关：博览。 ㉗ 清望：清白的名望。

原文

魏初法严，朝士多见杖罚①。允历事五帝，出入三省，五十余年②，初无谴咎③。初，真君中以狱讼留滞，始令中书以经义断诸疑事。允据律评刑，三十余载，内外称平。允以狱者民之命也，常叹曰："皋陶至德也④，其后英、蓼先亡⑤，刘、项之际，英布黥而王⑥。经世虽久，犹有刑之余衅⑦。况凡人能无咎乎?"

翻译

魏初法令严酷，朝中人士多受杖刑处罚。高允前后侍奉五位皇帝，出入三省五十多年，从没有被责罚过。当初，真君年间因为案子累积不决，开始命令中书省用经义断定各种疑案。高允依据律令衡量用刑，三十余年，内外都称公平。高允以为讼案关系到百姓的生命，常感叹说："皋陶是有大德的人，他的后人英、蓼先亡，刘邦、项羽纷争之时，英布受黥刑而封王。经历世道虽久，还有受刑的迹兆。何况凡人，能没有过失吗?"

注释 ① 朝士：泛指中央官员。 ② 三省：尚书、中书、秘书省。 ③ 谴咎：责罚。 ④ 皋陶(yáo)：相传为舜时掌刑罚的官。 ⑤ 英、蓼(liǎo)：都是古国名，相传为皋陶后人的封地。 ⑥ 英布：汉初大将，曾因犯法受黥(qíng)刑(用刀刺脸涂墨)。封淮南王，后起兵反汉，兵败被杀。 ⑦ 余衅：遗留的祸患。

原文

　　其年四月，有事西郊①，诏以御马车迎允就郊所板殿观瞩。马忽惊奔，车覆，伤眉三处。高祖、文明太后遣医药护治，存问相望。司驾将处重坐，允启陈无恙，乞免其罪。先是，命中黄门苏兴寿扶持允②，曾雪中遇犬惊倒，扶者大惧。允慰勉之，不令闻彻③。兴寿称共允接事三年，未尝见其忿色。恂恂善诱④，诲人不倦。昼夜手常执书，吟咏寻览。笃亲念故，虚己存纳。虽处贵重，志同贫素。性好音乐，每至伶人弦歌鼓舞⑤，常击节称善。又雅信佛道，时设斋讲⑥，好生恶杀。性又简至，不妄交游。显祖平青⑦、齐⑧，徙其族望于代⑨。时诸士人流移远至，率皆饥寒。徙人之中，多允姻媾⑩，皆徒步造门⑪。允散财竭产，以相赡赈⑫，慰问

翻译

　　那年四月，在西郊祭祀天地，高祖命令用皇家马车迎接高允到郊祀地点的板殿观看。马忽然受惊奔跑，车被掀翻，高允眉头三处受伤。高祖、文明太后派医送药进行护理治疗，去慰问的使者接连不断。驾车的人将被处以重刑，高允启奏说没有什么伤病，请求免去那人的罪。这以前，皇上命令中黄门苏兴寿搀扶高允，曾在雪中遇犬而被惊倒，搀扶的人很害怕。高允安慰他，不使这事传到皇上耳中。苏兴寿称与高允共事三年，从没有见到他的怒色。他循循善诱，诲人不倦。手中昼夜常拿着书，吟咏查阅。他对亲戚忠厚，对故友挂念，虚心接纳他人的意见。虽然地位尊贵，志向与贫贱时相同。生性喜爱音乐，每当伶人演奏歌唱、击鼓舞蹈时，他常按节拍鼓掌叫好。又向来信奉佛教，时常设斋讲经，喜欢放生，厌恶杀生。生性又简易通达，不随意交游。显祖平定青、齐地区，迁徙当地的高门大族到代郡。当时士人流亡迁移，远道而来，大都饥寒交迫。被迁徙的人中，有很多高允的姻亲，他们都徒步登门求助。高允散尽财产，用来接济，慰问周到。那些人无不感激他的仁厚。他又收罗其

周至。无不感其仁厚。收其才能,表奏申用。时议者皆以新附致异,允谓取材任能,无宜抑屈^⑬。先是,允被召在方山作颂^⑭,志气犹不多损,谈说旧事,了无所遗。十一年正月卒,年九十八。……

中有才能的人,上表奏请录用。当时议论的人都以他们是新归附的人而发表异议,高允认为择取人才,任用贤能的人,不应该压制。这以前,高允被征召在方山作颂,志气还没有减损多少,谈论旧事,一点也没有遗漏。十一年(487)正月去世,终年九十八岁。……

注释　① 有事西郊:在京城西面祭祀天地。　② 中黄门:宦官。　③ 闻彻:传到上司耳中。　④ 恂恂(xún):循序的样子。　⑤ 伶人:歌舞艺人。　⑥ 斋讲:供奉神佛,请和尚讲经。　⑦ 青:州名,治今山东益都。　⑧ 齐:州名,治今山东济南。　⑨ 族望:名门大族。　⑩ 姻媾(gòu):姻亲。　⑪ 造:往,到。　⑫ 赡赈:接济。　⑬ 抑屈:压抑委屈。　⑭ 方山:山名,在今山西大同北。

李　冲　传

导读

　　李冲（449—498）是北魏著名的政治家,深受冯太后和孝文帝的信任和重用,历任内秘书令、南部给事中、中书令、南部尚书、吏部尚书、尚书仆射等职。北魏原来的基层地方组织是宗主督护制,大量人口被豪强隐庇,以致户籍不实,损害了封建国家的利益。李冲建议实行三长制,清查户口,这样既符合国家的利益,又给老百姓带来好处。三长制的推广,是孝文帝时的一项重大改革措施。李冲还参与了迁都洛阳、改定官制等一系列重要的改革活动,是孝文帝政治改革最重要的助手。李冲还是一位优秀的建筑设计师,平城、洛阳的许多建筑,都曾由他规划。他能援引人才,不计旧恶,具有杰出政治家的风度。但李冲并不是一位完人。他虽为国做事,但也以权谋私,为兄弟子侄封官求爵。最后因小事与李彪发生矛盾,发狂而死。总的说来,李冲协助孝文帝推进改革,是一位在历史上产生过进步作用的人物。（选自卷五三）

原文

　　李冲,字思顺,陇西人①,敦煌公宝少子也②。少孤,为长兄荥阳太守承所携训③。承常言:"此儿器量非恒,方为门户所寄。"冲沉雅有大量,随兄至官。是时牧守子弟多侵乱民庶④,轻有乞夺,冲与承

翻译

　　李冲,字思顺,陇西人,敦煌公李宝的小儿子。少年时死了父母,为长兄荥阳太守李承所抚养教育。李承常说:"这孩子器量不凡,将成为家族的希望。"李冲深沉文雅有大气度,随兄赴官。当时牧守子弟多侵害骚扰百姓,动不动就求取财物,唯独李冲与李承的长

长子韶独清简皎然⑤，无所求取，时人美焉。

子李韶清廉俭约，光明磊落，无所索求，当时的人都赞美他们。

注释 ① 陇西：郡名，治今甘肃陇西。 ② 宝：李宝（407—459），凉王李暠孙。归附魏朝，拜使持节、侍中、都督西垂诸军事、镇西大将军、开府仪同三司、领护西戎校尉、沙州牧、敦煌公。 ③ 携训：抚养教训。 ④ 牧守：州牧、郡守，指地方官。 ⑤ 清简皎然：清廉俭约，光明正大。

原文

显祖末，为中书学生①。冲善交游，不妄戏杂，流辈重之。高祖初，以例迁秘书中散②，典禁中文事③，以修整敏惠，渐见宠待。迁内秘书令④、南部给事中⑤。

翻译

显祖末年，为中书学生。李冲善于交游，不随意游戏厮混，同辈的人们都敬重他。高祖初年，按常规升为秘书中散，掌管宫中文书事务，因行为严谨、灵敏聪慧，逐渐受到宠爱优待。升为内秘书令、南部给事中。

注释 ① 中书学生：官名，为中书省的小官，掌文书。 ② 秘书中散：官名，掌著作图书。 ③ 禁中：宫中。 ④ 内秘书令：官名，即秘书令，掌管宫中的图书秘籍。 ⑤ 南部给事中：官名。北魏前期设有殿中、乐部、驾部、南部、北部五尚书。南部尚书掌南边州郡，给事中为其属官。

原文

旧无三长①，惟立宗主督护②，所以民多隐冒③，五十、三十家方为一户。冲以三正治民，所由来远，于是创三长之制而上之。文明

翻译

以前没有三长，只设立宗主督护，因此百姓多隐瞒户口，五十或三十家才立一户。李冲鉴于以三正治理百姓，由来久远，于是创制三长制而上奏。文明太后看后说好，引见公卿大臣讨论。中书令郑羲、秘书令高祐等说："李冲请求

太后览而称善，引见公卿议之。中书令郑羲、秘书令高祐等曰："冲求立三长者，乃欲混天下一法。言似可用，事实难行。"羲又曰："不信臣言，但试行之，事败之后，当知愚言之不谬。"太尉元丕曰："臣谓此法若行，于公私有益。"咸称方今有事之月，校比民户④，新旧未分，民必劳怨，请过今秋，至冬闲月，徐乃遣使，于事为宜。冲曰："民者，冥也，可使由之，不可使知之。若不因调时⑤，百姓徒知立长校户之勤，未见均徭省赋之益，心必生怨。宜及课调之月，令知赋税之均。既识其事，又得其利，因民之欲，为之易行。"著作郎傅思益进曰："民俗既异，险易不同⑥，九品差调⑦，为日已久，一旦改法，恐成扰乱。"太后曰："立三长，则课有常准，赋有恒分，苞荫之户可出⑧，侥幸之人可

设立三长，这是想统一天下的法令。说起来似乎可以采用，实际上难以推行。"郑羲又说："如果不信我的话，就试行它，事情失败之后，会知道我的话不错。"太尉元丕说："我认为此法如果实行，对公私都有好处。"人们都说当今是农忙之月，核查民户，新旧未分，百姓必定劳苦怨恨，请求过了今年秋天，到冬季农闲月份，慢慢派使者去推行，办起事来更便利。李冲说："民，就是愚昧的意思，可以使他们照着命令办，不可以让他们知道为什么那样做。如果不在征收赋税之时推行，百姓只知设三长查户口的劳苦，不见平均徭役减省租赋的好处，心中必然产生怨恨。应趁征收赋税的月份进行，让他们知道赋税的均平。既明白了这个措施，又得到了它的好处，顺着百姓的利欲，就容易推行。"著作郎傅思益上前说："民间风俗既然相异，治理的难易便也不同，按九等征收户调绢帛，时间已久，一旦改变办法，恐怕会引起动乱。"太后说："设立三长，则百姓课税有固定的标准，租赋有固定的数量，包庇的户口可以查出来，侥幸逃避的人可以被制止，为什么行不通呢？"大家的议论虽然有差异，但只认为变法困难，再没有其他主张。于是设立三长，公私都以此为便。

止,何为而不可?"群议虽有乖异,然惟以变法为难,更无异义。遂立三长,公私便之。

注释 ① 三长:北魏孝文帝采用李冲建议,创立三长制,作为地方基层政权组织。三长制即五家立一邻长,五邻立一里长,五里立一党长。三长职责是检查户口,监督耕作,征收租调,征发徭役和兵役。 ② 宗主督护:北魏初期的地方基层组织。十六国时,黄河流域的豪强地主多据坞壁自守,聚族而居。北魏建立后,就依之化为地方基层政权组织,任命豪强为宗主,督护百姓,称为宗主督护。③ 隐冒:隐瞒户口,冒名顶替。 ④ 校比:核查评定。 ⑤ 调:即户调,一种征收纺织品的户税。 ⑥ 险易:难易。 ⑦ 九品差调:按九等征收赋税,征发徭役。⑧ 苞荫:包庇隐瞒。

原文

迁中书令,加散骑常侍①,给事中如故。寻转南部尚书②,赐爵顺阳侯。冲为文明太后所幸,恩宠日盛,赏赐月至数千万,进爵陇西公,密致珍宝御物以充其第,外人莫得而知焉。冲家素清贫,于是始为富室。而谦以自牧③,积而能散,近自姻族,逮于乡闾,莫不分及。虚己接物,垂念羁寒④,衰旧沦屈由之跻叙者⑤,亦以多矣。时以此称之。

翻译

升为中书令,加散骑常侍,仍旧任给事中。不久转为南部尚书,赐爵顺阳侯。李冲被文明太后所宠幸,受到的恩宠一天天增加,赏赐他的钱财每月达数千万,进爵为陇西公,太后暗中送珍宝和御用物品充实他的私宅,外人无从了解。李冲家向来清贫,这时开始成为富家。但他以谦逊约束自我,既能聚财又能散财,近自亲戚,远到乡里,没有不分到的。他谦虚待人,同情漂泊贫寒之人,门第衰败而沦落的旧人,依靠他而晋升任用的也很多。当时以此称道他。

注释 ① 散骑常侍：官名，在皇帝左右规谏过失，备顾问，位高于散骑侍郎。② 南部尚书：见前"南部给事中"条注。 ③ 自牧：自我约束。 ④ 羁寒：寄居外地、家境贫寒的人。 ⑤ 跻叙：登上仕途。

原文

初，冲兄佐与河南太守来崇同自凉州入国①，素有微嫌。佐因缘成崇罪②，饿死狱中。后崇子护又纠佐赃罪③，佐及冲等悉坐幽系④，会赦乃免，佐甚衔之。至冲宠贵，综摄内外⑤，护为南部郎⑥，深虑为冲所陷，常求退避，而冲每慰抚之。护后坐赃罪，惧必不济。冲乃具奏与护本末嫌隙，乞原恕之，遂得不坐。冲从甥阴始孙孤贫，往来冲家，至如子侄。有人求官，因其纳马于冲，始孙辄受而不为言。后假方便，借冲此马，马主见冲乘马而不得官，后乃自陈始末。冲闻之，大惊，执始孙以状款奏，始孙坐死。其处要自厉，不念爱恶，皆此类也。

翻译

当初，李冲兄李佐与河南太守来崇一起从凉州来归附魏国，二人平时有些小小的矛盾。李佐罗织来崇的罪名，把他饿死在狱中。后来来崇之子来护又检举李佐的贪污罪，李佐与李冲等人都被囚禁，遇上大赦才被放出，李佐很记恨来护。到李冲受宠显贵，统管内外时，来护为南部郎，很担心被李冲陷害，常求退避，而李冲每每安慰他。来护后来因贪赃获罪，担心必定不能免罪。李冲于是详细上奏与来护的矛盾本末，请求原谅他，来护因此没有被处罚。李冲的从甥阴始孙孤苦贫穷，往来李冲家，就像子侄一样。有人想做官，通过阴始孙送马给李冲，阴始孙就接受了马却不向李冲说。后来趁方便时，借给李冲这匹马，马主见李冲骑他的马而自己没有得到官位，就自己去陈述事情的始末。李冲听到后，大吃一惊，抓起阴始孙，把实情上奏，阴始孙因此被处死。他身居要职而对待自身严厉，不计爱憎，处事往往都是如此。

注释 ① 河南:郡名,治今河南洛阳。凉州:州名,治姑臧(今甘肃武威)。 ② 因缘:罗织。 ③ 赃罪:贪污罪。 ④ 幽系:囚禁。 ⑤ 综摄:总管。 ⑥ 南部郎:官名,隶属于南部尚书。

原文

是时循旧,王公重臣皆呼其名,高祖常谓冲为中书而不名之。文明太后崩后,高祖居丧,引见待接有加。及议礼仪律令,润饰辞旨①,刊定轻重,高祖虽自下笔,无不访决焉。冲竭忠奉上,知无不尽,出入忧勤,形于颜色,虽旧臣戚辅②,莫能逮之,无不服其明断慎密而归心焉。于是天下翕然③,及殊方听望,咸宗奇之④。高祖亦深相杖信⑤,亲敬弥甚,君臣之间,情义莫二。及改置百司,开建五等⑥,以冲参定典式⑦,封荥阳郡开国侯,食邑八百户,拜廷尉卿⑧。寻迁侍中、吏部尚书、咸阳王师⑨。东宫既建,拜太子少傅。高祖初依《周礼》,置

翻译

这时遵循旧俗,对王公大臣都直呼其名,高祖常称李冲为中书而不称其名。文明太后去世后,高祖守丧,对李冲的引见接待更胜于前。直到讨论礼仪律令,润色辞藻,改定言语轻重,高祖虽亲自下笔,但无不征求李冲的意见来决定。李冲尽忠侍奉皇上,知无不言,言无不尽,出朝入朝都勤劳忧国,表现于面容上,即使是朝中旧臣、皇亲国戚,也没有人比得上他,无人不佩服他明白果断,审慎周密,而从内心里信服他。于是天下归心,境外的人耳闻目睹,把他看成天下的奇才。高祖也深深地信赖他,更加亲近敬重他,君臣之间,情义不二。到改设各官署,制定五等爵制,让李冲参与制定典礼,封他为荥阳郡开国侯,食邑八百户,任命为廷尉卿。不久升侍中、吏部尚书、咸阳王师。设立太子后,拜为太子少傅。高祖开始依《周礼》,设置夫人、九嫔之类,以李冲的女儿为夫人。

夫、嫔之列^⑩，以冲女为
夫人。

注释 ① 辞旨：词句与文义。 ② 戚辅：宗室辅佐之臣。 ③ 翕（xī）然：纷纷归附的样子。 ④ 宗：敬仰。奇：惊异。 ⑤ 杖信：依赖信任。 ⑥ 五等：即公、侯、伯、子、男五等封爵制度。 ⑦ 典式：典礼仪式。 ⑧ 廷尉卿：官名，九卿之一，掌刑狱，为司法官。 ⑨ 师：官名，负责辅导诸侯王。 ⑩ 夫、嫔：帝王的妻妾。

原文

诏曰："昔轩皇诞御^①，垂栋宇之构，爰历三代^②，兴宫观之式。然茅茨土阶^③，昭德于上代；层台广厦，崇威于中叶。良由文质异宜，华朴殊礼故也。是以周成继业^④，营明堂于东都^⑤；汉祖聿兴^⑥，建未央于咸镐^⑦。盖所以尊严皇威，崇重帝德，岂好奢恶俭、苟弊民力者哉？我皇运统天，协纂乾历^⑧，锐意四方，未遑建制，宫室之度，颇为未允。太祖初基，虽粗有经式，自兹厥后，复多营改。至于三元庆飨^⑨，万国充庭，观光之使，具瞻有阙。朕以寡德，猥承

翻译

高祖下诏说："过去轩辕皇帝降生统治天下时，传下建造房屋的方法，经过三代，出现了宫室建筑模式。但是茅屋土阶，显示了上古君主的德行；高楼大厦，也体现了中世君主的威风。这确实是因为文采与质朴适应不同的时代，华丽与朴素礼有不同的缘故。所以周成王继承大业，在东都营造明堂；汉高祖刚刚建国，在咸阳修建未央宫。这是为了尊崇皇帝的威势，崇尚皇帝的德行，哪里是喜欢奢侈、讨厌俭朴、损害民力呢？我朝承受天命，接续正统，锐意经营四方，来不及建设规划，宫室的制度，很不完备。太祖刚立基业，虽然有粗略的样式，从那以后，又多次改建。以至于元旦庆典宴会，各国使臣会集朝廷，观光的使者，没有什么可看的。我德行不高，滥承大统，正值国家吉祥的时期，万事昌盛，应当依照先代圣王的

洪绪,运属休期[10],事钟昌运[11],宜遵远度,式兹宫宇。指训规模[12],事昭于平日;明堂、太庙,已成于昔年。又因往岁之丰资,借民情之安逸,将以今春营改正殿。违犯时令,行之惕然[13]。但朔土多寒,事殊南夏,自非裁度当春,兴役徂暑,则广制崇基,莫由克就。成功立事,非委贤莫可;改制规模,非任能莫济。尚书冲器怀渊博,经度明远,可领将作大匠[14];司空[15]、长乐公亮[16],可与大匠共监兴缮。其去故崇新之宜,修复太极之制[17],朕当别加指授。"

制度,修建宫殿。指教规划,已在平时显示;明堂、太庙,已在往年建成。又依赖去年留下的丰富钱财,借助于民心的安定逸乐,将在今春改造正殿。违反季节,我对实行这事很过意不去。但北方寒冷,与南方中原不同,如果不是在春天决定下来,开工直到暑热的夏天,那么宏大的建筑,永远也不可能完成。办事要成功,非倚仗贤人不可;改革制度,设计规划,非任用能人不成。尚书李冲才能广博,胸怀远大,可兼任将作大匠;司空、长乐公穆亮,可以与将作大匠共同监督兴建。至于怎样以新样式取代旧样式,以及修复太极殿的办法,我将另加指点。"

注释 ① 轩皇:黄帝。 ② 三代:指夏、商、周三朝。 ③ 茅茨(cí):用茅草盖的屋。 ④ 周成:即周成王,武王子。 ⑤ 明堂:古代帝王宣布政教的地方。东都:即洛阳(今河南洛阳)。 ⑥ 汉祖:即汉高祖刘邦。 ⑦ 未央:西汉宫殿名,故址在今西安西北。咸镐:咸阳,在今陕西西安长安区西渭城故城。 ⑧ 协纂乾历:指顺应天命。 ⑨ 三元:农历正月初一。 ⑩ 休期:天下太平之时。 ⑪ 昌运:国运昌盛。 ⑫ 指训规模:指导训示与工程规划。 ⑬ 惕然:提心吊胆的样子。 ⑭ 将作大匠:官名,掌营造宫室。 ⑮ 司空:最高级的官衔之一,一般都是荣誉性,无实职。 ⑯ 亮:即穆亮(451—502),北魏大臣,历官侍中、尚书右仆射、录尚书事、开府仪同三司、尚书令、司空。 ⑰ 太极:宫殿名。

原文

车驾南伐,加冲辅国大将军①,统众翼从。自发都至于洛阳,霖雨不霁,仍诏六军发轸②。高祖戎服执鞭,御马而出,群臣启颡于马首之前③。高祖曰:"长驱之谋,庙算已定④,今大军将进,公等更欲何云?"冲进曰:"臣等不能折冲帷幄,坐制四海,而令南有窃号之渠⑤,实臣等之咎。陛下以文轨未一⑥,亲劳圣驾,臣等诚思亡躯尽命,效死戎行。然自离都淫雨⑦,士马困弊,前路尚遥,水潦方甚。且伊洛境内⑧,小水犹尚致难,况长江浩汗⑨,越在南境。若营舟楫,必须停滞,师老粮乏,进退为难。矜丧反旆⑩,于义为允。"高祖曰:"一同之意,前已具论。卿等正以水雨为难,然天时颇亦可知。何者?夏既炎旱,秋故雨多,玄冬之初⑪,必当开

翻译

高祖南征,加李冲为辅国大将军,率兵跟随左右。从京城出发以后直到洛阳,大雨连绵不晴,仍然命令六军开拔。高祖全副武装,手持马鞭,驾马而出,群臣在马前叩头劝阻。高祖说:"长驱南伐的策略,朝廷已经制定,现在大军将要出发,你们还想说什么?"李冲进谏说:"我们这些人不能在帷幄之中击败敌人,坐在屋里制服四海,而使南方有僭称皇帝的魁首,实在是我们的罪过。陛下鉴于天下还没有统一,亲自劳累圣驾,我们这些人确实想捐躯尽力,在军中贡献生命。但自离都时就阴雨绵绵,人马疲惫,前面的路途还远,雨水正多。况且洛阳一带,小小的河流尚形成阻难,何况长江浩瀚,远在南方境内。如果修造舟船,必定停滞不前,军队疲惫,粮食缺少,进退两难。如今如果哀怜死丧的人,掉转大旗回去,在道义上较为恰当。"高祖说:"统一天下的意图,我在前边已经详细说过了。你们只不过以雨水为难,但天时也还是可知的。为什么呢?夏季既然炎热干旱,所以秋天雨多,冬季之初,一定会晴朗。等到以后十月间,如果雨还不停,这就是天意,如果在那时晴朗,进军就无害。古

爽。比后月十间⑫,若雨犹不已,此乃天也,脱于此而晴,行则无害。古不伐丧,谓诸侯同轨之国,非王者统一之文。已至于此,何容停驾?"冲又进曰:"今者之举,天下所不愿,唯陛下欲之。汉文言⑬:'吾独乘千里马,竟何至也?'臣有意而无其辞,敢以死请。"高祖大怒曰:"方欲经营宇宙,一同区域,而卿等儒生,屡疑大计,斧钺有常⑭,卿勿复言!"策马将出。于是大司马、安定王休⑮,兼左仆射、任城王澄等并殷勤泣谏⑯。高祖乃谕群臣曰:"今者兴动不小,动而无成,何以示后?苟欲班师,无以垂之千载。朕仰惟远祖,世居幽漠⑰,违众南迁,以享无穷之美,岂其无心,轻遗陵壤⑱?今之君子,宁独有怀?当由天工人代⑲、王业须成故也。若不南銮⑳,即当移都于此,光宅

代不讨伐有丧事的敌人,是指诸侯同辈的国家,不适用于帝王统一天下的情况。现在已到了这个地步,怎么能停留不前呢?"李冲又进谏说:"现在的措施,天下人不情愿,只有陛下一人想这样做。汉文帝曾经说过:'我一人独自骑上千里马,究竟想到哪里去呢?'我词不达意,斗胆用死来请求。"高祖大怒说:"我正要经略天下,统一全境,而你们这些儒生,多次怀疑我的远大计划,国家有规定的死罪,你不要再说了!"说完就要骑马出发。于是大司马、安定王拓跋休,兼左仆射、任城王拓跋澄等人都哭个不停地劝阻。高祖于是告诉群臣说:"现在兴师动众规模不小,如果行动却不成功,拿什么给后人看?如果想要回师,无法流传千载。我寻思我国的远祖,世代居住在遥远的大漠中,由于违背众人的意愿南迁,后人才得以享受无穷的好处。难道是他们不留恋故土,轻易抛弃祖宗陵墓所在之地吗?难道只有今天的君子有这种情感吗?这应当说是上天的工作要通过人来完成、帝王的大业需要实现的缘故。如果我的车驾不向南行进,就应当迁都到这里,定都在中原,时机已经成熟,王公大臣认为如何?决定大计,不能迟疑,想迁都

土中^㉑，机亦时矣，王公等以为何如？议之所决，不得旋踵，欲迁者左，不欲者右。"安定王休等相率如右。前南安王桢进曰^㉒："夫愚者暗于成事，智者见于未萌。行至德者不议于俗，成大功者不谋于众，非常之人乃能建非常之事。廓神都以延王业^㉓，度土中以制帝京，周公启之于前，陛下行之于后，故其宜也。且天下至重，莫若皇居，人之所贵，宁如遗体？请上安圣躬，下慰民望，光宅中原，辍彼南伐。此臣等愿言，苍生幸甚。"群臣咸唱"万岁"。

的站到左边，不想迁都的站到右边。"安定王拓跋休等纷纷站到右边。前南安王拓跋桢进奏说："愚昧的人对已成之事还不明白，聪明的人在事情还没有发生时就预见到了。实行大德的人不和俗人商议，成就大功的人不与众人谋划，不一般的人才能做不一般的事。开拓神都以延续王业，在大地中央营建帝京，周公开先例于前，陛下实行于后，所以这是恰当的。而且天下最重要的，莫过皇帝的住地，人最宝贵的，难道有比父母赐给的身体更为重要的吗？请皇上善自保重身体，以使天下百姓放心，定都中原，停止南伐。这是我们臣子的由衷之言，也是天下苍生的大幸。"群臣都高呼"万岁"。

注释 ① 辅国大将军：官名，正二品。 ② 发轸（zhěn）：出发。 ③ 启颡（sǎng）：磕头。 ④ 庙算：由朝廷制定的克敌谋略。 ⑤ 渠：即渠帅，首领。 ⑥ 文轨未一：指未能书同文、车同轨，天下尚未统一。 ⑦ 淫雨：阴雨连绵。 ⑧ 伊洛：伊水与洛水，指今河南洛阳一带。 ⑨ 浩汗：即浩瀚，广大辽阔的样子。 ⑩ 旆（pèi）：旗帜。 ⑪ 玄冬：冬季。 ⑫ 月十：应当作"十月"。 ⑬ 汉文：即汉文帝刘恒（前202—前157），公元前180年至前157年在位。统治期间，轻徭薄赋，旧史家将他同景帝统治时期并称为文景之治。 ⑭ 斧钺（yuè）：古兵器名，这里指死刑。 ⑮ 大司马：官名，位在三公之上，常以外戚担任。安定王休：即拓跋休，历官使持节、侍中、都督诸军事,领大司马。 ⑯ 左仆射:官名,即尚书左仆射,为尚书令的佐官,掌行政。任城王澄:即拓跋澄(467—519),官至侍中、尚书令、司徒公。 ⑰ 幽漠:偏僻的沙漠。 ⑱ 陵壤:祖宗陵墓所在地。 ⑲ 天工人代:上天的工作由人来代行。 ⑳ 南銮(luán):车驾向南而行。 ㉑ 光宅中土:定都于大地的中央。 ㉒ 南安王桢:即拓跋桢,魏宗室,历官使持节、侍中、长安镇都大将、镇北大将军、相州刺史。 ㉓ 廓:扩大。

原文

高祖初谋南迁,恐众心恋旧,乃示为大举,因以胁定群情,外名南伐,其实迁也。旧人怀土,多所不愿,内惮南征,无敢言者,于是定都洛阳。冲言于高祖曰:"陛下方修周公之制,定鼎成周①。然营建六寝②,不可游驾待就;兴筑城郭③,难以马上营讫。愿暂还北都④,令臣下经造,功成事讫,然后备文物之章⑤,和玉銮之响,巡时南徙,轨仪土中⑥。"高祖曰:"朕将巡省方岳⑦,至邺小停,春始便还,未宜遂不归北。"寻以冲为镇南将军⑧,侍中⑨、少傅如故,委以营构之任。改封阳

翻译

高祖起初计划南迁,怕大家人心恋旧,就假装有大的军事行动,用以威迫和安定人心,名义上是南伐,其实是南迁。旧人怀恋故土,大多不愿意,但心中害怕南伐,没有人敢说话,于是定都洛阳。李冲对高祖说:"陛下要仿效周公的制度,定都成周故地。但是您总不能到处移动车驾,等着六宫建成;也不能在马上等着城廓完工。希望皇上暂回北都,令臣下修造,等建造完毕,然后完备礼乐制度,调和玉銮的声音,找个时机南迁,在天下的中央作出表率。"高祖说:"我将巡视各方山岳,到邺城稍作停留,开春就回平城,不会就此不回北方。"不久以李冲为镇南将军,照旧任侍中、少傅,委任他营建洛阳的重任。改封阳平郡开国侯,食邑户数照旧不变。

平郡开国侯,邑户如先。

注释 ① 定鼎:定都。成周:即洛阳。 ② 六寝:即六宫,天子与后妃居住的宫殿。 ③ 城郭(fú):外城。 ④ 北都:即平城(今山西大同)。 ⑤ 文物:礼乐典章制度。 ⑥ 轨仪土中:在大地的中央作表率。 ⑦ 方岳:各方山岳。 ⑧ 镇南将军:官名,从一品下。 ⑨ 侍中:官名,侍从皇帝,掌管机要,为重臣之职。

原文

车驾南伐,以冲兼左仆射,留守洛阳。车驾渡淮,别诏安南大将军元英、平南将军刘藻讨汉中①,召雍泾岐三州兵六千人拟戍南郑②,克城则遣。冲表谏曰:"秦州险阨③,地接羌夷④,自西师出后,饷援连续,加氐胡叛逆⑤,所在奔命,运粮攘甲⑥,迄兹未已。今复豫差戍卒,悬拟山外⑦,虽加优复⑧,恐犹惊骇。脱终攻不克,徒动民情,连胡结夷,事或难测。辄依旨密下刺史,待军克郑城,然后差遣,如臣愚见,犹谓未足。何者?西道险阨,单径千里,今欲深戍绝界之外,孤据群贼之

翻译

高祖南伐,以李冲兼任左仆射,留守洛阳。高祖的车马渡过淮河,另外诏令安南大将军元英、平南将军刘藻征讨汉中,征召雍、泾、岐三州兵六千人,计划戍守南郑,等攻下城池后就派他们前去。李冲上表进谏说:"秦州地势险要,又接近羌人居住区,自从西路军队出动之后,连续增援粮饷,加之氐人叛乱,各地百姓奔走逃命,运粮造甲,至今不止。现在又预调戍兵,打算把他们远派到山外去,虽对他们加以免除劳役的优待,恐怕他们还会惊骇不安。假如最终攻不下南郑,便会白白地动摇民心,如果他们与胡人、夷人联合,事情也许难以预测。若依圣旨暗中下达命令给刺史,等军队攻克南郑,然后差派戍兵,依愚见,这还是不够的。为什么呢?西部道路险要,一条小路有千里长,现在想深入与我方隔绝的地界内,孤零零地据守在群敌包围之中,若遭敌人进攻,不能

中，敌攻不可卒援，食尽不可运粮。古人有言'虽鞭之长，不及马腹'，南郑于国，实为马腹也。且昔人攻伐，或城降而不取；仁君用师，或抚民而遗地。且王者之举，情在拯民；夷寇所守，意在惜地。校之二义，德有浅深。惠声已远，何遽于一城哉？且魏境所掩，九州过八，民人所臣，十分而九。所未民者，惟漠北之与江外耳⑨。羁之在近，岂急急于今日也？宜待大开疆宇，广拔城聚，多积资粮，食足支敌，然后置邦树将，为吞并之举。今钟离⑩、寿阳⑪，密迩未拔；赭城⑫、新野⑬，跬步弗降⑭。所克者舍之而不取，所降者抚之而旋戮。东道既未可以近力守，西蕃宁可以远兵固⑮？若果欲置者，臣恐终以资敌也。又今建都土中，地接寇壤，方须大收死士，平荡江会⑯。轻

立即救援，粮食吃完后，不能向他们运送粮食。古人说'鞭子虽长，达不到马腹'，南郑对于我国来说，实在是马腹。而且古人攻战，有时城池投降却不夺占；仁君用兵，有时安抚百姓而抛弃土地。况且王者的举动，用心在于拯救百姓；敌人固守，本意在于吝惜土地。比较两种情况，可见德行有浅深的区分。皇上美名已经流传很远，何必急于夺取一座城池呢？而且魏国境土所覆盖的，九州中已超过了八州，统治的人民，十分已有九分。没有臣服大魏的，只有大漠以北与长江以南罢了。这些人臣服已为时不远，现在又何必操之过急呢？应等到大力开拓疆土，多夺取城池堡垒，多积累资财粮食，食物足以应付敌人，然后设立机构，委任将领，准备吞并敌人。现在钟离、寿阳临近我边界，都没能攻下来；赭城、新野只距洛阳几步远，也没降服。放弃攻取的地方而不占据，对降附的人安抚之后不久又加以杀戮。东路还不能以较近的军队坚守，西部边远地方难道可以用远方兵力固守？如果真要置兵防守，我担心最终也会送给敌人。现在定都在天下的中央，接近敌境，正应该大力招募敢死的勇士，扫平江南。如果轻率地派遣孤军，抛弃他们，使他们落入敌手，我担心以后有行动

遣单寡,弃令陷没,恐后举之日,众以留守致惧,求其死效,未易可获。推此而论,不戍为上。"高祖从之。

时,大家都怕留守敌境,要想让他们卖命,不容易办到。由此推论,不戍守南郑为上策。"高祖同意了他的意见。

注释　①平南将军:官名,掌军事,正三品。汉中:郡名,治南郑(今陕西汉中)。②泾:州名,治今陕西泾川北。岐:州名,治今陕西宝鸡东北。　③险阨(è):险要。④羌夷:我国古代民族,主要分布在今甘肃、青海、四川一带。　⑤氐胡:氐人。古代称北方、西方民族为胡。　⑥摄(huàn)甲:穿铠甲。　⑦悬拟:孤军深入。　⑧优复:给予免除赋税徭役的优待。　⑨漠北:大漠以北。江外:长江以南。　⑩钟离:郡名,治今安徽蚌埠东南。　⑪寿阳:地名,即寿春(今安徽寿县)。　⑫赭城:地名,今河南方城北。　⑬新野:郡名,治今河南新野。　⑭跬步:跬,古代的半步。现代的两步古代称步,一步古代称跬。　⑮西蕃:西部边陲。　⑯江会:指江南。

原文

　　车驾还都,引见冲等,谓之曰:"本所以多置官者,虑有令仆暗弱①,百事稽壅②,若明独聪专,则权势大并。今朕虽不得为聪明,又不为劣暗,卿等不为大贤,亦不为大恶。且可一两年许,少置官司③。"

翻译

　　高祖的车马回京城,召见李冲等人,对他们说:"原来之所以多设官位,是考虑到有的令仆昏庸懦弱,各种政事拖拉积压,如果专用一人的聪明,那么权势就太集中。现在我虽不算聪明,又不算劣笨,你们这些人不算大贤,也不算大恶。所以一两年内,我想少设置一些官署。"

注释　①令仆:尚书令与尚书仆射,为尚书省的正副官员。　②稽壅:滞留,堆积。　③官司:官署。

原文

高祖自邺还京,泛舟洪池①,乃从容谓冲曰:"朕欲从此通渠于洛,南伐之日,何容不从此入洛②,从洛入河,从河入汴③,从汴入清④,以至于淮?下船而战,犹出户而斗,此乃军国之大计。今沟渠若须二万人以下、六十日有成者,宜以渐修之。"冲对曰:"若尔,便是士无远涉之劳,战有兼人之力。"迁尚书仆射,仍领少傅。改封清渊县开国侯,邑户如前。及太子恂废⑤,冲罢少傅。

翻译

高祖从邺城回到京城,在洪池荡舟,不慌不忙地对李冲说:"我想从这里开条渠到洛水,南伐的时候,不就可以从这里入洛水,从洛水入黄河,从黄河入汴水,从汴水入清水,一直到淮河吗?一下船就可战斗,就像出门去搏斗一样,这是军国的大计。现在沟渠如果只需二万人以下、六十日可以见成效的话,应该逐渐修建它。"李冲回答说:"如果这样的话,士兵就没有长途跋涉的劳苦,战斗时可有加倍的战斗力。"李冲升任尚书仆射,仍然兼任少傅。改封清渊县开国侯,食邑户数如前。后来太子元恂被废黜,李冲被罢去少傅之职。

注释 ①洪池:湖名,在今河南洛阳附近。 ②洛:即洛水,河名,源出陕西洛南县西北,流经洛阳,入于黄河。 ③汴:即汴水,河名,流经开封。 ④清:清水,河名,流经今江苏徐州,经大运河入淮河。 ⑤太子恂:即元恂,魏孝文帝长子,太和十七年(493)立为太子,后因反对迁都洛阳,阴谋作乱,被赐死,时年十五岁。

原文

高祖引见公卿于清徽堂,高祖曰:"圣人之大宝①,惟位与功,是以功成作乐,

翻译

高祖在清徽堂接见公卿,高祖说:"圣人特别重要的东西,是地位与功绩,因此功业成就后制作雅乐,统治稳定后

治定制礼。今徙极中天，创居嵩洛②，虽大构未成，要自条纪略举。但南有未宾之竖，兼凶蛮密迩，朕夙夜怅惋③，良在于兹。取南之计决矣，朕行之谋必矣。若依近代也，则天子下帷深宫之内；准上古也，则有亲行，祚延七百。魏晋不征，旋踵而殒。祚之修短，在德不在征。今但以行期未知早晚。知几其神乎④？朕既非神，焉能知也！而顷来阴阳卜术之士，咸劝朕今征必克。此既家国大事，宜共君臣各尽所见，不得以朕先言，便致依违⑤，退有同异。"冲对曰："夫征战之法，先之人事，然后卜筮，今卜筮虽吉，犹恐人事未备。今年秋稔⑥，有损常实，又京师始迁，众业未定，加之征战，以为未可。宜至来秋。"高祖曰："仆射之言，非为不合。朕意之所虑，乃有社稷之

制定礼仪。现在迁移到天下的中央，在洛阳创建帝都，虽然宏大的规划还没有完成，而总的说来条理大体已经具备。但南方有未臣服的小子，加之凶恶的蛮族就在附近，我昼夜忧虑，其实就在这事。征服南方的主意已经决定了，我亲征的策略也已确定了。如果依近代的办法，那么天子深居宫中不出；如果依上古的例子，那么有天子亲自率军出征、国家延续七百年的事例。魏晋天子不亲自率军出征，很快就亡国了。国运的长短，在于德行而不在于亲征。现在只是出发的日期还没有确定下来。预先知道事情征兆的是神仙吧？我既不是神仙，哪能知道呢！不过近来阴阳占卜术士，都劝说我现在出征必然获胜。这既然是国家的大事，应该君臣一起各抒己见，不能因为我先已说了，便迟疑不决，下去后又有其他意见。"李冲回答说："征战的办法，是先观察人事，然后卜筮，现在卜筮虽吉，还恐怕人事不具备。今年秋收，收成比平常年份有减产，又刚刚迁都，人们生计还没有安定，再有征战，我认为不好。应等到来年秋天再说。"高祖说："仆射的话，不是没有道理。我心中考虑的，是为国家担忧。敌人近在咫尺，我没有理由安居，道理

忧。然咫尺寇戎，无宜自安，理须如此。仆射言人事未从，亦不必如此。朕去十七年，拥二十万众，行不出畿甸⑦，此人事之盛，而非天时。往年乘机，天时乃可，而阙人事，又致不捷。若待人事备，复非天时，若之何？如仆射之言，便终无征理。朕若秋行无克捷，三君子并付司寇⑧。不可不人尽其心。"罢议而出。

应该如此。仆射说人事不顺当，也不一定如此。我曾在前十七年时，率领二十万人马出征，没有走出京郊就回来了，这是人事极盛，而与天时相违。往年乘有利之机出征，天时还可以，但缺人事，又导致不能获胜。假如等人事具备，天时又不顺，怎么办呢？如果照仆射的话，就始终没有出征的道理。我如果秋天出征不能获胜，几位大臣就都得交付司寇处理。你们一定要人人尽心尽力。"于是停止讨论，大家都出了宫。

注释 ① 大宝：最宝贵的事物。 ② 嵩洛：洛阳。 ③ 怅惋：感叹惋惜。 ④ 知几：预先知道事物的征兆。 ⑤ 依违：反复，迟疑不决。 ⑥ 秋稔：秋季粮食成熟。 ⑦ 畿甸：泛指京城地区。 ⑧ 三君子：指大臣们。三是虚指，表示多数。司寇：这里指掌刑罚的官署。

原文

后世宗为太子，高祖醮于清徽堂①。高祖曰："皇储所以纂历三才②，光昭七祖，斯乃亿兆咸悦，天人同泰，故延卿就此一宴，以畅忻情。"高祖又曰："天地之道，一盈一虚，岂有常泰？天道

翻译

后来世宗被立为太子，高祖在清徽堂设宴庆贺。高祖说："设立皇太子是用以继承帝位，协调天地人三才，光宗耀祖，这是亿万人都喜悦、天人同庆的事，所以请你到这里参加宴会，以抒发欣喜之情。"高祖又说："天地的法则，一盈一虚，哪有经常的好事？天道尚且如此，何况人事呢？所以有升有降，自古

犹尔，况人事乎？故有升有黜，自古而然。悼往欣今，良用深叹。"冲对曰："东晖承储③，苍生咸幸。但臣前忝师傅，弗能弼谐④，仰惭天日，慈造宽含，得预此宴，庆愧交深。"高祖曰："朕尚弗能革其昏，师傅何劳愧谢也？"

就这样。悼惜往事，欣慰目前，真让人感慨。"李冲回答："太子继承储位，天下百姓都深感荣幸。但我以前有辱作师傅的职责，不能辅佐他行正道，上愧皇上，承蒙陛下慈爱宽容，让我参加这个宴会，我既高兴，又惭愧。"高祖说："我尚且不能改变他的昏庸，师傅何必惭愧道歉呢？"

注释 ① 醼（yàn）：同"宴"。 ② 纂历三才：协调天、地、人。 ③ 东晖：东方的朝阳，比喻太子。 ④ 弼谐：辅佐协和。

原文

后尚书疑元拔、穆泰罪事①，冲奏曰："前彭城镇将元拔与穆泰同逆，养子降寿宜从拔罪。而太尉、咸阳王禧等，以为律文养子而为罪，父及兄弟不知情者不坐。谨审律意，以养子于父非天性，于兄弟非同气，敦薄既差②，故刑典有降，是以养子虽为罪，而父兄不预。然父兄为罪，养子不知谋，易地均情，岂独从戮乎？理

翻译

后来尚书们在元拔、穆泰定罪问题上发生了疑问，李冲上奏说："前彭城镇将元拔与穆泰一道谋反，养子元降寿应当随元拔治罪。而太尉、咸阳王元禧等认为法律条文规定养子犯罪，养父及兄弟不知内情的不受牵连。谨按法律条文的本意，是说养子与养父之间没有天性联系，与兄弟之间无血缘关系，亲疏既然不同，所以处罚相应减轻，因此养子虽犯罪，而与父兄无关。但父兄犯罪，养子不了解阴谋，交换位置衡量情理，岂能单方跟随被杀呢？道理本来不应该这样。我以为：依据法律条文，如

固不然。臣以为：依据律文，不追戮于所生，则从坐于所养③，明矣。又律惟言父不从子，不称子不从父，当是优尊厉卑之义。臣禧等以为：'律虽不正见，互文起制④，于乞也举父之罪⑤，于养也见子坐，是为互起⑥。互起两明，无罪必矣。若以嫡继，养与生同，则父子宜均，只明不坐。且继养之注云：若有别制，不同此律。又令文云：诸有封爵，若无亲子，及其身卒，虽有养继，国除不袭。是为有福不及己，有罪便预坐。均事等情，律令之意，便相矛盾。伏度律旨，必不然也。'臣冲以为：指例条寻，罪在无疑，准令语情，颇亦同式。"诏曰："仆射之议，据律明矣；太尉等论，于典矫也⑦。养所以从戮者，缘其已免所生，故不得复甄于所养⑧。此独何福，长处吞舟⑨？于

果养子犯罪，生父不受牵连，那么养父就要受到连坐，这是很明白的。而且法律只说养父不随养子连坐，不说养子不随养父连坐，应是对尊者宽、对卑者严的意思。元禧等以为：'法律上虽不见明文规定，但这是条例互见的原则，在有关收继的条目下列举养父犯罪的处罚办法，在有关养育的条目下又列举养子犯罪的处罚办法，这叫互起。互起两项都规定得清楚，养子肯定无罪。如果以近亲继养，与亲生子相同，那么父子应当互相牵连，只表明不予连坐。并且继养律令下的注文说：如果有其他规定，可以不按律令办理。令文又说：各有封爵的人，如果没有亲生儿子，到他去世后，即使有继养的儿子，封爵也撤销不继承。这就叫有福自己得不到，有罪便被株连。衡量事理，律令的意思，便互相矛盾。我们推测法律的本意，必定不是这样的。'高祖下诏说："仆射的议论，显然是有法律依据的；太尉等人的议论，与法典相违背。养子之所以要与养父连坐，是因为他已免除了受生父的牵连，所以不得再与收养他的人相区别。这些人为什么独有

国所以不袭者,重列爵,特立制,因天之所绝,推而除之耳,岂复报对刑赏？于斯则应死,可特原之。"

有福分,经常漏网？养子之所以不能继承封爵,是因为国家重视爵位,特别立下制度,趁上天绝其后代之机,顺势废除了爵位,怎能再用来解答刑赏的问题？根据这点就应处死,可特别赦免他。"

注释　① 元拔:魏孝文帝时任统军、彭城镇将。穆泰:孝文帝时大臣,拜驸马都尉,任右光禄大夫、尚书右仆射,赐爵冯翊县开国侯。元拔、穆泰等人因谋立阳平王元颐为帝,被杀。　② 敦薄:亲疏。　③ 从坐:牵连治罪。　④ 互文起制:条例互见的原则。　⑤ 乞:收继。　⑥ 互起:条例之间互相参照。　⑦ 矫:违背。　⑧ 甄(zhēn):区别。　⑨ 吞舟:漏网。

原文

　　冲机敏有巧思,北京明堂①、圆丘②、太庙,及洛都初基,安处郊兆③,新起堂寝,皆资于冲。勤志强力,孜孜无怠,旦理文簿,兼营匠制,几案盈积,剞劂在手④,终不劳厌也。然显贵门族,务益六姻⑤,兄弟子侄,皆有爵官,一家岁禄,万匹有余,是其亲者,虽复痴聋,无不超越官次。时论亦以此少之。

翻译

　　李冲机敏而有灵巧的构思,北京明堂、圆丘、太庙,以及洛阳划定基址、设置郊庙之地、新修殿堂,都靠李冲。他勤奋努力,孜孜不倦,白天处理文件,兼管建筑设计,文件堆满几案,纸笔在手,始终不感到劳累厌倦。但他力图显扬门族,务使六亲受益,兄弟子侄,都有官爵,一家人每年的俸禄,达一万多匹绢布,因此凡是他亲近的人,即使痴呆耳聋,也无不破格提拔官位。当时舆论也因此而对他有不好的评价。

注释　① 北京:指平城(今山西大同)。　② 圆丘:即圜丘,古代祭天的圆形高台。　③ 郊兆:郊祀祭天之地。　④ 剞劂(jī jué):雕刻用的刀。　⑤ 六姻:六亲。

原文

年才四十，而鬓发班白①，姿貌丰美，未有衰状。李彪之入京也②，孤微寡援，而自立不群，以冲好士，倾心宗附。冲亦重其器学，礼而纳焉，每言之于高祖，公私共相援益。及彪为中尉③、兼尚书，为高祖知待，便谓非复借冲，而更相轻背，惟公坐敛袂而已④，无复宗敬之意也。冲颇衔之。后高祖南征，冲与吏部尚书、任城王澄并以彪倨傲无礼，遂禁止之。奏其罪状，冲手自作，家人不知，辞甚激切，因以自劾。高祖览其表，叹怅者久之，既而曰："道固可谓溢也，仆射亦为满矣。"冲时震怒，数数责彪前后愆悖⑤，瞋目大呼⑥，投折几案。尽收御史⑦，皆泥首面缚⑧，詈辱肆口。冲素性温柔，而一旦暴恚⑨，遂发病荒悖⑩，言语乱错，犹扼腕

翻译

李冲年龄才四十岁，鬓发就已斑白，但体貌健美，没有衰老的迹象。李彪入京后，低微贫贱，缺少靠山，却自立不群，认为李冲喜好人才，倾心敬仰依附他。李冲也看重他的才学，礼貌地接纳了他，常向高祖推荐，公事私事都互相帮助。直到李彪任中尉、兼尚书，受到高祖知遇，便认为不是依赖李冲而得升迁，因而轻视背离他，只在公开场合略示敬意而已，不再有敬仰之意。李冲很忌恨他。后来高祖南征，李冲与吏部尚书、任城王元澄都认为李彪傲慢无礼，于是拘禁了他。上奏他的罪状，奏章是李冲亲手写的，他家中人都不知道这事，语辞非常激烈率直，还作了自我检讨。高祖看了他的奏表，感叹了很久，后来说："李彪可以说太不检点，但仆射的行为也太过分了。"李冲当时极为愤怒，多次数落李彪前后的过错，瞪起眼睛大喊，摔坏了几案。他又把御史都抓起来，让他们叩头至地，把他们两手反绑在身后，任意辱骂。李冲向来性情温和，而突发狂怒，于是发病，思维紊乱，精神失常，言语错乱，还扼腕叫骂，称李彪是小人。医药不能治疗，有人认为是肝脏破裂。十多天后他就去世了，

叫詈,称李彪小人。医药所不能疗,或谓肝藏伤裂。旬有余日而卒,时年四十九。高祖为举哀于悬瓠⑪,发声悲泣,不能自胜。诏曰:"冲贞和资性,德义树身,训业自家,道素形国。太和之始,朕在弱龄,早委机密,实康时务。鸿渐瀍洛⑫,朝选开清,升冠端右⑬,惟允出纳。忠肃柔明,足敷睿范,仁恭信惠,有结民心。可谓国之贤也,朝之望也。方升宠秩,以旌功旧,奄致丧逝,悲痛于怀。既留勤应陟,兼良宿宜褒,可赠司空公,给东园秘器⑭、朝服一具、衣一袭,赠钱三十万、布五百匹、蜡二百斤。"有司奏谥曰文穆。葬于覆舟山⑮,近杜预冢⑯,高祖之意也。后车驾自邺还洛,路经冲墓,左右以闻,高祖卧疾望坟,掩泣久之。诏曰:"司空文穆公,德为时宗,勋简朕心,不幸

当时才四十九岁。高祖在悬瓠为他举行悼念仪式,悲痛得哭出声来,不能自已。下诏说:"李冲生性坚贞温和,以德义修身,从家庭接受教诲,道行向来表现在国事之中。太和初年,我还年幼时,早就把机密大事托付给他,他把政务处理得很好。迁都洛阳以后,朝廷选任为清要之官,职位升到尚书省之首,掌管出纳王命。他忠诚恭敬,柔顺聪明,足以表现为睿智的典型,仁慈恭敬,守信施恩,团结民心。可以说他是国家的贤臣,朝廷的表率。刚提升他到优宠的职位,以表彰他的功绩,报答旧劳,他却突然逝世了,我心中十分悲痛。他留守勤劳,本应加以奖赏,而且是优秀的老臣,又应表彰,可以追赠为司空公,赐给棺椁以及朝服一套、衣服一套,赠钱三十万、布五百匹、蜡二百斤。"有关部门上奏谥号为文穆。安葬在覆舟山,邻近杜预墓,这是高祖的主意。后来高祖从邺城回洛阳,途经李冲墓,左右侍臣告诉他,高祖带病去看坟,掩面哭泣了很久。下诏说:"司空文穆公,道德被当时人敬仰,功勋铭记在我的心中,不幸逝世,安葬于邙岭,我回驾经过覆舟山,亲自去看望他的坟墓,哀悼仁德,怀念旧人,我心中很悲痛。可以派人以太牢

徂逝，托坟邙岭^⑰，旋銮覆舟，躬睇茔域^⑱，悲仁恻旧，有恸朕衷。可遣太牢之祭^⑲，以申吾怀。"及与留京百官相见，皆叙冲亡没之故，言及流泪。高祖得留台启^⑳，知冲患状，谓右卫宋弁曰^㉑："仆射执我枢衡，总厘朝务^㉒，清俭居躬，知宠已久。朕以仁明忠雅，委以台司之寄^㉓，使我出境无后顾之忧，一朝忽有此患，朕甚怀怆慨。"其相痛惜如此。

去祭奠他，来表达我的心情。"后来高祖与留守百官相见，叙说李冲去世的原因，大家都流泪。高祖得到留台的奏报，得知李冲患病的情状，对右卫宋弁说："仆射掌握国家大权，总管朝政，自身清正俭朴，我了解并信任他很久了。我因为他仁慈聪明，忠诚正直，授予他台司之职，使我出境无后顾之忧，他却忽然得了这种病，我心中很伤感。"高祖对他如此痛惜。

注释　① 班白：即斑白。班，同"斑"。　② 李彪（444—501）：字道固，曾官秘书丞、散骑常侍、御史中尉、度支尚书。　③ 中尉：官名，即御史中尉，为御史台的长官，掌纠察百官，监督执法。　④ 敛袂：整理衣袖，表示敬意。　⑤ 数数：多次，反复。　⑥ 瞋（chēn）目：发怒时瞪大眼睛。　⑦ 御史：官名，掌纠察百官。　⑧ 泥首面缚：顿首至地，将手绑在身后，表示有罪。　⑨ 恚（huì）：愤怒。　⑩ 荒悖：精神迷乱。　⑪ 悬瓠（hú）：地名，在今河南汝南。　⑫ 鸿渐：指迁都。瀍（chán）洛：指洛阳。　⑬ 端右：群臣之首。　⑭ 东园秘器：指棺椁。东园为汉之官署，掌管王公贵族墓内物品的制法。　⑮ 覆舟山：山名，在今河南洛阳北。　⑯ 杜预（222—284）：西晋将领、学者，官至镇南大将军、都督荆州诸军事。以灭吴功，封当阳县侯。著有《春秋左氏经传集解》。　⑰ 邙岭：山名，在今河南洛阳北。　⑱ 茔（yíng）域：坟墓。　⑲ 太牢之祭：祭祀时用猪、牛、羊各一作祭品。　⑳ 留：即留台，皇帝外出后由官员留守，处理政务。　㉑ 右卫：即右卫将军，官名，正三品。宋弁（452—499）：字义和。历官中书侍郎、散骑常侍、右卫将军、领黄门。　㉒ 总厘（lí）：总领。　㉓ 台司：又称台省，即尚书省。

原文

冲兄弟六人，四母所出，颇相忿阋^①。及冲之贵，封禄恩赐皆以共之，内外辑睦^②。父亡后同居二十余年，至洛乃别第宅，更相友爱，久无间然。皆冲之德也。始冲之见私宠也，兄子韶恒有忧色，虑致倾败。后荣名日显，稍乃自安。而冲明目当官，图为己任，自始迄终，无所避屈。其体时推运，皆此类也。子延寔等，语在《外戚传》。

翻译

李冲兄弟六人，分别由四母所生，相互间常发生纷争。到李冲富贵以后，封赏爵禄与恩赐都与他们共享，内外和睦。父亲死后，他与兄弟同住二十余年，到洛阳后才分开居住，但更是互相友爱，长期亲密无间。这都是李冲的恩德。当初李冲被冯太后私下宠爱时，他的侄子李韶脸上常有忧色，担心他会给全家招致灭顶之灾。后来他的美名一天天显扬，李韶才稍微放心。而李冲做官光明正大，把它当作自己的事，自始至终，无所逃避屈服。他善于审时度势，往往都是这样。儿子李延寔等的情况，记载在《外戚传》中。

注释　① 忿阋(xì)：纷争，争吵。　② 辑睦：和睦。

王 肃 传

导读

　　王肃是从南齐投奔北魏的人物。他出身于高门大族，是琅邪王氏的后裔。先人王导，曾在司马睿南渡后协助他建立了东晋，任丞相，当时有"王与马，共天下"的说法。可知王肃出身的门第之高。因此他的到来，深受孝文帝的欢迎，君臣之间无所不谈，王肃自认为他与孝文帝就像诸葛亮与刘备一样亲密无间。后来孝文帝下令王肃进攻南齐义阳，王肃屡次打败齐军，因功进号为平南将军，委任为持节、都督豫、东豫、东郢三州诸军事、豫州刺史、扬州大中正。后来又进号镇南将军。孝文帝去世时，遗诏以王肃为尚书令，与宗室元老元禧等同任宰辅。宣武帝时又多次出征淮南，官至车骑将军，封昌国县开国侯。王肃在北魏不仅战功显赫，而且对北魏文化发展产生过一定的影响。他出身于衣冠旧族，他的身上体现了南方士族的文化特征。入魏后，他与北方士族广泛交往，往返论难，对于南北文化的交流与融合具有积极意义。（选自卷六三）

原文

　　王肃，字恭懿，琅邪临沂人①，司马衍丞相导之后也②。父奂，萧赜尚书左仆射③。肃少而聪辩，涉猎经史，颇有大志。仕萧赜，历

翻译

　　王肃，字恭懿，琅邪临沂人，是司马衍的丞相王导的后人。父亲王奂，是萧赜的尚书左仆射。王肃少年聪明善辩，博览经史典籍，很有大志。在萧赜朝中任官，历任著作郎、太子舍人、司徒主簿、秘书丞。王肃自称《礼》《易》为他的

著作郎④、太子舍人⑤、司徒主簿⑥、秘书丞⑦。肃自谓《礼》《易》为长，亦未能通其大义也。父奂及兄弟并为萧赜所杀，肃自建业来奔⑧，是岁，太和十七年也。

专长，但也没能精通它们的大义。父亲王奂和他的兄弟都被萧赜杀害，王肃从建业来投奔魏国，这一年，是太和十七年(493)。

注释 ① 琅邪临沂：琅邪郡临沂县，治今山东临沂北。 ② 司马衍：即东晋成帝，在位共十七年(326—342)。导：即王导(276—339)：东晋丞相。他策划晋元帝南渡建康(今江苏南京)，历仕元、明、成三帝，领导南迁士族，联合江南士族，稳定了东晋的统治。 ③ 萧赜(zé)：即南朝齐武帝，在位十一年(483—493)。 ④ 著作郎：官名，掌著作。 ⑤ 太子舍人：官名，为太子左右僚属。 ⑥ 主簿：官名，为幕僚官，参与机要。 ⑦ 秘书丞：官名，属秘书省，掌图书著作。 ⑧ 建业：今江苏南京。

原文

高祖幸邺，闻肃至，虚襟待之，引见问故。肃辞义敏切，辩而有礼，高祖甚哀恻之。遂语及为国之道，肃陈说治乱，音韵雅畅，深会帝旨。高祖嗟纳之，促席移景①，不觉坐之疲淹也②。因言萧氏危灭之兆，可乘之机，劝高祖大举。于是图南之规转锐，器重礼遇日有加焉，亲贵旧臣莫能间也。或

翻译

高祖到邺城，听说王肃到来，虚心接待他，召见他询问缘故。王肃言辞敏锐，语义确当，能言善辩而有礼，高祖很同情他。于是谈到治国的原则，王肃陈说治乱，语调典雅流畅，很合皇帝的心意。高祖赞叹，采纳了他的意见，紧靠座位交谈了多时，不感觉久坐的疲劳和时间长久。于是谈到萧氏危亡的征兆，可以利用的机会，他劝高祖干一番大事业。高祖图谋南方的心思于是变得强烈，对他的器重礼遇一天天增加，亲贵旧臣都不能离间。有时屏退左右的人

屏左右相对谈说,至夜分不罢。肃亦尽忠输诚,无所隐避,自谓君臣之际犹玄德之遇孔明也③。寻除辅国将军、大将军长史④,赐爵开阳伯。肃固辞伯爵,许之。

相对谈话,到半夜不停。王肃也竭尽忠诚,不隐瞒回避,自称君臣之间就像刘备对待诸葛亮一样。不久被委任为辅国将军、大将军长史,赐爵开阳伯。王肃坚决辞去伯爵,高祖同意了。

注释　①促席移景:座席互相靠近,经过较长时间。　②疲淹:精神疲乏,时间漫长。　③玄德:刘备的字。孔明:诸葛亮的字。　④长史:官名,为高官的幕僚。

原文

诏肃讨萧鸾义阳①。听招募壮勇以为爪牙,其募士有功,赏加常募一等;其从肃行者,六品已下听先拟用②,然后表闻;若投化之人③,听五品已下先即优授。于是假肃节,行平南将军。肃至义阳,频破贼军,降者万余。高祖遣散骑侍郎劳之,以功进号平南将军,赐骏马一匹,除持节、都督豫、东豫、东郢三州诸军事④、本将军、豫州刺史、扬州大中正⑤。肃善于抚接,治有声称。

翻译

高祖命令王肃征讨萧鸾的义阳之地。允许他招募壮年勇敢的人作为爪牙,招募兵士有功的,赏赐比平常招募有功的人增加一等;跟随王肃出征的,六品以下的官准许先拟定任用,然后上奏;如果有投诚的人,准许优先授予五品以下官职。于是让王肃假节、代理平南将军。王肃到达义阳,屡次打败敌军,投降过来的有一万余人。高祖派散骑侍郎慰劳他,因功进号为平南将军,赐给骏马一匹,委任为持节,都督豫、东豫、东郢三州诸军事,本将军,豫州刺史,扬州大中正。王肃善于安抚接纳百姓,治理地方有名声。

注释 ①萧鸾：南朝齐明帝，在位五年(494—498)。 ②拟用：拟定任用。 ③投化：投诚。 ④豫：州名，治上蔡(今河南汝南)。东豫：州名，治广陵城(今河南息县)。东郢：州名，治社亭城(今安徽阜阳)。 ⑤扬州：州名，治寿春(今安徽寿县)。

原文

寻征肃入朝，高祖手诏曰："不见君子，中心如醉，一日三岁，我劳如何。饰馆华林①，拂席相待，卿欲以何日发汝坟也②？故复此敕。"又诏曰："肃丁荼蓼世③，志等伍胥④，自拔吴州⑤，膺求魏县⑥，躬操忘礼之本，而同无数之丧，誓雪怨耻，方展申复，穷谕再期，蔬缊不改⑦，诚季世之高风，末代之孝节也。但圣人制礼，必均愚智；先王作则，理齐盈虚。过之者俯而就之，不及者企而行之。曾参居罚⑧，宁其哀终？吴员处酷⑨，岂闻四载！夫三年者，天下之达丧，古今之所一，其虽欲过礼，朕得不制之以礼乎？有司可依礼谕之，为裁练禫之制⑩。"

翻译

不久征召王肃入朝，高祖赐给他亲手写的诏书说："不见君子，内心像醉酒一样，一日就像三年，我心中多么忧愁。我已经在华林园修饰好了屋舍，拂拭座席等候你，你想在哪天来与我相见？因此我又发布这份敕令。"又诏令说："王肃遭逢凶暴的世道，志向与伍子胥一样，想亲自攻下江南，把它作为魏国的郡县，虽然他的节操顾不上礼的根本，却与守无限的丧期相符，誓雪怨仇与耻辱，正要申冤复仇，我再三坚决劝告，他却吃粗食穿粗布不改，这确实是衰世的高尚风范，末代的孝行节操。但圣人制定礼仪，必定使愚人与智者均等；先王创立法则，道理上要划一盈虚。太过分的就要向下去迁就它，不够的就要向上去实践它。曾参终日守丧，难道他的哀痛有终止？伍员心怀极大惨痛，哪里听说过服丧四年！三年丧期，是天下通行的丧期，古今都是一致奉行的，虽然想超出礼的限制，我能不用礼去限制他吗？有关部门可以依礼去劝告他，为他

　　　　　　　　　　　　　　‖ 裁定服丧祭祀的礼制。"

注释　① 华林：即华林园，宫苑名，故址在今洛阳市东。　② 汝坟：古汝水上的堤防。《诗经·汝坟》有"遵彼汝坟，伐其条枚"之句。后以"汝坟"喻思望之情。③ 丁荼蓼(bào)世：遭逢乱世。　④ 伍胥：即伍子胥。　⑤ 吴州：指南朝。　⑥ 膺求：心中希望。　⑦ 蔬缊：粗食布衣。　⑧ 曾参(前505—前435)：春秋时人，孔子弟子，以孝著称。居罚：即守丧。　⑨ 吴员：即伍员，伍子胥名员。处酷：处境惨痛。⑩ 练禫(dàn)：指服丧祭祀的礼仪。

原文

　　二十年七月，高祖以久旱不雨，辍膳三旦，百僚诣阙，引在中书省。高祖在崇虚楼，遣舍人①问曰："朕知卿等至，不获相见，卿何为而来？"肃对曰："伏承陛下辍膳已经三旦，群臣焦怖②，不敢自宁。臣闻尧水汤旱③，自然之数，须圣人以济世，不由圣以致灾。是以国储九年，以御九年之变。臣又闻至于八月不雨，然后君不举膳。昨四郊之外已蒙滂澍④，唯京城之内微为少泽。蒸民未阙一餐⑤，陛下辍膳三日，臣庶惶惶，无复

翻译

　　二十年(496)七月，高祖鉴于长期干旱无雨，停止三天膳食，百官上朝，被带进中书省。高祖在崇虚楼，派舍人问道："我听说你们到来，但我不能见你们，你们为什么而来？"王肃回答说："陛下停止膳食已经三天了，群臣焦急，不敢自己安息。我听说唐尧时有水灾，商汤时有旱灾，这是自然界的规律，须靠圣人来救世，却不是因圣人的言行而导致灾异。因此国家有九年的储备，用来抗御九年的灾变。我又听说到了八个月不下雨，然后君主不用膳食。先前四郊之外已下大雨，只有京城之内稍有小雨。百姓不缺一餐，陛下停食三天，臣下惊惶不安，不再能安心。"高祖派舍人答复说："过去唐尧遇水灾，商汤遇旱灾，依赖圣人才拯救了百姓。我虽然位

情地。"高祖遣舍人答曰："昔尧水汤旱，赖圣人以济民。朕虽居群黎之上，道谢前王，今日之旱，无以救恤，应待立秋，克躬自咎。但此月十日已来，炎热焦酷，人物同悴，而连云数日，高风萧条，虽不食数朝，犹自无感，朕诚心未至之所致也。"肃曰："臣闻圣人与凡同者五常⑥，异者神明。昔姑射之神⑦，不食五谷，臣常谓矫。今见陛下，始知其验。且陛下自辍膳以来，若天全无应，臣亦谓上天无知，陛下无感。一昨之前，外有滂泽⑧，此有密云，臣即谓天有知，陛下有感矣。"高祖遣舍人答曰："昨内外贵贱咸云四郊有雨，朕恐此辈皆勉劝之辞，三覆之慎，必欲使信而有征。比当遣人往行，若果雨也，便命大官欣然进膳。岂可以近郊之内而慷慨要天乎⑨！若其无也，朕

居万民之上，治道不如先王，今日的旱灾，无法救济，应当等到立秋，反躬自责。但本月十日以来，天气炎热干燥，人与物一道疲惫萎靡，而天上积云好几天，高处风势也有限，我虽然几天不吃东西，还是没有感应，这是我的诚心不够造成的。"王肃说："我听说圣人与凡人相同的是五常，不同的是神明。从前姑射山的神仙，不吃五谷，我常认为是矫情做作。现在见到陛下，才知道它的效验。而且陛下自从停止进食，如果上天一点也没有感动，我也认为是上天无知，陛下才没有感应。昨天之前，京城外边下过大雨，这里也有密云，我就认为上天有知觉，陛下有感应了。"高祖派舍人答复说："先前内外贵贱的人都说四郊有雨，我怕这些人说的都是极力劝说的话，反复慎重地思量，一定要使它可靠而有凭据。不久我将要派人去视察，如果真的下雨了，我便命令大官高高兴兴地为我送来食物。怎么能因近郊之内的事而慷慨地使天下人受威胁呢！如果没有下雨，是我没有感动上天，怎么能用我的身体来骚扰百姓呢！我的主意很明确，死而后已。"当晚降下了大雨。

之无感，安用朕身以扰民庶！朕志确然，死而后已。"是夜澍雨大降。

注释 ① 舍人：官名，为皇帝及王公贵官左右亲近属官，掌起草诏令、传宣诏命。 ② 焦怖：焦急担忧。 ③ 尧：传说中的古帝名。汤：即商汤，商朝的开国之君。 ④ 澍（shù）：大雨。 ⑤ 蒸民：百姓。蒸，众，多。 ⑥ 五常：指君臣、父子、兄弟、夫妻、朋友五种基本的社会关系。 ⑦ 姑射：神话传说中的神山。 ⑧ 滂泽：大雨。 ⑨ 要（yāo）：威胁。

原文

以破萧鸾将裴叔业功，进号镇南将军，加都督豫、南兖、东荆、东豫四州诸军事①，封汝阳县开国子，食邑三百户，持节、中正、刺史如故。肃频表固让，不许，诏加鼓吹一部②。

翻译

王肃因为打败萧鸾的大将裴叔业的功劳，进号为镇南将军，加都督豫、南兖、东荆、东豫四州诸军事，封为汝阳县开国子，食邑三百户，仍旧任持节、中正、刺史。王肃频频上表坚决推辞，高祖不允许，下诏增加鼓吹一部。

注释 ① 都督豫、南兖、东荆、东豫四州诸军事：魏晋南北朝时地方军政长官往往加"都督某某诸军事"，总揽军务民政。南兖，州名，治今安徽亳州。东荆，州名，治今河南泌阳。 ② 鼓吹：乐名，用以赏赐有功之臣。

原文

二十二年，既平汉阳①，诏肃曰："夫知己贵义，君臣务恩，不能矜灾恤祸，恩义

翻译

二十二年（498），平定汉阳以后，太祖命令王肃说："知己重义气，君臣重恩德，如果不能同情遭受灾祸的人，恩义

焉措？卿情同伍员，怀酷归
朕，然未能翦一仇人，馘彼
凶帅，何尝不兴言愤叹，羡
吴阖而长息②？比获萧鸾辅
国将军黄瑶起，乃知是卿怨
也。寻当相付，微望纾泄，
使吾见卿之日，差得缓
怀③。"初，赜之收肃父奂也，
司马黄瑶起攻奂杀之④，故
诏云然。

体现在哪里？你的心情与伍员相同，心
怀惨痛才归附我，我却没能为你铲除一
个仇人，杀死那凶恶的头目，我何尝不
说起来就愤慨，羡慕吴阖而长叹？近来
俘获了萧鸾的辅国将军黄瑶起，才知道
是你的仇人。不久我要把他交给你，希
望能稍微发泄你的怨仇，使我见你的时
候，略微可以宽心。"当初，萧赜拘捕王
肃的父亲王奂，司马黄瑶起攻击王奂而
杀了他，所以诏书这样说。

注释 ① 汉阳：郡名，治今甘肃礼县。 ② 吴阖：即春秋时吴王阖闾，伍子胥曾协
助他攻破楚国，攻入郢都，得以报仇。 ③ 缓怀：宽心。 ④ 司马：官名，为军府之
官，在将军之下。

原文

高祖之伐淮北，令肃讨
义阳，未克，而萧鸾遣将裴
叔业寇涡阳①。刘藻等救
之，为叔业所败。肃表求更
遣军援涡阳。诏曰："得表，
览之怃然。观卿意非专在
水，当是以藻等锐兵新败于
前，事往势难故也。朕若分
兵，遣之非多，会无所制，多
遣则禁旅难阙。今日之计，

翻译

高祖征伐淮河北岸地区，命令王肃
攻讨义阳，没有攻下，而萧鸾派将领裴
叔业进犯涡阳。刘藻等人去援救，被裴
叔业打败。王肃上表请求再派军队援
救涡阳。高祖下诏说："我得到你的奏
表，看过之后茫然若失。我看你的意思
不是专在于水道，应当是因为刘藻等精
锐兵力刚在不久前战败，事已至此、时
势艰难的缘故。我如果分散兵力，派去
的兵不多，会合后无法节制，多派则禁
军又不可缺少。今日的策略，只应当作

唯当作必克之举,不可为狐疑之师②,徒失南兖也。卿便息意停彼,以图义阳之寇。宜止则止,还取义阳;宜下则下,镇军淮北。深量二途,勿致重爽。若孟表粮尽③,军不及至,致失涡阳,卿之过也。"肃乃解义阳之围,以赴涡阳,叔业乃引师而退。肃坐刘藻等败,黜为平南将军,中正、刺史如故。

必胜的举动,不可作举棋不定的军事行动,白白地丢失了南兖州。你就放弃那种打算留在那里,以消灭义阳的敌兵。应当停止就要停止,回兵攻取义阳;应当攻取就要攻取,以军队镇守淮河以北。望你深思这两种办法,不要有大挫折。如果孟表粮食用尽,军队赶不到,以致失去涡阳,那就是你的过错了。"于是王肃解除对义阳的围困,带兵奔赴涡阳,裴叔业于是领军撤退。王肃因刘藻等战败获罪,被贬为平南将军,仍旧任中正、刺史。

注释 ① 涡阳:地名,今安徽蒙城。 ② 狐疑:疑虑不定的样子。 ③ 孟表:北魏将领,由南齐投奔北魏,官至征虏将军、济州刺史、光禄大夫。

原文

高祖崩,遗诏以肃为尚书令,与咸阳王禧等同为宰辅①,征肃会驾鲁阳②。肃至,遂与禧等参同谋谟③。自鲁阳至于京洛④,行途丧纪,委肃参量,忧勤经综,有过旧戚。禧兄弟并敬而昵之,上下称为和辑。唯任城王澄以其起自羁远,一旦在己之上,以为憾焉。每谓人

翻译

高祖去世,临终下诏以王肃为尚书令,与咸阳王元禧等一起为辅政大臣,征调王肃到鲁阳去迎候新帝。王肃到达后,就与元禧等一起参与谋划。从鲁阳到洛阳,路途中的丧礼,交给王肃斟酌,他勤劳忧国,筹划治理,有超过皇族旧臣的。元禧兄弟都尊敬而亲近他,上下堪称和睦。只有任城王元澄认为他是由远方寓居的人提拔上来的,忽然地位在自己之上,以此为恨。常对人说:

曰:"朝廷以王肃加我上尚可,从叔广阳⑤,宗室尊宿⑥,历任内外,云何一朝令肃居其右也?"肃闻其言,恒降而避之。寻为澄所奏劾,称肃谋叛,言寻申释。诏肃尚陈留长公主,本刘昶子妇彭城公主也⑦,赐钱二十万、帛三千匹。肃奏:"考以显能,陟由绩著,升明退暗,于是乎在。自百僚旷察⑧,四稔于兹⑨,请依旧式考检能否。"从之。

"朝廷把王肃安置在我的上面还可以,堂房叔父广阳王,是宗室尊贵的老臣,历任内外官职,为什么忽然就让王肃位居他的前面?"王肃听到他的话,常降身份回避他。不久,王肃被元澄弹劾,元澄称王肃阴谋反叛,但这一诬告很快就被澄清了。世宗命令王肃与陈留长公主结婚,她本来是刘昶的儿媳彭城公主,赐钱二十万、丝织品三千匹。王肃上奏说:"考核官吏用以表彰有才能的人,升迁官职由治绩来显现。升迁聪明的人,贬退愚昧的人,关键在这里。自从对百官失于考察,到现在已四年了,请求按照旧办法来考核官吏能干与否。"世宗采纳了他的建议。

注释　①咸阳王禧:即元禧,北魏宗室,孝文帝弟。孝文帝死后,受遗诏辅政。后因谋反被杀。　②鲁阳:郡名,治今河南鲁山。　③谋谟:谋划,策略。　④京洛:洛阳。　⑤广阳:即广阳王元嘉,北魏宗室。孝文后死后,受遗诏与元禧等共同辅政,官至司徒。　⑥尊宿:尊贵的旧臣。　⑦刘昶:字休道,南朝宋文帝刘义隆第五子,封义阳王。宋废帝刘子业残害宗室,他投奔北魏,拜侍中、征南将军、驸马都尉,封丹阳王。　⑧旷察:失于考核。　⑨稔(rěn):年。

原文

裴叔业以寿春内附,拜肃使持节、都督江西诸军事、车骑将军①,与骠骑大将

翻译

裴叔业以寿春归附,朝廷任命王肃为使持节、都督江西诸军事、车骑将军,与骠骑大将军、彭城王元勰率步兵和骑

军、彭城王勰率步骑十万以赴之。萧宝卷豫州刺史萧懿率众三万屯于小岘②，交州刺史李叔献屯合肥③，将图寿春。懿遣将胡松、李居士等领众万余屯据死虎④。肃进师讨击，大破之，擒其将桥珉等，斩首数千。进讨合肥，生擒叔献，萧懿弃小岘南走。肃还京师，世宗临东堂引见劳之，又问："江左有何息耗⑤？"肃曰："如闻崔慧景已死⑥。宝卷所仗，非邪即佞。天殆以此资陛下，廓定之期，势将不久。"以肃淮南累捷，赏帛四千七百五十四，进位开府仪同三司⑦，封昌国县开国侯，食邑八百户，余如故。寻以肃为散骑常侍、都督淮南诸军事、扬州刺史、持节，余官如故。

兵十万人前往那里。萧宝卷的豫州刺史萧懿率军三万人驻扎在小岘，交州刺史李叔献驻扎在合肥，谋划夺取寿春。萧懿派将领胡松、李居士等率军一万余人占据死虎。王肃进军攻击，大败他们，擒获敌军将领桥珉等，杀死数千人。进讨合肥，生擒李叔献，萧懿放弃小岘南逃。王肃回到京城，世宗到东堂接见并慰劳他，又问："江东有什么消息？"王肃说："听说崔慧景已死。萧宝卷所依仗的，不是邪恶的人就是阿谀逢迎的人。这大概是上天用来资助陛下的，肃清天下的日子，一定不会远了。"因王肃在淮河以南屡次取胜，朝廷赏给他丝织品四千七百五十四，进封开府仪同三司的官位，封为昌国县开国侯，食邑八百户，其余的照旧。不久以王肃为散骑常侍、都督淮南诸军事、扬州刺史、持节，其他官职照旧。

注释 ①车骑将军:官名,掌军事,正二品。 ②萧宝卷:即南朝齐东昏侯,在位两年(499—500)。小岘(xiàn):地名,在今安徽含山北。 ③合肥:地名,今安徽合肥。 ④死虎:地名,今安徽寿县南。 ⑤息耗:消息。 ⑥崔慧景:字君山,南齐大将,官至平西将军。后发动兵变废东昏,兵败被杀。 ⑦开府仪同三司:原指开府置官、自选僚属、沿用三公成例的意思。诸州刺史多以将军开府,都督军事。

原文

肃频在边,悉心抚接,远近归怀,附者若市,以诚绥纳,咸得其心。清身好施,简绝声色,终始廉约,家无余财。然性微轻佻①,颇以功名自许,护疵称伐②,少所推下,高祖每以此为言。景明二年薨于寿春③,年三十八。世宗为举哀,诏曰:"肃奄至不救,痛悼兼怀,可遣中书侍郎贾思伯兼通直散骑常侍抚慰厥孤④,给东园秘器、朝服一袭、钱三十万、帛一千匹、布五百匹、蜡三百斤,并问其卜迁远近,专遣侍御史一人监护丧事,务令优厚。"又诏曰:"死生动静,卑高有域,胜达所

翻译

王肃常在边境,全心全意安抚接纳,远近归顺,依附他的人很多,他以诚相待,都能得他们的拥护。他自身清白,喜欢施恩,不爱好声色,始终廉洁俭朴,家中没有多余的财物。但生性稍微有些不稳重,很以建功扬名自负,护短自夸,很少推许别人和居人之后,高祖常提到他的这些缺点。景明二年(501)他在寿春去世,时年三十八岁。世宗悼念他,下诏说:"王肃突然无法抢救,我心中悲痛与惋惜交织,可以派中书侍郎贾思伯兼任通直散骑常侍去安慰他的遗孤,赠给他棺木、朝服一套、钱三十万、丝织品一千匹、布五百匹、蜡三百斤,并询问他选择葬地的远近情况,专派侍御史一人监护丧事,一定要使他的葬礼办得优厚。"又下诏说:"死生动静,高低各有区别,显达之人所处的地位,存与亡都被尊崇显扬。所以杜预死后,安葬在首阳山;司空李冲,安葬在覆舟

居⑤，存亡崇显。故杜预之殁，窆于首阳⑥；司空李冲，覆舟是托。顾瞻斯所，诚亦二代之九原也⑦。故扬州刺史肃诚义结于二世，英惠符于李杜，平生本意，愿终京陵⑧，既有宿心，宜遂先志。其令葬于冲、预两坟之间，使之神游相得也。"赠侍中、司空公，本官如故。有司奏以肃忠心大度，宜谥匡公，诏谥宣简。肃宗初，诏为肃建碑铭。子绍袭。

山。我看这些地方，确实也与二代的九原一样。已故扬州刺史王肃，精诚的节操传承二世，英明睿智与李冲、杜预相符，他平生的心愿，希望安息在京陵，既然有这种宿愿，应当满足他生前的志向。命令把他安葬在李冲、杜预两坟之间，使他们神魂交游，互相投合。"追赠王肃为侍中、司空公，原官照旧。有关部门上奏鉴于王肃忠心大度，应该赠谥号为匡公，高宗下诏赠谥号为宣简。肃宗初年，下诏为王肃建立碑铭。儿子王绍继承爵位。

注释　①轻佻(tiāo)：轻浮。　②疵(cī)：缺点，过失。　③景明：魏宣武帝元恪年号，共四年(500—503)。　④通直散骑常侍：官名，低于散骑常侍，在皇帝左右规谏过失，与闻政事。　⑤胜达：显达。　⑥窆(biǎn)：安葬。首阳：山名，在今河南偃师西北。　⑦二代：指周代与汉代。九原：山名，在今山西新绛北。后世称墓地为九原。　⑧京陵：指位于京城附近的墓地。

邢峦传

导读

邢峦(463—514),孝文帝、宣武帝两朝的重要大臣。他以文才入仕,曾任中书博士、中书侍郎、黄门郎、散骑常侍、尚书等职。宣武帝时,他参与指挥攻占汉中的军事行动,逼近涪城(今四川绵阳北),于是多次上表,提出夺取益州的大胆战略构想,由于宣武帝不同意,他的计划没有实现。后来梁军进攻徐州、兖州地区,朝廷又调他指挥东南军事,平定了淮北地区。中山王元英企图乘胜进攻淮南重镇钟离,劳师深入,邢峦上表反复劝阻,对当时的形势进行了透彻的分析,论证了此举必然失利的道理。事实证明他的看法是正确的。邢峦不仅是北魏的一位杰出军事统帅,而且是当时一位极具战略眼光的大臣,史书说他"才兼文武",的确不是溢美之辞。(选自卷六五)

原文

邢峦,字洪宾,河间鄚人也①。五世祖嘏,石勒频征②,不至。嘏无子,峦高祖盖,自旁宗入后③。盖孙颖,字宗敬,以才学知名,世祖时,与范阳卢玄、勃海高允等同时被征。后拜中书侍郎,假通直常侍④、宁朔将

翻译

邢峦,字洪宾,河间郡鄚县人。五世祖邢嘏,被石勒多次征召,却不去应召。邢嘏无子,邢峦的高祖邢盖,从邢氏的另一支系过继给他为养子。邢盖的孙子邢颖,字宗敬,以才学闻名,世祖时,同范阳人卢玄、渤海人高允等同时被征召。后来被任命为中书侍郎,代任通直常侍、宁朔将军、平城子,受命出使刘义隆。后因病回到故乡。过了很久,

军⑤、平城子,衔命使于刘义隆⑥。后以病还乡里。久之,世祖访颖于群臣曰:"往忆邢颖长者⑦,有学义,宜侍讲东宫,今其人安在?"司徒崔浩对曰:"颖卧疾在家。"世祖遣太医驰驿就疗⑧。卒,赠冠军将军、定州刺史,谥曰康。子修年,即峦父也,州主簿。

世祖向群臣询问邢颖说:"我曾经想起邢颖是一个忠厚人,有学问和德行,应当让他在东宫做侍讲,现在这个人在什么地方?"司徒崔浩回答说:"邢颖生病在家,卧床不起。"世祖派太医乘驿马赶到他家为他治病。他去世后,被追赠为冠军将军、定州刺史,谥号为康。儿子邢修年,就是邢峦的父亲,官至州主簿。

注释 ① 河间鄚(mò):河间,郡名,治今河北河间。鄚,县名,治今河北任丘北。② 石勒(274—333):十六国时期后赵的建立者,在位十五年(319—333)。 ③ 旁宗:嫡亲以外的其他宗系。 ④ 通直常侍:官名,即通直散骑常侍。 ⑤ 宁朔将军:官名,正四品。 ⑥ 衔命:奉命。 ⑦ 长者:对忠厚人的称呼。 ⑧ 驰驿:乘驿马奔赴。

原文

峦少而好学,负帙寻师,家贫厉节,遂博览书传①。有文才干略,美须髯,姿貌甚伟。州郡表贡,拜中书博士,迁员外散骑侍郎②,为高祖所知赏。兼员外散骑常侍③,使于萧赜,还,拜通直郎④,转中书侍郎,甚见

翻译

邢峦少年时就爱学习,背着书本寻找老师,家中贫困,但发奋自励,博览群书。他有文才谋略和办事能力,胡须很漂亮,仪表堂堂。州郡上表把他举荐给朝廷,被任命为中书博士,升任员外散骑侍郎,受到高祖知遇和赏识。兼任员外散骑常侍,出使萧赜,回来后,被任命为通直郎,转任中书侍郎,很受皇帝的宠遇,常在皇帝身边作陪。高祖因服食

顾遇,常参座席。高祖因行药至司空府南⑤,见峦宅,遣使谓峦曰:"朝行药至此,见卿宅乃住,东望德馆,情有依然。"峦对曰:"陛下移构中京,方建无穷之业,臣意在与魏升降,宁容不务永年之宅?"高祖谓司空穆亮、仆射李冲曰:"峦之此言,其意不小。"有司奏策秀、孝⑥,诏曰:"秀、孝殊问,经权异策⑦。邢峦才清,可令策秀。"

药饵后散步来到司空府的南面,看见邢峦的住宅,派使者对邢峦说:"早晨我服药后散步到这里,看见你的住宅便停下来,向东望着你的住所,很有些触景生情。"邢峦回答说:"陛下迁都中京,将要建立无穷的事业,我决意与魏朝共兴衰,哪能不营建传之永久的住所?"高祖对司空穆亮、仆射李冲说:"邢峦这话,意义不小。"有关部门上奏要对秀才、孝廉进行考试,高祖下诏说:"秀才、孝廉考问的内容不同,不变的与灵活的问答各不一样。邢峦才能优秀,可以让他策试秀才。"

注释 ①书传:典籍著述。 ②员外散骑侍郎:官名,侍从皇帝左右,规谏过失,与闻政事。 ③员外散骑常侍:官名,为皇帝侍从官之一,掌管机要。 ④通直郎:官名,即通直散骑侍郎,为皇帝近侍官之一,低于散骑侍郎,而高于员外散骑侍郎。 ⑤行药:又称行散,指服用五石散后漫步以散发药性。 ⑥秀、孝:秀才与孝廉,为古代科举的两种名目。自汉代以来,隋唐以前,州举秀才,郡举孝廉。 ⑦经权:不变与变。

原文

后兼黄门郎①。从征汉北②,峦在新野,后至。高祖曰:"伯玉天迷其心③,鬼惑其虑,守危邦,固逆主,乃至如此。"峦曰:"新野既摧,众

翻译

后来邢峦兼任黄门郎。随皇帝征讨汉水以北地区,邢峦在新野,随后才赶到。高祖说:"上天迷住了房伯玉的心窍,鬼神使他神智不清,他还为即将灭亡的国家守卫疆土,捍卫逆乱的君主,竟至于这样。"邢峦说:"新野被攻克

城悉溃，唯有伯玉，不识危机，平殄之辰，事在旦夕。"高祖曰："至此以来，虽未擒灭，城隍已崩④，想在不远。所以缓攻者，正待中书为露布耳⑤。"寻除正黄门、兼御史中尉、瀛州大中正⑥，迁散骑常侍、兼尚书。

以后，敌人各城守军都溃散了，只有房伯玉一人，没有认识到危机的到来，我们消灭他的日子，就在旦夕之间。"高祖说："到现在为止，虽然还没有擒获消灭他，但他的城防已被摧毁，我想消灭他的日子不远了。之所以放缓进攻，正是等中书你写好捷报罢了。"不久任命他为正黄门、兼御史中尉、瀛州大中正，升为散骑常侍、兼任尚书。

注释 ① 黄门郎：官名，为皇帝侍从官之一。 ② 汉北：汉水以北。 ③ 伯玉：即房伯玉，南朝齐将军，当时为南阳太守。 ④ 城隍：城壕。 ⑤ 露布：捷报。 ⑥ 瀛州：州名，治今河北河间。

原文

世宗初，峦奏曰："臣闻昔者明王之以德治天下，莫不重粟帛，轻金宝。然粟帛安国育民之方，金玉是虚华损德之物。故先皇深观古今，去诸奢侈。服御尚质①，不贵雕镂，所珍在素，不务奇绮，至乃以纸绢为帐衾②，铜铁为辔勒。训朝廷以节俭，示百姓以忧务，日夜孜孜，小大必慎。轻贱珠玑，示其无设，府藏之金，裁给

翻译

世宗即位初年，邢峦上奏说："我听说过去圣明的君主以德治理天下，无不重视粮食布帛，轻视金银珠宝。因为粮食布帛可以安定国家、养育人民，金银珠宝是虚假华丽、损害德行的物品。所以先皇深观古今的事，禁止各种奢侈的现象。所穿的衣服、所用的东西，崇尚质朴，而不看重雕琢装饰，所珍惜的在它的素朴，而不求新奇华丽，甚至用纸、绢制作蚊帐被面，以铜、铁制作鞍马器具。以节俭教导朝廷百官，向百姓表明自己关心的事务，日夜孜孜不倦，大小事情都必定慎重处理。轻视珠玑宝物，

而已,更不买积以费国资。逮景明之初,承升平之业,四疆清晏,远迩来同,于是蕃贡继路③,商贾交入,诸所献贸,倍多于常。虽加以节约,犹岁损万计,珍货常有余,国用恒不足。若不裁其分限,便恐无以支岁。自今非为要须者,请皆不受。"世宗从之。寻正尚书,常侍如故。

不加摆设,仓库中的金银,够用而已,不再收买储积浪费国家资财。到景明初年,继承了太平安定的局面,四方边疆安定,远近各国都来归附,于是外国朝贡使者接踵而至,商人交替而来,各种朝贡和贸易的物品,比往时倍增。虽然加以节约,但是每年损失仍数以万计,珍宝常有多余,而国家的开支却总是不足。如果不裁减开支,便怕年内入不敷出。请求自今以后如果不是必要的珍宝,都不要接受。"世宗采纳了他的建议。不久邢峦正式就任尚书,仍旧担任散骑常侍。

注释 ① 服御:衣服车马之类常用的东西。 ② 帐帟(yì):帐幔屏帷。 ③ 蕃贡:外国朝贡的人。

原文

萧衍梁秦二州行事夏侯道迁以汉中内附①,诏加峦使持节、都督征梁汉诸军事、假镇西将军②,进退征摄,得以便宜从事③。峦至汉中,白马以西犹未归顺④,峦遣宁远将军杨举⑤、统军杨众爱⑥、氾洪雅等领卒六千讨之。军锋所临,贼皆款

翻译

萧衍的行梁秦二州诸军事夏侯道迁以汉中向魏投降,世宗下诏加邢峦使持节、都督征梁汉诸军事、代任镇西将军,进军退军、征发兵员,可以见机行事。邢峦到汉中后,白马以西各地还没有归附,邢峦派宁远将军杨举、统军杨众爱、氾洪雅等带兵六千人去征讨。军队所到之处,贼兵都归降,只有补谷守将何法静据城抵抗。杨举等人进军攻打,何法静逃散溃败,魏军乘胜追击到

附⑦，唯补谷戍主何法静据城拒守⑧。峦等进师讨之，法静奔溃，乘胜追奔至关城之下，萧衍龙骧将军关城流杂李侍叔逆以城降⑨。萧衍辅国将军任僧幼等三十余将，率南安、广长、东洛、大寒、武始、除口、平溪、桶谷诸郡之民七千余户⑩，相继而至。萧衍平西将军李天赐⑪、晋寿太守王景胤等拥众七千⑫，屯据石亭⑬。统军韩多宝等率众击之，破天赐前军赵睹⑭，擒斩一千三百。遣统军李义珍讨晋寿，景胤宵遁，遂平之。诏曰："峦至彼，须有板官⑮，以怀初附，高下品第，可依征义阳都督之格也。"拜峦使持节、安西将军⑯、梁秦二州刺史。

关城之下，萧衍的龙骧将军、关城守将李侍叔以城迎降。萧衍的辅国将军任僧幼等三十多位将领，率领南安、广长、东洛、大寒、武始、除口、平溪、桶谷各郡百姓七千多户，相继向魏国投降。萧衍的平西将军李天赐、晋寿太守王景胤等统帅七千人，驻守在石亭。统军韩多宝等率兵进攻他们，打败李天赐的先锋赵睹，俘获、杀死一千三百人。邢峦又派统军李义珍进攻晋寿，王景胤趁夜间逃走，于是攻克了晋寿。世宗下诏说："邢峦到汉中，需要委任官职，以笼络刚降附的人，官品高低，可以依照征义阳都督的标准。"任命邢峦为使持节、安西将军、梁秦二州刺史。

注释　① 萧衍(464—549)：即南朝梁武帝，梁朝的建立者，在位四十八年(502—549)。　② 镇西将军：官名，掌军事，从一品。　③ 便宜从事：不经汇报而根据情况灵活处置。　④ 白马：地名，在今陕西勉县西。　⑤ 宁远将军：官名，掌军事，正五品。　⑥ 统军：官名，属带兵的军官。　⑦ 款附：归附。　⑧ 补谷：地名，在今陕西汉中附近。 ⑨ 流杂:二字疑有误。 ⑩ 南安:郡名,治今四川剑阁。广长:郡名,治今四川广元北。东洛:郡名,治今四川广元西北。武始:郡名,治今甘肃临洮北。除口:郡名,治今陕西略阳南。大寒、平溪、桶谷:都是郡名,治所不详,当在今川、陕、甘交界地区。 ⑪ 平西将军:军官名,负责西部军事。 ⑫ 晋寿:郡名,治今四川广元。⑬ 石亭:县名,治今四川广元北。 ⑭ 腊:音 dǔ。 ⑮ 板官:晋南北朝时,王公大臣可以自己委任属官,在木板上写授官之词,称板官。 ⑯ 安西将军:军官名,负责西部军务,从二品。

原文

　　萧衍巴西太守庞景民恃远不降①,峦遣巴州刺史严玄思往攻之②,斩景民,巴西悉平。萧衍遣其冠军将军孔陵等率众二万,屯据深坑③,冠军将军鲁方达固南安,冠军将军任僧褒、辅国将军李畎戍石同④。峦统军王足所在击破之,枭衍辅国将军乐保明、宁朔将军李伯度⑤、龙骧将军李思贤,贼遂保回车栅。足又进击衍辅国将军范峻,自余斩获殆将万数。孔陵等收集遗众,奔保梓潼⑥,足又破之,斩衍辅国将军符伯度,其杀伤投溺者万有余人。开地定民,

翻译

　　萧衍的巴西太守庞景民自以为离魏军较远而坚决不投降,邢峦派巴州刺史严玄思去攻打他,杀了庞景民,巴西全境都平定了。萧衍派他的冠军将军孔陵等人带兵二万人,驻守深坑,冠军将军鲁方达固守南安,冠军将军任僧褒、辅国将军李畎守卫石同。邢峦的统军王足把他们击败了,杀死萧衍的辅国将军乐保明、宁朔将军李伯度、龙骧将军李思贤,把他们的人头示众,贼兵于是退守车栅。王足又进击萧衍的辅国将军范峻,其余各将领歼敌也大约近万人。孔陵等纠集残部,逃保梓潼,王足又击破他们,杀死萧衍的辅国将军符伯度,被杀、受伤及投水而死的有一万多人。开拓疆土,安定百姓,东西七百里,南北一千里,获得十四个郡、两个护军统治区及许多县和军事据点,魏军于是

东西七百，南北千里，获郡十四、二部护军及诸县戍⑦，遂逼涪城⑧。峦表曰：

进逼涪城。邢峦上奏表说：

注释 ①巴西：郡名，治今四川绵阳。 ②巴州：州名，治今四川巴中东北。 ③深坑：地名，在今四川剑阁北。 ④石同：地名，在今四川剑阁。 ⑤宁朔将军：官名，掌军事，正四品。 ⑥梓潼：县名，治今四川梓潼。 ⑦护军：军将，始于曹魏，两晋、北魏及南朝都设，以领护古代少数民族。 ⑧涪城：地名，今四川绵阳北。

原文

"扬州、成都相去万里，陆途既绝，唯资水路。萧衍兄子渊藻，去年四月十三日发扬州，今岁四月四日至蜀。水军西上，非周年不达，外无军援，一可图也。益州顷经刘季连反叛①、邓元起攻围，资储散尽，仓库空竭，今犹未复，兼民人丧胆，无复固守之意，二可图也。萧渊藻是裙屐少年，未洽治务，及至益州，便戮邓元起、曹亮宗。临戎斩将，则是驾驭失方。范国惠津渠退败，锁执在狱。今之所任，并非宿将重名，皆是左

翻译

"扬州、成都相距万里，陆路既然不通，只得依靠水路。萧衍的侄子渊藻，去年四月十三日从扬州出发，今年四月四日才抵达蜀地。水军西上，没有一整年是到不了的，外无援军，这是蜀地可以兼并的第一个理由。益州近来遭受刘季连的反叛、邓元起的围攻，物资储备耗尽，仓库空虚，至今还没有恢复元气，加之益州百姓丧胆落魄，不再有固守的信心，这是蜀地可以兼并的第二个理由。萧渊藻是衣着华丽的富贵公子，不知道治理的方法，刚到益州，便杀了邓元起、曹亮宗。临敌杀将，则是他处置失策。范国惠从津渠败退后，被囚禁在狱中。现在他所任用的人，并不是老将名将，都是身边的公子哥儿罢了。既不能使百姓满意，他又做了很多残暴的

右少年而已。既不厌民望，多行残暴，民心离解，三可图也。蜀之所恃唯剑阁，今既克南安，已夺其险，据彼界内，三分已一。从南安向涪，方轨任意②，前军累破，后众丧魂，四可图也。昔刘禅据一国之地③，姜维为佐④，邓艾既出绵竹⑤，彼即投降。及苻坚之世⑥，杨安、朱彤三月取汉中，四月至涪城，兵未及州，仲孙逃命⑦。桓温西征⑧，不旬月而平。蜀地昔来恒多不守，况渊藻是萧衍兄子，骨肉至亲，若其逃亡，当无死理。脱军克涪城，渊藻复何宜城中坐而受困？若其出斗，庸蜀之卒唯便刀矟⑨，弓箭至少，假有遥射，弗至伤人，五可图也。

事，使得民心离散，这是蜀地可以兼并的第三个理由。蜀地所依仗的只有剑阁，现在我军已攻克了南安，夺取了敌方的险要地势，占据了敌境内的三分之一地区。从南安进军涪城，道路通畅，可以任意前进，敌人的前方部队屡次被打败，后边的部队又吓破了胆，这是蜀地可以兼并的第四个理由。当初刘禅割据蜀地一方，以姜维为辅佐，但当邓艾进军绵竹后，他就投降了。到苻坚的时代，杨安、朱彤三月间攻取汉中，四月间到达涪城，大军还没有到达益州，周仲孙就逃命了。桓温西征，不到一个月就将蜀地平定了。蜀地从古代以来就常守不住，何况萧渊藻是萧衍的侄子，骨肉至亲，如果他逃亡，应该没有被处死的道理。假如我军攻克涪城，萧渊藻又怎么会在益州城中坐等受困？如果他出来战斗，蜀地的土兵只会使用刀和矛作战，弓箭极少，假如在远处射箭，也不至于伤人，这是蜀地可以兼并的第五个理由。

注释 ①益州：州名，治今四川成都。 ②方轨：两车并行。 ③刘禅（207—271）：三国蜀汉后主，刘备子。 ④姜维（202—264）：三国蜀汉大将。 ⑤绵竹：县名，治今四川德阳黄许镇。 ⑥苻坚（338—385）：十六国时期前秦皇帝，在位二十九年（357—385）。他统一了北方大部分地区后，大举攻晋，在淝水大败，前秦瓦解。 ⑦仲孙：即周仲孙，当时任东晋益州刺史。 ⑧桓温（317—373）：东晋大将，任荆州刺史。曾屡次出兵北伐，收复洛阳。后废海西公，立简文帝，专擅朝政。 ⑨ 稍（shuò）：同"槊"，一种长矛。

原文

"臣闻乘机而动，武之善经；攻昧侮亡，《春秋》明义。未有舍干戚而康时①，不征伐而混一。伏惟陛下纂武、文之业②，当必世之期，跨中州之饶，兼甲兵之盛，清荡天区③，在于今矣。是以践极之初，寿春驰款；先岁命将，义阳克辟。淮外谧以风清④，荆沔于焉肃晏⑤。方欲偃甲息兵，候机而动，而天赞休明，时来斯速，虽欲靖戎，理不获已。至使道迁归诚，汉境伫拔⑥。臣以不才，属当戎寄，内省文吏，不以军谋自许，指临汉中，惟规保疆守界。事属艰途，东西寇窃，上凭国威，下仗将士，边帅用命，频有薄捷。借势乘威，经度大剑⑦，既克南安，据彼要险，

翻译

"我听说乘机而采取行动，是用兵的良好原则；进攻君主昏庸的国家，吞并即将灭亡的地盘，是《春秋》中很明白的道理。没有舍弃武器而能使国家安宁，不用征战而能统一天下的。我私下以为陛下继承了太武帝、孝文帝的事业，正遇上统一天下的机会，拥有中原富饶的土地，加上有强大的军队，扫平天下，就在目前了。所以陛下即位初年，寿春的敌军就来投降；去年命令将领出征，义阳就被攻克。淮河以南像清风一样安宁，荆沔一带于是平安无事。正要放下武器，休整军队，待机而动，而上天帮助政治清明的君主，时机来得如此之快，虽然想停止战争，道理上也说不过去了。于是使萧道迁前来投诚，汉中地区等待我军去接管。我没有什么才干，现在把军事委托给我，我心想自己是一个文吏，不能以军事谋略自夸，进军汉中，只希望保卫疆土。这是艰难的事情，东西两面都有敌人侵犯窥伺，上边仰赖国家威力，下边依仗将士奋战，边界将帅服从命令，

前军长迈,已至梓潼,新化之民,翻然怀惠,瞻望涪、益,且夕可屠。正以兵少粮匮,未宜前出。为尔稽缓,惧失民心,则更为寇。今若不取,后图便难,辄率愚管,庶几殄克,如其无功,分受宪坐[8]。且益州殷实,户余十万,比寿春、义阳三倍非匹,可乘可利,实在于兹。若朝廷志存保民,未欲经略,臣之在此,便为无事,乞归侍养,微展乌鸟[9]。"

才不断有小小的捷报。凭借获胜的形势,乘着军威,越过大剑,已攻克南安,占据敌人的险要地势,前军长驱直入,已抵达梓潼,新近归附的百姓,反过来感激朝廷的恩惠,远望涪城、益州,早晚之间可以攻取。正因为兵少粮缺,才不适合继续进军。如果因此拖延时间,恐怕会失去民心,使他们再次成为敌人。现在如果不攻取益州,以后再打主意就困难了,所以我赶紧冒昧地把自己的管见全部陈述出来,或许可以消灭敌人,攻取益州如果不能成功,我理当受到法律制裁。况且益州富饶,还有十万户人,三个寿春、义阳加起来也比不上它,有机可乘,有利可图,事实确是如此。如果朝廷只想保护已归附的百姓,不打算经营筹划,我在这里就无事可做了,请求让我回家侍候双亲,略表乌鸟反哺之情吧。"

注释 ① 干戚:盾与斧,古兵器名。 ② 武文:周武王与周文王。 ③ 天区:指天下。 ④ 淮外:指淮河以南地区。 ⑤ 荆沔:指荆州地区,辖今湖北省西部、四川省东部一带。 ⑥ 伫(zhù)拔:伫,站立。伫拔意指不经战斗就攻取了。 ⑦ 大剑:即大剑山,在今四川剑阁北。 ⑧ 宪坐:法律制裁。 ⑨ 微展乌鸟:传说乌鸟长大后反哺其母,人们用"微展乌鸟"比喻略尽孝道。

原文

诏曰："若贼敢窥窬①，观机翦扑；如其无也，则安民保境，以悦边心。子蜀之举，更听后敕。方将席卷岷蜀②，电扫西南，何得辞以恋亲，中途告退！宜勖令图③，务申高略。"峦又表曰：

翻译

世宗下诏说："如果敌人敢窥伺我国疆土，应把握机会予以消灭；如果敌人没有行动，那就安抚百姓，守卫境土，使边境百姓安居乐业。你攻取蜀地的举动，再听我以后的命令。我们正要席卷岷蜀，迅速扫平西南，你怎么能托口思念双亲、中途告退呢！你应当努力大展宏图，致力于寻求高远的策略。"邢峦又上奏表说：

注释　① 窥窬(yú)：暗中窥视。　② 岷蜀：指益州(今四川地区)。　③ 勖(xù)：勉力。

原文

"昔邓艾、钟会率十八万众①，倾中国资给，裁得平蜀②，所以然者，斗实力故也。况臣才绝古人，智勇又阙，复何宜请二万之众而希平蜀？所以敢者，正以据得要险，士民慕义，此往则易，彼来则难，任力而行，理有可克。今王足前进，已逼涪城，脱得涪城，则益州便是成擒之物，但得之有早晚

翻译

"从前邓艾、钟会率领十八万大军，竭尽中原的财富，才平定蜀地，之所以这样，是因为两国凭实力相斗。何况我才能赶不上古人，又缺乏智慧和勇猛，又怎么适合请求以二万人平定蜀地呢？我之所以敢于这样做，正由于我军已占据了险要地势，士人百姓仰慕正道，我们要进攻敌人就容易，敌人要进攻我们就困难，量力而行，按理是可以攻取的。现在王足率军前进，已逼近涪城，如能攻下涪城，那么益州便是伸手可得的地方，只不过是得到的早晚罢了。况且梓

耳。且梓潼已附，民户数万，朝廷岂得不守之也？若守也，直保境之兵则已一万，臣今请二万伍千，所增无几。又剑阁天险，古来所称，张载《铭》云③：'世乱则逆，世清斯顺。'此之一言，良可惜矣。臣诚知征戎危事，不易可为，自军度剑阁以来，鬓发中白，忧虑战惧，宁可一日为心。所以勉强者，既得此地而自退不守，恐辜先皇之恩遇，负陛下之爵禄，是以孜孜，频有陈请。且臣之意算，正欲先图涪城，以渐而进。若克涪城，便是中分益州之地，断水陆之冲，彼外无援军，孤城自守，复何能持久哉！臣今欲使军军相次，声势连接，先作万全之计，然后图彼，得之则大克，不得则自全。

潼已经投降，有几万户人家，朝廷怎能不加防守呢？如果要防守，只是保守境土的兵力就已经需要一万人，我现在只请求兵力二万五千人，也没有增加多少。而且剑阁自古以来号称天险，张载《剑阁铭》说：'世道动乱便发生叛逆，世道清明便安宁。'这一句话确实值得重视。我也真的知道战争是危险的事，不容易做好，自从大军越过剑阁以来，我一半的头发都白了，忧虑惧怕，一天也不敢放松警惕。我之所以尽力去做，是因为我军既然得到了这个地方，如果自动退却而不防守，恐怕辜负了先皇帝对我的知遇之恩，辜负了陛下给我的爵位俸禄，因此才勤勉不倦，多次向陛下陈述请战。而且我的打算，只是想先攻下涪城，再慢慢进军。如果攻克了涪城，便是从中间分割了益州的土地，切断了益州的水陆交通，益州的敌军外无援军，独守孤城，又怎么能持久呢！我现在打算让各军相继出发，彼此呼应，首先做好保证我军万无一失的打算，然后才设法进攻敌人，成功了就大胜，不成功也能保全自己。

注释 ①邓艾、钟会：都是三国时曹魏大将，二人于公元263年率军分路灭蜀。②裁：同"才"。 ③张载：西晋人，博学善文，官至中书侍郎，领著作。

原文

"又巴西、南郑相离一千四百,去州迢递①,恒多生动。昔在南之日,以其统绾势难②,故增立巴州,镇静夷獠③,梁州借利,因而表罢。彼土民望,严、蒲、何、杨,非唯五三,族落虽在山居④,而多有豪右⑤,文学笺启,往往可观,冠带风流⑥,亦为不少。但以去州既远,不能仕进,至于州纲⑦,无由厕迹⑧。巴境民豪,便是无梁州之分,是以郁怏⑨,多生动静。比建议之始,严玄思自号巴州刺史,克城以来,仍使行事。巴西广袤一千,户余四万,若彼立州,镇摄华獠,则大帖民情。从垫江已还⑩,不复劳征,自为国有。"

翻译

"另外,巴西、南郑相距一千四百里,离州城遥远,经常发生动乱。过去我在南方时,因难以统辖,所以增设巴州,镇抚夷獠,而梁州依赖巴州的财富,因此上表废除。当地百姓敬仰的大姓,有严、蒲、何、杨,不只是少数,家族聚居地虽在深山中,但豪强大族很多,文章书启,往往值得一读,风流士子,也还不少。只因他们离州城太远,不能做官,至于州中重要官员,他们更无法往来。巴西境内的豪族,实际上沾不上梁州的光,所以郁郁不乐,经常生事。在建议之初,严玄思自称巴州刺史,我攻克巴西后,仍然让他代行政事。巴西方圆一千里,民户四万多,如果在那里设州,来镇抚统辖汉人和其他各族人民,就会使民心大安。从垫江以北,将不再劳师征讨,就可以被我国占有。"

注释 ① 迢递:遥远貌。 ② 统绾(wǎn):统一控制。 ③ 夷獠(liáo):古代对当时西南少数民族的称谓。 ④ 族落:宗族聚居点。 ⑤ 豪右:豪强大户。 ⑥ 冠带:帽子和腰带,借指士族。 ⑦ 州纲:指州一级的官吏。 ⑧ 厕迹:插足,置身其中。 ⑨ 郁怏:心怀不满。 ⑩ 垫江:郡名,治今重庆合川。

原文

世宗不从。又王足于涪城辄还，遂不定蜀。

峦既克巴西，遣军主李仲迁守之。仲迁得萧衍将张法养女，有美色，甚惑之。散费兵储，专心酒色，公事谘承①，无能见者。峦忿之切齿，仲迁惧，谋叛，城人斩其首，以城降衍将谯希远，巴西遂没。武兴氐杨集起等反叛②，峦遣统军傅竖眼讨平之③，语在竖眼传。峦之初至汉中，从容风雅，接豪右以礼，抚细民以惠。岁余之后，颇因百姓去就，诛灭齐民④，藉为奴婢者二百余口⑤，兼商贩聚敛，清论鄙之⑥。征授度支尚书⑦。

翻译

世宗没有采纳他的建议。加上王足从涪城擅自撤回，于是没有平定蜀地。

邢峦攻克巴西以后，派军将李仲迁守卫。仲迁获得萧衍将领张法养的女儿，那姑娘长得很美，李仲迁被她迷住了。他浪费军备物资，一心贪酒好色，手下人有公事找他商议，没人能见到他。邢峦对他恨得咬牙切齿，李仲迁很害怕，阴谋叛乱，城中的人斩了他的脑袋，以城投降萧衍的将领谯希远，巴西于是落入敌手。武兴的氐人杨集起等反叛，邢峦派遣统军傅竖眼讨伐平定了他们，这记载在傅竖眼的传记中。邢峦刚到汉中时，行为从容高雅，以礼接待当地豪族，以恩惠安抚小民百姓。一年多后，因为当地人去留不定，他杀了很多平民，把二百余人收作奴婢，而且又做生意和聚敛财富，社会舆论鄙视他。朝廷把他征召回来，任命为度支尚书。

注释 ①谘(zī)承：征询意见，接受指示。 ②武兴：郡名，治今陕西略阳。 ③傅竖眼：北魏将领，官至益州刺史、太中大夫、散骑常侍、西征都督。 ④齐民：平民。 ⑤藉：同"籍"，没收入官。 ⑥清论：公正的舆论。 ⑦度支尚书：官名，掌财政收支。

原文

时萧衍遣兵侵轶徐兖①,缘边镇戍相继陷没②,朝廷忧之,乃以峦为使持节、都督东讨诸军事、安东将军③,尚书如故。世宗劳遣峦于东堂曰:"萧衍寇边,旬朔滋甚④,诸军舛互⑤,规致连戍陷没。宋、鲁之民⑥尤罹汤炭⑦。诚知将军旋京未久,膝下难违,然东南之寄,非将军莫可。将军其勉建殊绩,以称朕怀,自古忠臣亦非无孝也。"峦对曰:"贼虽送死连城,犬羊众盛,然逆顺理殊,灭当无远。况臣仗陛下之神算,奉律以摧之,平殄之期可指辰而待⑧,愿陛下勿以东南为虑。"世宗曰:"汉祖有云:'金吾击郖⑨,吾无忧矣。'今将军董戎⑩,朕何虑哉!"

翻译

当时萧衍派兵侵扰徐州、兖州一带,沿边戍守据点相继陷落,朝廷忧虑这事,于是任命邢峦为使持节、都督东讨诸军事、安东将军,仍旧任尚书。世宗在东堂为邢峦慰劳饯行说:"萧衍侵犯我国边境,最近日益严重,各军互相牵制,致使各戍守点相继陷落。宋、鲁一带的百姓尤其遭受水深火热之苦。我确实知道将军刚回京城不久,难于离开父母,但东南方的事务,非将军不可。希望将军努力建立卓越的功勋,以满足我的心愿,自古以来,忠臣也并非没有孝行啊。"邢峦回答说:"虽然前来送死的贼兵接连不断,如同犬羊一样众多,但逆与顺的道理是不相同的,消灭他们的日子应当是不远了。何况我仰仗陛下的神机妙算,遵照军令去攻打敌人,平定的日期可以指日而待,希望陛下不要忧虑东南方的事。"世宗说:"汉高祖曾说过:'金吾攻打郖城,我就无忧了。'现在将军总管军事,我还忧虑什么呢!"

注释 ①侵轶:突袭,包抄。徐:州名,治今江苏徐州。 ②镇戍:驻军布防的据点。 ③安东将军:官名,掌军事,正三品。 ④旬朔:十天或一月,泛指时日。 ⑤舛互:互不统一。 ⑥宋、鲁:都是古国名,指今山东南部,安徽、江苏北部与河南东部地区。　⑦ 汤炭:指痛苦煎熬。　⑧ 指辰:规定日期。　⑨ 金吾:即执金吾,掌京师治安。郾(yǎn):地名,今河南郾城。　⑩ 董戎:主管军事。

原文

先是,萧衍辅国将军萧及先率众二万,寇陷固城①;冠军将军鲁显文、骁骑将军相文玉等率众一万,屯于孤山②;衍将角念等率众一万,扰乱龟蒙③,士民从逆,十室而五。峦遣统军樊鲁讨文玉,别将元恒攻固城④,统军毕祖朽讨角念。樊鲁大破文玉等,追奔八十余里,斩首四千余级。元恒又破固城,毕祖朽复破念等,兖州悉平。峦破贼将蓝怀恭于睢口⑤,进围宿豫⑥。而怀恭等复于清南造城⑦,规断水陆之路。峦身率诸军,自水南而进,遣平南将军杨大眼从北逼之,统军刘思祖等夹水造筏,烧其船舫。众军齐进,拔栅填堑,登其城。火起中流,四面俱击,仍陷

翻译

在此以前,萧衍的辅国将军萧及先率军二万人,攻占固城;冠军将军鲁显文、骁骑将军相文玉等率兵一万人,驻扎在孤山;萧衍的将军角念等率军一万人,骚扰龟蒙,当地百姓归顺贼兵的,十家就有五家。邢峦派统军樊鲁攻讨相文玉,别将元恒进攻固城,统军毕祖朽讨伐角念。樊鲁大败相文玉等,追击八十余里,杀敌四千余人。元恒又攻克固城,毕祖朽也打败角念等,兖州全部平定。邢峦在睢口打败敌将蓝怀恭,进军围困宿豫。而蓝怀恭等人又在清水南面筑城,企图切断魏军的水陆交通。邢峦亲自统帅各军,自清水南边进军,派平南将军杨大眼从北面进逼敌人,统军刘思祖等沿河两岸造筏子,焚烧敌军的船只。各军同时进攻,拔掉栅栏,填塞堑壕,登上敌人的城墙。河中又燃起了大火,四面一齐进攻,于是攻占敌城,俘虏和杀敌数万人。在战阵中又杀掉了蓝怀恭,活捉敌人的列侯、列将、直阁、直后三十余人,俘虏和杀死一万人。宿豫平定以后,萧眒也从淮阳退逃,两个

贼城,俘斩数万。在陈别斩怀恭⑧,擒其列侯、列将、直阁⑨、直后三十余人⑩,俘斩一万。宿豫既平,萧昞亦于淮阳退走⑪,二戍获米四十余万石。

戍地缴获大米四十余万石。

注释 ① 固城:地名,在今山东滕州东北。 ② 孤山:山名,在今山东滕州东南。 ③ 龟蒙:山名,即今山东泗水县东、费县西的蒙山。 ④ 别将:与主力军配合作战的部队将领。 ⑤ 睢口:地名,今江苏宿迁。 ⑥ 宿豫:郡名,治今江苏宿迁南。 ⑦ 清南:清水以南。 ⑧ 陈:同"阵"。 ⑨ 直阁:即直阁将军,官名,掌军事。 ⑩ 直后:禁卫武官,掌官披禁卫,侍从皇帝。 ⑪ 萧昞:字子昭,南朝梁宗室,官至使持节、散骑常侍、郢州刺史。淮阳:郡名,治今江苏睢宁。

原文

世宗赐峦玺书曰:"知大憝丑虏①,威振贼庭,淮外雾披②,徐方卷壒③,王略远恢,混一维始,公私庆泰,何快如之!贼衍此举,实为倾国。比者宿豫陷没,淮阳婴城④,凶狡俦张⑤,规抗王旅。将军忠规协著,火烈霜摧,电动岱阴⑥,风扫沂、峄⑦,遂令逋诛之寇,一朝歼夷;元鲸大憝⑧,千里折首。

翻译

世宗给邢峦写亲笔信说:"得知将军大歼顽敌,威势震动敌人的老巢,淮南安宁,徐州平定,使我国疆土大大扩展,统一天下的大业已经开始,公私庆祝平安,这是多么令人高兴的事!贼人萧衍的这次举动,实在是倾国而来。前不久宿豫陷落,淮阳被围困,凶恶狡猾的敌人猖狂已极,想抵抗我们的军队。将军的忠诚与谋略交相辉映,如烈火严霜一样,迅速进军泰山之南,像风一样扫平沂、峄,使逃脱诛杀的敌军,一朝被歼灭;元凶首恶,在千里以外掉了脑袋。

殊勋茂捷，自古莫二。但扬区未安⑨，余烬宜荡⑩，乘胜掎角⑪，势不可遗。便可率厉三军，因时经略⑫，申威东南，清彼江介⑬，忘此仍劳，用图永逸，进退规度，委之高算⑭。"又诏峦曰："淮阳、宿豫虽已清复，梁城之贼⑮，犹敢聚结，事宜乘胜，并势摧殄。可率二万之众渡淮，与征南掎角⑯，以图进取之计。"

卓越的功勋，伟大的胜利，从古以来，没有第二个人。但是扬州地区还未平定，残余的敌人还应当扫除，你应乘胜进军，互相配合，大好形势不可丧失。你可激励三军，乘机谋划，显示国威于东南，肃清长江两岸，忘记这连续作战的劳苦，以图获得长久的安宁，大军进退的规划，委托给你决定。"又诏令邢峦说："淮阳、宿豫虽已收复，梁城的贼兵，仍胆敢聚合顽抗，现在应当乘胜前进，集中力量加以消灭。你可以率领二万人马渡过淮河，与征南将军形成夹击之势，以求进军攻取敌人。"

注释　①戡(kān)：同"戡"，平定。　②披：开。　③壒(ǎi)：尘埃。　④婴城：环城包围。　⑤侜(zhōu)张：欺诳。　⑥岱阴：泰山以北。　⑦沂、峄：沂，河名。峄(yì)，山名。都在今山东境内。　⑧元鲸大憝(duì)：凶恶强大的敌人。憝，奸恶。　⑨扬区：扬州地区，泛指南方。　⑩荡：扫除。　⑪掎(jī)角：指分兵夹击敌人。　⑫经略：筹划处理。　⑬江介：江岸。　⑭高算：高明的策略。　⑮梁城：县名，治今安徽阜阳一带。　⑯征南：即征南将军、中山王元英，字虎儿，北魏宗室。

原文

　　及梁城贼走，中山王英乘胜攻钟离，又诏峦帅众会之。峦表曰："奉被诏旨，令臣济淮与征南掎角，乘胜长驱，实是其会。但愚怀所

翻译

　　直到梁城的贼兵逃走，中山王元英乘胜进攻钟离，世宗又命令邢峦率兵与他会合。邢峦上表说："我接到诏令，命我渡过淮河与征南将军夹击敌人，乘胜长驱直入，现在确实是一个机会。但我心中考虑，私下认为还有其他问题。吞

量，窃有未尽。夫图南因于积风，伐国在于资给，用兵治戎，须先计校①。非可抑为必胜，幸其无能。若欲掠地诛民，必应万胜；如欲攻城取邑，未见其果。得之则所益未几，不获则亏损必大。萧衍倾竭江东，为今岁之举，疲兵丧众，大败而还，君臣失计，取笑天下。虽野战非人敌，守城足有余，今虽攻之，未易可克。又广陵悬远②，去江四十里，钟离、淮阴介在淮外③，假其归顺而来，犹恐无粮艰守，况加攻讨，劳兵士乎？且征南军士从戎二时，疲弊死病，量可知已。虽有乘胜之资，惧无远用之力。若臣之愚见，谓宜修复旧戍，牢实边方，息养中州，拟之后举。又江东之衅，不患久无，畜力待机，谓为胜计。"诏曰："济淮掎角，事如前敕，何容犹尔磐桓④，方有此请！可速进

并江南依靠长期积累的教化，进攻敌国在于依赖资财，使用武力整顿军事，必须事先计议。不可想象自己或许定会胜利，侥幸敌人无能。如果想要掠夺土地，诛杀百姓，那必定会胜利；如果想要攻取城邑，不会有什么好结果。如果攻下敌人的城邑，则得到的好处并不多；攻不下，则亏损的必然很多。萧衍竭尽江东的人力物力，采取了今年的举动，疲劳士兵，损失军队，大败而回，君臣失策，取笑于天下。他们野战虽然不是我们的对手，但防守城邑还是绰绰有余的，即使我们现在发起进攻，也不能轻易攻克。而且广陵离我国太远，离长江四十里，钟离、淮阴被夹在淮南，假如这些城邑向我们投降，我们还担心没有粮食，难于固守，何况对它发动进攻，劳苦兵士呢？而且征南将军的士兵已经战斗了两季，疲倦衰弱，战死疾病造成的减员，估计一下就可以知道。我军虽有乘胜前进的资本，但恐怕没有远距离作战的力量。如果依照愚见，我认为应当修复先前的戍守据点，充实边境力量，休息养育中原的民力，准备以后的行动。进攻江东的可乘之机，用不着担心长久不会到来，积蓄力量等待时机，可以说是必胜的策略。"世宗下诏说："渡过淮河夹击敌军，要按照先前的命令行

军,经略之宜听征南至要。"

事,哪能如此犹豫不决,竟提出这样的请求!命令你迅速进军,经营筹划的谋略,应听从征南将军的重要部署。"

原文

峦又表曰:"萧衍侵境,久劳王师,今者奔走,实除边患,斯由灵赞皇魏,天败寇竖,非臣等弱劣所能克胜。若臣之愚见,今正宜修复边镇,俟之后动。且萧衍尚在,凶身未除,螳螂之志,何能自息?唯应广备以待其来,实不宜劳师远入,自取疲困。今中山进军钟离,实所未解,若能为得失之计,不顾万全,直袭广陵,入其内地,出其不备,或未可知。正欲屯兵,萧密余军犹自在彼①;欲言无粮,运船复至。而欲以八十日粮图城者,臣未之前闻。且广陵、任城可为前戒②,岂容

翻译

邢峦又上奏说:"萧衍侵犯我方境土,使帝王军队长期遭受劳累,现在他们逃走,真正消除了边界的祸患,这是由于神灵保佑大魏,上天让敌人失败,并不是我们这些弱劣的人所能够取胜的。照臣下的愚见,现在正应当修复边镇,等候敌人再次采取行动。而且萧衍还活着,凶首还没有被消灭,他那如螳螂的志向,哪能自然消除呢?我们只应加强防备以等他来进攻,实在不该劳苦军队、深入敌境,使自己疲乏。现在中山王进军钟离,我实在不明白其用意,如果能作好或胜或败的打算,不考虑绝对安全,直捣广陵,进入敌人内地,攻其不备,也许能够获得胜利。如果只想集中兵力,萧密的残余军队还在那里;如果说无粮,他们运粮的船只又要到达。而我军想以八十天的军粮支撑去攻城,我以前从未听说过。而且广陵、任城二王的事可以作为前车之鉴,难道现在

今者复欲同之！今若往也，彼牢城自守，不与人战，城堑水深，非可填塞，空坐至春，则士自弊苦。遣臣赴彼，粮何以致？夏来之兵，不赍冬服③，脱遇冰雪，取济何方？臣宁荷怯懦不进之责，不受败损空行之罪。钟离天险，朝贵所具，若有内应，则所不知；如其无也，必无克状。若其不复，其辱如何！若信臣言也，愿赐臣停；若谓臣难行求回，臣所领兵统悉付中山，任其处分④，臣求单骑随逐东西。且俗谚云，耕则问田奴，绢则问织婢。臣虽不武，忝备征将，前宜可否，颇实知之。臣既谓难，何容强遣？”诏曰：“安东频请罢军⑤，迟回未往⑥，阻异戎规，殊乖至望。士马既殷，无容停积，宜务神速，东西齐契⑦，乘胜扫殄，以赴机会。”峦累表求还，世宗许之。英果败

还想重蹈覆辙吗！现在如果前去进攻，敌方加固城墙防守，不与我军交战，城壕中水深，无法填塞，我军空等到春天，士兵自己就会疲惫不堪。如果派我前往那里，粮食如何运来？夏天出征的士兵，没有带冬衣，假如遇上结冰下雪的天气，有什么办法取得支援？我宁愿承担胆怯懦弱、不敢前进的责任，也不犯战败损兵、出师无功的罪名。钟离是天险之地，朝廷贵臣都很了解，即便城中有内应，能否攻下还不可知；如果没有内应，一定不可能攻下来。如果大军有去无回，那种耻辱是多么巨大啊！如果相信我的话，希望让我停止前进；如果认为我不愿出征请求回去，我所带的兵全部交给中山王统率，听任他处理，我只要一匹马随大军东西奔走。况且俗话说，种田就应问种田的奴隶，织绢就应问纺织的婢女。我虽然不懂军事，愧为征战的将领，究竟可不可以进军，还的确是比较清楚的。我既然说这事难办，何必硬要派我去呢？”世宗下诏说：“安东将军多次请求停止军事行动，徘徊拖延，不立即进军，阻碍了军事计划的实施，大大辜负了我的厚望。人马既然很多，没有理由停止不前，应兵贵神速，东西配合，乘胜歼灭敌人，以把握机会。”

退,时人伏其识略。

邢峦反复上表请求回京,世宗同意了。元英果真败退,当时人佩服邢峦的识见和谋略。

注释 ①萧密:南朝梁大将。 ②广陵、任城:即北魏广陵王元羽、任城王元澄,都是北魏宗室。 ③赍(jī):携带。 ④处分:处置。 ⑤安东:即安东将军。邢峦当时任此职。 ⑥迟回:徘徊不前。 ⑦齐契:同心协力。

原文

初,侍中卢昶与峦不平①,昶与元晖俱世宗所宠②,御史中尉崔亮③,昶之党也。昶、晖令亮纠峦,事成许言于世宗以亮为侍中。亮于是奏劾峦在汉中掠良人为奴婢。峦惧为昶等所陷,乃以汉中所得巴西太守庞景民女化生等二十余口与晖。化生等数人,奇色也,晖大悦,乃背昶为峦言于世宗云:"峦新有大功,已经赦宥,不宜方为此狱也。"世宗纳之。高肇以峦有克敌之效④,而为昶等所排,助峦申释,故得不坐。

翻译

起初,侍中卢昶与邢峦不和,卢昶与元晖都得到世宗宠爱,御史中尉崔亮,是卢昶的同伙。卢昶、元晖让崔亮揭发邢峦,答应事成之后给世宗说让崔亮做侍中。崔亮于是向世宗上奏本,弹劾邢峦在汉中时掠夺良民为奴婢。邢峦怕被卢昶等人陷害,便把在汉中获得的巴西太守庞景民的女儿庞化生等二十多人交给元晖。庞化生等几个人,长得特别漂亮,元晖很是高兴,于是背叛卢昶而在世宗面前为邢峦开脱说:"邢峦刚刚立下了大功,已经赦免,不应该又立此案进行处理。"世宗接受了他的意见。高肇认为邢峦有战胜敌人的功勋,却被卢昶等人排挤,于是帮助邢峦申诉,邢峦因此没有被定罪。

注释 ①卢昶:字叔达,小字师颜,历官中书侍郎、吏部尚书、侍中。 ②元晖:字景袭,北魏宗室,官至侍中、吏部尚书。 ③崔亮:字敬儒,历官散骑常侍、度支尚书、御史中尉、吏部尚书、尚书仆射。 ④高肇:字首文,官至尚书令。

原文

豫州城民白早生杀刺史司马悦,以城南入,萧衍遣其冠军将军齐苟仁率众入据悬瓠。诏峦持节率羽林精骑以讨之①。封平舒县开国伯,食邑五百户,赏宿豫之功也。世宗临东堂,劳遣峦曰:"司马悦不慎重门之戒②,智不足以谋身,匪直丧元隶竖③,乃大亏王略。悬瓠密迩近畿,东南藩捍④,度公之在彼,忧虑尤深。早生理不独立,必远引吴楚,士民同恶,势或交兵。卿文昭武烈,朝之南仲⑤,故令卿星言电迈,出其不意。卿言早生走也守也? 何时可以平之?"峦对曰:"早生非有深谋大智能构成此也,但因司马悦虐于百姓,乘众怒而

翻译

豫州城百姓白早生杀死刺史司马悦,以城池向南方梁朝投降,萧衍派他的冠军将军齐苟仁率军进驻悬瓠城。世宗命令邢峦持符节率领羽林军中的精锐骑兵前去讨伐。封邢峦为平舒县开国伯,食邑五百户,以奖赏他在攻克宿豫时的功劳。世宗到东堂,慰劳并给邢峦饯行,说:"司马悦不注重自我戒备,其智慧不能保全自己,不仅丧身于奴仆,而且使国家的事业遭受重大损失。悬瓠城靠近京城近郊,是东南方的屏障,我想你对那里的形势,忧虑更深。白早生按理不能独自支撑,一定会远远招引吴楚之敌,士人与百姓一起作恶,从形势上看可能要用武力解决。你文才昭著,武功显赫,是朝廷中的南仲,所以令你火速出发,出其不意地进攻。你说白早生将逃跑呢,还是坚守? 什么时候可以平定他?"邢峦回答说:"白早生并没有深谋大智能策划成这件事,只因司马悦虐待百姓,白早生乘众怒而做成这事,百姓被他的凶恶威势慑服,不得

为之，民为凶威所慑，不得已而苟附。假萧衍军入应，水路不通，粮运不继，亦成擒耳，不能为害也。早生得衍军之接，溺于利欲之情，必守而不走。今王师若临，士民必翻然归顺。围之穷城，奔走路绝，不度此年，必传首京师。愿陛下不足垂虑。"世宗笑曰："卿言何其壮哉！深会朕遣卿之意。知卿亲老，频劳于外，然忠孝不俱，才宜救世，不得辞也。"

已而暂时归附他。假如萧衍的大军前来接应，水路不通，粮食运输跟不上，也将被我们擒获，不能对我们造成危害。白早生得到萧衍军队的接应，贪图利益，必然会坚守不逃跑。现在如果我军逼近悬瓠，士人百姓必然会立即反过来归顺朝廷。我们把白早生围困在孤城，使他走投无路，过不了今年，他的头必然会被送到京城来。希望陛下不必为此事忧虑。"世宗笑着说："你这话多么壮武啊！你很理解我派你去的意图。我知道你父母年老，你常在外面奔劳，但忠孝不能两全，你的才干应该用来拯救世难，你不得推辞。"

注释 ① 羽林：护卫皇帝的禁卫军。 ② 重门之戒：指对自身的警戒。 ③ 丧元隶竖：丧身于奴仆。元，头。 ④ 藩捍：屏障。 ⑤ 南仲：周文王时的武臣。

原文

于是峦率骑八百，倍道兼行，五日次于鲍口①。贼遣大将军胡孝智率众七千，去城二百，逆来拒战。峦击破孝智，乘胜长驱，至于悬瓠。贼出城逆战，又大破之，因即渡汝②。既而大兵

翻译

于是邢峦率领八百名骑兵，加速前进，五天后便驻扎在鲍口。贼人派大将军胡孝智率兵七千人，在离城二百里的地方，前来迎战。邢峦打败胡孝智，乘胜长驱直入，到达悬瓠城。贼兵出城迎战，邢峦又大败他们，乘胜渡过汝水。不久大军接着开来，于是合围悬瓠城。

继至，遂长围之。诏加峦使持节、假镇南将军③、都督南讨诸军事。征南将军、中山王英南讨三关④，亦次于悬瓠，以后军未至，前寇稍多，惮不敢进，乃与峦分兵掎角攻之。衍将齐苟仁等二十一人开门出降，即斩早生等同恶数十人。豫州平，峦振旅还京师。世宗临东堂劳之，曰："卿役不逾时，克清妖丑，鸿勋硕美，可谓无愧古人。"峦对曰："此自陛下圣略威灵，英等将士之力，臣何功之有？"世宗笑曰："卿匪直一月三捷，所足称奇，乃存士伯⑤，欲功成而不处。"

世宗下诏加邢峦使持节、代理镇南将军、都督南讨诸军事。征南将军、中山王元英南征三关，也驻扎在悬瓠城，因后续部队还没有到达，前面的敌人还很多，畏惧不敢前进，于是与邢峦分兵夹攻悬瓠。萧衍的将领齐苟仁等二十一人打开城门出来投降，邢峦立即杀了白早生等几十个一同作乱的人。豫州平定后，邢峦整顿部队回到京城。世宗到东堂慰劳他，说："你役使军队不多时，就能扫清叛逆之徒，丰功伟绩，可以说不愧于古人。"邢峦回答说："这是陛下的谋略及声威使然，也是元英等将士努力的结果，我有什么功劳？"世宗笑着说："你不仅在一个月内打了三次胜仗，值得称为奇迹，还想着士伯，不愿把已成的功劳据为己有。"

注释 ①鲍口：地名，在今河南汝南北。 ②汝：河名，源出河南鲁山大盂山，东南流入淮河。 ③镇南将军：官名，掌军事，从一品。 ④三关：即平靖关、武阳关、黄岘关，在今河南信阳南。 ⑤士伯：即元英。

原文

峦自宿豫大捷，及平悬瓠，志行修正，不复以财贿为怀，戎资军实丝毫无犯。

翻译

邢峦自从在宿豫打了大胜仗，以及平定悬瓠后，志向行为都趋向善良正派，不再关心钱财，军用物资丝毫不加迁殿中尚书①，加抚军将军②。延昌三年③，暴疾卒，年五十一。峦才兼文武，朝野瞻望，上下悼惜之。诏赙帛四百匹④，朝服一袭，赠车骑大将军⑤、瀛州刺史。初，世宗欲赠冀州，黄门甄琛以峦前曾劾己⑥，乃云："瀛州峦之本邦，人情所欲。"乃从之。及琛为诏，乃云"优赠车骑将军、瀛州刺史"，议者笑琛浅薄。谥曰文定。

侵犯。升任为殿中尚书，加抚军将军。延昌三年(514)，突然得病去世，终年五十一岁。邢峦文武双全，朝廷和民间都仰慕他，全国上下都哀悼痛惜他。世宗下令赠给办丧事的丝织品四百匹，朝服一套，追赠邢峦为车骑大将军、瀛州刺史。当初，世宗打算追赠邢峦为冀州刺史，黄门甄琛因邢峦从前曾弹劾过自己，便说："瀛州是邢峦的家乡，人们都想做家乡的官。"世宗于是采纳了甄琛的意见。等到甄琛撰写诏书，就说"优待赠给车骑将军、瀛州刺史"，议论的人讥笑甄琛浅薄无知。邢峦谥号为文定。

注释　①殿中尚书：官名，尚书省属官，为五尚书之一。　②抚军将军：官名，掌军事，从一品。　③延昌：北魏宣武帝元恪年号，共四年(512—515)。　④赙(fù)：赠财物给人办丧事。　⑤车骑大将军：官名，掌军事，正一品下。　⑥甄琛：字思伯，官至侍中、御史中尉。

李　崇　传

导读

李崇（455—525），是北魏中后期名臣，历仕孝文帝、宣武帝和孝明帝三朝，先后担任梁州刺史、荆州刺史、兖州刺史、河南尹、七兵尚书、扬州刺史、中书监、尚书令、侍中等职，出将入相，立下汗马功劳。在荆州刺史任上，与南方修和；在兖州刺史任上，他命令各村建楼置鼓，防备盗贼，并在北魏全境推行，这些都有利于人民生活安定和社会经济发展。他善于处理疑案，入情入理，显示了过人的才华。在孝明帝时，他上书主张兴建学校、复兴礼乐、尊崇儒学，反对灵太后大造寺塔、开凿石窟、挥霍财富的佞佛行为。后来又提出改北方各镇为州，将兵户变为民户，以消除他们的不满情绪。李崇还多次统率大军，与梁朝对垒，平定各地叛乱，打败氐羌，击走柔然，保护了北魏境土。他为北魏王朝的长治久安而操劳，也镇压了北魏人民起义。他生性爱财，聚敛不已。这样的劣迹，在北魏其他很多有名的官员身上也常见到。（选自卷六六）

原文

李崇，字继长，小名继伯，顿丘人也①，文成元皇后第二兄诞之子②。年十四，召拜主文中散③，袭爵陈留公、镇西大将军④。

翻译

李崇，字继长，小名继伯，顿丘人，是文成元皇后二哥李诞的儿子。十四岁时，被召来任命为主文中散。后来继承陈留公的爵位，任镇西大将军。

注释 ① 顿丘：郡名，在今河南清丰西南。 ② 文成元皇后：即北魏高宗文成帝拓跋濬的皇后李氏，献文帝生母。 ③ 主文中散：官名，掌起草诏诰、顾问应对，为闲散官职。 ④ 镇西大将军：官名，总领西部军事，从二品。

原文

高祖初，为大使巡察冀州①。寻以本官行梁州刺史②。时巴氐扰动，诏崇以本将军为荆州刺史，镇上洛③，敕发陕秦二州兵送崇至治④。崇辞曰："边人失和，本怨刺史，奉诏代之，自然易帖。但须一宣诏旨而已，不劳发兵自防，使怀惧也。"高祖从之。乃轻将数十骑驰到上洛，宣诏绥慰，当即帖然。寻勒边戍，掠得萧赜人者，悉令还之。南人感德，乃送荆州之口二百许人。两境交和，无复烽燧之警。在治四年，甚有称绩。召还京师，赏赐隆厚。

翻译

高祖即位之初，李崇作为大使巡察冀州。不久以原官代理梁州刺史。当时巴氐发生骚乱，朝廷命令李崇以镇西大将军身份任荆州刺史，镇守上洛，并命令征调陕、秦二州士兵护送李崇到治所上任。李崇推辞说："边境人民失和，本来就怨恨刺史，现在我奉命代替原任刺史，百姓自然容易顺服。只需宣布一道诏令就行了，不必调兵自卫，使边民心怀畏惧。"高祖同意了他的请求。于是李崇随便率领几十名骑兵，奔赴上洛，宣布诏书，抚慰百姓，百姓立即顺服。不久李崇又勒令边界各戍守点，凡掳掠到萧赜那边的人的，务必全部送回。南方人感念他的恩德，于是把在荆州掠取的二百多人也送回。两国边境恢复了和平，不再有烽火警报。李崇在荆州刺史任上四年，很有值得称赞的政绩。后被召回京城，赏赐特别优厚。

注释 ① 大使：帝王特派巡视各地的临时使节。 ② 梁州：州名，治今甘肃成县西北。 ③ 上洛：郡名，治今陕西商州。 ④ 陕：州名，治今河南陕州。

原文

以本将军除兖州刺史。兖土旧多劫盗，崇乃村置一楼，楼悬一鼓，盗发之处，双槌乱击。四面诸村始闻者挝鼓一通，次复闻者以二为节，次后闻者以三为节，各击数千槌。诸村闻鼓，皆守要路，是以盗发俄顷之间，声布百里之内。其中险要，悉有伏人，盗窃始发，便尔擒送。诸州置楼悬鼓，自崇始也。后例降为侯，改授安东将军。

车驾南征，骠骑大将军、咸阳王禧都督左翼诸军事，诏崇以本官副焉。徐州降人郭陆聚党作逆，人多应之，搔扰南北。崇遣高平人卜冀州诈称犯罪[①]，逃亡归陆。陆纳之，以为谋主。数月，冀州斩陆送之，贼徒溃散。入为河南尹。

翻译

李崇又以本将军身份被任命为兖州刺史。兖州地区以前有很多抢劫的强盗，李崇于是命令每村设置一座哨楼，每座哨楼悬挂一面鼓，出现强盗的地方，就用两只鼓锤将鼓乱击。四边各村最先听到鼓声的就击一遍鼓，其次听到的击两遍鼓，再后听到的击三遍鼓，每遍都击鼓数千锤。各村听到鼓声，都把守要道，所以盗贼出现后，顷刻之间鼓声传遍百里之内。其中的险要地势，都有人埋伏，盗窃的事刚一发生，盗贼便被擒获送往官府。各州设置哨楼悬鼓，是由李崇创始的。后来按常例降封为侯，改任安东将军。

高祖亲自率军南征，骠骑大将军、咸阳王元禧都督左翼诸军事，高祖命令李崇以原官任元禧的副手。从徐州投降过来的人郭陆纠合党羽发动叛乱，很多人都响应他，骚扰南北。李崇派高平人卜冀州谎称自己犯了罪，逃亡归附郭陆。郭陆接纳了他，把他作为主要谋士。几个月后，卜冀州砍下郭陆的脑袋送给李崇，叛乱的人逃散了。李崇后来进京任河南尹。

注释 ① 高平：郡名，治今山东邹城西南。

原文

后车驾南讨汉阳，崇行梁州刺史。氐杨灵珍遣弟婆罗与子双领步骑万余，袭破武兴①，与萧鸾相结。诏崇为使持节、都督陇右诸军事，率众数万讨之。崇槎山分进②，出其不意，表里以袭。群氐皆弃灵珍散归，灵珍众减太半。崇进据赤土③，灵珍又遣从弟建率五千人屯龙门④，躬率精勇一万据鹫硖⑤。龙门之北数十里中伐树塞路，鹫硖之口积大木，聚礌石⑥，临崖下之，以拒官军。崇乃命统军慕容拒率众五千，从他路夜袭龙门，破之。崇乃自攻灵珍，灵珍连战败走，俘其妻子。崇多设疑兵，袭克武兴。萧鸾梁州刺史阴广宗遣参军郑猷⑦、王思考率众援灵珍。崇大破之，并斩婆

翻译

后来高祖亲自率军南征汉阳，李崇代理梁州刺史。氐人杨灵珍派弟弟婆罗与儿子杨双率领步兵和骑兵一万多人，攻破武兴，与萧鸾相互勾结。高祖命令李崇为使持节、都督陇右诸军事，率领几万人马去征讨他。李崇开凿山路，分头进军，出其不意，里应外合地发起进攻。众氐人都抛下杨灵珍逃散回去，杨灵珍的人马减少了一大半。李崇进军占据赤土，杨灵珍又派堂弟杨建率领五千人驻扎在龙门，他亲自率领精锐勇猛的一万人占据鹫硖。并在龙门以北几十里范围内砍伐树木堵塞道路，在鹫硖口聚积大木头和石头，从悬崖上往下投放，以抵抗官军的进攻。李崇于是命令统军慕容拒率军五千人，从别的道路乘夜袭击龙门，攻破了它。李崇于是自己率军进攻杨灵珍，杨灵珍接连几次战斗都失败而逃跑，李崇俘虏了他的妻儿子女。李崇布置了很多疑兵，通过突袭攻克了武兴。萧鸾的梁州刺史阴广宗派参军郑猷、王思考率军救援杨灵珍。李崇大败他们，并斩下婆罗的首级，杀死一千余人，俘获了郑猷等人，杨

罗首,杀千余人,俘获猷等,灵珍走奔汉中。高祖在南阳,览表大悦,曰:"使朕无西顾之忧者,李崇之功也。"以崇为都督梁秦二州诸军事、本将军、梁州刺史。高祖手诏曰:"今仇、陇克清⑧,镇捍以德,文人威惠既宣,实允远寄,故敕授梁州,用宁边服。便可善思经略,去其可除,安其可育,公私所患,悉令芟夷⑨。"及灵珍偷据白水⑩,崇击破之,灵珍远遁。

灵珍逃奔汉中。高祖在南阳,看过李崇的奏表后,非常高兴,说:"使我没有西顾之忧,这是李崇的功绩啊!"以李崇为都督梁秦二州诸军事、本将军、梁州刺史。高祖给李崇下亲笔诏书,说:"现在仇池、陇西平定,需要以恩德去镇守防卫,你既然已经显示了文人的威风和恩惠,确实适合担任远方的重任,所以我下令任命你为梁州刺史,以使边远地方安定。你应当好好想想治理的办法,把应该除掉的除掉,安抚那些可以教化的人,把官府和百姓都认为不好的事,全部加以废除。"等到杨灵珍偷偷占据白水,李崇打败了他,杨灵珍远逃了。

注释 ① 武兴:郡名,治今陕西略阳。 ② 槎(chá):砍伐树木。 ③ 赤土:山名,在今甘肃礼县东北。 ④ 龙门:地名,在今甘肃成县西北。 ⑤ 鹫硖(jiù xiá):地名,在今甘肃成县西北。 ⑥ 礧(léi)石:大石。 ⑦ 参军:官名,为诸王及将军的幕僚。 ⑧ 仇陇:指仇池郡(治今甘肃成县西北)、陇西郡(治今甘肃陇西南)。 ⑨ 芟(shān)夷:除去。 ⑩ 白水:郡名,治今四川广元西北。

原文

世宗初,征为右卫将军①,兼七兵尚书②。寻加抚军将军,正尚书。转左卫将军、相州大中正。鲁阳蛮

翻译

世宗即位初年,李崇被征召为右卫将军,兼任七兵尚书。不久又加抚军将军,正式就任尚书。又转为左卫将军、相州大中正。鲁阳蛮柳北喜、鲁北燕等

柳北喜③、鲁北燕等聚众反叛，诸蛮悉应之，围逼湖阳④。游击将军李晖先镇此城⑤，尽力捍御，贼势甚盛。诏以崇为使持节、都督征蛮诸军事以讨之。蛮众数万，屯据形要，以拒官军。崇累战破之，斩北燕等，徙万余户于幽并诸州。世宗追赏平氐之功，封魏昌县开国伯，邑五百户。东荆州蛮樊安，聚众于龙山，僭称大号，萧衍共为唇齿，遣兵应之。诸将击讨不利，乃以崇为使持节、散骑常侍、都督征蛮诸军事，进号镇南将军，率步骑以讨之。崇分遣诸将，攻击贼垒，连战克捷，生擒樊安，进讨西荆，诸蛮悉降。

人聚众反叛，各部蛮族都响应他们，围攻湖阳。游击将军李晖先镇守北城，全力抵御，贼兵的势力很强大。世宗下诏以李崇为使持节、都督征蛮诸军事，进军讨伐他们。蛮人数万，占据险要地形，以抵抗官军。李崇连续打败他们，斩杀了鲁北燕等人，迁徙一万多户到幽并各州。世宗追赏李崇平定氐人的功劳，封他为魏昌县开国伯，食邑五百户。东荆州蛮族樊安，在龙山聚集部众，妄称皇帝，萧衍与他相呼应，派兵接应他。众将领前去讨伐都失利，于是以李崇为使持节、散骑常侍、都督征蛮诸军事，升职为镇南将军，率领步兵骑兵前去讨伐。李崇分派各位将领，攻击敌人的营垒，连续战斗都打败了他们，活捉樊安，又进军讨伐西荆，各部蛮人都投降了。

注释 ① 右卫将军：官名，掌军事，正三品。 ② 七兵尚书：尚书省的属官，掌管军事，为后世兵部尚书前身。 ③ 鲁阳：郡名，治今河南鲁山。 ④ 湖阳：县名，治今河南唐河西南。 ⑤ 游击将军：官名，掌军事。

原文

诏以崇为使持节、兼侍

翻译

世宗下诏任命李崇为使持节、兼任

中、东道大使,黜陟能否,著赏罚之称。转中护军①,出除散骑常侍、征南将军、扬州刺史。诏曰:"应敌制变,算非一途,救左击右,疾雷均势。今胸山蚁寇②,久结未殄,贼衍狡诈,或生诡劫,宜遣锐兵,备其不意。崇可都督淮南诸军事,坐敦威重,遥运声算。"延昌初,加侍中、车骑将军、都督江西诸军事,刺史如故。

侍中、东道大使,李崇根据地方官能干与否予以升官或贬斥,由此获得了明于赏罚的名声。转任中护军,离京任命为散骑常侍、征南将军、扬州刺史。诏书说:"对付敌人要随机应变,采取的策略不止一种,救援左边要攻击右边,就如同雷电一样快。现在胸山聚集着大量的敌人,很久都未加以消灭,贼人萧衍很狡诈,或许会制造阴谋诡计,应当派出精锐兵力,防备不测事件。准予李崇都督淮南诸军事,坐镇当地,增强我军威势,在远处壮大声势,制定策略。"延昌初年,加侍中、车骑将军、都督江西诸军事,仍旧任刺史。

注释 ① 中护军:军官名,掌禁军。 ② 胸(qú)山:地名,即今江苏连云港市西南锦屏山。

原文

先是,寿春县人苟泰有子三岁,遇贼亡失,数年不知所在。后见在同县人赵奉伯家,泰以状告。各言己子,并有邻证,郡县不能断。崇曰:"此易知耳。"令二父与儿各在别处,禁经数旬,然后遣人告之曰:"君儿遇

翻译

当初,寿春县人苟泰有一个三岁的儿子,在遇到强盗时丢失了。几年都不知道孩子在哪里。后来见到在同县人赵奉伯家,苟泰把情况报告官府。苟泰、赵奉伯各自都说是自己的儿子,并且都有邻居作证,郡、县都不能断案。李崇说:"这很容易弄清楚。"命令将两位父亲各自与小孩隔离开来,拘禁了几

患，向已暴死，有教解禁，可出奔哀也。"苟泰闻既号咷，悲不自胜；奉伯咨嗟而已，殊无痛意。崇察知之，乃以儿还泰，诘奉伯诈状。奉伯乃款引云："先亡一子，故妄认之。"又定州流人解庆宾兄弟，坐事俱徙扬州①。弟思安背役亡归，庆宾惧后役追责，规绝名贯，乃认城外死尸，诈称其弟为人所杀，迎归殡葬。颇类思安，见者莫辨。又有女巫阳氏自云见鬼，说思安被害之苦，饥渴之意。庆宾又诬疑同军兵苏显甫、李盖等所杀，经州讼之，二人不胜楚毒，各自款引。狱将决竟，崇疑而停之。密遣二人非州内所识者，为从外来，诣庆宾告曰："仆住在此州，去此三百。比有一人见过寄宿，夜中共语，疑其有异，便即诘问，迹其由绪，乃云是流兵背役逃走，姓解字思安。时

十天，然后派人告诉他们说："你的儿子得了病，不久前已突然死去，长官命令解除拘禁，你可以出去为儿子奔丧。"苟泰听说后立即放声大哭，悲痛得不能自持；赵奉伯只不过叹息罢了，一点也没有悲痛之意。李崇观察了解到这一情况后，就把小孩还给苟泰，追究赵奉伯的诈骗罪。赵奉伯于是招供说："我以前丢失了一个儿子，所以冒认了这个孩子。"另外定州流民解庆宾兄弟，因犯法都被发配到扬州。弟弟解思安不服劳役逃了回去，解庆宾怕以后有劳役会被追查责任，打算把弟弟的姓名从户籍上除掉，于是冒认城外死尸，谎称他弟弟被人杀死，把死尸迎回家安葬。死尸很像解思安，见到的人不能分辨。又有一个女巫阳氏自称看见过鬼，叙说解思安被害时的痛苦和饥渴的情况。解庆宾又诬告怀疑同军的兵士苏显甫、李盖等杀了他的弟弟，经过州的审讯，二人忍受不了刑罚的痛苦，各自都招认了。将要结案时，李崇觉得有问题，便暂停结案。他暗派两个州城中大家不认识的人，自称从外边来，找到解庆宾，告诉他说："我们就住在这个州，离这里三百里。最近有一人经过我们家时来投宿，晚上与他交谈，我们怀疑他有问题，就

欲送官，苦见求及，称有兄庆宾，今住扬州相国城内，嫂姓徐，君脱矜愍，为往报告，见申委曲，家兄闻此，必重相报，所有资财，当不爱惜。今但见质，若往不获，送官何晚。是故相造，指申此意。君欲见雇几何，当放贤弟。若其不信，可见随看之。"庆宾怅然失色，求其少停，当备财物。此人具以报，崇摄庆宾问曰："尔弟逃亡，何故妄认他尸？"庆宾伏引。更问盖等，乃云自诬。数日之间，思安亦为人缚送。崇召女巫视之，鞭笞一百。崇断狱精审，皆此类也。

当即追问他从哪里来。他就说自己是流配充军的人，不愿服役而逃跑，姓解字思安。当时想把他送交官府，他苦苦哀求我们，声称有一个哥哥叫解庆宾，现住在扬州相国城内，嫂子姓徐，你们如果怜悯我，就去告诉他，对他说明事情的原委，家兄听到这事后，必定会重重报答你们，所有的资财，他都不会吝惜的。现在你们把我作为人质，如果去后没有收获，再把我送交官府也不晚。因此我们来拜访你，把他的这个意思转告给你。你想你要给我们多少财物，我们才能放了你弟弟。你如果不相信，可以随我们去察看。"解庆宾茫然变了脸色，请求他们稍等一下，给他们准备财物。这两人将情况详细报告李崇，李崇逮捕了解庆宾，问道："你弟弟逃跑了，你为什么冒认别人的尸体？"解庆宾于是招供了。再审问李盖等人，他们便说是自己假供。几天以后，解思安也被人捆着送来。李崇召来女巫察看，打了她一百鞭。李崇断案精明审慎，都像这种情况。

注释 ① 扬州：州名，治寿春，今安徽寿县。

原文

　　时有泉水涌于八公山顶①；寿春城中有鱼无数，从地涌出；野鸭群飞入城，与鹊争巢。五月，大霖雨十有三日，大水入城，屋宇皆没，崇与兵泊于城上。水增未已，乃乘船附于女墙②，城不没者二板而已。州府劝崇弃寿春，保北山。崇曰："吾受国重恩，忝守藩岳③，德薄招灾，致此大水。淮南万里，系于吾身。一旦动脚，百姓瓦解，扬州之地，恐非国物。昔王尊慷慨④，义感黄河，吾岂爱一躯，取愧千载！但怜兹士庶，无辜同死，可枰筏随高，人规自脱。吾必守死此城，幸诸君勿言。"时州人裴绚等受萧衍假豫州刺史，因乘大水，谋欲为乱，崇皆击灭之。崇以洪水为灾，请罪解任。诏曰："卿居藩累年，威怀兼畅，资储丰溢，足制劲寇。

翻译

　　当时在八公山顶有泉水涌出；寿春城中从地里冒出无数条鱼；野鸭成群地飞入城中，与喜鹊争巢。五月，连续下了十三天大暴雨，洪水漫入城中，房屋都被淹没，李崇与兵士驻守在城墙上。大水涨个不停，大家就乘船靠在城墙上，城墙只有几尺还没有被淹没。州府都劝李崇放弃寿春，退守北山。李崇说："我受了国家的大恩，充任一方大镇的长官，德行浅薄，招来天灾，导致这次大水。淮南万里疆土，系在我的身上。我一旦抬脚逃走，百姓就会瓦解，扬州的土地，恐怕不再是魏国的了。先前王尊慷慨舍身，大义感动了黄河，我怎能吝惜自己一人的身躯，被千年后的人耻笑呢！我只是怜悯这里的士民百姓，无辜地与我一起死去，可以让他们登上筏子，随水涨落，各自设法逃命。我一定要守在这里，与这座城共存亡，希望诸君不要再说了。"当时州中人裴绚等接受了萧衍授予的豫州刺史等职，趁发大水的时机，阴谋发动叛乱，李崇把他们全都消灭了。李崇鉴于洪水造成的灾害，请求朝廷追究自己的责任，解除职务。朝廷下诏说："你在藩镇好几年，威风与德政都遍布人心，物资储备丰富，然夏雨泛滥，斯非人力，何得以此辞解？今水涸路通，公私复业，便可缮甲积粮，修复城雉⑤，劳恤士庶，务尽绥怀之略也。"崇又表请解州，诏报不听。是时非崇，则淮南不守矣。

足以制服强大的敌人。然而夏季雨水泛滥，这不是人力能够避免的，怎能因此而辞职？现在洪水已退，道路已通，官府和百姓都恢复了正常的活动，你就应该修缮兵器，储备粮食，修复城池，抚恤士人百姓，尽力做好安抚的事情。"李崇再次上表请求解除他的扬州刺史职务，诏令回答不允许。这时如果不是李崇，淮南那就守不住了。

注释 ① 八公山：山名，在安徽淮南西。 ② 女墙：城墙上面呈凹凸状的小墙。 ③ 藩岳：指诸侯或总领一方的地方长官。 ④ 王尊：字子赣，西汉成帝时为东郡太守，黄河决口，他投白马祀水神，并请以身填堤坎。后来黄河水退，相传是水神被他的诚意所感动。 ⑤ 城雉：指城墙。

原文

崇沉深有将略，宽厚善御众。在州凡经十年，常养壮士数千人，寇贼侵边，所向摧破，号曰"卧虎"，贼甚惮之。萧衍恶其久在淮南，屡设反间，无所不至，世宗雅相委重，衍无以措其奸谋。衍乃授崇车骑大将军、开府仪同三司、万户郡公，诸子皆为县侯，欲以构崇。崇表言其状，世宗屡赐玺书

翻译

李崇深谋远虑，有将才，为人宽厚，善于带兵。在扬州共历十年，常养育数千名壮士，如有敌人侵犯边境，便出动这支军队，所到的地方，无不克敌制胜，号称"卧虎"，敌人很怕它。萧衍讨厌他长期在淮南，多次设反间计，没有什么方法不用上，但世宗素来对李崇委以重任，萧衍无法实现他的阴谋诡计。萧衍于是委任李崇为车骑大将军、开府仪同三司、食邑一万户的郡公，任他的儿子都为县侯，想以此陷害李崇。李崇上表说明情况，世宗多次赐给他亲笔信，

慰勉之，赏赐珍异，岁至五三，亲待无与为比。衍每叹息，服世宗之能任崇也。

肃宗践祚①，褒赐衣马。及萧衍遣其游击将军赵祖悦袭据西硖石②，更筑外城，逼徙缘淮之人于城内。又遣二将昌义之、王神念率水军溯淮而上，规取寿春。田道龙寇边城③，路长平寇五门，胡兴茂寇开霍④。扬州诸戍，皆被寇逼。崇分遣诸将，与之相持。密装船舰二百余艘，教之水战，以待台军⑤。萧衍霍州司马田休等率众寇建安⑥，崇遣统军李神击走之。又命边城戍主邵申贤要其走路，破之于濡水⑦，俘斩三千余人。灵太后玺书劳勉⑧。

对他进行安慰和勉励，赏赐珍宝异物，每年达好几次，对他的亲密优待没人可以相比。萧衍常叹息，佩服世宗能够任用李崇。

肃宗即位做皇帝，赐给李崇衣物和马匹。萧衍派遣他的游击将军赵祖悦袭击并占据了西硖石，又在原城墙外再筑一道城墙，逼迫淮河沿边人家迁入城内。又派昌义之、王神念两位将领率领水军沿淮河而上，企图攻取寿春。田道龙进犯边城，路长平进犯五门，胡兴茂进犯开霍。扬州各戍守点都遭到围攻。李崇分派各将，与敌军相持。他暗中装备战船二百多艘，训练水上作战，以等候中央军的到来。萧衍的霍州司马田休等人率兵进犯建安，李崇派统军李神打跑了他们。又命令边城守将邵申贤拦截敌人逃跑的道路，在濡水打败他们，俘虏和杀死三千多人。灵太后亲笔写信给李崇，加以慰劳勉励。

注释 ①肃宗：即北魏孝明帝元诩(510—528)，在位十三年(516—528)。 ②硖石：山名，在今安徽寿县西北。 ③边城：郡名，治今河南商城东北。 ④五门、开霍：都是北魏在扬州(治今安徽寿县)设的镇戍点。 ⑤台军：指中央军。 ⑥霍州：州名，治今安徽霍山。建安：地名，今河南固始。 ⑦濡水：河名，当在今河南商城、固始一带。 ⑧灵太后：即北魏宣武帝妃胡氏。孝明帝即位，尊为皇太后，临朝执政。

原文

许昌县令兼纻麻戍主陈平玉南引衍军①，以戍归之。崇自秋请援，表至十余。诏遣镇南将军崔亮救硖石，镇东将军萧宝夤于衍堰上流决淮东注②。朝廷以诸将乖角，不相顺赴，乃以尚书李平兼右仆射③，持节节度之。崇遣李神乘斗舰百余艘，沿淮与李平、崔亮合攻硖石。李神水军克其东北外城，祖悦力屈乃降，语在《平传》。朝廷嘉之，进号骠骑将军④、仪同三司，刺史、都督如故。衍淮堰未破，水势日增。崇乃于硖石戍间编舟为桥，北更立船楼十，各高三丈，十步置一篱，至两岸，蕃板装治，四箱解合，贼至举用，不战解下。又于楼船之北，连覆大船，东西竟水，防贼火栈。又于八公山之东南，更起一城，以备大水，州人号曰魏昌

翻译

许昌县令兼纻麻守将陈平玉勾结南边萧衍的部队，把戍守点交给他们。李崇从秋季就请求援助，上表达十余次。朝廷下诏派镇南将军崔亮救援硖石，镇东将军萧宝夤把萧衍那边所筑的河堰上游凿开，使淮河水向东流泻。朝廷因各将闹纠纷，互相不能协同作战，于是以尚书李平兼任右仆射，持符节进行统一指挥。李崇派李神率一百多艘战舰，顺淮河与李平、崔亮合攻硖石。李神的水军攻克了硖石外城的东北角，赵祖悦抵抗不住，于是投降，这记载在《李平传》中。朝廷嘉奖李崇，晋升他为骠骑将军、仪同三司，仍旧任刺史、都督。萧衍的淮河大堰还没有被攻破，水势一天天上涨。李崇于是在硖石戍守点之间，把船连接起来作为浮桥，北面又设立十座楼船，各高三丈，每隔十步设置一道藩篱，直到两岸，藩篱用障板组合而成，四块一组，可以拆卸组合，敌人来时就组装使用，不打仗时就拆开。又在楼船北面的水上，把大船弄翻连接起来，东西隔断河流，以防止敌人施放火筏。又在八公山的东南方，另建一道城墙，以防备大水，扬州人称之为魏昌城。李崇多次上表辞去刺史职务，先后

城。崇累表解州,前后十余上,肃宗乃以元志代之⑤。寻除都督冀定瀛三州诸军事、骠骑大将军、冀州刺史,仪同如故。不行。

十多次,肃宗就让元志接替他。不久任命李崇为都督冀定瀛三州诸军事、骠骑大将军、冀州刺史,仍旧任仪同三司。但他没有去上任。

注释 ①许昌:县名,治今河南许昌东。纥麻戍:地名,在今河南许昌东。 ②萧宝夤:字智亮,南齐明帝萧鸾第六子,后投奔北魏,任使持节、都督东扬南徐兖三州诸军事、镇东将军、东扬州刺史,封齐王。肃宗时,任车骑大将军、尚书左仆射、司空、尚书令。后因受猜疑,起兵反魏,兵败被杀。 ③右仆射:即尚书右仆射,尚书省的副长官之一。 ④骠骑将军:官名,掌军事,正二品。 ⑤元志:北魏宗室,历官洛阳令、荆州刺史、扬州刺史、雍州刺史。后西征莫折念生,被擒杀。

原文

崇上表曰:

"臣闻世室明堂①,显于周夏②;二黉两学③,盛自虞殷④。所以宗配上帝⑤,以著莫大之严;宣布下土,以彰则天之轨。养黄发以询格言⑥,育青襟而敷典式⑦,用能享国久长,风徽万祀者也。故孔子称巍巍乎其有成功,郁郁乎其有文章,此其盛矣。爰暨亡秦,政失其道,坑儒灭学,以蔽黔首。

翻译

李崇上表说:

"我听说世室、明堂,出现在夏朝、周朝;二黉、两学,盛行于有虞和殷代。明堂是用来崇奉上帝,以表示极大的尊敬;学校是用来向世人宣传,以显示按天道的法则行事。供养老人以征求值得借鉴的意见,养育士子而传播可作模范的行为,用以使国运久长,美名万代相传。所以孔子称他们的功业伟大,文化昌盛,这是远古的盛事。到了短命的秦朝,政治失去正道,坑杀儒生,灭绝学术,以蒙蔽百姓。国家不设学校推行教化,野外有不顺应时令的劳役,所以天下国无黉序之风，野有非时之役，故九服分崩⑧，祚终二世。炎汉勃兴⑨，更修儒术，文景已降⑩，礼乐复彰，化致升平，治几刑措。故西京有六学之美⑪，东都有三本之盛⑫，莫不纷纶掩蔼⑬，响流无已。逮自魏晋，拨乱相因，兵革之中，学校不绝，遗文灿然，方轨前代。

分崩离析，政权传到二世就灭亡了。汉朝兴起以后，再次实行儒术，汉文帝、汉景帝以后，礼乐又兴盛起来，施行教化导致国家太平，治国几乎达到不用刑罚的程度。所以西汉有崇尚六种学问的美事，东汉秘府有保存三种写本的盛举，无不浩繁广大，对后世产生了无穷无尽的影响。到了魏晋时代，治乱相接，在战乱之中，学校并没有完全废置，留下来的文采鲜明可观，可以与前代相比美。

注释 ① 世室明堂：皇室的祭祀之所。 ② 周夏：周朝与夏朝。 ③ 黉(hóng)：古代学校名。 ④ 虞殷：虞舜之世与商代。 ⑤ 宗配：配祀。 ⑥ 黄发：指高寿的老人。 ⑦ 青襟：即青衿，指年轻的士子。 ⑧ 九服：泛指全国。 ⑨ 炎汉：即汉朝。汉朝人认为得五德中的火德，故称炎汉。 ⑩ 文景：即汉文帝刘恒与景帝刘启。旧史把二帝时期称为文景之治。 ⑪ 六学：即《诗》《书》《礼》《乐》《易》《春秋》六种学问。 ⑫ 三本：古代皇帝内府图书各备三本，以便保存。 ⑬ 纷纶掩蔼：文采繁盛的样子。

原文

"仰惟高祖孝文皇帝禀圣自天，道镜今古，徙驭嵩河，光宅函洛①，模唐虞以革轨仪②，规周汉以新品制，列教序于乡党，敦诗书于郡国。使揖让之礼横被于崎岖，歌咏之音声溢于仄陋。

翻译

"敬思高祖孝文皇帝从上天禀受圣明，洞察今古，迁移统治中心至嵩山、黄河一带，定都于函谷关、洛阳之间，以唐尧、虞舜为楷模，改革法制礼仪，仿效周朝、汉代，重定官员品级，在乡党设立学校，在郡国鼓励学习诗书。使揖让的礼节盛行于艰难的时代，歌咏的声音从卑贱无识的人口中流露出来。只因创始但经始事殷,戎轩屡驾,未遑多就,弓剑弗追。世宗统历,聿遵先绪,永平之中③,大兴板筑,续以水旱,戎马生郊,虽逮为山,还停一篑。

之时,事情繁多,战争不断,来不及多做此事,先皇帝就去世了。世宗继承大位,遵循先代的事业,永平年间,大兴土木,接着又有水旱灾害,战乱不已,就像造山一样,虽然大山将成,却还差一筐土。

注释 ① 嵩河、函洛:都指洛阳。 ② 轨仪:法则,仪制。 ③ 永平:北魏宣武帝元恪年号,共四年(508—511)。

原文

"窃惟皇迁中县①,垂二十祀。而明堂礼乐之本,乃郁荆棘之林;胶序德义之基,空盈牧竖之迹。城隍严固之重,阙砖石之工;墉堞显望之要②,少楼榭之饰。加以风雨稍侵,渐致亏坠。又府寺初营,颇亦壮美,然一造至今,更不修缮,厅宇凋朽,墙垣颓坏,皆非所谓追隆堂构、仪形万国者也。伏闻朝议,以高祖大造区夏,道侔姬文③,拟祀明堂,式配上帝。今若基宇不修,仍同丘畎,即使高皇神享,阙于国阳④,宗事之典,有声

翻译

"我暗想迁都中原,已近二十年了。但明堂是礼乐的根本,却生长着茂盛的荆棘;学校是德义的基础,却只充满着牧人小子的足迹。城墙是保卫城市、显示威严的重要设施,却缺少维修的砖石;城上的女墙,是瞭望放哨的要地,却缺少装饰的楼台。再加上风雨慢慢侵蚀,逐渐地残缺毁坏。另外官署初建时,也很壮观漂亮,但修成后直到现在,从未加以修缮,房屋朽坏,围墙倒塌,这些都不能说是使先代建筑更加辉煌、可作万国楷模的事。我听到朝廷有议论,认为高祖大力经营中原,他的德行与周文王相当,准备在明堂中祭祀他,以配享上帝。现在如果对明堂不加整修,仍然同荒地一样,也就使得高祖的神灵受享,在城南的明堂有欠缺,崇奉祖先的

无实。此臣子所以匪宁，亿兆所以失望也。

大典，只是有名无实。这是臣子心中不安、亿万百姓失望的原因。

注释 ① 中县：中州，指洛阳。 ② 墉堞（yōng dié）：城墙。 ③ 姬文：即周文王姬昌。 ④ 国阳：城南。

原文

"臣又闻官方授能，所以任事；事既任矣，酬之以禄。如此，上无旷官之讥，下绝尸素之谤。今国子虽有学官之名①，而无教授之实，何异兔丝燕麦②、南箕北斗哉③！昔刘向有言："王者宜兴辟雍，陈礼乐，以风化天下。夫礼乐所以养人，刑法所以杀人，而有司勤勤请定刑法，至于礼乐，则曰未敢，是则敢于杀人，不敢于养人也。"臣以为当今四海清平，九服宁晏，经国要重，理应先营；脱复稽延，则刘向之言征矣。但事不两兴，须有进退。以臣愚量，宜罢尚方雕靡之作④，颇省永宁

翻译

"我还听说，官职要交给能干的人担任，是为了让他们做事；事情做好以后，用俸禄作为报酬。这样，上面不会受到任用官员不当的讥议，下面杜绝了占着官位不干事的嘲讽。现在国子学虽然有学官的虚名，却没有教授学业的实事，这与把燕麦当成菟丝、把北斗说成南箕，有什么区别呢！刘向曾经说过："帝王应当兴办学校，宣扬礼乐，以教化天下百姓。礼乐是用来教养人的，刑法是用来杀人的，而有关部门却热心地请求制定刑法，至于复兴礼乐，便说不敢有所作为，这实际上就是敢于杀人，却不敢教养人啊。"我认为当今全国政治清明，天下安宁，治理国家的重点，理应先办；假如再拖延，那么刘向的话就应验了。不过两件事不能同时办，必须有先后。以我的意见，尚方应当停止雕琢华丽的物品的制作，大大减少永宁寺的土木工程，并减少修建瑶光寺的

土木之功⑤，并减瑶光材瓦之力⑥，兼分石窟镌琢之劳⑦，及诸事役非急者，三时农隙，修此数条。使辟雍之礼，蔚尔而复兴；讽诵之音，焕然而更作。美榭高墉，严壮于外；槐宫棘宇⑧，显丽于中。道发明令，重遵乡饮⑨，敦进郡学，精课经业。如此，则元、凯可得之于上序⑩，游、夏可致之于下国⑪，岂不休欤！诚知佛理渊妙，含识所宗⑫，然比之治要，容可小缓。苟使魏道熙缉，元首唯康，尔乃经营，未为晚也。"

木材砖瓦，还要抽调开凿石窟和各种不是急需工程的劳力，趁三季农闲时间，完成上述几件事。使学校之礼复兴，读书之声再起。漂亮的台榭、高高的城墙，整齐壮观地陈列于外；华丽的议政之地和诉讼之区，建筑于内。再发布明白的命令，强调遵照乡饮酒的古礼，鼓励郡学，认真考核学生的经术学业。这样，可以在太学中得到八元、八凯那样的人才，可以在地方上得到子游、子夏那样的人才，这难道不好吗！我也确实知道佛教义理精深微妙，是人们所尊崇的，但与国家的大政相比，似乎可以稍缓一下。如果要使魏国的治道兴隆，君主安康，就立即动手规划营建，现在为时还不晚。"

注释 ① 国子：即国子学，封建王朝的中央教育机构，学生为官僚贵族子弟。 ② 兔丝燕麦：意即把燕麦当成菟丝草。 ③ 南箕北斗：把北斗星当成南箕星。 ④ 尚方：官署名，主造皇室所需各种器物。 ⑤ 永宁：寺名，故址在今洛阳东，北魏熙平元年胡太后在官侧修建，极为侈丽。 ⑥ 瑶光：寺名，故址在今洛阳，北魏宣武帝元恪建。 ⑦ 石窟：北魏帝、后多崇佛，著名的云冈、龙门等石窟都开凿于这个时期。 ⑧ 槐宫棘宇：指议政听讼的地方。 ⑨ 乡饮：即乡饮酒礼。古代乡学三年业成后，考核学生的德行与学问，将贤者向天子推荐。由乡大夫做主人，设宴送行，饮酒酬酢，都有仪式，称乡饮酒礼。 ⑩ 元、凯：八元、八凯的简称。传说帝喾有才子八人，称为八元；颛顼有才子八人，称为八凯。后用八元、八凯泛指贤臣、才士。 ⑪ 游、夏：即子游、子夏，都是孔子的学生。 ⑫ 含识：指人类。

原文

灵太后令曰："省表，具悉体国之诚。配飨大礼，为国之本，比以戎马在郊，未遑修缮。今四表晏宁，年和岁稔，当敕有司别议经始。"

除中书监[1]、骠骑大将军，仪同如故。又授右光禄大夫[2]，出为使持节、侍中、都督定幽燕瀛四州诸军事[3]、本将军、定州刺史，仪同如故。征拜尚书左仆射，加散骑常侍，骠骑、仪同如故。迁尚书令，加侍中。崇在官和厚，明于决断，受纳辞讼，必理在可推，始为下笔，不徒尔收领也。然性好财货，贩肆聚敛，家资巨万，营求不息。子世哲为相州刺史，亦无清白状。邺洛市廛，收擅其利，为时论所鄙。

翻译

灵太后下令说："我看了李崇的奏表，完全了解他为国家操劳的诚意。以祖宗配祀上帝的大礼，是国家的根本，近来因为发生战事，来不及修缮。现在四方安宁，连年风调雨顺，获得丰收，应当命令有关部门专门商议，开工修造。"

任命李崇为中书监、骠骑大将军，仍旧为仪同三司。又任命他为右光禄大夫，出京任使持节、侍中、都督定幽燕瀛四州诸军事、本将军、定州刺史，仍旧任仪同三司。被召回朝，任命为尚书左仆射，加散骑常侍，仍旧任骠骑大将军、仪同三司。升任尚书令，加侍中。李崇做官温和忠厚，善于决断，接受诉讼案子后，一定要在情理上可以推论出来时，才下笔作出判决，不是只把人拘捕起来就完事。但他生性爱好钱财，在市上贩卖，聚敛财富，家中资财不计其数，还不断地追求。儿子李世哲任相州刺史，也没有清白的表现。父子二人在邺城与洛阳的市场上牟取暴利，被当时舆论所鄙视。

注释　①中书监：官名，与中书令职务相等而位次略高，同掌机要，为事实上的宰相。　②右光禄大夫：官名，掌顾问应对，为加官，褒赠勋臣，从一品。　③燕：州名，治今河北涿鹿。

原文

蠕蠕主阿那瑰率众犯塞①，诏崇以本官都督北讨诸军事以讨之。崇辞于显阳殿，戎服武饰，志气奋扬，时年六十九，干力如少。肃宗目而壮之，朝廷莫不称善。崇遂出塞三千余里，不及贼而还。

翻译

蠕蠕首领阿那瑰率部侵犯边塞，朝廷诏令李崇以原官都督北讨诸军事，加以讨伐。李崇在显阳殿辞行，全副武装，意气风发，他当时虽已六十九岁，而体力与少年人一样。肃宗望着他，赞扬他威武雄壮，朝廷中的人无不叫好。李崇于是出征到边塞以外三千多里的地方，没有追上敌人而回。

注释 ① 蠕蠕：又称柔然、芮芮，我国北方古代民族名。

原文

后北镇破落汗拔陵反叛①，所在响应。征北将军、临淮王或大败于五原②，安北将军李叔仁寻败于白道，贼众日甚。诏引丞相、令、仆、尚书、侍中、黄门于显阳殿，诏曰："朕比以镇人构逆③，登遣都督临淮王克时除巢。军届五原，前锋失利，二将殒命，兵士挫衄④。又武川乖防，复陷凶手。恐贼势侵淫，寇连恒朔⑤。金陵在彼，夙夜忧惶。诸人宜

翻译

后来北镇的破落汗拔陵反叛，各地纷纷响应。征北将军、临淮王元或在五原大败，安北将军李叔仁不久又在白道战败，叛乱的人越来越多。朝廷下令召集丞相、尚书令、仆射、尚书、侍中、黄门到显阳殿，肃宗下诏说："我近来因北镇人发动叛乱，立即派遣都督临淮王去及时加以平定。大军抵达五原，先头部队战败，两位将领遇害，兵士也受到损失。加上武川镇防守失误，又落入叛军手中。我担心叛军的声势越来越大，侵扰到恒、朔二州。先代君王的陵寝在那里，我日夜忧虑不安。你们应当提出好的办法，以满足我的心愿。"吏部尚书元

陈良策，以副朕怀。"吏部尚书元修义曰："强寇充斥，事须得讨。臣谓须得重贵，镇压恒朔，总彼师旅，备卫金陵。"诏曰："去岁阿那瑰叛逆，遣李崇令北征，崇遂长驱塞北，返旆榆关⑥，此亦一时之盛。崇乃上表求改镇为州，罢削旧贯。朕于时以旧典难革，不许其请。寻李崇此表，开诸镇非异之心，致有今日之事。但既往难追，为复略论此耳。朕以李崇国戚望重，器识英断，意欲还遣崇行，总督三军，扬旆恒朔，除彼群盗。诸人谓可尔以不？"仆射萧宝夤等曰："陛下以旧都在北，忧虑金陵，臣等实怀悚息。李崇德位隆重，社稷之臣，陛下此遣，实合群望。"崇启曰："臣实无用，猥蒙殊宠，位妨贤路，遂充北伐。徒劳将士，无勋而还，惭负圣朝，于今莫已。臣以六镇幽垂⑦，

修义说："强敌到处都是，一定得加以讨伐。我认为必须找一个尊贵重臣，去镇压恒、朔二州，统帅那里的军队，守卫先王陵寝。"肃宗下诏说："去年阿那瑰叛乱，我命令李崇北征，李崇于是长驱直入塞北，从榆关回师，这也是一时的盛事。李崇于是上表请求改镇为州，免除镇人原来的兵籍。我当时认为旧制度难以改变，没有答应他的请求。想起来正是李崇的这份奏表，激起了各镇的非分之心，以至于有今日的事。不过以前的事难以补救，我只不过简略地为你们说说罢了。我因为李崇是皇亲国戚，威望很高，才识出众，想派李崇再次出征，统帅三军，挥师恒、朔一带，消灭那里的盗贼。大家认为行不行？"仆射萧宝夤等说："陛下因为旧都在北方，担心先王陵寝，我们也确实心怀忧惧。李崇德高位重，是社稷之臣，陛下派他前去，实在符合大家的心愿。"李崇启奏说："臣下确实没有什么用处，承蒙皇上特别的宠爱，我的地位妨碍了贤能的人，于是担当北伐的重任。但只是白白地劳苦将士，无功而回，为辜负圣朝而惭愧，至今还没有消除。我认为六镇远在边陲，与敌境接近，过不了十天或一个月，总有战斗发生。州的名称比镇重要一些，我

与贼接对，鸣柝声弦[8]，弗离旬朔。州名差重于镇，谓实可悦彼心，使声教日扬，微尘去塞。岂敢导此凶源，开生贼意？臣之愆负，死有余责。属陛下慈宽，赐全腰领。今更遣臣北行，正是报恩改过，所不敢辞。但臣年七十，自惟老疾，不堪敌场，更愿英贤，收功盛日。"

认为这确实可以让六镇的人满意，使国家的教化日益显扬，塞北地区战争平息。我怎敢引发这凶恶的源泉，使贼子产生非分的想法？我的过错，死也无法抵罪。正遇陛下仁慈宽大，使我能够活下来。现在又派我北征，正是我报恩改过的良机，不敢推辞。不过臣已七十岁了，自思年老多病，不堪在疆场上对敌，希望陛下再选派英杰贤才，在昌隆时代建功立业。"

注释 ① 破落汗拔陵：又称破六韩拔陵，匈奴人，北魏末六镇起义领袖。他于正光元年(523)在沃野镇(今内蒙古五原北)起义，年号真王。后兵败被杀。 ② 五原：地名，在今内蒙古包头西北。 ③ 构逆：叛乱。 ④ 衄(nù)：失败。 ⑤ 恒朔：即恒州(治今山西大同)、朔州(治今内蒙古和林格尔)。 ⑥ 榆关：即山海关，为长城的起点。 ⑦ 幽垂：边远。 ⑧ 柝(tuò)：巡夜打更用的梆子。

原文

于是诏崇以本官加使持节、开府、北讨大都督[1]，抚军将军崔暹，镇军将军[2]、广陵王渊皆受崇节度[3]。又诏崇子光禄大夫神轨，假平北将军[4]，随崇北讨。崇至五原，崔暹大败于白道之北，贼遂并力攻崇。崇与广

翻译

于是命令李崇以原官加使持节、开府仪同三司、北讨大都督，抚军将军崔暹，镇军将军、广陵王元渊都受李崇指挥。又命令李崇的儿子李神轨代任平北将军，随李崇北伐。李崇到达五原，崔暹在白道以北大败，叛军于是合力进攻李崇。李崇与广陵王元渊奋力战斗，多次打败叛军，相持到冬季，才撤军回到平城。元渊向朝廷报告李崇长史祖

陵王渊力战，累破贼众，相持至冬，乃引还平城。渊表崇长史祖莹诈增功级⑤，盗没军资。崇坐免官爵，征还，以后事付渊。

莹谎报军功和杀敌数目，侵吞军用物资。李崇受牵连，被免去官爵，召回朝廷，把后事交给元渊处理。

注释 ① 大都督：官名，为负责一方军事的最高长官。 ② 镇军将军：官名，掌军事，从一品。 ③ 广陵王渊：即元渊，北魏宗室，袭广阳王爵，历官肆州刺史、侍中、吏部尚书，后被葛荣杀死。 ④ 平北将军：官名，掌军事，从二品。 ⑤ 祖莹：字元珍，好学多才，有"圣小儿"之称，历官太学博士、尚书三公郎、散骑侍郎、秘书监、车骑大将军，封文安县子。

原文

后徐州刺史元法僧以彭城南叛，时除安乐王鉴为徐州刺史以讨法僧①，为法僧所败，单马奔归。乃诏复崇官爵，为徐州大都督，节度诸军事。会崇疾笃，乃以卫将军②、安丰王延明代之③。改除开府、相州刺史，侍中、将军、仪同并如故。孝昌元年薨于位④，时年七十一。赠侍中、骠骑大将军、司徒公、雍州刺史，谥曰武康。后重赠太尉公，增邑

翻译

后来徐州刺史元法僧以彭城投靠南方，当时任命安乐王元鉴为徐州刺史去讨伐元法僧，被法僧打败，单身一人骑马逃回。朝廷于是下诏恢复李崇的官爵，任命他为徐州大都督，处理各种军务。正遇李崇病重，于是以卫将军、安丰王元延明接替他。改任李崇为开府仪同三司、相州刺史，仍旧任侍中、将军、仪同三司。孝昌元年（525）李崇死于任上，当时七十一岁。追赠他为侍中、骠骑大将军、司徒公、雍州刺史，谥号武康。后来重新追赠他为太尉公，增加食邑一千户，其他的照旧。

一千户，余如故。

注释　　① 安乐王鉴：即元鉴，北魏宗室，历官北讨大都督、尚书令。后降葛荣，被官兵杀死。　② 卫将军：官名，掌军事，正一品。　③ 安丰王延明：即元延明，北魏宗室，袭安丰王，历官尚书令、大司马，后投奔南梁，死在江南。　④ 孝昌：北魏孝明帝年号，共三年(525—527)。

杨大眼传

导读

　　杨大眼出身于氏族首领之家,是北魏后期的猛将。他武艺高强,逐渐升任为平东将军、荆州刺史。他以勇猛著称,奔走如飞,曾经徒手擒虎,深为敌国之人畏惧,人们甚至用他的名字吓唬小孩,很是灵验。他作战身先士卒,爱兵如子,当时人认为关羽、张飞也比不上他。他的前妻潘氏也精通骑射,曾与他一道冲锋陷阵。但他喜怒无常,有时残酷鞭打士兵。本篇文字不多,但很精练,读后,一位猛将的形象如在眼前。特别是描写杨大眼与妻潘氏并肩战斗、驰骋疆场的情形,既浪漫,又富传奇色彩,非常生动。(选自卷七三)

原文

　　杨大眼,武都氏难当之孙也①。少有胆气,跳走如飞。然侧出②,不为其宗亲顾待,颇有饥寒之切。太和中,起家奉朝请③。时高祖自代将南伐,令尚书李冲典选征官,大眼往求焉。冲弗许,大眼曰:“尚书不见知,听下官出一技。”便出长绳三丈许系髻而走,绳直如

翻译

　　杨大眼,武都氏人杨难当的孙子。少年时便有胆量,跑跳如飞。但他是妾生的,得不到宗族亲属的照顾,常有挨饿受冻的苦楚。太和年间,开始做官,任奉朝请。当时高祖将从平城南伐,命尚书李冲负责选拔出征的军官,杨大眼前去求职。李冲不同意,杨大眼说:“尚书不了解我,请让下官献上一技。”便拿出三丈左右的长绳系着发髻奔跑,绳子绷得像箭一样直,马奔跑都追不上他,看见的人无不惊叹。李冲说:“千年以

矢,马驰不及,见者莫不惊叹。冲曰:"自千载以来,未有逸材若此者也。"遂用为军主。大眼顾谓同僚曰:"吾之今日,所谓蛟龙得水之秋,自此一举终不复与诸君齐列矣。"未几,迁为统军。从高祖征宛④、叶⑤、穰⑥、邓⑦、九江⑧、钟离之间,所经战陈,莫不勇冠六军。世宗初,裴叔业以寿春内附,大眼与奚康生等率众先入,以功封安成县开国子,食邑三百户。除直阁将军,寻加辅国将军、游击将军。

来,没有像这样才能出众的人。"于是任用为一军主将。杨大眼回头对同僚说:"我的今天,是所谓蛟龙得水的时候,从此以后我再也不会与诸君同列了。"不久,升为统军。随高祖征讨宛、叶、穰、邓、九江、钟离一带,所经历的战斗,无不数他最为勇猛。世宗初年,裴叔业以寿春归附魏国,杨大眼与奚康生等率军先入城,因功封安成县开国子,食邑三百户。被任命为直阁将军,不久加辅国将军、游击将军。

注释 ①武都:郡名,治今甘肃武都。难当:即杨难当,氐族首领,太武帝时归附北魏。 ②侧出:指非正妻所生。 ③奉朝请:官名,本为贵族、官僚定期朝拜皇帝的称谓,后为安置闲官的官号。 ④宛:县名,治今河南南阳。 ⑤叶:县名,治今河南叶县南。 ⑥穰:县名,治今河南邓州。 ⑦邓:县名,治今湖北襄阳北。 ⑧九江:郡名,治寿春,今安徽寿县。

原文

出为征虏将军、东荆州刺史。时蛮酋樊秀安等反,

翻译

出任征虏将军、东荆州刺史。当时蛮族首领樊秀安等反叛,朝廷命令杨大

诏大眼为别将，隶都督李崇，讨平之。大眼妻潘氏，善骑射，自诣军省大眼。至于攻陈游猎之际，大眼令妻潘戎装，或齐镳战场①，或并驱林壑。及至还营，同坐幕下，对诸僚佐，言笑自得。时指之谓人曰："此潘将军也。"

萧衍遣其前江州刺史王茂先率众数万次于樊雍②，招诱蛮夏，规立宛州，又令其所署宛州刺史雷豹狼、军主曹仲宗等领众二万偷据河南城③。世宗以大眼为武卫将军④、假平南将军、持节，都督统军曹敬、邴虬、樊鲁等诸军讨茂先等，大破之，斩衍辅国将军王花、龙骧将军申天化，俘馘七千有余。衍又遣其舅张惠绍总率众军，窃据宿豫。又假大眼平东将军为别将，与都督邢峦讨破之。遂乘胜长驱，与中山王英同围钟离。大

眼为别将，隶属于都督李崇，讨伐平定他们。杨大眼的妻子潘氏，善于骑马射箭，自己到军中看望杨大眼。每当攻打敌阵、游玩打猎时，杨大眼让妻子潘氏穿上戎装，或者在战场上并肩战斗，或者一起驰骋在林间山谷。回到军营以后，二人同坐在帐幕下面，面对各位僚属，谈笑自如。杨大眼时而指着她对人说："这位是潘将军。"

萧衍派他的前江州刺史王茂先率军队数万人驻扎在樊城、雍州一带，招诱蛮族和汉人，企图设置宛州，又命令他所任命的宛州刺史雷豹狼、主将曹仲宗等人率军两万人偷偷占据河南城。世宗以杨大眼为武卫将军、代理平南将军、持节，总领统军曹敬、邴虬、樊鲁等各军讨伐王茂先等，大败敌人，斩杀了萧衍的辅国将军王花、龙骧将军申天化，俘虏和杀死七千多人。萧衍又派他的舅父张惠绍统领众军，窃据宿豫。世宗又让杨大眼代平东将军，任别将，与都督邢峦攻讨打败了敌人，于是乘胜长驱直入，与中山王元英一起围困钟离。杨大眼驻军在城东，守护淮河桥的东西两条路。正遇河水猛涨，杨大眼下属的统军刘神符、公孙祉两军夜间争桥逃回，杨大眼禁止不

眼军城东，守淮桥东西二道。属水泛长，大眼所绾统军刘神符、公孙祉两军夜中争桥奔退，大眼不能禁，相寻而走，坐徙为营州兵⑤。

住，也跟着逃跑，大眼因这事被贬为营州兵士。

注释 ①镳(biāo)：马嚼子。②江州：州名，治今江西九江。樊雍：即樊城，为雍州治所，今湖北襄阳。③河南城：地名，今河南唐河县北。④武卫将军：官名，掌军事，从二品。⑤营州：州名，治今辽宁朝阳。

原文

永平中①，世宗追其前勋，起为试守中山内史②。时高肇征蜀，世宗虑萧衍侵轶徐、扬，乃征大眼为太尉长史③、持节、假平南将军、东征别将，隶都督元遥④，遏御淮、肥⑤。大眼至京师，时人思其雄勇，喜其更用，台省间巷，观者如市。大眼次谯南⑥，世宗崩，时萧衍遣将康绚于浮山遏淮⑦，规浸寿春。诏加大眼光禄大夫，率诸军镇荆山⑧，复其封邑。后与萧宝夤俱征淮堰，不能克。遂于堰上流凿渠决水

翻译

永平年间，世宗追念他从前的功勋，起用他试任中山内史。当时高肇征伐蜀地，世宗担心萧衍侵犯徐、扬二州，于是召回杨大眼任为太尉长史、持节、代平南将军、东征别将，隶属于都督元遥，防御淮、肥一带。杨大眼到达京城，当时人想念他的勇猛，欣喜他被重新任用，官府街巷，观望的人像赶集一样多。杨大眼驻扎在谯南，世宗去世，当时萧衍派遣将领康绚在浮山筑淮河堰，企图淹没寿春。朝廷下令加杨大眼为光禄大夫，率各军镇守荆山，恢复他的封邑。后来他与萧宝夤一起征讨淮堰，没能攻下。于是在河堰上游开渠放水后回师。加授他平东将军。

而还。加平东将军。

原文

大眼善骑乘,装束雄竦,擐甲折旋,见称当世。抚巡士卒,呼为儿子,及见伤痍,为之流泣。自为将帅,恒身先兵士,冲突坚陈,出入不疑,当其锋者,莫不摧拉。南贼前后所遣督将,军未渡江,预皆畏慑。传言淮泗①、荆沔之间有童儿啼者,恐之云"杨大眼至",无不即止。王肃弟子秉之初归国也,谓大眼曰:"在南闻君之名,以为眼如车轮。及见,乃不异人。"大眼曰:"旗鼓相望,瞋眸奋发,足使君目不能视,何必大如车轮!"当世推其骁果,皆以为关张弗之过

翻译

杨大眼善于骑马,装束雄武整肃,穿着铠甲折身旋转,被当世人称赞。安抚巡视士兵时,把他们称为儿子,看到受伤的人,为他们流泪。身为将帅,他总是身先士卒,冲陷坚固的营阵,出入没有丝毫迟疑。凡是遇上他的敌人,无不被挫败。南方贼人前后派遣来的督将,军队还没有渡过长江,都先已畏惧。传说淮泗、荆沔一带如有小儿啼哭时,便恐吓说"杨大眼来了",小儿无不立刻停止哭闹。王肃弟弟的儿子王秉刚归附魏国时,对杨大眼说:"在南方听说你的大名,以为你的眼睛如车轮一样大。到看见你时,才知与普通人无异。"杨大眼说:"在两军对垒、旗鼓相望时,我瞪大眼睛奋发作战,足以使你不敢看我,何必大如车轮!"当世人推许他骁勇果敢,都以为关羽、张飞也超不过他。但在征讨淮河堰的战役中,他喜怒无常,

也^②。然征淮堰之役，喜怒无常，捶挞过度，军士颇憾焉。识者以为性移所致。

过度痛打手下人，士兵们很怨恨他。认识他的人认为是脾气改变所引起的。

注释　① 淮泗：淮河与泗水（河名，源出山东中部，流入淮河）流域。　② 关张：即关羽、张飞。

原文

又以本将军出为荆州刺史。常缚蒿为人，衣以青布而射之。召诸蛮渠指示之曰："卿等若作贼，吾政如此相杀也^①。"又北淯郡尝有虎害^②，大眼搏而获之，斩其头悬于穰市。自是荆蛮相谓曰^③："杨公恶人，常作我蛮形以射之，又深山之虎尚所不免。"遂不敢复为寇盗。在州二年而卒。

翻译

又以原任将军出任荆州刺史。他常把蒿秆扎成人形，给它穿上青布衣服，用箭射它。他召集各蛮族首领指给他们看说："你们如果反叛，我就要像这样杀死你们。"北淯郡曾有老虎为害，杨大眼徒手把它捕获，砍下老虎的头挂在穰城集市中。从此以后荆蛮相互说："杨公是恶人，常常把蒿秆做成我们蛮人形状用箭射，连深山中的老虎也不能幸免。"于是不敢再做盗贼。他任刺史两年就去世了。

注释　① 政：同"正"。　② 北淯郡：郡名，治今河南南阳北。　③ 荆蛮：古代对荆楚之地土著的称呼。

原文

大眼虽不学，恒遣人读书，坐而听之，悉皆记识。令作露布，皆口授之，而竟

翻译

杨大眼虽无学问，却常让人给他读书，他坐下听，全都能记住。他命令人写布告，都由他口授，他毕竟识字不多

不多识字也。有三子，长甑生，次领军，次征南，皆潘氏所生，气干咸有父风。

初，大眼徙营州，潘在洛阳，颇有失行。及为中山，大眼侧生女夫赵延宝言之于大眼，大眼怒，幽潘而杀之。后娶继室元氏。大眼之死也，甑生等问印绶所在。时元始怀孕，自指其腹谓甑生等曰："开国当我儿袭之[1]，汝等婢子，勿有所望！"甑生深以为恨。及大眼丧将还京，出城东七里，营车而宿。夜二更，甑生等开大眼棺，延宝怪而问之，征南射杀之。元怖，走入水，征南又弯弓射之。甑生曰："天下岂有害母之人？"乃止。遂取大眼尸，令人马上抱之，左右扶挟以叛。荆人畏甑生等骁勇，不敢苦追。奔于襄阳，遂归萧衍。

啊。他有三个儿子，长子杨甑生，次子杨领军，又小儿子杨征南，都是潘氏生的，气度才干都有他们父亲的风格。

当初，杨大眼被流放营州，潘氏在洛阳，行为多有失检点。后来杨大眼到中山任官，他的妾所生女儿的丈夫赵延宝告诉他这事，大眼发怒，把潘氏关起来杀了。后来娶继室元氏。杨大眼死后，杨甑生等问印绶在哪里。当时元氏刚怀孕，指着自己的腹部对杨甑生等人说："开国的爵位应该由我的儿子继承，你们这些奴婢生的儿子，不要有什么奢望！"杨甑生深恨她的话。等到杨大眼的灵柩将要送回京城，到了城东七里的地方，以车当营地过夜。半夜二更时，杨甑生等打开杨大眼的棺材，赵延宝感到奇怪，询问他们，杨征南用箭射死了他。元氏恐惧，跑入水中，杨征南又弯弓射她。杨甑生说："天下哪有杀害母亲的人？"这才罢休。于是取出杨大眼的尸体，让人在马上抱着，左右挟持而反叛。荆州人畏惧杨甑生等人勇猛，不敢苦追。他们逃到襄阳，于是归附了萧衍。

注释 ① 开国：指封爵。

尔 朱 荣 传

导读

北魏末年朝政腐败,女主专权,骄淫奢侈,大肆搜刮,终于导致各地人民纷纷起义。尔朱荣作为契胡部落首领,趁这纷乱的时局,扶摇直上,因镇压各族人民起义之功,逐渐羽翼丰满,成为当时最大的军阀。他趁孝明帝暴死之机,进军洛阳,杀害灵太后、少帝及朝中宗室百官二千余人,拥立孝庄帝作为傀儡,把持朝政,遍置党羽。他任都督中外诸军事、大将军、尚书令,加封太原王,大权独揽。他击溃了葛荣的起义部队,又打败得到梁朝支持、争夺皇位的北海王元颢,并镇压了邢果、韩娄、万俟丑奴等各地起义军,累加太师、天柱大将军等头衔,食邑二十万户。他专横跋扈,嗜杀成性。魏收在《尔朱荣传》中,对尔朱荣的恶行多有隐讳,以至于使人读后觉得他功多罪少。这是我们阅读时应加以注意的。如果要深入了解尔朱荣其人,可以参照《北史》本传。(选自卷七四)

原文

尔朱荣,字天宝,北秀容人也①。其先居于尔朱川②,因为氏焉。常领部落,世为酋帅。高祖羽健,登国初为领民酋长③,率契胡武士千七百人从驾平晋阳④,

翻译

尔朱荣,字天宝,北秀容人。他的祖先居住在尔朱川,于是以"尔朱"作为姓氏。一直统领部落,世代为首领。高祖羽健,登国初任领民酋长,率领契胡武士一千七百人跟随太祖讨平晋阳,平定中山,论功拜为散骑常侍。由于居住在秀容川,太祖下诏割方圆三百里的土定中山，论功拜散骑常侍。以居秀容川，诏割方三百里封之，长为世业。太祖初以南秀容川原沃衍，欲令居之，羽健曰："臣家世奉国，给侍左右。北秀容既在划内⑤，差近京师，岂以沃堮更迁远地！"太祖许之。所居之处，曾有狗舐地，因而穿之，得甘泉焉，至今名狗舐泉。羽健，世祖时卒。曾祖郁德，祖代勤，继为领民酋长。代勤，世祖敬哀皇后之舅⑥，以外亲兼数征伐有功，给复百年，除立义将军⑦。曾围山而猎，部民射虎，误中其髀，代勤仍令拔箭，竟不推问，曰："此既过误，何忍加罪？"部内闻之，咸感其意。高宗末，假宁南将军，除肆州刺史⑧。高祖赐爵梁郡公。以老致仕，岁赐帛百匹以为常。年九十一卒。赐帛五百匹、布二百匹，赠镇南将军、并州刺史，谥曰

地分封他，永为世代相传的产业。太祖当初鉴于南秀容是平原沃土，想让他迁居到那里，羽健说："我家世代为国效劳，侍从在皇帝左右。北秀容既在削平的范围内，更靠近京城，怎能因为土地的肥沃或贫瘠而再迁到远方！"太祖同意了他的请求。所居住的地方，曾有狗舐地，于是挖开地，找到了甘泉，至今还叫狗舐泉。羽健在世祖时去世。曾祖郁德，祖父代勤，相继任领民酋长。代勤，是世祖敬哀皇后的舅舅，因为是外戚，加之多次征战有功，免除百年赋役，被委任为立义将军。他曾经围山打猎，部落中有人射虎，误中他的大腿，代勤只令他把箭拔出来，竟不加追究，说："这既然是误伤，怎么忍心加罪？"部落中的人听说这件事，都被他的心意感动。高宗末，代理宁南将军，被委任为肆州刺史。高祖赐给他梁郡公的爵位。因年老退职，每年都赐给丝织品一百匹。九十一岁时去世。赐给丝织品五百匹、布二百匹，赠镇南将军、并州刺史，谥号叫庄。孝庄帝初年，尔朱荣有拥戴的功勋，追赠代勤为太师、司徒公、录尚书事。

庄。孝庄初⑨，荣有翼戴之
勋，追赠太师、司徒公、录尚
书事⑩。

注释 ① 秀容：古地区名，又名秀容川，相当于今山西西北部云中山、句注山以西，桑干河、汾河上游和黄河东岸一带，分为南北二部。 ② 尔朱川：河名，今地不详，当在今山西省内。 ③ 领民酋长：北魏时在周边各归附民族设置领民酋长，统领部落。 ④ 契胡：魏晋南北朝时北方民族名。 ⑤ 刬（chǎn）：削平。 ⑥ 敬哀皇后：即太武帝皇后贺氏。 ⑦ 立义将军：官名，掌军事，正四品。 ⑧ 肆州：州名，治今山西忻州西北。 ⑨ 孝庄：即北魏庄帝元子攸。初封长乐王，后被尔朱荣拥立为帝，在位二年（528—529），被尔朱兆杀害。 ⑩ 录尚书事：官名，总领尚书省事，为事实上的宰相。北魏多以诸王领此官。

原文

　　父新兴，太和中，继为酋长。家世豪擅，财货丰赢。曾行马群，见一白蛇，头有两角，游于马前。新兴异之，谓曰："尔若有神，令我畜牧蕃息。"自是之后，日觉滋盛，牛羊驼马，色别为群，谷量而已。朝廷每有征讨，辄献私马，兼备资粮，助裨军用。高祖嘉之，除右将军、光禄大夫。及迁洛后，特听冬朝京师，夏归部落。

翻译

　　父亲新兴，太和年间接任酋长。他家世代为豪强，独霸一方，钱财丰盈。曾经赶着马群出行，看见一条白蛇，头上长有两只角，在马前游动。新兴感到很奇怪，对它说："你如果有神力，就让我的畜群多多繁殖。"从此以后，畜群一天比一天增大，牛羊驼马，只能以颜色分群，用山谷来计算。朝廷每有征战，就进献私马，并备上钱粮，辅助军用。高祖奖励他，委任为右将军、光禄大夫。到迁都洛阳后，特地允许他冬季到京城朝拜，夏季回到部落。每当入朝时，各王公朝贵竞相把珍宝赠给他，新兴也回赠名马。转任散骑常侍、平北将军、秀每入朝，诸王公朝贵竞以珍玩遗之，新兴亦报以名马。转散骑常侍、平北将军、秀容第一领民酋长。新兴每春秋二时，恒与妻子阅畜牧于川泽，射猎自娱。肃宗世，以年老启求传爵于荣，朝廷许之。正光中卒①，年七十四。赠散骑常侍、平北将军②、恒州刺史，谥曰简。孝庄初，赠假黄钺③、侍中、太师、相国④、西河郡王。

容第一领民酋长。新兴每到春秋二季，常与妻儿到川泽去察看牲畜，打猎自娱。肃宗时，因年老上书请求传爵位给尔朱荣，朝廷同意了。正光年间去世，终年七十四岁。赠散骑常侍、平北将军、恒州刺史，谥号叫简。孝庄帝初年，赠假黄钺、侍中、太师、相国、西河郡王。

注释　　① 正光：北魏孝明帝元诩年号，共五年（520—524）。　② 平北将军：官名，掌军事，从二品。　③ 假黄钺：魏晋南北朝于权位最高的大臣出征时往往加此称号，即代表皇帝出征之意。　④ 相国：官名，为辅佐皇帝的最高官职，多为权臣担任。

原文

荣洁白，美容貌，幼而神机明决。及长，好射猎，每设围誓众，便为军陈之法，号令严肃，众莫敢犯。秀容界有池三所，在高山之上，清深不测，相传曰祁连池①，魏言天池也。父新兴，

翻译

尔朱荣肤色洁白，容貌俊美，少年时就机灵果断。长大后，喜欢射箭打猎，每当设围誓师，便按阵法部署，号令严肃，众人不敢违犯。秀容地界有三座水池，在高山上，深不可测，相传叫祁连池，就是魏语的天池。他的父亲新兴，曾与尔朱荣一起在池上游玩，忽然听见箫鼓声。新兴对尔朱荣说："自古相传，

曾与荣游池上，忽闻箫鼓之音。新兴谓荣曰："古老相传，凡闻此声皆至公辅。吾今年已衰暮，当为汝耳。汝其勉之！"

凡是听到这种声音的人都要官至公辅。我现在年老体衰，这应当是为你而发的吧。你要努力啊！"

注释 ① 祁连池：湖名，在今山西宁武西南六十里管涔山上。

原文

荣袭爵后，除直寝①、游击将军。正光中，四方兵起，遂散畜牧，招合义勇，给其衣马。蠕蠕主阿那瑰寇掠北鄙，诏假荣节，冠军将军、别将，隶都督李崇北征。荣率其新部四千人追击，度碛，不及而还。秀容内附胡民乞扶莫于破郡，杀太守；南秀容牧子万子乞真反叛②，杀太仆卿陆延③；并州牧子素和婆仑嵰作逆。荣并前后讨平之。迁直阁将军、冠军将军，仍别将。内附叛胡乞④、步落坚胡刘阿如等作乱瓜肆⑤，敕勒北列

翻译

尔朱荣继承爵位后，被委任为直寝、游击将军。正光年间，四方兵起，他于是散发畜产，招集义勇，发给他们衣服和马匹。蠕蠕首领阿那瑰侵犯北部边界，朝廷下诏给予尔朱荣符节，任冠军将军、别将，隶属于都督李崇北征。尔朱荣率领他的部众四千人追击，越过沙碛地，没有追上阿那瑰而回。秀容归附的胡民乞扶莫于攻破郡城，杀死太守；南秀容牧民方子乞真反叛，杀死太仆卿陆延；并州牧民素和婆仑嵰叛乱。都是尔朱荣前后讨伐平定了他们。升为直阁将军、冠军将军，继续担任别将。归附的反叛胡人乞、步落坚胡人刘阿如等在瓜肆作乱，敕勒人北列步若在沃阳造反，尔朱荣都把他们消灭了。因功被封为安平县开国侯、食邑一千户。不久加官通直散骑常侍。敕勒人斛律洛阳

步若反于沃阳⑥,荣并灭之。以功封安平县开国侯,食邑一千户。寻加通直散骑常侍。敕勒斛律洛阳作逆桑干西,与费也头牧子迭相掎角,荣率骑破洛阳于深井⑦,逐牧子于河西⑧。进号平北将军、光禄大夫,假安北将军⑨,为北道都督⑩。寻除武卫将军⑪,俄加使持节、安北将军、都督恒朔讨虏诸军,假抚军将军,进封博陵郡公,增邑五百户。其梁郡前爵,听赐第二子。时荣率众至肆州,刺史尉庆宾畏恶之,闭城不纳。荣怒,攻拔之,乃署其从叔羽生为刺史,执庆宾于秀容。自是荣兵威渐盛,朝廷亦不能罪责也。寻除镇北将军。

在桑干河西叛乱,与费也头牧民互相呼应,尔朱荣率骑兵在深井打败洛阳,把牧民赶到黄河以西。进号为平北将军、光禄大夫,代理安北将军,为北道都督。不久被委任为武卫将军,继而又加使持节、安北将军、都督恒朔讨虏诸军,代理抚军将军,晋封为博陵郡公,增加食邑五百户。他以前梁郡公的爵位,准许赐给第二子。当时尔朱荣率军到肆州,刺史尉庆宾恐惧憎恨他,关上城门不让他进去。尔朱荣发怒,攻下城池,就任命他的堂叔羽生为刺史,把尉庆宾抓到秀容。从此尔朱荣的军威逐渐强盛,朝廷也无法加罪于他。不久被委任为镇北将军。

注释 ①直寝:禁卫武官名,掌宿卫,侍从皇帝。 ②万子乞真:当作"万于乞真"。 ③太仆卿:官名,为九卿之一,掌舆马及马政。 ④乞:此字上下当有脱文,故姓名不全。 ⑤瓜肆:当作"汾肆",即汾州与肆州一带。步落坚胡:北方胡族名。 ⑥敕勒:又称铁勒、高车,我国古代北方民族名,其先为匈奴,南北朝时为突厥所并。沃阳:县名,治今内蒙古凉城西南。 ⑦深井:地名,当在今山西朔州一带。

⑧ 河西:黄河西岸。　⑨ 安北将军:官名,负责北部军事,从二品。　⑩ 北道都督:官名,总领北部州郡军政。　⑪ 武卫将军:军官名,从二品。

原文

鲜于修礼之反也①,荣表东讨,复进号征东将军、右卫将军、假车骑将军、都督并肆汾广恒云六州诸军事,进为大都督,加金紫光禄大夫②。时杜洛周陷中山③,于时车驾声将北讨,以荣为左军,不行。及葛荣吞洛周④,凶势转盛。荣恐其南逼邺城,表求遣骑三千东援相州,肃宗不许。又迁车骑将军、右光禄大夫,寻进位仪同三司。

翻译

鲜于修礼造反,尔朱荣上表请求讨伐东部,又进号为征东将军、右卫将军、代理车骑将军、都督并肆汾广恒云六州诸军事,升为大都督,加金紫光禄大夫。当时杜洛周攻陷中山,这时皇帝声言将要北征,以尔朱荣为左军,没有出发。后来葛荣吞并杜洛周,凶恶的势力转趋强大。尔朱荣担心他向南进逼邺城,上表请求派三千骑兵东援相州,肃宗不同意。又升为车骑将军、右光禄大夫,不久进位仪同三司。

注释　① 鲜于修礼:北魏末河北起义领袖,本为怀朔镇兵,六镇起义失败后,他在孝昌二年(526)率"降户"起兵,建元鲁兴。后为他的部帅元洪业所杀。　② 金紫光禄大夫:官名,为加官及褒赠之官,无定员,从一品。　③ 杜洛周:北魏末河北农民起义首领。本为柔玄镇兵,孝昌元年(525)在上谷起兵,建元真王,后被葛荣杀死。　④ 葛荣:北魏末河北起义首领。本为鲜于修礼部将,修礼死后,被推为天子,国号齐,年号广安,后被尔朱荣镇压。

原文

荣以山东贼盛，虑其西逸，乃遣兵固守滏口以防之①。复上书曰："臣前以二州频反，大军丧败，河北无援，实虑南侵，故令精骑三千出援相州，京师影响，断其南望，贼闻此众，当亦息图。使还，奉敕云：'念生枭戮②，宝夤受擒，丑奴③、明达并送诚款④，三辅告谧⑤，关陇载宁⑥。费穆虎旅⑦，大翦妖蛮；两绛狂蜀⑧，渐已稽颡。'又承北海王颢率众二万出镇相州⑨。北海皇孙，名位崇重，镇抚邺城，实副群望。惟愿广其配衣⑩，及机早遣。今关西虽平⑪，兵未可役，山南邻贼⑫，理无发召，王师虽众，频被摧北，人情危怯，实谓难用，若不更思方略，无以万全。如臣愚量，蠕蠕主阿那瑰荷国厚恩，未应忘报，求乞一使慰喻那瑰。即遣发兵东引，直

翻译

尔朱荣鉴于山东叛军势力强盛，担心他们西进，就派兵固守滏口来防备他们。他又上书说："我以前因为二州频频反叛，大军失败，河北没有援兵，确实担心叛军南侵，所以命令精锐骑兵三千人出发援救相州，与京师互相配合，断绝他们南侵的企图，叛军们听说这些人马后，也将打消他们的意图。使者回来，奉敕令说：'莫折念生被砍头示众，萧宝夤被擒获，万俟丑奴、明达都来投诚，三辅清静，关陇安定。费穆如虎的军队，大力翦除妖蛮，两绛疯狂的蜀人，也已逐渐归附。'又承蒙北海王元颢率军二万人出守相州。北海王是皇孙，名重位高，镇抚邺城，确实符合大家的愿望。我只希望多配给他军队，抓住时机早日派遣。现在关西虽然平定，士兵还不可役使，山南邻近敌境，没有理由征调他们，官兵虽然多，屡次被打败，人心恐惧，实在是难以任用，如果不再想其他策略，没有可以万全的办法。以愚见，蠕蠕首领阿那瑰受国家的大恩，他不应该忘记报答，我请求派一名使者去安抚阿那瑰。立即派兵去东面，直奔下口，显示军威，振奋兵力，跟在敌人背后；北海王的军队，镇抚相州，严加警

趣下口⑬,扬威振武,以蹑其背;北海之军,镇抚相部⑭,严加警备,以当其前;臣麾下虽少,辄尽力命,自井陉以北,隘口以西,分防险要,攻其肘腋。葛荣虽并洛周,威恩未著,人类差异,形势可分。"于是荣遂严勒部曲⑮,广召义勇⑯,北捍马邑⑰,东塞井陉。

备,来挡在敌人前面;我的兵力虽少,就竭尽全力,从井陉以北,隘口以西,分兵防守险要地势,进攻敌人的切近之地。葛荣虽然吞并了杜洛周,威信和恩德都还没有表现出来,叛军情况各不相同,从形势上说可以分化他们。"于是尔朱荣就严整部队,广招义勇,北边捍卫马邑,南边防守井陉。

注释 ① 滏(fǔ)口:地名,在今河北磁县西北。 ② 念生:即莫折念生,羌人,北魏末秦州起义首领。 ③ 丑奴:即万俟(mò qí)丑奴,鲜卑人,北魏末关陇起义首领。 ④ 明达:即宿勤明达,北魏末高平镇起义首领之一,后被尔朱天光擒杀。 ⑤ 三辅:指长安(今陕西西安)一带地区。 ⑥ 关陇:指今陕西、甘肃地区。 ⑦ 费穆:字朗兴,官至使持节,加侍中、车骑将军。后被元颢杀死。 ⑧ 两绛:指今山西曲沃、翼城一带。 ⑨ 北海王颢:即元颢,字子明,北魏宗室。庄帝即位后投梁,借兵北伐,攻入洛阳。后兵败南奔,被杀。 ⑩ 配衣:禁军。也有人认为"衣"乃"卒"之讹。 ⑪ 关西:指潼关以西。 ⑫ 山南:指太行山以南。 ⑬ 下口:地名,在今北京西北。 ⑭ 相部:指相州(治今河北临漳西南)。 ⑮ 部曲:部、曲本为军队编制,这里指私人军队。 ⑯ 义勇:义兵。 ⑰ 马邑:地名,在今山西朔州。

原文

寻属肃宗崩,事出仓卒,荣闻之大怒,谓郑俨、徐纥为之①,与元天穆等密议称兵入匡朝廷②,讨定之。

翻译

不久碰上肃宗去世,事情来得很突然,尔朱荣听到这个消息后大怒,认为是郑俨、徐纥干的,他就与元天穆等密谋举兵入京去匡正朝廷,讨伐平定他乃抗表曰："伏承大行皇帝背弃万方③，奉讳号踊，五内摧剥④。仰寻诏旨，实用惊惋。今海内草草⑤，异口一言，皆云大行皇帝，鸩毒致祸⑥。臣等外听讼言，内自追测。去月二十五日圣体康念⑦，至于二十六日奄忽升遐⑧。即事观望，实有所惑。且天子寝疾⑨，侍臣不离左右，亲贵名医，瞻仰患状，面奉音旨，亲承顾托。岂容不豫初不召医，崩弃曾无亲奉？欲使天下不为怪愕，四海不为丧气，岂可得乎？复皇后女生，称为储两⑩，疑惑朝野，虚行庆宥，宗庙之灵见欺，兆民之望已失，使七百危于累卵⑪，社稷坠于一朝。方选君婴孩之中，寄治乳抱之日，使奸竖专朝，贼臣乱纪，惟欲指影以行权，假形而弄诏，此则掩眼捕雀，塞耳盗钟。今秦陇尘飞⑫，赵魏雾合⑬，宝

们。他于是上表直言说："先帝抛弃国家而去世，我们听到噩耗后顿足号哭，五脏都震落了。看到朝廷的诏书，我实在感到震惊和痛惜。现在海内骚动不安，众口一词，都说先皇帝是中鸩毒而死的。我们外听争论之言，内心不能不自行推测。上月二十五日皇帝的身体还很健康，到二十六日突然去世。从这事来看，实在令人困惑。并且天子卧病，侍臣不离左右，由亲近的权贵人物和名医，察看病情，当面接受圣旨，亲自接受遗诏。怎么能皇帝生病不召御医，去世时没有亲贵侍奉在身边？要使天下人不感到奇怪和震惊，四海之内不为之丧气，办得到吗？加之皇后生女，却假称太子，迷惑朝野，虚假地行庆贺大赦，宗庙的神灵被欺骗，亿万百姓的希望已丧失，使国家危急万分，江山毁于一旦。现在在婴儿之中挑选君主，把治国重担寄托在小孩身上，使奸邪小人专权，贼臣败坏法纪，想利用傀儡来行使权力，假借形式来颁布诏令，这是遮眼捕雀，掩耳盗铃。现在秦陇、赵魏地区局势混乱，萧宝夤、万俟丑奴势力逼近豳、雍地区，葛荣、就德进逼黄河入海口地区，楚兵吴兵也近在四郊。古人说过：国家不幸，是邻国的福气。邻国一

葰、丑奴势逼幽雍⑭，葛荣、就德凭陵河海⑮，楚兵吴卒密迩在郊。古人有言：邦之不臧，邻之福也。一旦闻此，谁不阆阗？窃惟大行皇帝圣德驭宇，继体正君，犹边烽迭举，妖寇不灭，况今从佞臣之计，随亲戚之谈，举潘嫔之女以诳百姓⑯，奉未言之儿而临四海？欲使海内安乂，愚臣所未闻也。伏愿留圣善之慈，回须臾之虑，照臣忠诚，录臣至款，听臣赴阙，预参大议，问侍臣帝崩之由，访禁旅不知之状，以徐、郑之徒付之司败⑰，雪同天之耻，谢远近之怨。然后更召宗亲，推其年德，声副遐迩，改承宝祚，则四海更苏，百姓幸甚。"于是遂勒所统将赴京师。灵太后甚惧，诏以李神轨为大都督，将于大行杜防⑱。

旦听到这些，谁不伺机而动？我私下认为先皇帝以圣德统治国家，继承皇位，端正君道，尚且边境烽火频繁出现，妖寇不灭，何况现在听从佞臣的诡计，按亲戚的意见，抬出潘妃的女儿来欺骗百姓，拥立不能说话的小儿来统治四海？想使海内安定，我们这些愚笨的大臣从没有听说过。我们希望保留圣明善良的慈爱，改变临时的决定，理解我们的忠诚，采纳我们的意见，允许我们来京城，参与重大的决策，向侍臣询问先帝去世的原因，向禁旅访问不明白的状况，把徐纥、郑俨一类人交给主管刑狱的官治罪，雪洗满天下的耻辱，平息远近的怨气。然后再召集宗亲，重新推举一个年长有德、符合远近人们愿望的人，改用他继承皇位，那么四海复苏，百姓大幸。"于是率领他所统领的人马，准备开往京城。灵太后很恐惧，下诏以李神轨为大都督，准备在太行山一带设防。

注释 ① 郑俨：字季然，官至散骑常侍、中书令、车骑将军。徐纥：字武伯，官至中书舍人、给事黄门侍郎。二人深得灵太后宠幸。 ② 元天穆：又名元穆，北魏宗室，为尔朱荣心腹，封上党王，曾镇压葛荣、邢杲起义。后与尔朱荣同时被杀。 ③ 大行皇帝：指已故的皇帝。 ④ 五内：即脾、肺、肾、肝、心五脏。 ⑤ 草草：骚动不安的样子。 ⑥ 鸩(zhèn)：用鸩鸟的羽毛泡成的毒酒。 ⑦ 康念(yù)：健康。 ⑧ 升遐：升天。 ⑨ 寝疾：卧病不起。 ⑩ 储两：即储贰，皇位继承人。 ⑪ 七百：即七百年的国运。 ⑫ 秦陇：指今陕西、甘肃一带。 ⑬ 赵魏：指今河北、山西一带。 ⑭ 齗雍：即齗州(治今甘肃宁县)与雍州(治今陕西西安北)。 ⑮ 就德：即就德兴，营州(今辽宁朝阳)人，正光五年(524)起兵造反，自号燕王。 ⑯ 潘嫔：名充华，魏孝明帝妃。 ⑰ 司败：即主管刑狱的官。春秋时陈、楚国称司寇为司败。 ⑱ 大行：即太行山。

原文

　　荣抗表之始，遣从子天光①、亲信奚毅及仓头王相入洛②，与从弟世隆密议废立③。天光乃见庄帝，具论荣心，帝许之。天光等还北，荣发晋阳，犹疑所立，乃以铜铸高祖及咸阳王禧等六王子孙像，成者当奉为主，惟庄帝独就。师次河内④，重遣王相密来奉迎，帝与兄彭城王劭⑤、弟始平王子正于高渚潜渡以赴之⑥。荣军将士咸称万岁。于时

翻译

　　尔朱荣开始上表时，就派侄子天光、亲信奚毅及奴仆王相入洛阳，与堂弟世隆密谋废幼主立新君。天光就去见庄帝，把尔朱荣的意思转达给他，庄帝同意了。天光等回北方，尔朱荣从晋阳出发，他还怀疑所立之人是否得当，就用铜铸造高祖及咸阳王元禧等六王子孙的塑像，铸成功的将尊奉为帝，结果只有庄帝的像铸成了。军队驻扎在河内，他又派王相暗地里来迎接庄帝，庄帝与哥哥彭城王元劭、弟弟始平王元子正从高渚秘密渡过黄河到尔朱荣军中，尔朱荣军中将士都呼万岁。当时是武泰元年(528)四月九日。

武泰元年四月九日也⑦。

注释 ① 天光：即尔朱天光，尔朱荣族侄，官至侍中、骠骑大将军，镇压关陇起义。后被高欢擒杀。 ② 仓头：奴仆。 ③ 世隆：即尔朱世隆，官至仪同三司。后被杀。 ④ 河内：郡名，治今河南沁阳。 ⑤ 彭城王劭：即元劭，庄帝即位，尊为无上王，后在河阴被尔朱荣杀害。 ⑥ 始平王子正：即元子正。庄帝即位，官至尚书令，后在河阴遇害。高渚：黄河渡口名。 ⑦ 武泰：魏孝明帝元诩年号，共一年(528)。

原文

十一日，荣奉帝为主，诏以荣为使持节、侍中、都督中外诸军事、大将军①、开府、兼尚书令、领军将军②、领左右③，太原王，食邑二万户。十二日，百官皆朝于行宫。十三日，荣惑武卫将军费穆之说，乃引迎驾百官于行宫西北，云欲祭天。朝士既集，列骑围绕，责天下丧乱，明帝卒崩之由，云皆缘此等贪虐，不相匡弼所致。因纵兵乱害，王公卿士皆敛手就戮，死者千三百余人，皇弟、皇兄并亦见害，灵太后、少主其日暴崩④。荣遂有大志，令御史赵元则造禅

翻译

十一日，尔朱荣奉庄帝为君，庄帝下诏以尔朱荣为使持节、侍中、都督中外诸军事、大将军、开府、兼尚书令、领军将军、领左右，太原王，食邑二万户。十二日，百官都到行宫朝拜。十三日，尔朱荣被武卫将军费穆的话迷惑，于是带领迎接庄帝大驾的百官到行宫西北，说要祭天。朝廷百官会集后，尔朱荣用骑兵把他们包围起来，责问国家祸乱、明帝去世的原因，认为都是由于这些人贪婪残暴，不好好辅佐匡正造成的。于是放纵兵士胡乱杀害，王公卿士都束手被杀戮，死了一千三百多人，皇弟、皇兄也都被害，灵太后、小皇帝也在那天暴死。尔朱荣于是想做皇帝，命令御史赵元则撰写禅让文字，派数十人把庄帝转移到河桥。到深夜四更时，又把庄帝往南送回军营。庄帝忧愤交加，无计可施，于是派人告诉尔朱荣说："帝王一代

文⑤，遣数十人迁帝于河桥⑥。至夜四更中，复奉帝南还营幕。帝忧愤无计，乃令人喻旨于荣曰："帝王迭袭，盛衰无常，既属屯运⑦，四方瓦解。将军杖义而起，前无横陈，此乃天意，非人力也。我本相投，规存性命，帝王重位，岂敢妄希？直是将军见逼，权顺所请耳。今玺运已移⑧，天命有在，宜时即尊号。将军必若推而不居，存魏社稷，亦任更择亲贤，共相辅戴。"荣既有异图，遂铸金为己像，数四不成。时幽州人刘灵助善卜占，为荣所信，言天时人事必不可尔。荣亦精神恍惚，不自支持，久而方悟，遂便愧悔。于是献武王⑨、荣外兵参军司马子如等切谏，陈不可之理。荣曰："愆误若是，惟当以死谢朝廷，今日安危之机，计将安出？"献武王等曰："未若还奉长

代传承，兴衰无常，现在魏朝正当厄运，四方瓦解。将军凭正义而行事，面前不再出现横躺的死尸，这是天意，不是人力。我来投奔将军，本来是为了保全性命，帝王的重位，我哪敢妄想？只因将军逼迫，暂时答应你的请求罢了。现在皇帝的大印已经易手，天命已经有了归属，你应当抓住时机称帝。将军如果一定要推辞不受，保存魏朝的江山，也应另选亲近贤能的人，我与你共同辅佐拥戴。"尔朱荣既然已有异图，于是用黄金铸造自己的塑像，多次都不成功。当时幽州人刘灵助善于占卜，受到尔朱荣信任，说天时人事都不可这样做。尔朱荣也精神恍惚，不能支持，过了很久才醒过来，随即后悔。于是献武王、尔朱荣的外兵参军司马子如等直言劝阻，陈说不可以这样做的道理。尔朱荣说："我犯了这样大的过错，只应以死来谢罪朝廷，现在是安危的关键，该怎么办呢？"献武王等说："不如回头拥戴长乐王，来安定天下。"于是回头尊奉庄帝。十四日，庄帝的车驾入宫。

乐,以安天下。"于是还奉庄
帝。十四日,舆驾入宫。

注释 ① 大将军:将军的最高称号。 ② 领军将军:官名,掌军事,从二品。 ③ 领左右:官名,即领左、右卫,总领禁军之意。 ④ 少主:即元钊,武泰元年(528年)明帝死后被灵太后立为帝,年仅三岁。后被尔朱荣沉入黄河。 ⑤ 禅文:即禅让文。在位皇帝"让位"给新皇帝,都有禅文。 ⑥ 河桥:桥名,在今河南孟州南黄河上。 ⑦ 屯运:即厄运。 ⑧ 玺运:指国家大权。 ⑨ 献武王:即高欢,为鲜卑化汉人。曾参加杜洛周、葛荣起义,后叛归尔朱荣。荣死,他掌魏兵权,称大丞相,立孝静帝,建东魏,执政十六年。

原文

　　于时或云荣欲迁都晋阳,或云欲肆兵大掠,迭相惊恐,人情骇震,京邑士子不一存,率皆逃窜,无敢出者。直卫空虚,官守废旷。荣闻之,上书曰:"臣世荷蕃寄,征讨累年,奉忠王室,志存效死。直以太后淫乱,孝明暴崩,遂率义兵,扶立社稷。陛下登祚之始,人情未安,大兵交际,难可齐一,诸王朝贵横死者众,臣今粉躯不足塞往责以谢亡者。然追荣褒德,谓之不朽,乞降

翻译

　　当时有人说尔朱荣想迁都晋阳,有人说他想放纵军队大肆劫掠,人们阵阵惊恐,人心惶惶,京城中的士人一个不剩,全都逃窜,没有敢出来的人。皇宫守卫空虚,没有人居官守职。尔朱荣听说后,上书说:"我家世代受命藩屏国家,征战多年,忠心侍奉王室,存心以死报效。只因太后淫乱,孝明帝暴死,于是率领义兵,匡扶国家。陛下刚刚登基,人心未安,大军交接往来,难以统一,诸王及朝廷显贵意外而死的人很多,我现在粉身碎骨也无法抵消以前的罪责来向死者道歉。但追赠荣号褒奖德行,叫作不朽,我请求皇上发布命令,稍微宽恕我的罪责。请求将无上王追尊帝号,诸王、刺史赠三司,那些位列三

天慈，微申私责。无上王请追尊帝号，诸王、刺史乞赠三司①，其位班三品请赠令仆，五品之官各赠方伯②，六品已下及白民赠以镇郡③。诸死者无后听继，即授封爵。均其高下节级别科，使恩洽存亡，有慰生死。"诏曰："览表不胜鲠塞④。朕德行无感，致兹酷滥，寻绎往事，贯切于怀。可如所表。"自兹已后，赠终叨滥，庸人贱品，动至大官，为识者所不贵。武定中，齐文襄王始革其失，追褒有典焉。荣启帝遣使循城劳问，于是人情遂安，朝士逃亡者亦稍来归阙。荣又奏请番直⑤，朔望之日引见三公⑥、令仆、尚书、九卿及司州牧⑦、河南尹⑧、洛阳河阴执事之官⑨，参论国治，经纶王道⑩，以为常式。

品的人赠令仆，五品之官各赠一方的长官，六品以下及平民赠给镇郡的官号。无后人的死者，允许外人继承位号，立即授给封爵。平衡其高低级别，使活着的和死去的人都能享受恩泽，对生者和死者都有所安慰。"庄帝下诏说："我看了书表后不胜悲痛。我的德行没有什么感应，导致如此滥杀无辜，回想往事，我一直惦记在心。可以照书表所说的办。"从此以后，赠给死去的人名号很没有节制，庸人小官，动不动就赠给大官，不被有识之士看重。武定年间，齐文襄王才革除了它的弊病，追赠褒奖有法可依。尔朱荣启奏庄帝巡行城内慰问百姓，于是人心才安定下来，逃亡的朝官也陆续回朝。尔朱荣又奏请轮流值班，月初和月中那天接见三公、令仆、尚书、九卿及司州牧、河南尹和洛阳、河阴行政官员，一起参加讨论治理国家，策划国家大事，作为常规。

注释　①三司：太尉、司徒、司空合称三司，又称三公。　②方伯：一方之长。　③镇郡：指刺史与郡守。　④鲠塞：即哽咽，因悲痛而气结喉塞。　⑤番直：轮番值勤。　⑥朔望：月初为朔，月中为望。　⑦司州：州名，治今河南洛阳。　⑧河南尹：都城洛阳的最高行政长官。　⑨河阴：县名，治今河南孟津东北。　⑩经纶：指筹划治理国家的大事。

原文

五月，荣还晋阳。七月，诏曰："乾坤统物，星象赞其功；皇王御运，股肱匡其业。是以周道中缺，齐晋立济世之忠①；殷祚或亏，彭韦振救时之节②。自前朝失御，厄运荐臻。太原王荣爱戴朕躬，推临万国，勋逾伊霍③，功格二仪④，王室不坏，伊人是赖。可柱国大将军⑤、兼录尚书事，余如故。"

翻译

五月，尔朱荣回到晋阳。七月，庄帝下诏说："乾坤统摄万物，离不开星象的协助；帝王治理国家，左右大臣辅佐他的事业。因此，周朝中期衰落，齐桓公、晋文公尽忠拯救国家；殷代的国运亏缺，彭韦表现出救时的气节。自从前朝失去控制，厄运接连而来。太原王尔朱荣拥戴我做皇帝，统治万国，他的勋勋超过伊尹、霍光，功劳感通天地，王室不倾覆，正是靠这个人。可以授予柱国大将军、兼录尚书事，其他官职照旧。"

注释　①齐晋：指春秋时的齐桓公、晋文公。　②彭韦：夏时彭子封于豕韦，故称其后为彭韦，事不可考。　③伊霍：商初大臣伊尹与西汉大臣霍光。二人都有拥立新君、辅佐帝业之功，后世并称。　④二仪：指天地。　⑤柱国大将军：官名，名义上为全国的最高武官，实际上为酬赏功勋之号。

原文

时葛荣将向京师，众号百万。相州刺史李神轨闭门自守。贼锋已过汲郡①，所在村坞悉被残略②。荣启求讨之。九月，乃率精骑七千，马皆有副，倍道兼行，东出滏口。葛荣为贼既久，横行河北，时众寡非敌，议者谓无制贼之理。葛荣闻之，喜见于色，乃令其众曰："此易与耳。诸人俱办长绳，至便缚取。"葛荣自邺以北列陈数十里，箕张而进。荣潜军山谷为奇兵，分督将已上三人为一处，处有数百骑，令所在扬尘鼓噪，使贼不测多少。又以人马逼战，刀不如棒，密勒军士马上各赍神棒一枚③，置于马侧。至于战时，不听斩级，以棒棒之而已，虑废腾逐也。乃分命壮勇所当冲突，号令严明，战士同奋。荣身自陷陈，出于贼后，表里合击，大破之。

翻译

当时葛荣将向京城进攻，号称百万人马。相州刺史李神轨闭门自守。贼兵的前锋已过汲郡，所到的村寨全被摧毁。尔朱荣上奏请求讨伐他们。九月，就率领精锐骑兵七千人，每人各备有正副两匹马，加倍速度前进，从滏口向东进军。葛荣反叛已久，横行黄河以北，当时在人数上不是他的对手，谈论的人认为根本不能制服逆贼。葛荣听说后，喜形于色，就命令他的人马说："这些人容易对付。大家都准备长绳，等他们来了就抓住捆起来。"葛荣在邺城以北列阵数十里，张开两翼向前方推进。尔朱荣在山谷中埋下伏军作为奇兵，把督将以上的将领每三人分为一处，每处有几百名骑兵，令各处一齐扬起尘土并鼓噪呐喊，使逆贼不知人数多少。又鉴于人马短兵相接，刀不如棒，密令军士在马上各带神棒一根，放在马侧。到打仗时，不要求割下敌人的首级，只用棒敲打，这是考虑到取首级会妨碍奔走追击。于是分派壮士向前冲锋，号令严明，兵士们同心奋战。尔朱荣亲自冲入敌阵，从叛军背后出现，内外合击，大败敌人。在战阵中擒获葛荣，其他人都投降。尔朱荣鉴于贼兵很多，如果立即分割开于陈擒葛荣，余众悉降。荣以贼徒既众，若即分割，恐其疑惧，或更结聚，乃普告勒各从所乐，亲属相随，任所居止。于是群情喜悦，登即四散，数十万众一朝散尽。待出百里之外，乃始分道押领，随便安置，咸得其宜。擢其渠帅，量力授用，新附者咸安。时人服其处分机速。乃槛车送葛荣赴阙。诏曰："功格天地，锡命之位必崇；道济生民，褒赏之名宜大。是以有莘赞亳④，不次之号爰归；渭叟翼周⑤，殊世之班载集。况导源积石⑥，袭构昆山⑦，门踵英猷，弼成鸿业，抗高天之摧柱，振厚地之绝维，德冠五侯⑧，勋高九伯者哉⑨！太原王荣代荷蕃宠，世载忠烈，入匡颓运，出剿元凶，使积年之雾倏焉涤荡，数载之尘一朝清谧。燕恒既泰，赵魏还苏，比绩况功，古今莫

来，怕他们心怀疑惧，或许会再结集，于是遍告他们各到自己愿去的地方，让亲属跟随，随便在什么地方居住。于是众人喜悦，顿时四散，数十万人片刻就散光了。等他们走出百里之外，才派人分路押送统领，找合适的地方安置，都处理得很好。录用他们的头领，根据才能加以委任，新归附的人都感到安心。当时人佩服他处理得机敏妥当。于是用囚车把葛荣送往京城。朝廷下诏说："功劳感通天地，赐给的爵位必高；道术拯救百姓，奖赏的名位应大。因此有莘辅佐殷朝，获得了不寻常的名号；姜尚辅佐周室，空前的名位加在他的身上。何况在积石开辟源流，在昆山建立基业，继承家门的英雄传统，辅佐国家成就大业，就像扶起倒塌的天柱，修复大地陷落的四角，德行高于王侯，功勋高于九伯啊！太原王尔朱荣祖辈受命藩屏王室，世代都是忠烈，入朝匡正颓坏的国运，出朝剿灭凶恶的敌人，使多年的迷雾忽然涤荡，数年的尘土一朝澄清。燕、恒安定，赵、魏复苏，如此功绩，古今没有第二个人，如果不按照过去的典章，增加礼仪的等级，将怎么显明德行、酬谢功绩，表彰国家的楷模？可以授予大丞相、都督河北畿外诸军事，增加

二,若不式稽旧典,增是礼数,将何以昭德报功,远明国范?可大丞相、都督河北畿外诸军事,增邑一万户,通前三万,余官悉如故。"

食邑一万户,加上以前的共三万户,其余官职都照旧不变。"

注释 ① 汲郡:郡名,治今河南卫辉西南。 ② 村坞:村寨。 ③ 神棒:或作"袖棒"。 ④ 有莘:指伊尹。传说为奴隶出身,原为有莘氏女的陪嫁之臣,后被商汤任以国政,助汤灭夏。亳:商汤时的都城,这里指商朝。 ⑤ 渭叟:指姜太公吕尚。他曾垂钓于渭水之滨。 ⑥ 积石:山名,在今青海、甘肃一带。 ⑦ 昆山:即昆仑山。 ⑧ 五侯:指公侯伯子男五等封爵。 ⑨ 九伯:九州之长。

原文

初,荣之将讨葛荣也,军次襄垣①,遂令军士列围大猎。有双兔起于马前,荣乃跃马弯弓而誓之曰:"中之则擒葛荣,不中则否。"既而并应弦而毙②,三军咸悦。及破贼之后,即命立碑于其所,号"双兔碑"。荣将战之夜,梦一人从葛荣索千牛刀,而葛荣初不肯与。此人自称:"我是道武皇帝,汝何敢违!"葛荣乃奉刀,此人手持授荣。既寤而喜,自知必胜。

翻译

当初,尔朱荣将要出兵征讨葛荣,部队开到襄垣,就命令军士列围进行大规模的打猎。有两只兔子从马前跑出来,尔朱荣就跃马弯弓祈祷说:"如果射中,就能擒获葛荣,射不中则不能。"结果两只兔子都应弦而毙,将士们都很高兴。等到打败叛军之后,就下令在那个地方立碑,名叫"双兔碑"。将要交战的那天夜晚,尔朱荣梦见一人向葛荣索取千牛刀,而葛荣开始不肯给。此人自称:"我是道武皇帝,你怎么敢违抗!"葛荣于是献出刀,这人就亲手拿着交给尔朱荣。尔朱荣醒来后很高兴,自知必胜。

注释 ① 襄垣:县名,治今山西襄垣。 ② 殪(yì):射死。

原文

又诏曰:"我皇魏道契神元①,德光灵范②,源先二象③,化穆五才④,玉历与日月惟休⑤,金鼎共乾坤俱永⑥。而正光之末,皇运时屯,百揆咸乱,九宫失叙⑦,朝野抚膺,士女嗟怨,遂使四海土崩,九区瓦解。逆贼杜周⑧,虔刘燕代⑨;妖寇葛荣,假噬魏赵。常山、易水⑩,戎鼓夜惊;冰井、丛台⑪,胡尘昼合。朔南久已丘墟,河北殆成灰烬。宗庙怀匪安之虑,社稷急不测之忧。大丞相、太原王荣道镜域中,德光区外,神昭藏往,思实知来,义踵先勋,忠资曩烈。遂能大建义谋,收集忠勇,熊罴竞逐,虎豹争先,轩轑南溟⑫,抟风北极⑬,气震林原,势动山岳,吊民伐罪,殲此鲸鲵⑭。戮卒多于

翻译

庄帝又下诏说:"我大魏道与神元相合,德与日月争光,渊源先于乾坤二象,教化调和金木水火土五才,玉历与日月一样吉祥,金鼎与天地同样长久。但在正光末年,当时大运正处于艰难之时,各种政务都很混乱,九宫丧失了秩序,朝野之人抚胸痛惜,百姓哀叹怨恨,于是四海九州如土崩瓦解。叛逆的贼人杜洛周,劫掠燕代一带;妖寇葛荣,借机吞噬魏赵地区。常山、易水,夜晚战鼓惊人;冰井、丛台,白天被胡人扬起的尘土笼罩。朔州之南久已成为荒地,河北地区几乎化为灰烬。人们担心宗庙不安,忧虑社稷不测。大丞相、太原王尔朱荣道术显示在境内,德行照耀到境外,神智清楚了解过去,思虑确实知道将来,大义继承了先辈的勋绩,忠诚得助于过去的业绩。于是能提出正义的谋略,集合忠勇之士,像熊罴那样竞相追逐,像虎豹那样争先恐后,奋飞到南海,乘风到北极,气魄震撼林原,威势动摇山岳,抚慰百姓,讨伐罪人,歼灭了这个如鲸鲵一样凶恶的贼人。杀敌比长平之战还多,缴获的武器堆积比熊耳山

长平⑮，积器高于熊耳⑯。秦晋闻声而丧胆⑰，齐莒侧听而詟息⑱。中兴之业是乎再隆，太平之基兹焉更始。虽复伊霍宣翼之功，桓文崇赞之道⑲，何足以仿佛鸿踪⑳，比勋盛烈？道格普天，仁沾率土，振古以来，未有其比。若不广锡山河㉑，大开土宇，何以表大义之崇高，标盛德之广远？可以冀州之长乐㉒、相州之南赵㉓、定州之博陵、沧州之浮阳㉔、平州之辽西㉕、燕州之上谷㉖、幽州之渔阳等七郡各万户㉗，通前满十万户为太原国邑。"又进位太师，余如故。

还高。秦晋闻声而丧胆，齐莒侧耳倾听而不敢作声。于是国家再次兴盛，重振太平的基业。即使是伊尹、霍光辅佐新君的功绩，齐桓公、晋文公尊崇辅佐周王室的劳苦，又怎么比得上他的伟大功勋呢？太原王的道义感通天下，仁德滋润全境，自古以来，没有人比得上他。如果不多赐给他土地，大力增加他的封邑，怎么表彰他的崇高大义，显示他的远大仁德？可以把冀州的长乐、相州的南赵、定州的博陵、沧州的浮阳、平州的辽西、燕州的上谷、幽州的渔阳等七郡各一万户，加上以前的满十万户，作为太原国的封邑。"又进位太师，其他官职照旧。

注释 ①神元：即北魏始祖神元帝力微。 ②灵范：指日月星辰。 ③二象：指乾坤。 ④五才：即金、木、水、火、土、五行。 ⑤玉历：指牒记符谶之类，象征天命。 ⑥金鼎：传国之宝。 ⑦九宫：按《易纬》家之说，以八卦加上中为九宫。九宫失叙，即天下大乱。 ⑧杜周：即杜洛周。 ⑨虔刘：劫掠，杀害。 ⑩易水：河名，流经今河北涞源、易县，入拒马河。 ⑪冰井、丛台：都为台名。相传魏武帝曹操在邺城西北立三台，中台名铜雀台，南台名金兽台，北台名冰井台。故址在今河北临漳。 ⑫轩翥(zhù)：高飞。 ⑬抟(tuán)：盘旋。 ⑭鲸鲵：即鲸鱼，比喻凶恶的敌人。

⑮ 长平:地名,在今山西高平西北。秦将白起曾于此坑杀赵国降卒四十万人。
⑯ 熊耳:山名,有二,一在河南,一在湖南。 ⑰ 秦晋:指今陕西、山西地区。 ⑱ 齐
莒:指今山东地区。慑(zhé)息:恐惧。 ⑲ 桓文:指齐桓公、晋文公。 ⑳ 仿佛:比
拟的意思。 ㉑ 锡:同"赐"。 ㉒ 长乐:郡名,治今河北冀州。 ㉓ 南赵:郡名,治今
河北隆尧东。 ㉔ 沧州:州名,治今河北盐山西南。浮阳:郡名,治今河北沧州东南。
㉕ 平州:州名,治今河北卢龙北。辽西:郡名,治所与州同。 ㉖ 燕州:州名,治今
河北涿鹿。上谷:郡名,治今北京延庆。 ㉗ 渔阳:郡名,治今天津武清西北。

原文

　　建义初①,北海王元颢南奔萧衍,衍乃立为魏主,资以兵将。时邢杲寇乱三齐②,与颢应接。朝廷以颢孤弱,不以为虑。永安二年春③,诏大将军元天穆先平齐地,然后回师征颢。颢以大军未还,乘虚径进,既陷梁国④,鼓行而西,荥阳、虎牢并皆不守。五月,车驾出幸河北。事出不虞,天下改望。荣闻之,即时驰传朝行宫于上党之长子⑤,行其部分⑥。舆驾于是南辕,荣为前驱,旬日之间,兵马大集,资粮器仗,继踵而至。天穆既平邢杲,亦渡河以会车

翻译

　　建义初年,北海王元颢投奔南边的萧衍,萧衍就立他为魏王,资助他兵将。当时邢杲在山东作乱,与元颢互相呼应。朝廷认为元颢势单力薄,不以为忧。永安二年(529)春,诏令大将军元天穆先平定齐地,然后回师征讨元颢。元颢鉴于大军还没有回来,乘虚直入,已攻陷了梁国,击鼓向西行进,荥阳、虎牢全都失守。五月,皇帝的车马出京巡行黄河以北。事情出乎意料,天下人改变了仰望之所。尔朱荣听说后,立即乘驿车奔赴上党长子的行宫朝见皇帝,进行处理。皇帝的车马于是向南进发,尔朱荣为前驱,十天之间,集合了很多兵马,粮饷兵器,也接连运来。元天穆平定邢杲以后,也渡过黄河来与皇帝的人马会合。元颢的都督宗正珍孙、河内太守元袭固守不降,尔朱荣加以攻克,杀

驾。颢都督宗正珍孙、河内太守元袭固守不降，荣攻而克之，斩珍孙、元袭以徇。帝幸河内城⑦。荣与颢相持于河上，颢令都督安丰王延明缘河据守。荣既未有舟船，不得即渡，议欲还北，更图后举。黄门郎杨侃、高道穆等并谓大军若还，失天下之望，固执以为不可。语在侃等传。属马渚诸杨云有小船数艘⑧，求为乡导⑨，荣乃令都督尔朱兆等率精骑夜济⑩，登岸奋击。颢子领军将军冠受率马步五千拒战，兆大破之，临陈擒冠受。延明闻冠受见擒，遂自逃散，颢便率麾下南奔。事在其传。

掉珍孙、元袭以示众。皇帝进入河内城。尔朱荣与元颢在黄河两岸相持，元颢命令都督安丰王元延明沿黄河据守。尔朱荣没有舟船，不能立即渡过黄河，商议想回北方，以后另想办法。黄门郎杨侃、高道穆等都认为大军如果回去，会使天下人失去希望，坚持认为不可。这记载在杨侃等人的列传中。正好马渚的众位杨氏百姓说有几艘小船，请求做向导，尔朱荣就命令都督尔朱兆等率精锐骑兵连夜渡河，登岸奋勇攻击。元颢之子领军将军元冠受率马步兵五千人抵御，尔朱兆大败他们，临阵擒获了元冠受。元延明听说元冠受被擒，就自己逃散，元颢便率领部下逃奔南方。事情记载在他的传记中。

注释　①建义：北魏庄帝年号，共一年(528)。　②邢杲：出身于士族，建义元年在北海(今山东潍坊)起兵反魏，自称汉王，年号天统。后兵败投降，被杀。　③永安：庄帝年号，共两年(528—529)。　④梁国：郡名，治今河南商丘东南。　⑤上党：郡名，治今山西潞城西。长子：县名，治今山西长治南。　⑥部分：处理，部署。　⑦河内城：地名，今河南沁阳。　⑧马渚：黄河渡口名。　⑨乡导：向导。乡，同"向"。　⑩尔朱兆：字万仁，尔朱荣侄，官至汾州刺史、侍中、骠骑大将军。尔朱荣被杀后他带兵入洛,大肆屠杀掳掠,后被高欢击败,自杀。

原文

车驾渡河,入居华林园。诏曰:"周武奉时,借十乱以纂历①;汉祖先天,资三杰以除暴②。理民济治,斯道未爽。使持节、柱国大将军、大丞相、太原王荣,蕴伏风烟,抱含日月,总奇正以成术,兼文武而为资。昔处乱朝,韬光戢翼,秣马冀北,厉兵晋阳,伫龙颜而振腕,想日角以叹息③。忠勇奋发,虎士如林,义功始立,所向风靡。故能芟夷群恶,振此颓纲,俾朕寡昧,获承鸿绪。虽大位克正,而众盗未息。葛荣跋扈,仍乱中原,建旗伐罪,授首歼馘。元颢凶顽,构成巨衅,阻弄吴楚,亏污宗社。朕徙御北徂,劬劳鞍甲④。王闻难星奔,一举大定,下洽民和,上匡王室。鸿勋巨绩,书契所未

翻译

皇帝的车马渡过黄河,进入华林园居住。下诏说:"周武王奉行天时,凭借十位贤臣以继承大位;汉高祖先见天命,依靠三位豪杰以除去暴秦。治理百姓,国家求治,此道永不能改变。使持节、柱国大将军、大丞相、太原王尔朱荣,蕴蓄风尘,包含日月,道术综合了奇正,兼有文武的天才。曾经处于动乱时期,隐匿光彩,收敛羽翼,在冀北喂养战马,在晋阳磨砺兵器,仰望龙颜而扼腕,想念皇帝而叹息。忠勇奋发,手下勇士如林,建立了伟大的功勋,大军所向无敌。所以能铲除群恶,重振这颓坏的纪纲,使我这个孤寡愚昧的人,能够承继大统。虽然我做了皇帝,但众多盗贼还没有平息。葛荣专横,仍在中原作乱,尔朱荣建立大旗讨伐罪人,使贼贼掉了脑袋。元颢凶恶顽固,构成大患,依恃萧衍,玷辱宗庙。我转移到北方,劳苦于鞍马兵甲之中。太原王听说危难后,星夜奔赴,一举使天下大定,安宁了百姓,扶正了王室。他的伟大功勋和业绩,典籍中从没有记载过;征战归来合饮于宗庙,纪功于简策,他的事业没有

纪；饮至策勋⑤，事绝于比况。非常之功，必有非常之赏，可天柱大将军⑥。此官虽访古无闻，今员未有，太祖已前增置此号，式遵典故，用锡殊礼。又宜开土宇，可增封十万，通前二十万，加前后部羽葆鼓吹⑦，余如故。"荣寻还晋阳。

人可以相比。不寻常的功勋，一定有不寻常的奖赏，可以授予天柱大将军的称号。考查古代虽没有听说过这个称号，现在也没有人做过这个官，但太祖以前增设此号，谨按旧典，以赏赐该受特别礼遇的人。又应当扩大封地，可以增封十万户，与以前的共二十万户相连，增加前后的仪仗鼓吹，其他照旧。"不久尔朱荣回到晋阳。

注释 ① 十乱：指周武王十个具有治国平乱才能的大臣。 ② 三杰：指帮助汉高祖平治天下的张良、韩信、萧何。 ③ 龙颜、日角：形容皇帝长相，此指皇帝。 ④ 劬（qú）劳：辛勤，劳苦。 ⑤ 饮至：古代征战回朝，合饮于宗庙。 ⑥ 天柱大将军：官名，名义上为全国军队的最高统帅，位在三公之上，实为封赏勋臣之号。 ⑦ 羽葆：仪仗名，以羽毛为装饰。

原文

先是，葛荣枝党韩娄仍据幽平二州①，荣遣都督侯渊讨斩之。时贼帅万俟丑奴、萧宝夤拥众幽泾，凶势日盛。荣遣其从子天光为雍州刺史，令率都督贺拔岳、侯莫陈悦等总众入关讨之。天光既至雍州，以众少不敌，逡巡未集②。荣大怒，

翻译

这以前，葛荣的党羽韩娄仍然占据着幽平二州，尔朱荣派都督侯渊讨平杀了他。当时贼帅万俟丑奴、萧宝夤拥兵占据了幽州、泾州一带，势力越来越强大。尔朱荣派他的侄子尔朱天光为雍州刺史，命令他率都督贺拔岳、侯莫陈悦等合兵入关讨伐他们。尔朱天光到雍州以后，认为兵少不敌，迟疑徘徊，没有结集。尔朱荣大怒，派他的骑兵参军刘贵骑驿马奔赴军中，对尔朱天光处以

遣其骑兵参军刘贵驰驿诣军,加天光杖罚。天光等大惧,乃进讨,连破之,擒丑奴、宝夤,并槛车送阙。天光又擒王庆云、万俟道乐③,关西悉平。于是天下大难,便以尽矣。

杖刑。尔朱天光等很恐惧,于是进兵征讨,连败敌兵,擒获了万俟丑奴、萧宝夤,把他们都用囚车送到京城。尔朱天光又擒获了王庆云、万俟道乐,关西都平定了。于是天下大乱的局面,便结束了。

注释　①枝党:余党,党羽。　②逡(qūn)巡:徘徊不前的样子。　③王庆云、万俟道乐:都是北魏末关陇(今陕西、甘肃一带)起义的首领。

原文

荣性好猎,不舍寒暑。至于列围而进,必须齐一,虽遇阻险,不得回避,虎豹逸围者坐死,其下甚苦之。太宰元天穆从容谓荣曰①:"大王勋济天下,四方无事,惟宜调政养民,顺时蒐狩,何必盛夏驰逐,伤犯和气?"荣便攘肘谓天穆曰:"太后女主,不能自正,推奉天子者,此是人臣常节。葛荣之徒,本是奴才,乘时作乱,妄自署假②,譬如奴走,擒获便休。顷来受国大宠,未能开拓境土,混一海

翻译

尔朱荣生性喜欢打猎,不论寒暑。每逢列围前进,必须步调一致,虽然遇到险阻,也不得回避,如果有人让虎豹突围而逃的,就要处死,他的部下很以此为苦。太宰元天穆委婉地对尔朱荣说:"大王的功勋贯通天下,四方无事,只应当调和政事养育人民,顺应时节进行打猎,何必在盛夏奔驰追逐,伤害自然的和气?"尔朱荣便卷起袖子露出胳膊对元天穆说:"当年太后女流之辈,自身行为不正,推尊天子之事,本来是做人臣的职责。葛荣之徒,本是奴才,趁机作乱,妄自封官僭号,譬如奴才逃走,抓回来就完了。近来我受国家的大恩,却不能开拓疆土,统一海内,怎么能现

内,何宜今日便言勋也！如闻朝士犹自宽纵,今秋欲共兄戒勒士马,校猎嵩原,令贪污朝贵入围搏虎。仍出鲁阳,历三荆③,悉拥生蛮北填六镇④。回军之际,因平汾胡⑤。明年简练精骑,分出江淮,萧衍若降,乞万户侯⑥；如其不降,径渡数千骑,便往缚取。待六合宁一⑦,八表无尘,然后共兄奉天子,巡四方,观风俗,布政教,如此乃可称勋耳。今若止猎,兵士懈怠,安可复用也！"

在就谈功勋呢！近来我听说朝廷显贵仍然放纵自己,今秋我想和老兄一起整顿军队,到嵩山下的原野上设栅栏围猎野兽,让贪赃的朝廷显贵入围去空手捉老虎。接着兵出鲁阳,经过荆楚,把未开化的蛮族全部抓去充实北边六镇。趁回师时,平定汾胡。明年选练精锐骑兵,分路出击江淮流域,萧衍如果投降,就请求封给他万户侯。如果他不投降,就径直以数千骑兵渡江,前去捉拿。等天下安定统一,没有战乱,然后与老兄一道侍奉天子,巡视四方,观察风俗,发布政教,如此才可以称得上功勋。现在如果停止围猎,兵士懈怠,怎能再用来打仗呢！"

注释 ①太宰:古官名,在帝王左右执掌大权,位于宰相之上,为荣誉称号。②署假:封官。③三荆:指荆州地区。④六镇:北魏为防御柔然侵扰,在平城(今山西大同)以北、阴山以南设置沃野、怀朔、武川、抚冥、柔玄、怀荒六个军镇,合称六镇。⑤汾胡:指汾州(治今山西隰县)一带的古代各民族。⑥万户侯:食邑一万户的侯爵。⑦六合:上下东南西北为六合,指全国。

原文

荣身虽居外,恒遥制朝廷,广布亲戚,列为左右,伺察动静,小大必知。或有侥幸求官者,皆诣荣承候,得

翻译

尔朱荣自己虽然在外,常遥控朝廷,广泛布设亲信,安置在皇帝身边,侦察动静,大小事一定要知道。有人侥幸求取官职,都到尔朱荣那里去侍候,得

其启请，无不遂之。曾关补定州曲阳县令[①]，吏部尚书李神俊以阶悬不奉，别更拟人。荣闻大怒，即遣其所补者往夺其任。荣使入京，虽复微蔑，朝贵见之莫不倾靡。及至阙下，未得通奏，恃荣威势，至乃忿怒。荣曾启北人为河南诸州，庄帝未许，天穆入见，面启曰："天柱既有大功，若请普代天下官属，恐陛下亦不得违之，如何启数人为州，便停不用！"帝正色曰："天柱若不为人臣，朕亦须代；如其犹存臣节，无代天下百官理。此事复何足论！"荣闻所启不允，大为恚恨，曰："天子由谁得立？今乃不用我语！"庄帝外迫于荣，恒怏怏不悦，兼惩荣河阴之事，恐终难保。又城阳王徽[②]、侍中李彧等欲擅威权[③]，惧荣害之，复相间构，日月滋甚，于是庄帝密有图荣之意。

到他的奏请，没有不如愿的。他曾经关照委任一个人做定州曲阳县令，吏部尚书李神俊认为官阶相差太远而不奉命，另外委任他人。尔朱荣听说后大怒，就派他所委任的人去强行夺取了那个职位。尔朱荣的使者入京，即使很微贱，朝廷显贵见了也没有不低三下四的。到了皇宫门口，如果没有得到及时通报，倚仗尔朱荣的威势，甚至当场发火。尔朱荣曾经启奏让北方人做河南各州长官，庄帝没有同意，元天穆入朝晋见，当面上奏说："天柱大将军既有大功，他如果请求全部替换天下的官吏，恐怕陛下也不能违背他，怎么只启奏几个人做州官，陛下就不同意！"庄帝板起面孔说："天柱大将军如果不做臣子，我也要被替换；如果他还保持臣节，就没有更换天下百官的道理。这件事哪里值得再议论！"尔朱荣听说他所启奏的事没被同意，大为愤恨，说："天子靠谁才登上皇位？如今却不听我的话了！"庄帝公开地被尔朱荣胁迫，故而常怏怏不乐，加之以尔朱荣河阴之事为戒，担心终究难以保全性命。又城阳王元徽、侍中李彧等人想把持权势，怕尔朱荣杀害他们，又进行挑拨离间，日渐变得严重，于是庄帝有杀掉尔朱荣的意图。

注释 ① 曲阳：县名，治今河北晋州西。 ② 城阳王徽：即元徽，字显顺，北魏宗室，官至大司马、太保、录尚书事。 ③ 李彧(yù)：字子文，封东平郡公，官至侍中。静帝时被杀。

原文

三年九月，荣启将入朝。朝士虑其有变，庄帝又畏恶之。荣从弟世隆与荣书，劝其不来，荣妻北乡郡长公主亦劝不行，荣并不从。帝既图荣，荣至入见，即欲害之，以天穆在并，恐为后患，故隐忍未发。荣之入洛，有人告荣，云帝欲图之。荣即具奏，帝曰："外人告云亦言王欲害我，我岂信之？"于是荣不自疑，每入谒帝，从人不过数十，又皆挺身不持兵仗①。及天穆至，帝伏兵于明光殿东廊，引荣及荣长子菩提、天穆等俱入。坐定，光禄少卿鲁安②、典御李侃晞等抽刀而至③，荣窘迫，起投御坐。帝先横刀膝下，遂手刃之，安等乱斫，荣与

翻译

三年（530）九月，尔朱荣启奏说将要入朝。朝中百官担心他生变故，庄帝也对他既怕又恨。尔朱荣的堂弟尔朱世隆给尔朱荣写信，劝他不要来，尔朱荣的妻子北乡郡长公主也劝他不要去，尔朱荣都不听。庄帝既计划杀死尔朱荣，尔朱荣到京后进宫朝见，庄帝就想杀他，只因元天穆在并州，恐怕成为后患，所以克制忍耐没有动手。尔朱荣到洛阳时，有人报告尔朱荣，说庄帝想谋害他。尔朱荣就以此上奏，庄帝说："外人告诉说大王也要害我，我怎能相信？"于是尔朱荣自己不再疑心，每次进宫去拜见庄帝，随从不过数十人，又都空着身子不带兵器。直到元天穆入朝，庄帝设伏兵于明光殿东廊，让人带尔朱荣及尔朱荣的长子尔朱菩提、元天穆等一起进来。坐定之后，光禄少卿鲁安、典御李侃晞等人抽刀而至，尔朱荣被逼得无路可逃，起身奔向庄帝坐的地方。庄帝先横刀在膝下，于是亲手杀了他，鲁安等人挥刀乱砍，尔朱荣与元天穆、尔朱菩提同时都被杀死。尔朱荣时年三

天穆、菩提同时俱死。荣时年三十八。于是内外喜叫，声满京城。既而大赦。……

十八岁。于是宫内宫外的人欢呼叫嚷，声音传遍了京城。不久庄帝发布了大赦令。……

注释　①挺身：空手。　②光禄少卿：官名，主管皇帝的膳食。　③典御：官名，掌管皇帝生活起居的各种用具。

赵 修 传

导读

　　佞幸是皇帝专制权力的寄生虫。这种人往往靠某种特异的关系或阿谀逢迎，受到皇帝青睐，荣华富贵接踵而至。他们往往滥用这种寄生权力，骄奢淫逸，耀武扬威。由于他们与皇帝亲近，总有那么些人像苍蝇逐臭似的聚合在他们身边，企图从这里获取寄生权力所派生的权力。但是，佞臣的寄生权力并没有牢固的基础，它由君权派生，当它超过了某种限度，损害了君权利益时，覆灭的日子也就不远了。而他们身边聚合的一帮利欲之徒，也因利而来，利尽而去，树倒猢狲散，墙倒众人推。赵修就是这样的人。他四肢发达，头脑愚笨，只因天生体力好，在太子身边做侍卫。太子当了皇帝以后，鸡犬升天，他也接连升官，连宗室亲旧、王公大臣也要敬他三分，真可以说是一位呼风唤雨、炙手可热的人物。但好景不长，最终死在曾经在自己面前曲意逢迎、无所不至的人物手中。这就是幸臣常见的下场。（选自卷九三）

原文

　　赵修，字景业，赵郡房子人①。父惠安，后名谧，都曹史②，积劳补阳武令③。修贵，追赠威烈将军、本郡太守，及葬，复赠龙骧将军、定州刺史。修本给事东宫，

翻译

　　赵修，字景业，赵郡房子人。父亲赵惠安，后来改名赵谧，任都曹史，积累功劳补官任阳武令。赵修显贵后，赵谧被追赠为威烈将军、本郡太守，到死后安葬时，又被追赠为龙骧将军、定州刺史。赵修本来在东宫供职，为白衣左右侍从，很有体力。世宗登上皇位后，他

为白衣左右④,颇有膂力⑤。世宗践阼,仍充禁侍,爱遇日隆。然天性暗塞,不闲书疏,是故不参文墨。世宗亲政,旬月之间,频有转授,历员外通直散骑常侍、镇东将军、光禄卿⑥。每受除设宴,世宗亲幸其宅,诸王公卿士百僚悉从,世宗亲见其母。修能剧饮,至于逼劝觞爵⑦,虽北海王详、广阳王嘉等皆亦不免,必致困乱。每适郊庙,修常骖陪。出入华林,恒乘马至于禁内。咸阳王禧诛,其家财货多赐高肇及修。

仍然在宫禁中充任侍从,世宗对他的宠爱一天天增加。但他天性愚笨,不会作奏章,因此不参与文墨之事。世宗当政后,十天半月之间,频繁转授官职,历任员外、通直散骑常侍、镇东将军、光禄卿。每次被委任官职,他都设宴庆贺,世宗亲自去他的住宅,众王公卿士百官都随从前往,世宗亲自接见他的母亲。赵修能够豪饮,甚至于逼劝人们饮酒,即使北海王元详、广阳王元嘉等也都不能幸免,必定要使他们一醉方休。每当世宗去郊庙行礼,赵修常陪乘在车上。他出入华林园,常骑马到宫禁内。咸阳王元禧被杀后,家中的财宝大多被赐给高肇及赵修。

注释　　①赵郡:郡名,治今河北赵县。房子:县名,治今河北高邑西南。　②都曹史:郡县中的小官。　③阳武:县名,治今河南原阳东南。　④白衣左右:无官职的低贱侍从。　⑤膂(lǚ)力:体力。　⑥光禄卿:官名,掌管皇室的膳食。　⑦觞(shāng)爵:酒器,引申为进酒。

原文

修之葬父也,百僚自王公以下无不吊祭,酒犊祭奠之具,填塞门街。于京师为

翻译

赵修安葬他的父亲时,自王公以下百官无不前去吊祭,酒肉等祭奠用品,填塞了门前街道。在京城为他制作碑

原文

制碑铭,石兽、石柱皆发民车牛,传致本县。财用之费,悉自公家。凶吉车乘将百两①,道路供给,亦皆出官。时将马射②,世宗留修过之。帝如射宫,修又骖乘,辂车旒竿触东门而折③。修恐不逮葬日,驿赴窆期④,左右求从及特遣者数十人。修道路嬉戏,殆无戚容,或与宾客奸掠妇女裸观,从者噂嗒喧哗⑤,诟詈无节,莫不畏而恶之。是年,又为修广增宅舍,多所并兼,洞门高堂,房庑周博,崇丽拟于诸王。其四面邻居,赂入其地者侯天盛兄弟,越次出补长史、大郡。

翻译

铭、石兽、石柱,都征调民间的车牛,运到本县。钱财费用,都由公家支付。凶吉车近百辆,道路上的供给,也都出自官府。当时将要骑马行射箭礼,世宗留赵修参加。世宗入射宫,赵修又陪乘,辂车的旗杆碰触到东门而折断。赵修担心赶不上安葬父亲的日期,就乘坐驿车前往,左右请求跟随及特别派遣去的有几十人。赵修在路途中嬉戏,几乎没有悲伤的表情,有时与宾客一起奸淫掠夺妇女,观看裸体,随从的人议论喧哗,他就无节制地诟骂,没有人不畏惧憎恶他。这年,又为赵修扩建房屋,他大肆兼并,门洞重重相对,殿堂高大,房屋宽广,廊庑环绕,壮丽与诸王不相上下。赵宅的四面邻近,侯天盛兄弟纳贿赠给他土地,就越级出任长史、大郡官职。

注释 ①两:同“辆”。 ②马射:一种武艺项目。驰马射箭,决定胜负。 ③辂(lù)车:天子所乘的大车。旒(liú)竿:旗杆。 ④窆(biǎn)期:安葬日。 ⑤噂嗒(zǔn tà):声音嘈杂。

原文

修起自贱伍,暴致富贵,奢傲无礼,物情所疾①。因其在外,左右或讽纠其

翻译

赵修出身于低贱军士,突然获得富贵,就奢侈傲慢无礼,深为人们痛恨。趁他在外,左右的人有的委婉地检举他的

罪。自其葬父还也，旧宠小薄。初，王显祗附于修②，后因忿阋，密伺其过，规陷戮之，而修过短，都不悛防③。显积其前后愆咎，列修葬父时路中淫乱不轨，又云与长安人赵僧撅谋匿玉印事④。高肇、甄琛等构成其罪，乃密以闻。始琛及李凭等曲事于修，无所不至，惧相连及，争共纠摘，助攻治之。遂乃诏曰："小人难育，朽棘不雕，长恶不悛，岂容抚养？散骑常侍、镇东将军、领扈左右赵修⑤，昔在东朝⑥，选充台皂⑦，幼所经见，长难遗之。故纂业之初，仍引西禁⑧。虽地微器陋，非所宜采，然识早念生，遂升名级。自蒙洗濯，凶昏日甚，骤佞荐骄，恩加轻慢。不识人伦之体，不悟深浅之方，陵猎王侯⑨，轻触卿相，门宾巷士，拜叩不接，嚣气豪心，仍怀鄙塞。比听葬父，侈暴继

罪行。自他安葬父亲回来，世宗对他的旧宠稍微减弱。当初，王显阿附于赵修，后来因为纷争，就暗中伺察他的过错，准备害死他，而赵修所犯过错不大，全不悔改防备。王显汇总他前后的过失，列举赵修安葬父亲时在途中淫乱不轨的事，又揭发他与长安人赵僧撅阴谋藏匿玉印的事。高肇、甄琛等罗织他的罪状，于是暗中上奏世宗。当初甄琛及李凭等曲意侍奉赵修，无所不至，害怕被他牵连，于是争相检举揭发，帮助整治他。世宗于是下诏说："小人难以培养，腐烂的荆棘无法雕琢，长期作恶的人不思悔改，怎能再抚养他？散骑常侍、镇东将军、领扈左右赵修，过去在东宫时，被选充奴仆，我小时候经常见到他，长大后难以遗弃他。所以在我继位之初，仍然带他入西禁。虽然他地位卑微，才能浅陋，不应该任用，但我考虑到与他认识得早，于是给他升官。他自从承蒙重用以后，凶恶昏庸表现得一天天严重，骤然因谄媚得宠，就日益骄横，被赐给恩惠后就更加轻慢无礼。不识人伦的大体，不悟深浅的法则，凌驾王侯，轻易冒犯卿相，门内宾客、里巷人士向他叩拜，他却不予理睬，气焰嚣张，用心强横，并且内心卑鄙庸俗，不通事理。近来让他安葬父亲，奢侈凶暴

闻。居京造宅,残虐徒旅^⑩。又广张形势^⑪,妄生矫托,与雍州人赵僧撅等阴相传纳,许受玉印。不轨不物,日月滋甚。朕犹愍其宿隶,每加覆护,而擅威弄势,侏张不已^⑫。法家耳目,并求宪网^⑬,虽欲舍之,辟实难爽^⑭。然楚履既坠,江君徘徊;钟牛一声,东向改衅^⑮。修虽小人,承侍在昔,极辟之奏,欲加未忍。可鞭之一百,徙敦煌为兵^⑯。其家宅作徒即仰停罢,所亲在内者悉令出禁。朕昧于处物,育兹豺虎,顾寻往谬,有愧臣民,便可时敕申没,以谢朝野。"

的事接连传到我耳中。住在京城修造住宅,残害徒役。又广布私人势力,乱搞逆情请托的事,与雍州人赵僧撅等暗中勾结,传递消息,同意接受玉印。不守规矩,不顾舆论,一天比一天严重。我还可怜他是我的旧奴仆,常常加以袒护,而他专威弄权,放肆不止。负责法度的耳目大臣,都要求给予法律制裁,我虽然想放过他,但法律难容。然而楚人的鞋子落下以后,江君就犹豫不决;古人见到将要杀牛用血涂钟而牛发抖悲鸣,就生恻隐之心而以羊来替代。赵修虽为小人,但他曾经侍候过我,对大臣上奏将他处以极刑的请求,我虽想同意,却不忍心。可以鞭打一百下,发配到敦煌充军。命令为他修建家宅的工匠徒役立即停止建造,他在宫中的亲信全部出宫。我不懂用人,养育了这个恶棍,回想我从前的错误,有愧臣民,你们可以时常告诫我,以便向朝野谢罪。"

注释 ① 物情:人情。 ② 王显:字世荣,通医术,官至御史中尉,封卫南伯。宣武帝死后被杀。 ③ 悛(quān):悔改。 ④ 撅:音 biāo。 ⑤ 领扈左右:官名,为皇帝身边的侍卫。 ⑥ 东朝:即东宫,太子居住之地。 ⑦ 台皂:奴仆。 ⑧ 西禁:皇宫。 ⑨ 陵猎:凌驾。 ⑩ 徒旅:充作苦役的兵士。 ⑪ 形势:势力。 ⑫ 侏张:嚣张,放肆。 ⑬ 宪网:法网。 ⑭ 辟:刑法。 ⑮"钟牛"二句:此典出自《孟子·梁惠王上》。梁惠王将杀牛以血涂钟,见牛发抖悲鸣的样子而不忍心,就改用羊。孟子因此说他有"善端"。衅,血祭。 ⑯ 敦煌:郡名,今甘肃敦煌一带。

原文

是日修诣领军于劲第与之樗蒲①，筹未及毕②，而羽林数人相续而至，称诏呼之。修惊起随出，路中执引修马诣领军府。琛与显监决其罚，先具问事，有力者五人更迭鞭之，令必死。旨决百鞭，其实三百。修素肥壮，腰背博硕，堪忍楚毒，了不转动。鞭讫，即召驿马，促之令发。出城西门，不自胜举，缚置鞍中，急驱驰之。其母妻追随，不得与语。行八十里乃死。初于后之入③，修之力也。修死后，领军于劲犹追感旧意，经恤其家，自余朝士昔相宗承者④，悉弃绝之，示己之疏远焉。

翻译

这天赵修到领军于劲家中与他玩樗蒲游戏，还没有将胜负算好，几名羽林军相继而来，称有诏书叫他。赵修惊起，随他们出来，他们在路上拉着赵修的马来到领军府。甄琛与王显监督执行对他的处罚，先审讯他的事，用五个有力气的人轮流鞭打他，授意一定要把他打死。诏书命令只打一百鞭，其实打了三百鞭。赵修向来肥壮，腰背宽厚，能忍受毒打，始终不转动身子。鞭打完后，立即召来驿马，催促着出发。出城西门，他不能坐立，于是把他捆绑在鞍中，驱马猛跑。他的母亲、妻子追随在后面，不能与他说话。走了八十里远才死去。当初于皇后入宫，是靠赵修的努力。赵修死后，领军于劲还追念他的旧恩，接济他的家庭，其余朝中人士曾经依靠过他的，全都和他家断绝了关系，借以显示自己和他的疏远。

注释　①樗(chū)蒲：古代的一种博戏。　②筹：筹码，用以计胜负。　③于后：即北魏宣武帝皇后于氏，于劲之女。　④宗承：仰赖。

释 老 志

导读

　　魏晋南北朝是一个大动乱的时代。苦难的人们要寻求精神上的慰藉，于是佛道二教在这一时期得到迅速传播与发展，正式成为中国古代文化中与儒学鼎足而三的强大力量。作为外来宗教的佛教，为了在中土扎根，除了吸收中国固有的精神文化外，还极力寻求与政治权威的结合，这在北魏表现得极为典型。北魏帝后大多佞佛，建造寺塔，开凿石窟，乞求冥福。佛教僧侣也极力为君权与现实社会秩序提供神学论证，如法果说道武帝是当今如来，等等。作为回报，寺院获得大量的赏赐，形成寺院经济。道教在北魏时也获得了发展，经寇谦之改造的道教，摆脱了原始宗教的色彩，而走上了与佛教争胜的道路。这是道教发展史上的重大事件。寇谦之称太武帝是太平真君，正与法果的做法相同，结果也得到了太武帝的支持而提高了道教地位。《释老志》是《魏书》中最具创造性的一篇。魏收提纲挈领地介绍了佛道二教的起源、发展，并详细记述了二教在北魏的发展情况，是一篇优秀的汉魏两晋和北魏佛教与道教简史。本篇节录了部分段落，除北魏初佛教状况、寇谦之改造道教的几段文字外，还有关于开凿龙门石窟、法显西行求法的两段文字。（选自卷一一四）

原文

　　魏先建国于玄朔①，风俗淳一，无为以自守，与西

翻译

　　魏国起先在遥远的北方建国，风俗淳朴，以无为自守，与西域隔绝，不能往

域殊绝②，莫能往来。故浮图之教③，未之得闻，或闻而未信也。及神元与魏晋通聘，文帝久在洛阳，昭成又至襄国④，乃备究南夏佛法之事。太祖平中山，经略燕赵，所径郡国佛寺⑤，见诸沙门、道士，皆致精敬，禁军旅无有所犯。帝好黄老⑥，颇览佛经。但天下初定，戎车屡动，庶事草创，未建图宇，招延僧众也。然时时旁求。先是，有沙门僧朗，与其徒隐于泰山之琨瑞谷。帝遣使致书，以缯、素、旃罽⑦、银钵为礼。今犹号曰朗公谷焉。天兴元年⑧，下诏曰："夫佛法之兴，其来远矣。济益之功，冥及存没，神踪遗轨，信可依凭。其敕有司，于京城建饰容范⑨，修整宫舍，令信向之徒，有所居止。"是岁，始作五级佛图⑩、耆阇崛山及须弥山殿⑪，加以绘饰。别构讲堂⑫、禅堂

来。所以从没有听说过佛教，或者听说过也不信奉。直到神元帝与魏晋互派使节出访，文帝久住在洛阳，昭成帝又到襄国，于是详细了解到南方中国佛法的事。太祖平定中山，筹划处置燕赵地区，对所经过地方的佛寺，见到的那些和尚、道士，都表示尊重，令军队不得侵犯。太祖爱好黄老学说，阅览了一些佛经。但天下刚平定，战争时有发生，各种事务刚着手进行，没有建造佛像和寺庙、招请僧众。但时时从其他途径寻求。这以前，有和尚僧朗，与他的门徒在泰山的琨瑞谷隐居。太祖派使者送信给他，以丝织品、素色织物、毛织物、银钵作为礼物。那个地方现在还被称为朗公谷。天兴元年（398），下诏说："佛法的兴起，由来很久远了。救苦救难的功效，暗中施及生者和死者，神奇的踪迹，遗留的方法，确实可以信赖。命令有关部门，在京城中修建装饰佛像，修整寺庙，使信仰和皈依佛法的人，有地方居住落脚。"这一年，才修造五级佛塔、耆阇崛山及须弥山殿，加以华丽装饰。另外修建讲堂、禅堂及沙门座，无不精心构建。太宗即位，继承太祖的事业，也喜欢黄老学说，又尊崇佛法，京城四方，修造佛像，并命令和尚引导民俗。

及沙门座⑬，莫不严具焉。太宗践位，遵太祖之业，亦好黄老，又崇佛法，京邑四方，建立图像，仍令沙门敷导民俗。

注释 ① 玄朔：极北的地方。 ② 西域：我国古代对玉门关、阳关以西地区的总称。 ③ 浮图：即佛。又称佛塔为浮图。 ④ 昭成：即北魏昭成帝什翼犍。公元338年在繁畤即代王位，建立代国。后定都盛乐。公元376年被前秦消灭。襄国：地名，今河北邢台西南。 ⑤ 径：经过。 ⑥ 黄老：即黄老学说，主张清静无为。佛教最初传入中国时，被看成与黄老学说相同。 ⑦ 旃罽（zhān jì）：毛织物。 ⑧ 天兴：北魏道武帝拓跋珪年号，共六年（398—403）。 ⑨ 容范：指佛像。 ⑩ 佛图：即佛塔。 ⑪ 耆阇（qí shé）崛山：梵语音译，即灵鹫山，为佛祖说法之地。须弥山：佛教传说中一小世界的中心，其顶上为释迦牟尼所居。 ⑫ 讲堂：讲经说法之地。 ⑬ 禅堂：僧侣修禅之地。

原文

初，皇始中，赵郡有沙门法果，诚行精至，开演法籍①。太祖闻其名，诏以礼征赴京师。后以为道人统，绾摄僧徒。每与帝言，多所惬允，供施甚厚。至太宗，弥加崇敬，永兴中，前后授以辅国、宜城子、忠信侯、安成公之号，皆固辞。帝常亲

翻译

当初，皇始年间，赵郡有和尚法果，修行专一精深，宣传佛法。太祖听说他的名字后，下诏以礼征召他入京城。后来委任他统领道人，管理僧徒。每当与太祖交谈，常使太祖满意，太祖对他供养施舍很优厚。至太宗时，更加尊敬他，永兴年间，前后授给辅国、宜城子、忠信侯、安成公的称号，他都坚决推辞。太宗常亲自去他的居所，因房门狭小，容不下车马，于是重新加宽了它。他终

幸其居，以门小狭，不容舆辇，更广大之。年八十余，泰常中卒。未殡，帝三临其丧，追赠老寿将军、赵胡灵公。初，法果每言太祖明睿好道，即是当今如来②，沙门宜应尽礼，遂常致拜，谓人曰："能鸿道者人主也，我非拜天子，乃是礼佛耳。"法果四十始为沙门。有子曰猛，诏令袭果所加爵。帝后幸广宗③，有沙门昙证，年且百岁。邀见于路，奉致果物。帝敬其年老志力不衰，亦加以老寿将军号。

年八十多岁，泰常年间去世。还未出殡时，太宗三次亲临其丧，追赠他为老寿将军、赵胡灵公。当初，法果常说，太祖聪明睿智，喜欢佛教，就是当今如来，和尚们也应当尽礼，于是常常礼拜，对人说："能弘扬佛教的是人间君主，我不是礼拜天子，而是礼拜佛啊。"法果四十岁时才做和尚。有儿子名猛，太宗命令他继承法果所封的爵位。太宗后来巡幸广宗，有僧人昙证，年近百岁。太宗邀请他在路途中相见，赐给果品。太宗敬重他年老而心志气力不衰，也加以老寿将军称号。

注释　①法籍：佛法。　②如来：即如来佛，为佛祖十号之一。　③广宗：县名，治今河北威县东。

原文

　　是时，鸠摩罗什为姚兴所敬①，于长安草堂寺集义学八百人②，重译经本。罗什聪辩有渊思，达东西方言。时沙门道肜③、僧略、道恒、道禰④、僧肇⑤、昙影等，

翻译

　　这时，鸠摩罗什为姚兴所敬重，在长安草堂寺集合义学八百人，重译佛经。罗什聪慧有口才，能深沉地思考，通晓东西方语言。当时僧人道肜、僧略、道恒、道禰、僧肇、昙影等，与罗什互相扶持，发明幽微的佛理。对十多部精

与罗什共相提挈，发明幽致。诸深大经论十有余部⑥，更定章句，辞义通明，至今沙门共所祖习。道肜等皆识学洽通，僧肇尤为其最。罗什之撰译，僧肇常执笔，定诸辞义，注《维摩经》⑦，又著数论，皆有妙旨，学者宗之。

深博大的经论，重定了章句，使语言、义理明白易晓，僧人们至今都祖述诵习。道肜等都学识渊博，融会贯通，僧肇更是其中的佼佼者。罗什的著译，僧肇常执笔，确定各种辞义，注《维摩经》，又写了几篇论，都有精深的义理，学者宗仰他。

注释　①鸠摩罗什(344—413)：天竺人，东晋时高僧，通东西方语言，曾在西域各国讲佛学，后居凉州十八年，被姚兴迎入长安，待以国师之礼。他率弟子译经共七十四部、三百八十四卷，其中《成实论》《法华经》《阿弥陀经》对中国佛教发展产生过重大影响。　②义学：即懂佛法的信徒。　③肜：音 róng。　④禵：音 biǎo。　⑤僧肇(384—414)：京兆(今陕西西安)人。从师鸠摩罗什，助其译经。著有《般若无知论》《不真空论》《物不迁论》，注《维摩经》，在中国佛教史上产生过重要影响。　⑥经论：佛教典籍分为经、律、论三藏。经为佛所自说，论是经义的阐释，律为戒规。　⑦维摩经：佛教经典名，记维摩与舍利弗、弥勒及文殊大师等的问答之辞，说明大乘教义。

原文

又沙门法显①，慨律藏不具，自长安游天竺②。历三十余国，随有经律之处，学其书语，译而写之。十年，乃于南海师子国③，随商人泛舟东下。昼夜昏迷，将

翻译

又有僧人法显，感叹律藏不完备，从长安出发去云游天竺。经过三十多个国家，在有经律的地方，学习当地的语言文字，把它翻译抄写出来。十年后，就在南海师子国，随商人乘船东下。他昼夜昏迷，将近二百天，终于到达青

原文

二百日。乃至青州长广郡不其劳山④，南下乃出海焉。是岁，神瑞二年也⑤。法显所径诸国，传记之，今行于世。其所得律，通译未能尽正。至江南，更与天竺禅师跋陀罗辩定之⑥，谓之《僧祇律》，大备于前，为今沙门所持受。先是，有沙门法领，从扬州入西域，得《华严经》本⑦。定律后数年，跋陀罗共沙门法业重加译撰，宣行于时。……

翻译

州长广郡不其劳山，于是南下出海。这一年，是神瑞二年（415）。法显所经各国，他都记录下来，现在还流传在世间。他所得到的律藏，翻译未能完全正确。到了江南后，又与天竺禅师跋陀罗订正它，称之为《僧祇律》，比以前大为完备，为现今的僧人所遵守。这以前，有僧人法领，从扬州入西域，获得《华严经》文本。定律后数年，跋陀罗与僧人法业重新加以翻译，传播于当时。……

注释 ① 法显（约 337—422）：晋时高僧。三岁出家，后痛感经律多阙讹，于东晋隆安三年（399 年）从长安出发，经西域到达印度，游历三十余国，共十四年，于义熙九年（413 年）回到建康（今江苏南京），潜心著译。又记旅行见闻，撰成《佛国记》。② 天竺：即印度。 ③ 师子国：即今斯里兰卡。 ④ 长广郡：治今山东平度。不其：县名，治今山东崂山西北。劳山：即崂山，在今山东崂山。 ⑤ 神瑞：魏明元帝年号，共二年（414—415）。 ⑥ 禅师：对僧侣的尊称。 ⑦ 华严经：佛教经典名，全名《大方广佛华严经》，为华严宗的主要经典。

原文

景明初，世宗诏大长秋卿白整准代京灵岩寺石窟①，于洛南伊阙山②，为高

翻译

景明初，世宗诏令大长秋卿白整依照代京灵岩寺石窟，在洛阳南的伊阙山，为高祖、文昭皇太后营造石窟二处。

祖、文昭皇太后营石窟二所③。初建之始，窟顶去地三百一十尺。至正始二年中④，始出斩山二十三丈⑤。至大长秋卿王质，谓斩山太高，费功难就，奏求下移就平，去地一百尺，南北一百四十尺。永平中⑥，中尹刘腾奏为世宗复造石窟一⑦，凡为三所。从景明元年至正光四年六月已前⑧，用功八十万二千三百六十六。肃宗熙平中⑨，于城内太社西⑩，起永宁寺。灵太后亲率百僚，表基立刹。佛图九层，高四十余丈，其诸费用，不可胜计。景明寺佛图⑪，亦其亚也。至于官私寺塔，其数甚众。……

最初修建的时候，石窟顶端离地三百一十尺。到正始二年(505)，开始高出削平的山崖二十三丈。到大长秋卿王质时，认为削平的山崖太高，花费功夫难以成功，奏请下移接近平地，离地一百尺，南北一百四十尺。永平年间，中尹刘腾上奏为世宗再造一个石窟，共为三处。从景明元年到正光四年六月以前，用工八十万二千三百六十六。肃宗熙平年间，在城内太庙西边，修建永宁寺。灵太后亲率百官，奠基建寺。佛塔九层，高四十余丈，其他各种费用，无法计算。景明寺的佛塔，也比它稍低。至于官私寺塔，数量很多。……

注释 ①大长秋卿：官名，传达皇后旨意，管理宫中事务，为皇后近侍，多由宦官充任。灵岩寺：寺名，在今山西大同附近。 ②伊阙山：又名龙门山，在今洛阳南。 ③文昭皇太后：即孝文帝皇后高氏。 ④正始：北魏宣武帝元恪年号，共四年(504—507)。 ⑤斩山：削平的山崖。 ⑥永平：魏宣武帝年号，共四年(508—511)。 ⑦中尹：官名，为宦官头目。 ⑧正光：北魏孝明帝元诩年号，共五年(520—524)。 ⑨熙平：孝明帝元诩年号，共二年(516—517)。 ⑩太社：即太庙。

⑪ 景明寺：寺名，为北魏宣武帝元恪所建，在洛阳城南。

原文

世祖时，道士寇谦之，字辅真，南雍州刺史赞之弟，自云寇恂之十三世孙①。早好仙道，有绝俗之心。少修张鲁之术②，服食饵药，历年无效。幽诚上达，有仙人成公兴，不知何许人，至谦之从母家佣赁③。谦之尝觐其姨，见兴形貌甚强，力作不倦，请回赁兴代己使役。乃将还，令其开舍南辣田④。谦之树下坐算，兴垦发致勤，时来看算。谦之谓曰："汝但力作，何为看此？"二三日后，复来看之，如此不已。后谦之算七曜⑤，有所不了，惘然自失。兴谓谦之曰："先生何为不怿？"谦之曰："我学算累年，而近算《周髀》不合⑥，以此自愧。且非汝所知，何劳问也！"兴曰："先生试随兴语布之。"

翻译

世祖时，道士寇谦之，字辅真，是南雍州刺史寇赞之的弟弟，自称是寇恂的十三世孙。早年爱好仙道，有离俗弃世之心。幼年修习张鲁的道术，服食药饵，历年无效。他心中的诚意传到上界，有仙人成公兴，不知是哪里人，到寇谦之的姨母家中做佣工。寇谦之有一次去拜见姨母，见成公兴很强壮，卖力工作不倦怠，请求雇佣成公兴回去代替自己劳动。于是把他带回家，让他耕垦屋舍南边的枣田。寇谦之坐在树下推算，成公兴耕垦得很勤劳，不时来看寇谦之推算。寇谦之对他说："你只管努力劳动，怎么来看这个？"两三天后，他又来看，如此不停。后来寇谦之推算七曜运行，有所不明，怅然若失。成公兴问寇谦之说："先生为什么不快活？"寇谦之说："我学算法多年，而近来推算《周髀》不合，因此惭愧。这不是你所知，你问它干什么！"成公兴说："先生试按我的话排列。"不久就解决了问题。寇谦之赞叹佩服，估量不出成公兴的深浅，请求用对老师的礼节侍奉他。成公兴坚决推辞不肯，只求做寇谦之的弟俄然便决。谦之叹伏，不测兴之深浅，请师事之。兴固辞不肯，但求为谦之弟子。未几，谓谦之曰："先生有意学道，岂能与兴隐遁？"谦之欣然从之。兴乃令谦之洁斋三日，共入华山。令谦之居一石室⑦，自出采药，还与谦之食药，不复饥。乃将谦之入嵩山。有三重石室，令谦之住第二重。历年，兴谓谦之曰："兴出后，当有人将药来。得但食之，莫为疑怪。"寻有人将药而至，皆是毒虫臭恶之物，谦之大惧出走。兴还问状，谦之具对，兴叹息曰："先生未便得仙，政可为帝王师耳。"兴事谦之七年，而谓之曰："兴不得久留，明日中应去。兴亡后，先生幸为沐浴，自当有人见迎。"兴乃入第三重石室而卒。谦之躬自沐浴。明日中，有叩石室者，谦之出视，见两童子，一持法

子。不久，对寇谦之说："先生有意学道，能否与我一起隐居？"寇谦之高兴地答应了。成公兴于是让寇谦之斋戒三日，一起进入华山。他让寇谦之住在一个石室中，自己出去采药，回来给寇谦之吃那些药，寇谦之便不再饥饿。于是带寇谦之入嵩山。有三层石室，他让寇谦之住第二层。经过多年，成公兴对寇谦之说："我出去后，将有人带药来。你得到后就吃掉它，不要迟疑见怪。"不久有人带药而来，都是毒虫臭恶之类的东西，寇谦之大为恐惧，逃出洞去。成公兴回来后询问情况，寇谦之把情况说了，成公兴叹息说："先生不能立即成仙，只可以做帝王之师。"成公兴侍候寇谦之七年后，对他说："我不能久留，明天中午就要离去。我死后，希望先生能为我沐浴，自然会有人来迎接我。"成公兴于是进入第三层石室而死去。寇谦之亲手为他沐浴。第二天中午，有人敲击石室，寇谦之出去观看，见两名童子，一人手持法服，一人手持钵盂及锡杖。寇谦之把他们引入石室，来到停放成公兴尸体的地方，成公兴忽然起身，穿上衣服，拿起钵盂，手执锡杖而去。这以前，有京兆灞城人王胡儿，他的叔父死后，很有灵异。曾带王胡儿到嵩山的另

服⑧，一持钵及锡杖。谦之引人，至兴尸所，兴歘然而起⑨，著衣持钵，执杖而去。先是，有京兆灞城人王胡儿⑩，其叔父亡，颇有灵异。曾将胡儿至嵩高别岭⑪，同行观望，见金室玉堂，有一馆尤珍丽，空而无人，题曰"成公兴之馆"。胡儿怪而问之，其叔父曰："此是仙人成公兴馆，坐失火烧七间屋，被谪为寇谦之作弟子七年。"始知谦之精诚远通，兴乃仙者，谪满而去。

一座山岭上，同去游览，见金室玉堂，有一馆尤其珍贵华丽，空而无人，题额为"成公兴之馆"。王胡儿感到奇怪而询问，他的叔父说："这是仙人成公兴的馆舍，因失火烧去七间屋，被贬去给寇谦之做弟子七年。"这才知道寇谦之的精诚远通仙域，成公兴是仙人，贬谪期满后离去。

注释　① 寇恂：字子翼，东汉初人，助光武帝取天下，官至汝南太守，封雍奴侯，画像于云台。　② 张鲁：字公祺，东汉末天师道首领，天师道创立者张道陵之孙。割据汉中，称师君，以"祭酒"管理地方政治，设义仓，置义米、义肉，政权持续约三十年，汉中成为东汉末较安定的地区。　③ 从母：姨母，母亲的妹妹。　④ 辣田：疑当作"枣田"。　⑤ 七曜（yào）：日、月及金木水火土五星。　⑥ 周髀（bì）：即《周髀算经》，是我国最古的天文算学著作。　⑦ 石室：石穴。　⑧ 法服：道士、僧侣的法衣。　⑨ 歘（xū）：忽然。　⑩ 灞城：县名，治今西安东北。　⑪ 嵩高：即嵩山。

原文

　　谦之守志嵩岳，精专不懈，以神瑞二年十月乙卯①，

翻译

　　寇谦之在嵩山修行，专一不懈，在神瑞二年（415）十月乙卯，忽然遇到大

忽遇大神，乘云驾龙，导从百灵，仙人玉女，左右侍卫，集止山顶，称太上老君②。谓谦之曰："往辛亥年，嵩岳镇灵集仙宫主，表天曹③，称自天师张陵去世已来④，地上旷诚，修善之人，无所师授。嵩岳道士上谷寇谦之，立身直理，行合自然，才任轨范，首处师位⑤，吾故来观汝，授汝天师之位，赐汝《云中音诵新科之诫》二十卷。号曰'并进'⑥。"言："吾此经诫，自天地开辟已来，不传于世，今运数应出。汝宣吾《新科》，清整道教，除去三张伪法⑦、租米钱税，及男女合气之术⑧。大道清虚，岂有斯事？专以礼度为首，而加之以服食闭练⑨。"使王九疑人长客之等十二人⑩，授谦之服气导引口诀之法⑪。遂得辟谷⑫，气盛体轻，颜色殊丽。弟子十余人，皆得其术。

神，乘云驾龙，随从神灵众多，仙人玉女，在左右侍卫，停留聚集在山顶，称是太上老君。他对寇谦之说："以前辛亥年时，嵩岳镇灵集仙宫主上奏天曹，称自天师张道陵去世以来，地上空缺天师之职，修道的人，没有地方从师学习。嵩山道士上谷人寇谦之，立身合乎天理，行为合乎自然，才能可以为表率，可以任天师的职位，所以我来看你，授予你天师的职位，赐给你《云中音诵新科之诫》二十卷。号称'并进。'"又说："我这些经诫，自天地开辟以来，不传于人世，按现在的气数，它应当传出去。你要宣传我的《新科》，整顿道教，除去三张的伪法、租米钱税，以及男女合气之术。大道清静虚无，哪有这种事？你要专以礼法为头等大事，而以服食闭练作为补充。"派王九疑人长客之等十二人，授给寇谦之服气导引口诀的法术。他于是得以辟谷，气盛体轻，脸色特别鲜艳。弟子十余人，都学到了他的法术。

注释 ① 神瑞:北魏明元帝年号,共二年(414—415)。 ② 太上老君:道教尊奉老聃为太上老君。 ③ 天曹:道教称天上的神官为天曹。 ④ 张陵:即张道陵,天师道的创立者。东汉顺帝时曾在鹤鸣山(在今四川大邑)修道,作道书二十四篇,并以符水咒法治病。从学者出米五斗,时称五斗米道。其子张衡、孙张鲁都奉其道,张鲁自号师君,故又称天师道。 ⑤ 首:或当作"可"。 ⑥ 并进:下当有脱文。 ⑦ 三张:即张陵、张衡、张鲁。 ⑧ 男女合气之术:道教房中术之一。 ⑨ 服食闭练:服食丹药,修炼真气,为道教养生术之一。 ⑩ 此句当有讹误。 ⑪ 服气导引:道教气功养生法。 ⑫ 辟谷:道教修炼功法之一,认为不吃五谷,可以成仙长生。

原文

泰常八年十月戊戌,有牧土上师李谱文来临嵩岳①,云:老君之玄孙,昔居代郡桑干,以汉武之世得道②,为牧土宫主③,领治三十六土人鬼之政,地方十八万里有奇,盖历术一章之数也。其中为方万里者有三百六十方。遣弟子宣教,云嵩岳所统广汉平土方万里,以授谦之。作诰曰:"吾处天宫,敷演真法,处汝道年二十二岁,除十年为竟蒙④,其余十二年,教化虽无大功,且有百授之劳⑤。今赐汝迁入内宫,太真太宝九州

翻译

泰常八年(423)十月戊戌,有牧土上师李谱文来到嵩山,说:老君的玄孙,曾居住在代郡的桑干,在汉武帝时得道,为牧土宫主,领导管理三十六方人鬼之事,每一地方圆十八万多里,就是历术一章的数目。其中方圆一万里的有三百六十万。派弟子宣传,说嵩山所统辖的广汉平土方一万里,授给寇谦之。作诰敕说:"我在天宫,铺陈论说真法,安排你道龄二十二年,除去十年为结束蒙昧的时期,其余十二年,教化虽无大功,却有指点教授门徒的劳苦。现在赏你迁入内宫,太真太宝九州真师、治鬼师、治民师、继天师四录。你要勤修不懈,按功劳再予升迁。赐给你《天中三真太文录》,弹劾召请众神,以传授弟子。《文录》有五等,一为阴阳太官,

真师、治鬼师、治民师、继天师四录。修勤不懈，依劳复迁。赐汝《天中三真太文录》，劾召百神，以授弟子。《文录》有五等，一曰阴阳太官，二曰正府真官，三曰正房真官，四曰宿宫散官，五曰并进录主。坛位⑥、礼拜、衣冠仪式各有差品。凡六十余卷，号曰《录图真经》。付汝奉持，辅佐北方泰平真君⑦，出天宫静轮之法⑧。能兴造克就，则起真仙矣。又地上生民，末劫垂及，其中行教甚难。但令男女立坛宇，朝夕礼拜，若家有严君⑨，功及上世。其中能修身练药，学长生之术，即为真君种民。"药别授方，销练金丹、云英、八石、玉浆之法⑩，皆有决要。上师李君手笔有数篇，其余皆正真书曹赵道覆所书⑪。古文鸟迹⑫，篆隶杂体⑬，辞义约辩，婉而成章。大自与世礼

二为正府真官，三为正房真官，四为宿宫散官，五为并进录主。坛位、礼拜、衣冠、仪式各有不同。共六十余卷，称为《录图真经》。交给你保留，辅助北方泰平真君，传授天宫静轮之法。能修造成功，就能超升为真仙了。又地上的人，末日的大劫将至，在他们之中传教很难。只叫男女信徒站在坛席、道宫前，早晚礼拜，就像家中有父母，这样功德施及上辈人。其中能够修身炼药，学长生之术的人，就是真君的子民。"另外授给药方，熔炼金丹、云英、八石、玉浆的方法，都有诀窍。上师李君亲笔写的有几篇，其余的都是正真书曹赵道覆所写。古文字、鸟迹书，篆体、隶体混杂，语言简约，义理周密，婉转和顺而成章。大致与世俗礼仪相参照，选择贤能的人，推举有德行的人，信仰的人为先，勤奋的人次之。又说天地二仪之间有三十六天，其中有三十六宫，每宫中有一个主宰的人。最高的为无极至尊，其次为大至真尊，再次是天覆地载阴阳真尊。又次是洪正真尊，姓赵名道隐，在殷朝时得道，是牧土之师。牧土到来后，赤松、王乔这类人，以及韩终、张安世、刘根、张陵和近代的仙人，都是他的随从。牧土令寇谦之为子，与群仙

相准,择贤推德,信者为先,勤者次之。又言二仪之间有三十六天,中有三十六宫,宫有一主。最高者无极至尊,次曰大至真尊,次天覆地载阴阳真尊。次洪正真尊⑭,姓赵名道隐,以殷时得道,牧土之师也。牧土之来,赤松、王乔之伦,及韩终、张安世、刘根⑮、张陵,近世仙者,并为翼从。牧土命谦之为子,与群仙结为徒友。幽冥之事⑯,世所不了,谦之具问,一一告焉。《经》云:佛者,昔于西胡得道,在三十二天,为延真宫主。勇猛苦教,故其弟子皆髡形染衣⑰,断绝人道,诸天衣服悉然。

结为徒友。阴间的事,人世间不明白的,寇谦之向他一一询问,他一一告诉谦之。《经》说:佛陀曾经在西胡得道,在三十二天,为延真宫主。勇于以苦修作为教义,因此他的弟子都剃发染衣,断绝人际关系,诸天中的衣服都是这样。

注释 ① 牧土上师:道教仙官名。 ② 汉武:即汉武帝刘彻,在位五十三年(前140—前87)。 ③ 牧土宫主:道教仙官名。 ④ 竟蒙:启蒙。 ⑤ 百授:疑当作"指授"。 ⑥ 坛位:道教徒拜神的地方。 ⑦ 泰平真君:寇谦之传播道教,为了取得皇权的支持,称北魏太武帝为泰平真君,泰平又作太平。 ⑧ 天宫静轮之法:寇谦之劝太武帝造静轮宫,认为使其高不闻鸡犬之声,便可与天神相接,得以升天成仙。 ⑨ 严君:即父母。 ⑩ 金丹、云英、八石、玉浆:都是道教丹药名。 ⑪ 上师、正真书曹：都是道教仙官名。 ⑫ 古文鸟迹：古文字体，形似鸟迹。 ⑬ 篆隶：即篆书与隶书。 ⑭ 无极至尊、大至真尊、天覆地载阴阳真尊、洪正真尊：都是道教神系中的真仙。 ⑮ 赤松、王乔、韩终、张安世、刘根：都是道教传说中得道成仙的人。 ⑯ 幽冥：阴间。 ⑰ 髡（kūn）形：剃光头发。

原文

　　始光初①，奉其书而献之，世祖乃令谦之止于张曜之所②，供其食物。时朝野闻之，若存若亡，未全信也。崔浩独异其言，因师事之，受其法术。于是上疏，赞明其事曰："臣闻圣王受命，则有大应。而《河图》《洛书》③皆寄言于虫兽之文，未若今日人神接对，手笔粲然，辞旨深妙，自古无比。昔汉高虽复英圣④，四皓犹或耻之⑤，不为屈节。今清德隐仙，不召自至。斯诚陛下俦踪轩黄，应天之符也，岂可以世俗常谈，而忽上灵之命⑥？臣窃惧之。"世祖欣然，乃使谒者奉玉帛牲牢⑦，祭嵩岳，迎致其余弟子在山

翻译

　　始光初年，寇谦之带着那些书献给世祖，世祖于是令寇谦之住在张曜那里，供给他食物。当时朝野人士听说后，视他若有若无，并不全信。唯独崔浩以为他的话不同一般，于是拜他为师，学习他的法术。崔浩就向世祖上疏，赞扬表彰此一事件说："我听说圣王接受天命，则有大的感应。但《河图》《洛书》都托言于虫兽的印记，不如今日人神相交，手迹清晰，辞意精深美妙，自古无比。过去汉高祖虽然英明，四皓却还看不起他，不为他而降身相从。现在德行清高的隐居仙人，不召而自来，这确实是因为陛下行事与轩辕黄帝相同，这是感应上天的征兆啊，怎么可以因为世俗人的浅陋见识，而忽视上天的命令？我私下很担心。"世祖很高兴，就派谒者带着财物和祭品，祭祀嵩山，迎接在山中的其他弟子。于是尊奉天师，大力推广新法，向天下宣传，道教大行于世。崔浩侍奉天师，拜礼很恭敬。有人

中者。于是崇奉天师,显扬新法,宣布天下,道业大行。浩事天师,拜礼甚谨。人或讥之,浩闻之曰:"昔张释之为王生结袜⑧。吾虽才非贤哲,今奉天师,足以不愧于古人矣。"及嵩高道士四十余人至,遂起天师道场于京城之东南⑨,重坛五层,遵其新经之制。给道士百二十人衣食,齐肃祈请,六时礼拜⑩,月设厨会数千人⑪。

讥讽他,崔浩听说后,说:"过去张释之为王生穿袜子。我虽然不是贤能聪明的人,现在侍奉天师,足以不愧于古人了。"后来嵩山道士四十余人到达,于是在京城东南建天师道场,高坛五层,遵照那部新经的制度。供给一百二十名道士衣食,专一虔诚地祈求福祉,六时礼拜,每月集合数千人,施舍给予饮食。

注释 ①始光:魏太武帝年号(424—427)。 ②张曜:北魏道武帝时仙人博士。 ③河图、洛书:谶纬书名。相传黄河出图、洛水出书,为帝王受命的征祥。 ④汉高:即汉高祖刘邦。 ⑤四皓:即汉初隐居于商山的四位隐士东园公、绮里季、夏黄公、甪(lù)里先生。四人须眉皆白,故称四皓。 ⑥上灵:上天。 ⑦谒者:官名,掌引见臣下、传达使命。玉帛牲牢:都是祭品。 ⑧张释之:汉文帝时任谒者仆射、公车令、中大夫,景帝时出为淮南王相。王生是一位处士,善言黄老,曾召居廷中,他要张释之为他结袜,释之跪而结之,时人贤王生而重释之。 ⑨道场:诵经礼拜和修道之地。 ⑩六时:即一天的六个时段:早晨、日中、日没、初夜、中夜、后夜。 ⑪厨会:佛道二教寺观向穷人施舍食物,称为厨会。

原文

世祖将讨赫连昌①,太尉长孙嵩难之。世祖乃问幽征于谦之。谦之对曰:

翻译

世祖将征讨赫连昌,太尉长孙嵩阻止他。世祖于是向寇谦之询问吉凶。寇谦之回答说:"一定能胜。陛下神明英

"必克。陛下神武应期，天经下治，当以兵定九州，后文先武，以成太平真君。"真君三年，谦之奏曰："今陛下以真君御世，建静轮天宫之法，开古以来，未之有也。应登受符书②，以彰圣德。"世祖从之。于是亲至道坛，受符录③。备法驾④，旗帜尽青，以从道家之色也。自后诸帝，每即位皆如之。恭宗见谦之奏造静轮宫，必令其高不闻鸡鸣狗吠之声，欲上与天神交接，功役万计，经年不成，乃言于世祖曰："人天道殊，卑高定分。今谦之欲要以无成之期，说以不然之事，财力费损，百姓疲劳，无乃不可乎？必如其言，未若因东山万仞之上，为功差易。"世祖深然恭宗之言，但以崔浩赞成，难违其意，沉吟者久之，乃曰："吾亦知其无成，事既尔，何惜五三百功！"

武，顺应上天的气数，天上的经典降下，辅助治理，应当用兵平定九州，后文先武，以成太平真君。"真君三年(442)，寇谦之上奏说："现在陛下以真君统治国家，建静轮天宫之法，开天辟地以来都没有过。应当登坛，接受符命，以显明圣德。"世祖采纳了他的建议。于是亲自来到道坛，接受符箓。在准备皇帝的车驾时，旗帜全用青色，以合道家的颜色。从此以后各位皇帝，每当即位时都像这样。恭宗见寇谦之上奏修造静轮宫，一定要使它高得听不到人间鸡鸣狗吠之声，想与上面的天神交接，费工以万计，多年都无法完成，于是对世祖说："人道与天道不同，卑尊有确定的分限。现在寇谦之想以永无成功的日期来约请，劝说皇上做一些不能定然如此的事，浪费财力，使百姓疲劳，恐怕不好吧？如果一定要照他说的办，不如在万仞高的东山之上修建，稍微容易成功。"世祖很同意恭宗的话，只因崔浩赞助促成，难以违背他的意图，犹豫了很久，就说："我也明白它不能成功，事已至此，怎能吝惜三五百个工呢！"

注释 ① 赫连昌:匈奴人,大夏国皇帝,在位三年(425—427),后被北魏军队活捉。 ② 符书:又称符命,古代神化君权,认为天赐祥瑞给帝王,作为接受天命的凭证。 ③ 符录:道教的秘密文书。 ④ 法驾:皇帝的车驾。

原文

九年,谦之卒,葬以道士之礼。先于未亡,谓诸弟子曰:"及谦之在,汝曹可求迁录。吾去之后,天宫真难就。"复遇设会之日,更布二席于上师坐前。弟子问其故,谦之曰:"仙官来。"是夜卒。前一日忽言"吾气息不接,腹中大痛",而行止如常,至明旦便终。须臾,口中气状若烟云,上出窗中,至天半乃消。尸体引长,弟子量之,八尺三寸。三日已后,稍缩,至敛量之,长六寸①。于是诸弟子以为尸解变化而去②,不死也。……

翻译

九年(448),寇谦之去世,用道士的礼仪安葬了他。在未死之前,他对众弟子说:"趁谦之还在,你们可以请求升迁录用。我离去之后,天宫确实难以到达。"又遇上设法会的日子,重新铺设二席在上师座位前。弟子询问他原因,寇谦之说:"仙官将来。"这天晚上去世。前一日,他忽然说"我呼吸困难,腹中很疼痛",但行动如常,到第二天早晨就去世了。不久,口中有气像烟云一样,向上飘出窗外,到半空中才消失。尸体自行拉长,弟子测量它,有八尺三寸。三天以后,稍微缩短,到殡敛时量它,长才六寸。于是弟子们都认为他尸解变化而去,并没有死。……

注释 ① 六寸:疑当作"六尺六寸"。 ② 尸解:道教认为修道者死后留下形骸,魂魄散去成仙,称为尸解。

北齐书

黄永年　译注

安平秋　审阅

导　言

给读者选译的这部《北齐书》，是通常所说"二十四史"中的一史。顾名思义，它是记载我国历史上北齐朝的史书。

北齐是我国南北朝时期北朝中的一朝。翻一下历史年表，它始建于公元 550 年，到公元 577 年就被北周吞灭，前后不过存在了二十八个年头，加上在这以前由北齐高氏皇室控制的、从公元 534 年到 550 年的东魏朝，一共也只存在了四十四个年头，在我国古代史上只算短暂的一瞬。从地理上看，它只占有了相当于今天洛阳以东的山西、河北、山东三省和河南省、内蒙古自治区的一部分，它的西边是北周，南边长江流域先后是南朝的梁与陈。因此，中学历史课本上往往把它一笔带过，说不了几句话。现在要帮助读者读《北齐书》，光靠这点自然不够了，需要在这导言里作点比较具体的介绍。

先说北齐这个朝代的由来，这牵涉古代的少数民族问题。当南北朝开始对峙时，北面北魏朝的皇室和大贵族都是比较后进的鲜卑族，为了提高经济文化水平，北魏孝文帝拓跋宏把都城南迁洛阳，厉行汉化，连皇室拓跋氏都改汉姓姓了元。这样一方面对加速民族融合、稳定黄河流域社会秩序确实起了积极作用，另一方面却又拉开了这些汉化鲜卑贵族和北边"六镇"军民之间的差距。这所谓"六镇"，本是北魏为了防御更后进的少数民族柔然南侵，在如今内蒙古自治区和河北省北部设置的六个军镇，军镇的士兵是鲜卑和鲜卑化了的汉族豪强子弟，将领更尽是鲜卑大贵族。北魏皇室南迁后，这"六镇"军民的地位迅速低落，士兵弄得衣食不周，还被加顶"府户"的帽子以防止他们逃亡，使他们逐渐沦为失去人身自由的被统治阶层。结果柔然不曾南侵，这"六镇"倒在公元 524 年来了个大起义，起义虽在第二年就失败，现在的河北、山东以及陕西、甘肃等地又连锁反应，其中原"六镇"镇将鲜卑人葛荣在河北率领的起义军力量尤其强大，因为拥有二十多万会打仗的"六镇"军民。而这时南迁的汉化鲜卑贵族打仗已不行了，出来打掉葛荣的是一个长期在北边还不曾汉化的契胡族酋长尔朱荣。尔朱荣残暴不得人心，被他所拥立的傀儡北魏孝庄帝元子攸诱杀，他的侄儿尔朱兆又杀死孝庄帝改立节闵帝元恭。尔朱兆和尔朱氏其他亲属同样残暴不成器，一大批"六镇"军民在手下偏不知道利用，却被跟随过尔朱荣的高欢要了过去。高欢反过来打败尔朱氏联军，把尔朱兆等先后消灭，并进入洛阳另立了个孝武帝元修。这个孝武帝也不愿当傀儡，公元 534 年出逃投靠在关中长安割据的宇文泰，高欢另立了孝静帝元善见。孝武帝在长安又和宇文泰闹矛盾被毒死，宇文泰在公元 535 年也另立了文帝元宝炬。这样原来的北魏就分成东西两块，西边由宇文泰控制的叫西魏，东边由高欢控制的叫东魏。高欢把东魏的都城由洛阳迁到黄河北边的邺城，派长子高澄在邺城做大将军执掌朝政，自己以齐王、大丞相的身份坐镇当时叫晋阳（今山西太原）的地方遥控。公元 547 年高欢病死，549 年高澄被家奴杀死，由高欢次子高洋继承权力。公元 550 年高洋授意东魏孝静帝禅位给自己，成为北齐朝第一个正式的皇帝——显祖文宣帝。同时追认高欢、高澄为皇帝，即史书上的北齐高祖神武帝和北齐世宗文襄帝。这就是北齐朝的来历，它正式建立是在公元 550 年，讲它的皇帝则要从追认的高祖神武帝高欢以及世宗文襄帝高澄算起。

这北齐朝加上前面的东魏朝究竟是怎样的朝代，它的政权在哪些人手里？从表面看，高欢是渤海蓨县人，《北齐书》上就这么说，而这渤海蓨县高氏是汉人中的世家大族，高欢成其大业岂不是就把政权从北魏鲜卑人那边夺回到汉人手里了吗？可事实并不这么简单，因为高欢的这个籍贯未必靠得住。有人推测他的上代可能来自在今朝鲜半岛的高丽，还有人推测他本是鲜卑，为了抬高身份向汉人摆阔才把籍贯说成渤海蓨县，其实是个冒牌货。退一步就算是真的吧，据《北齐书》，其祖上就因犯法迁到"六镇"中的怀朔镇，所以到了高欢这一代，他早已鲜卑化而且化得颇为彻底了。《北齐书》里就说过，高欢对三军发令常讲鲜卑话，而北魏孝文帝早在南迁时就大力推行汉话，规定三十岁以下的官员不准再讲鲜卑话，两相比较不能不说高欢有所倒退。很显然，这是以高欢为首的"六镇"鲜卑势力南下取代了已经汉化的北魏元氏政权。当然，历史不会重演，东魏、北齐的政权不会回到北魏南迁之前的旧格局。无论高欢还是高澄，都懂得打天下虽依靠鲜卑兵将，治天下还得借用汉族士大夫。他们重用了汉族士大夫中手段强硬的崔暹、崔季舒等人，把和高欢一起出身"六镇"的司马子如之流狠狠地收拾了一顿，大煞鲜卑和鲜卑化权贵的气焰。要知道，高欢其人在私德上从封建时代的标准来看固然尚过得去，高澄却颇有淫暴的恶名，但高澄也能做到使用汉族士大夫整肃朝政，不偏袒鲜卑旧人，在稳定政局与缓和民族矛盾上起了积极作用，总还值得肯定。高洋建立北齐朝后，基本上还是执行高欢、高澄的政策，虽说刚上台时曾在司马子如等影响下贬黜过崔暹，一年后重新起用，并对臣下们宣称崔暹"天下无双，卿等不及"，还让崔暹做尚书右仆射而任宰相之职。高洋在后期变得凶暴起来，杀了不少人，其中确有汉族士大夫，但更多的是原来魏朝的元氏王公，以及自己的兄弟——高欢第三子高浚和第七子高涣，原因是怕他们抢自己的宝座或闹复辟。而且这时候他在精神上已出了毛病，如当时扩建三台的宫殿，架起大梁离地二十七丈，两梁相距二百多尺，工匠怕摔下来要用绳子系住身体，他身为皇帝却在梁上跑来跑去，还能舞蹈合节拍，这不是发疯是什么？可就在这种情况下，人们还说"主昏于上，政清于下"，因为他还能用有能力的汉族士大夫做宰相。他死后传位给儿子高殷，只有六岁,被叔父即高欢第六子高演篡了位。这高演就是肃宗孝昭帝,也能留心政治而且汉化程度比高澄、高洋还要深一些,只是做了一年多皇帝就病死了。后来由高欢第九子、世祖武成帝高湛继位,此人就比他几个兄长差多了,大概本身文化低,老是爱用素质低下的小人。如出身西域商胡、以会握槊得幸并和高湛的皇后胡氏私通的和士开,出身"六镇"鲜卑、讨好和士开而得宠的高阿那肱,鲜卑化了的军人、特别歧视汉族士大夫的韩凤,还有充当后主高纬干阿奶的陆令萱,陆令萱的儿子穆提婆,都是由高湛提拔重用且到后主高纬时成为操纵朝局的人物。而这时北周却出了个颇有才略能征善战的周武帝宇文邕,北齐的命运自可想而知了。不过总的说来,北齐一朝还是干了些有益于社会、有益于百姓的事情。这里还可举个例子,就是关于县令任用的问题。原来从北魏以来,县令多用出身低贱甚至在显贵家做仆役的人,弄得士大夫把当县令看作丢人的事。改革这种陋习、开始从士大夫子弟中来选拔县令的,是已经汉化了的原北魏宗室尚书左仆射元文遥,而其时已在后主高纬天统二年(566)之后,可见北齐朝即使到了将灭亡前也不是一点好事都不干。至于它最终被北周吞灭,除了和士开、高阿那肱等确实把政局弄坏,还有个军事上的原因。本来,东魏、北齐所占有的是当时全国最富庶的地区,高欢又接收了"六镇"主要的兵力,而西魏宇文泰拥有的只是"六镇"兵力中一个分支,所以一开始原是东强西弱的局面。但东魏、北齐原先会打仗的士兵过上一二十年会衰老,以后在补充新鲜血液方面却看不到有什么措施,而西魏、北周则实行了府兵制,扩大了兵源,从而倒转过来成为西强东弱。当时双方以黄河为界,高洋时周人常怕齐兵西越黄河,每到冬天要椎碎河冰来阻拦,到高纬时却轮到齐人椎碎河冰来防周兵。加上高纬君臣不懂军事,高阿那肱、穆提婆等人又临危叛变投敌,自然更亡得快了。

上面只是讲政治,而且只讲了封建统治阶级的政治活动。老百姓的事情,还有社会经济等情况,由于旧史书不多讲,今天已不像政治活动那么清楚。但有一点可以肯定,在东魏、北齐朝不曾爆发过像北魏末年那样大规模的起义,说明阶级矛盾还没有激化。再一点是虽然经过了北周灭北齐,又由隋统一中国,被北齐统治过的黄河下游仍是当时全国经济最繁荣的地区,说明在北齐朝这里的经济没有遭受破坏而且有所发展,这也应是社会比较安定所起的积极效果。

以上就是对北齐朝历史的介绍。介绍自然还不免粗略,但也足以看出其中颇可以探索出带有规律性的东西,我们研究历史本来不就要弄清人类社会的发展规律吗? 至于具体的经验教训,在这里也是不少的,尤其是如何处理民族矛盾,如何搞政治,如何打仗,虽然都是封建社会而且是封建统治者的经验教训,在今天总还可资借鉴。其中自然也会有丑恶的一面,否则还叫什么封建社会、封建地主阶级呢? 这些今天拿来作为反面教员就是了。总之,了解北齐朝这段历史,读一点《北齐书》,今天看来还是需要的,这也就是撰写这本《北齐书选译》的目的。

这里再讲《北齐书》本身的事情,还得从北齐朝的修国史讲起。所谓国史,就是本朝的历史。我国大概从汉朝以来就有撰写本朝史的传统,把本朝皇帝的本纪、大臣和其他人物的列传等一篇篇及时写出来,到改朝换代以后,再由新朝皇帝叫人整理加工或者改写成为正式的前一朝的纪传史,也就是包括本纪、列传的史书,有时还加上志和表。有时这种改写工作还可由私人来做,有时还改写成编年史。在北齐朝这种修国史的工作也不例外地进行过,朝廷专门设置了一个监修国史的史馆,交给宰相兼管,下面有著作郎、著作佐郎各二人做撰写工作。到北齐灭亡、隋统一之后,有位原先在北齐做官的王劭,就根据史馆的资料撰写出二十卷的编年史《齐志》。还有一位名气更大、地位更高的李德林,在北齐朝就编写了二十七卷纪传体国史,到隋文帝开皇初年又奉命续修了三十八篇。唐高祖武德五年(622 年)下诏撰修南北朝的几部纪传史，把北齐朝的这部分交给裴矩、祖孝孙和魏徵，可过了几年都没有修成。唐太宗贞观三年(629 年)再下诏重修，北齐朝这部分又交给了李德林的儿子李百药。这位李百药在隋朝也已经做官了，隋朝末年又在沈法兴、李子通、杜伏威等反隋武装中任职，杜伏威部将辅公祏反唐，叫李百药做吏部侍郎，辅公祏失败，李百药也被流放，贞观初年才被召回任用，历任中书舍人、礼部侍郎、太子右庶子，赐爵安平县男，贞观十年(636)修成《北齐书》后加授散骑常侍，行太子左庶子，又除授宗正卿，十一年(637 年)进爵安平县子，几年后退休。贞观二十二年(648)八十四岁时去世。他的这部《北齐书》是以父亲李德林编撰的国史和续修稿为基础写成的，共五十卷，包括本纪八卷和列传四十二卷。本纪记录了神武帝高欢、文襄帝高澄、文宣帝高洋、废帝高殷、孝昭帝高演、武成帝高湛、后主高纬以及当了二十一天皇帝的幼主高恒。高纬、高恒合一卷，高欢占两卷，其余一帝一卷。列传则从皇后、诸王开始，至儒林、文苑、循吏、酷吏、外戚、方伎、恩幸七个类传结束，中间是将相大臣和其他人物的列传。没有给边境少数民族和外国写传，因为同时令狐德棻等奉命撰修的《周书》里有了《异域传》，用不着在《北齐书》里重复。也没有写志，因为同时奉命撰写的另外四种即南朝的《梁书》、《陈书》、北朝的《周书》以及《隋书》都不写志，这四朝和北齐朝的志是另在贞观十五年(641)下诏叫于志宁等撰写的，一共写了礼仪、音乐、律历、天文、五行、食货、刑法、百官、地理、经籍十个志计三十卷，唐高宗显庆元年(656)由长孙无忌进呈，称为《五代史志》，后来编进《隋书》里，要查这几朝的志可去查《隋书》。这些都不好算是《北齐书》的缺漏。

《北齐书》这五十卷纪传写得怎么样，则应从两方面来说。一个方面是从文学角度，也就是从现在人们常说的可读性来说，《北齐书》自然比不上司马迁的《史记》和班固的《汉书》，从骈体文的角度，范晔的《后汉书》和沈约的《宋书》也都比《北齐书》写得高明。但如果和唐宋以后的几种纪传史书相比较，《北齐书》在可读性上似仍高出不止一筹。这里不妨举两个例子，都是这本《选译》里选了的。一个是高欢的《神武帝纪》里说他为了煽动所带"六镇"军民反尔朱兆："乃诈为书，言尔朱兆将以六镇人配契胡为部曲，众皆愁怨。又为并州符征兵讨步落稽，发万人。将遣之，孙腾、尉景为请留五日，如是者再。神武亲送之郊，雪涕执别，人皆号恸，哭声动地。神武乃喻之曰：'与尔俱失乡客，义同一家，不意在上乃尔征召，直向西已当死，后军期又当死，配国人又当死，奈何！'众曰：'唯有反耳！'神武曰：'反是急计，须推一人为主。'众愿奉神武。"其生动具体就不减《史记》之讲陈胜、吴广起义。再一个是《高昂传》里讲韩陵大战之前："昂自领乡人部曲王桃汤、东方老、呼延族等三千人，高祖（高欢）曰：'高都督纯将汉儿，恐不济事，今当割鲜卑兵千余人共相参杂，于意如何？'昂对曰：'敖曹所将部曲，练习已久，前后战斗，不减鲜卑。今若杂之，情不相合，胜则争功，退则推罪。愿自领汉军，不烦更配。'"又说"昂尝诣相府，掌门者不纳，昂怒，引弓射之。高祖知而不责"。都活画出这位汉族骁将的威风，如果用白话重新写过，和《水浒传》《三国演义》里的人物描写也差不了许多。另一个方面是从史学角度来说，其中最紧要的即是能否写得真实，不要因为是贵人、名人就尽往好处说。《北齐书》在这方面似乎做得更为突出。仍就收入《选译》的来举例，如尉景是高欢的姊夫，高欢从小在他家里长大，高欢成大业后，他暴发起来，但传里仍描绘他贪赃纳贿、被贬黜后又对高欢耍赖的丑态。司马子如也是高欢的老交情，东魏、北齐朝的大权贵，可传里照样不客气地指出他"公然受纳，无所顾惮"，"言戏秽亵，识者非之"。崔暹是《北齐书》里的正面人物，传里在肯定的同时也说他"好大言，调戏无节"，并列举叫人家代做文章、教儿子骗取名誉等短处。颜之推是《文苑传》里的大名流，却也写他"好饮酒，多任纵，不修边幅"，甚至因为贪杯断送了中书舍人这个美职。此外如《儒林传》里写张景仁的小人得志，《恩幸传》写和士开、穆提婆、高阿那肱以及宦官、苍头、胡小儿等的庸劣无耻，更是振笔直书，不留半点情面。有人说，这因为北齐是个战败灭亡的政权，所以后来编写史书相对地较少忌讳。但请问"二十四史"里《史记》之外哪一部不是在改朝换代之后撰修的呢？为什么许多史书却有较多忌讳呢？可见在这方面《北齐书》确有其独到的长处，不容抹杀。

遗憾的是《北齐书》在唐代中期以后就逐渐残缺。这是因为《北齐书》等五朝史修成之后不久，李延寿又根据南朝的《宋书》《南齐书》和新修的《梁书》《陈书》改写成《南史》，根据北朝的《魏书》和新修的《北齐书》《周书》再加上《隋书》改写成《北史》，在显庆四年（659）进呈并由唐高宗作了序。这原有的八种史书加起来有五百好几十卷，而改写的《南史》八十卷，《北史》一百卷，合到一起只有原来八史的三分之一。人情喜欢简省，读《南北史》的多，看八史的少，结果是八史中好几史都弄得残缺不全，而《北齐书》尤其缺得多。到北宋初年李百药的原书只剩下了十七卷，其余三十三卷都是唐人和北宋初年人用《北史》和《高氏小史》等书中相同的纪传抄补的，而这《高氏小史》也是唐人高峻根据纪传体史书包括《北齐书》等节抄的。所以这三十三卷仍是出于李百药的原书，只是转了些弯，经过些删节和改动，大体上还不失原书的本来面目。所以我这次选译《北齐书》，也就把这三十三卷和原来的十七卷同等看待，同样入选，只在篇前加点说明，让读者知道不是原书而是补本。

最后谈谈这本《北齐书》的入选标准和版本、注译等问题。入选标准是人物既要有代表性，还得照顾到可读性和趣味性。和高欢一起创业的人们中，本书选了最不像样的尉景和既纳贿又有点能耐的司马子如，也选了斛律金父子和慕容绍宗、高昂等高级将领，他们正好代表了将领中三种不同的类型。文职大员中选了崔暹和元文遥，前者在整肃朝政上起过积极作用,后者也在县令选用上有改革之功。文士中选了邢邵和颜之推,一个是北方本地人,一个从南边辗转来北齐,在文士中既都知名又有代表性。以上这些人的传里还都有点趣味性的东西。比较单调像流水账的只有斛律金父子的传,但这父子俩太有名了,不入选也不好。类传里除《文苑传》的颜之推还选了《儒林传》的张景仁和《恩幸传》的和士开等一大批人物,如前所说传里把这些人物的丑态作了充分的暴露,可读性既强,又可让读者领会到北齐怎么会很快地灭亡。以上一共选了十一个传,鲜卑等少数民族大体占了一半,次序按原书排列,因为原书的排列本已大体考虑到了时代先后。有些太长、太琐屑或事涉神怪迷信处则酌量删节。注释和今译别无凭借,全部由我来做。注释中除一般词语外最多的是人、地名和职官名称。地名尽量注得详细些,因为南北朝时行政区划变动多,注得太简略不行。职官则详注太占篇幅,大体注出所属机构及职务。人名凡《北齐书》《魏书》等有传的就注某书有传,不再统统简述生平,因为即使简述也占篇幅,有喧宾夺主之嫌。再则前面已注过的在后面不重出。今译则一般直译,这是我惯用的办法,因为读者要读的是原文,译文只起帮助阅读原文的作用,而不是让读者脱离了原文光去欣赏译文。当然译文读起来顺口些、文句漂亮些更好,但不能光图漂亮、顺口而使译文变成了原文的改写本。

黄永年

尉 景 传

历史上各个封建政权都有他们的所谓开国元勋,其中有的有真才实学,确实建立了功勋,有的只是碰上机会,甚至凭裙带关系而飞黄腾达,尉景就是一位凭裙带关系而飞黄腾达的人物。此人仗打不好,又贪财纳贿,厚颜无耻。但只因他是高欢的亲姐夫,高欢小时候在他家里长大,所以看着他胡闹也无可奈何。这种怪现象在旧社会本来并不罕见,只是北齐君臣中文化修养差的多一些,因而表现得更露骨,更少掩饰罢了。

这篇传原已缺失,这是后人据《北史》补入的。(选自卷一五)

原文

尉景,字士真,善无人也①。……景性温厚,颇有侠气。魏孝昌中,北镇反,景与神武入杜洛周中,仍共归尔朱荣,以军功封博野县伯②。后从神武起兵信都。韩陵之战,唯景所统失利。神武入洛,留景镇邺,寻进封为公。

翻译

尉景,字士真,是善无人。……他性情温厚,颇有点豪侠气。魏孝昌年间,北边六镇造反,尉景和神武投入杜洛周一伙,又一起投归尔朱荣,凭军功封了个博野县伯。后来跟从神武在信都起兵。韩陵大战中,只有尉景所统率的部队失利。神武进入洛阳,留尉景镇守邺城,不久进封为公。

注释 ① 善无：恒州有善无郡，郡的治所是善无县，在今山西左云西。 ② 博野县：在瀛州河间郡，即今河北博野。

原文

景妻常山君①，神武之姊也。以勋戚，每有军事，与厍狄干常被委重，而不能忘怀射利，神武每嫌责之。转冀州刺史，又大纳贿，发夫猎，死者三百人。厍狄干与景在神武坐，请作御史中尉，神武曰："何意下求卑官。"干曰："欲捉尉景。"神武大笑，令优者石董桶戏之②。董桶剥景衣，曰："公剥百姓，董桶何为不剥公？"神武诫景曰："可以无贪也！"景曰："与尔计生活孰多③？我止人上取，尔割天子调④。"神武笑不答。改长乐郡公，历位太保、太傅⑤。坐匿亡人见禁止⑥，使崔暹谓文襄曰⑦："语阿惠儿⑧，富贵欲杀我耶？"神武闻之泣，诣阙曰⑨："臣非尉景，无

翻译

尉景妻常山君，是神武的姐姐。尉景因为是勋戚，每有军事任务，常和厍狄干同被委以重任，但他又不能忘怀于财利，常被神武厌恶指责。转任冀州刺史，又大肆纳贿，征发人夫围猎，死了三百人。有次厍狄干和尉景都坐在神武那里，厍狄干提出要做御史中尉，神武说："为什么要求做低下的官？"厍狄干说："准备捉拿尉景。"神武大笑，叫优人石董桶戏弄尉景。石董桶就去剥尉景的衣服，说："公剥百姓，我石董桶为什么不剥公？"神武训诫尉景道："应不要贪了！"尉景道："和你比谁的财富产业多？我只在百姓头上取，你却分割天子的户调。"神武笑了笑不回答。改封尉景为长乐郡公，历任太保、太傅。尉景因藏匿逃亡者而被看守起来，他叫崔暹对文襄说："告诉阿惠儿，你富贵了要杀我啊？"神武知道后流下了眼泪，到宫里说："臣没有尉景，不能到如今这一天。"请求了三次，魏帝才允许。于是把尉景贬为骠骑大将军、开府仪同三司。神武去看他，尉景生气躺着不动，嘴里叫道：

以至今日。"三请,帝乃许之。于是黜为骠骑大将军、开府仪同三司⑩。神武造之,景恚卧不动⑪,叫曰:"杀我时趣耶⑫?"常山君谓神武曰:"老人去死近,何忍煎迫至此⑬。"又曰:"我为尔汲水脈生⑭。"因出其掌,神武抚景,为之屈膝⑮。先是,景有果下马⑯,文襄求之,景不与,曰:"土相扶为墙,人相扶为王⑰。一马亦不得畜而索也。"神武对景及常山君责文襄而杖之,常山君泣救之,景曰:"小儿惯去,放使作心腹,何须干啼湿哭不听打耶⑱!"

"杀我的时候已快到了吧?"常山君对神武说:"老人离开死期已近,怎忍心如此折磨逼迫。"又对尉景说:"我给你汲水脈生。"尉景伸出手掌,神武抚着尉景,给他跪下。这以前,尉景有匹果下马,文襄向他要,他不给,说:"土相扶为墙,人相扶为王。如今一匹马也不让养想要走。"神武对着尉景和常山君斥责文襄还用棒打,常山君哭着救文襄,尉景说:"小儿惯去,放使作心腹,何须干啼湿哭不让打啊!"

注释 ①常山君:是高欢姐姐富贵之后的封号。常山是定州的郡,郡的治所真定,在今河北正定南。 ②优:优伶,在古代是以乐舞戏谑为业的艺人,宋以后多用来称戏曲演员。 ③生活:这里指生计,家里的财富产业。 ④天子调:从东汉起,按户征收的赋税叫户调,北魏也是如此,户调的东西有粟和帛、絮、丝。这些东西归政府也就是天子所有,所以这里叫"天子调"。 ⑤太保、太傅:当时以太师、太保、太傅为三师,是最高的荣誉职称。 ⑥禁止:这里指软禁,虽未下狱,但已使人看守,不得出入,不得和亲友往来。 ⑦崔暹:《北齐书》有传,本书已选译。 ⑧阿惠儿:文襄帝高澄字子惠,尉景是高澄的姑夫,所以可叫高澄为"阿惠儿"。 ⑨阙:本是古代宫殿、祠庙、陵墓前的高建筑物，通常左右各一，建成高台，台上起楼观，以两阙之间有空缺，所以叫"阙"或"双阙"，后来也常称皇宫为"宫阙"，这里的"阙"即是"宫阙"。 ⑩ 骠骑大将军：当时是最高的荣誉武职。但比三师的地位要低一点。 ⑪ 恚(huì)：生气，怨恨。 ⑫ 趣(cù)：急促，快。 ⑬ 煎(jiān)：煎熬，这里引申为折磨。 ⑭ 汲水胝(zhī)生：胝，是胼(pián)胝，俗称"老茧"，这"汲水胝生"就是打水去掉太厚的老茧，"胝生"就是生长出来的老茧，汲水把它浸软才好去。 ⑮ 屈膝：下跪。 ⑯ 果下马：矮小的马，可以在不高的果树下行走，一般都较驯良，为贵人们所喜欢乘坐。 ⑰ 土相……为王：这两句话是说当王的也是人们扶出来的，不要当了王就让子弟欺侮当年帮扶的人。当时的墙一般都用土筑而非砖砌，所以说"土相扶为墙"。 ⑱ 小儿……打耶：这几句是当时的口语，今天已不很懂，大体是说把小孩惯坏了，让他作自己的心腹，何须哭哭啼啼不让打啊！

原文

寻授青州刺史①，操行颇改，百姓安之。征授大司马，遇疾，薨于州。赠太师、尚书令②。齐受禅，以景元勋，诏祭告其墓。皇建初③，配享神武庙庭，追封长乐王。

子粲，少历显职，性粗武。天保初封库狄干等为王，粲以父不预王爵，大恚恨，十余日闭门不朝。帝怪，遣使就宅问之。隔门谓使者曰："天子不封粲父为

翻译

不久任尉景为青州刺史，这时他的操守品行颇有改变，和百姓相安无事。朝廷要内调他为大司马，患病，薨于青州。追赠他太师、尚书令。北齐受禅，因为尉景是元勋，皇帝下诏在墓前祭告。皇建初，配享神武庙庭，追封为长乐王。

尉景的子叫尉粲，年轻时就历任显要的官职，秉性粗鲁蛮勇。天保初年封库狄干等人为王，尉粲因父不在其列，大为怨恨，十多天关上门不朝见。文宣帝感到奇怪，派使者到他的宅第去问。他隔着门对使者说："天子不封尉粲之父为王，我尉粲不如死去。"使者说："总

王,粲不如死。"使云:"须开门受敕!"粲遂弯弓隔门射使者。使者以状闻之,文宣使段韶谕旨。粲见韶,唯抚膺大哭,不答一言。文宣亲诣其宅慰之,方复朝请④。寻追封景长乐王。粲袭爵,位司徒、太傅薨。子世辩嗣。周师将入邺,令辩出千骑觇候⑤,出滏口,登高阜西望,遥见群乌飞起,谓是西军旗帜,即驰还,比至紫陌桥,不敢回顾。隋开皇中⑥,卒于浙州刺史⑦。

得开了门才好接受敕书啊!"尉粲就拉起弓来隔着门射使者。使者回去报告了情况,文宣派段韶传达意旨。尉粲见了段韶,只是拍胸大哭,一句话也不回答。文宣亲自到他宅第去慰问,他才重新朝见。不久追封尉景为长乐王。尉粲袭了王爵,做到司徒、太傅后死去。他的儿子尉世辩承袭王爵。周军将要打进邺城,这边叫尉世辩带了一千骑去侦察,他出了滏口,登上高阜向西眺望,看见一群乌鸦飞起来,认为是周军的旗帜,马上快马跑回,一直跑到紫陌桥,不敢回头看。隋开皇年间,尉世辩死在浙州刺史任上。

注释 ①青州:治所广固,即今山东青州。 ②尚书令:尚书省的长官。 ③皇建:北齐孝昭帝高演的年号(560—561)。 ④朝请:汉代规定诸侯春天朝见皇帝叫"朝",秋天朝见皇帝叫"请",后来就泛称朝见皇帝为"朝请"。 ⑤觇(chān)候:觇是窥看,觇候,就是侦伺,侦察。 ⑥开皇:隋文帝杨坚的年号(581—600)。 ⑦浙(xī)州:治所浙源,在今贵州习水东北。

斛律金、斛律光传

导读

我国历史上许多朝代是通过战争建立的,所以开国功臣中总会有一些名将,高欢父子建立的北齐朝也是如此。只是他们凭六镇的兵力起家,因而名将中少数民族占了相当一部分,其中敕勒族人斛律金、斛律光父子就是最有名的。斛律金是经历高欢、高洋、高澄、高演、高湛几朝的元勋重臣,他留下的《敕勒歌》汉译本至今为人们传诵。斛律光继承父业在周齐之争中屡立战功,最后被构陷杀害,引起了人们的同情慨叹。(选自卷一七)

原文

斛律金,字阿六敦①,朔州敕勒部人也②。高祖倍侯利,以壮勇有名塞表,道武时率户内附③,赐爵孟都公。祖幡地斤,殿中尚书④。父大那瑰,光禄大夫、第一领民酋长⑤,天平中金贵⑥,赠司空公。

翻译

斛律金,字阿六敦,是朔州敕勒部人。高祖名倍侯利,凭壮勇有名于塞外。道武帝时率领本部人户内附,赐爵孟都公。祖父名幡地斤,任殿中尚书。父名大那瑰,任光禄大夫、第一领民酋长,天平年间因斛律金显贵,追赠为司空封公。

注释 ① 阿六敦:应本是胡名,后以“阿六敦”的“敦”字对音“金”字为汉名,就把胡名“阿六敦”说成字,和高欢、宇文泰之以胡名为字相同。 ② 朔州:北魏正光四年(523)改镇为州,怀朔镇改为朔州,治所仍在今内蒙古固阳西南。斛律金生于北魏太和十一年(487),当时并未改镇为州,应称怀朔镇方妥。　③ 道武:北魏道武帝拓跋珪,公元369年称帝,409年卒。　④ 殿中尚书:北魏尚书省下有五尚书,殿中尚书是其一,掌管殿内兵马仓库。　⑤ 光禄大夫:高级的荣誉职称。　⑥ 天平:东魏孝静帝元善见的年号(534—537)。

原文

　　金性敦直,善骑射,行兵用匈奴法,望尘识马步多少,嗅地知军度远近。初为军主,与怀朔镇将杨钧送茹茹主阿那瓌还北①,瓌见金射猎,深叹其工。后瓌入寇高陆②,金拒击破之。正光末③,破六韩拔陵构逆④,金拥众属焉,陵假金王号。金度陵终败灭⑤,乃统所部万户诣云州请降⑥,即授第二领民酋长。稍引南出黄瓜堆⑦,为杜洛周所破,部众分散。金与兄平二人脱身归尔朱荣,荣表金为别将,累迁都督。孝庄立,赐爵阜城县男⑧,加宁朔将军、屯骑校尉⑨。从破葛荣、元颢⑩,频

翻译

　　斛律金性情敦厚刚直,善于骑射,行军用匈奴的方法,望灰尘就知道有多少步骑,嗅土地就知道军队离得远还是近。最初担任军主,和怀朔镇将杨钧送茹茹的国主阿那瓌回到北边,阿那瓌见到斛律金射猎,对他的技能深为叹服。后来阿那瓌入寇高陆,斛律金抵御把他打败。正光末年,破六韩拔陵造反,斛律金带着部众投到拔陵手下,拔陵给了斛律金一个王号。斛律金估计拔陵终于要失败被消灭,就统率所部万户到云州投降,立即被授为第二领民酋长。稍为往南出了黄瓜堆,被杜洛周打败,部众分散。斛律金和兄斛律平两人脱逃投靠尔朱荣,尔朱荣表请斛律金做别将,几次升迁做上了都督。孝庄帝立,给他赐爵阜城县男,加授宁朔将军、屯骑校尉。跟随尔朱荣打败葛荣、元颢,接连立有战功,加授镇南大将军。

有战功,加镇南大将军^⑪。

注释 ① 茹茹:柔然的异译,文献中有时还译作蠕蠕、芮芮,我国古代的少数民族,源出于东胡,曾附属于后来建立北魏的拓跋部,拓跋珪南迁平城后,该族进居阴山一带,后衰微,公元 552 年并入突厥。 ② 高陆:县名,雍州冯翊郡的治所,即今陕西高陵。 ③ 正光:北魏孝明帝元诩的年号(520—525)。 ④ 破六韩拔陵:匈奴族,正光四年(523)率众在沃野镇(在今内蒙古五原北)起兵,得六镇响应,孝昌元年(525 年)在北魏与柔然合击下失败被杀。 ⑤ 度(duó):推测,估计。 ⑥ 云州:正光四年(523)改怀朔镇为朔州的同时,改原朔州为云州,州和所属云中郡的治所均在盛乐,在今内蒙古和林格尔北。 ⑦ 黄瓜堆:在恒州桑干郡治所桑干东北,今山西山阴东北。 ⑧ 阜城:冀州武邑郡属县,在今河北阜城东。 ⑨ 宁朔将军:是所谓杂号将军,品级不算很高。屯骑校尉:武职,品级比宁朔将军高一点。 ⑩ 元颢(hào):《魏书》有传。 ⑪ 镇南大将军:荣誉性的高级武职。

原文

及尔朱兆等逆乱,高祖密怀匡复之计^①,金与娄昭、库狄干等赞成大谋,仍从举义。高祖南攻邺,留金守信都,领恒云燕朔显蔚六州大都督^②,委以后事。别讨李修,破之,加右光禄大夫。会高祖于邺,仍从平晋阳,追灭尔朱兆。太昌初^③,以金为汾州刺史、当州大都督^④,进爵为侯。从高祖破

翻译

到尔朱兆等造反,高祖秘密作匡复的打算,斛律金和娄昭、库狄干等人赞成大计,并跟随起义。高祖南下攻取邺城,留斛律金驻守信都,领恒云燕朔显蔚六州大都督,把后方的事情都委托给他。他另出兵讨伐李修,把李修打败,加授右光禄大夫。在邺城和高祖会师,并跟随平定晋阳,追赶消灭尔朱兆。太昌初年,任斛律金为汾州刺史、本州大都督,进封爵为侯。跟随高祖在河西打败纥豆陵。天平初年迁都邺城,派斛律金率领步骑三万镇守风陵以防御西魏

纥豆陵于河西⑤。天平初迁邺，使金领步骑三万镇风陵以备西寇，军罢，还晋阳。从高祖战于沙苑，不利班师，因此东雍诸城复为西军所据⑥，遣金与尉景、厍狄干等讨复之。元象中，周文帝复大举向河阳⑦，高祖率众讨之，使金径往太州⑧，为掎角之势⑨，金到晋州，以军退不行，仍与行台薛修义共围乔山之寇⑩。俄而高祖至，仍共讨平之，因从高祖攻下南绛、邵郡等数城⑪。武定初，北豫州刺史高仲密据城西叛⑫，周文帝入寇洛阳，高祖使金统刘丰、步大汗萨等步骑数万守河阳城以拒之⑬。高祖到，仍从破密。军还，除大司马，改封石城郡公⑭，邑一千户，转第一领民酋长。三年，高祖出军袭山胡⑮，分为二道，以金为南道军司，由黄栌岭出⑯，高祖自出北道，度赤觖岭⑰，会金

进犯，收兵，回到晋阳。跟随高祖在沙苑作战，作战不利后撤军，因而东雍诸城仍为西魏军所占据，派斛律金和尉景、厍狄干等人讨伐收复这些城镇。元象年间，周文帝又大举进攻河阳，高祖率领大军讨伐，派斛律金去太州，使成掎角之势。斛律金到了晋州，因故军撤退不再前进，仍和行台薛修义共同围攻乔山的敌寇。不多时高祖也来到，共同把这股敌寇讨平，并跟随高祖打下南绛、邵郡等几座城。武定初年，北豫州刺史高仲密据州城叛投西魏，周文帝入侵洛阳，高祖派斛律金统率刘丰、步大汗萨等率数万步骑防守河阳城来抵御。高祖来到后，仍跟随高祖打败高仲密。班师之后，授大司马，改封石城郡公，邑一千户，升转为第一领民酋长。三年（545），高祖出兵进袭山胡，分为两路，派斛律金为南路的军司，出黄栌岭，高祖亲自出北路，过赤觖岭，和斛律金会合于乌突戍，两军合击袭破山胡。回军，出任冀州刺史。四年（546），下诏叫斛律金率领兵众从乌苏道到晋州和高祖会合，并跟随去攻打玉壁。回军时，高祖叫斛律金总督大军，跟着回到晋阳。

于乌突戍⑱，合击破之。军
还，出为冀州刺史。四年，诏
金率众从乌苏道会高祖于晋
州⑲，仍从攻玉壁。军还，高
祖使金总督大众，从归晋阳。

注释　① 高祖：即高祖神武帝高欢。《北齐书》原本都用庙号称高祖、世宗、显祖等，《北史》则都改用谥号神武、文襄、文宣等，所以《北齐书》缺失用《北史》补的也用谥号而不用庙号。匡复：挽救危亡之国，使转危为安。　② 燕：燕州，及所属广宁郡的治所均在广宁，即今河北涿鹿。显：显州，治所六壁城，在今山西汾阳南。蔚：蔚州，治所在今山西介休东北。　③ 太昌：北魏孝武帝元修的年号(532)。　④ 当州：本州，该州。　⑤ 纥豆陵：费也头的纥豆陵伊利。河西：地理上的习惯用语，指今山西、陕西之间的黄河南段之西。　⑥ 东雍：东雍指长安以东到黄河两岸地区。⑦ 河阳：县名，在当时的洛阳城正北、黄河北岸，和黄河南岸的河阴东西相对。⑧ 太州：当在晋州之北，但从文献上已考察不到。　⑨ 掎(jǐ)角：兵分两路，互相声援，以牵制或夹击敌人。　⑩ 乔山：在晋州平阳郡治所禽昌即今山西临汾之南，汾水东岸。　⑪ 南绛：晋州属郡，治所南绛，在今山西绛县南。邵郡：东雍州属郡，治所白水在今河南济源西，黄河北岸。　⑫ 高仲密：高慎，字仲密。　⑬ 步大汗萨：《北齐书》有传。　⑭ 石城郡：治所即今湖北钟祥。　⑮ 山胡：即稽胡，也称步落稽，我国古代少数民族，源出南匈奴，居今山西、陕西的北部山谷间，隋唐以来与汉族融合。　⑯ 黄栌岭：在今山西汾阳北。　⑰ 赤鉷(hóng)岭：即赤洪岭。　⑱ 乌突戍：在今山西离石。　⑲ 乌苏道：在今山西沁县西南。

原文

　世宗嗣事①，侯景据颍
川降于西魏②，诏遣金帅潘
乐、薛孤延等固守河阳以

翻译

　世宗继承皇位主持政事，侯景据有颍川向西魏投降，下诏派斛律金统率潘乐、薛孤延等人在河阳坚守着作准备。

备③。西魏使其大都督李景和、若干宝领马步数万，欲从新城赴援侯景④，金率众停广武以要之⑤，景和等闻而退走。还为肆州刺史，仍率所部于宜阳筑杨志、百家、呼延三戍⑥，置守备而还。侯景之走南豫⑦，西魏仪同三司王思政入据颍川。世宗遣高岳、慕容绍宗、刘丰等率众围之⑧，复诏金督彭乐，可朱浑道元等出屯河阳，断其奔救之路，又诏金率众会攻颍川。事平，复使金率众从崿坂送米宜阳⑨，西魏九曲戍将马绍隆据险要斗⑩，金破之。以功别封安平县男⑪。

西魏派他们的大都督李景和、若干宝率领数万步兵和骑兵，想从新城去支援侯景，斛律金率领兵众停在广武城准备拦截，李景和等知道了就退兵。斛律金回军后出任肆州刺史，并统率所部兵马在宜阳修筑杨志、百家、呼延三个镇戍，设置守备后返回。侯景出走南豫州，西魏的仪同三司王思政进入颍川据守。世宗派高岳、慕容绍宗、刘丰等率军围困颍川，又下诏叫斛律金督率彭乐、可朱浑道元等出兵驻屯河阳，切断救应颍川的通路，又下诏叫斛律金率军会攻颍川。攻下颍川后，又派斛律金率军从崿坂送米到宜阳，戍守九曲的西魏将马绍隆据险拦截，斛律金把他打垮。斛律金因功另加封安平县男。

注释 ①世宗：北齐文襄帝高澄。 ②颍川：郑州属郡，治所长社在今河南长葛东北。 ③薛孤延：《北齐书》有传。 ④新城：县名，在洛阳西南，今河南伊川西。 ⑤广武：应指古广武城，在今河南荥阳东北广武山上。要（yāo）：同"邀"，拦截。 ⑥宜阳：阳州属郡，州和郡的治所均在宜阳，今河南宜阳西。 ⑦南豫：梁南豫州，与所属汝阴郡的治所均在合肥城，即今安徽合肥。 ⑧高岳：《北齐书》有传。 ⑨崿（è）坂：在今河南巩义西南，邻近嵩山。 ⑩九曲：九曲城，在今河南宜阳西。 ⑪安平县：定州博陵郡的治所，今河北安平，另有安平郡，治所端氏在今山西沁水东,未知孰是。

原文

显祖受禅①,封咸阳郡王②,刺史如故。其年冬,朝晋阳宫。金病,帝幸其宅临视,赐以医药,中使不绝③,病愈还州。三年,就除太师。帝征奚贼④,金从帝行。军还,帝幸肆州,与金宴射而去。四年,解州,以太师还晋阳。车驾复幸其第,六宫及诸王尽从⑤,置酒作乐,极夜方罢。帝忻甚⑥,诏金第二子丰乐为武卫大将军⑦,因谓金曰:"公元勋佐命⑧,父子忠诚,朕当结以婚姻,永为蕃卫。"仍诏金孙武都尚义宁公主⑨。成礼之日,帝从皇太后幸金宅,皇后、太子及诸王等皆从,其见亲待如此。

翻译

显祖受禅,斛律金被封为咸阳郡王,继续任肆州刺史。这年冬天,到晋阳宫朝见。斛律金得了病,显祖到他的宅第看望,赏赐他医药,中使不断地前往,病好后回肆州。三年(552),他就在肆州被任命为太师。显祖征讨奚寇,斛律金跟随。回军时,显祖到肆州,和斛律金宴饮比箭然后回去。四年(553),斛律金解除刺史,以太师身份回到晋阳。显祖车驾又去他的宅第,六宫和诸王都跟着来,摆酒作乐,到夜深才罢宴。显祖很高兴,下诏任斛律金的第二子丰乐为武卫大将军,并对斛律金说:"公是元勋佐命,父子忠诚,朕该和公家结为婚姻,使永为屏障。"下诏叫斛律金之孙武都尚义宁公主。举行婚礼这天,显祖陪同皇太后到斛律金的宅第,皇后、太子、诸王等都跟着前来,如此地被亲近优待。

注释 ①显祖:北齐文宣帝高洋。 ②咸阳郡:雍州属郡,治所池阳即今陕西泾阳。 ③中使:皇帝从宫廷中派出的使者,均为宦官。 ④奚:我国古代少数民族,也称库莫奚，与契丹都源出东胡，后与契丹融合。 ⑤ 六宫：本指古代皇后的寝宫，后引申指皇后及妃嫔。 ⑥ 忻(xīn)：同"欣"。 ⑦ 丰乐：斛律羡，字丰乐，《北齐书》有传。武卫大将军：荣誉性的高级武职。 ⑧ 佐命：辅佐帝王创业。 ⑨ 尚：和皇室之女结婚叫"尚"。

<table>
<tr><td>原文</td><td>翻译</td></tr>
</table>

原文

后以茹茹为突厥所破，种落分散，虑其犯塞，惊挠边民，乃诏金率骑二万屯白道以备之①。而虏帅豆婆吐久备将三千户密欲西过，候骑还告②，金勒所部追击，尽俘其众。茹茹但钵将举国西徙③，金获其候骑送之，并表陈虏可击取之势，显祖于是率众与金共讨之于吐赖④，获二万余户而还。进位右丞相，食齐州干⑤，迁左丞相。

翻译

后来因茹茹被突厥打败，各部落分散，朝廷怕他们侵犯边塞，惊扰居民，就下诏叫斛律金率领二万骑屯驻白道防备着。一个叫豆婆吐久备的首领带了三千户想秘密从西边经过，被候骑发觉回来报告，斛律金统率所部追击，把这伙人户全部俘获。茹茹的但钵要带了全部族西迁，斛律金抓到他们的候骑送到显祖那里，并上表陈说可以击取，显祖就率大军和斛律金共同追击到吐赖，俘获了二万余户回来。斛律金进位右丞相，食齐州干，又升迁左丞相。

注释 ① 白道：在云州之北通向武川镇有白道城，在今内蒙古呼和浩特西北。 ② 候骑：候是斥候，即侦察、候望，候骑是充当斥候的骑兵。 ③ 但钵：茹茹（柔然）的君主。 ④ 吐赖：在今何地不详。 ⑤ 食齐州干：当时刺史、郡守、县令凭敕书可在该州、郡、县里抽若干名百姓给他当差役，这种被抽的百姓叫"干"，后来当了"干"的可以缴纳绢以免役，每"干"缴绢十八匹。食齐州干，就是每年可收取齐州所有的"干"应缴的绢匹。

原文

肃宗践阼①,纳其孙女为皇太子妃。又诏金朝见,听步挽车至阶②。世祖登极③,礼遇弥重,又纳其孙女为太子妃。金长子光大将军④,次子羡及孙武都并开府仪同三司,出镇方岳⑤,其余子孙皆封侯贵达。一门一皇后,二太子妃,三公主。尊宠之盛,当时莫比。金尝谓光曰:"我虽不读书,闻古来外戚梁冀等无不倾灭⑥。女若有宠,诸贵妒人;女若无宠,天子嫌人。我家直以立勋抱忠致富贵,岂可藉女也?"辞不获免,常以为忧。天统三年薨⑦,年八十。世祖举哀西堂⑧,后主又举哀于晋阳宫。赠假黄钺、使持节、都督朔定冀并瀛青齐沧幽肆晋汾十二州诸军事、相国、太尉公、录尚书、朔州刺史⑨,酋长、王如故,赠钱百万,谥曰武。子光嗣。

翻译

肃宗登位,娶斛律金的孙女为皇太子妃。又下诏斛律金朝见时,可乘坐步挽车到阶前。世祖登位,对斛律金礼遇更为隆重,又娶他的孙女为太子妃。斛律金的长子光任大将军,次子羡和孙武均是开府仪同三司,出镇大州,其余的子孙也都封侯显贵。一门中出了一位皇后,两位太子妃,娶了三位公主。如此地尊贵宠信,当时没有人能比得上。斛律金曾对长子光说:"我虽然不读书,可听说古来外戚如梁冀等人无不倾覆诛灭。女眷如果得宠,诸贵就妒忌;女眷如果无宠,天子就讨厌。我家一向是尽忠立功取得富贵,岂能靠女眷吗?"只是推辞不掉,常引以为忧。天统三年(567)薨,享年八十岁。世祖在西堂为他举哀,后主又在晋阳宫为他举哀。赠他假黄钺、使持节、都督朔定冀并瀛青齐沧幽肆晋汾十二州诸军事、相国、太尉公、录尚书、朔州刺史,第一领民酋长、咸阳郡王照旧,赠钱百万,谥曰武。子光继承爵位。

注释 ① 肃宗:北齐孝昭帝高演。 ② 步挽车:用人拉送的车子。 ③ 世祖:北齐武成帝高湛(zhàn)。 ④ 大将军:北魏、北齐时大司马和大将军合称"二大",是最高的荣誉性武职。 ⑤ 方岳:本指四方之岳即四方的大山,后用来称高级地方长官如州刺史、郡太守等。 ⑥ 梁冀:东汉时专权的外戚,两妹为顺帝、桓帝皇后,冲帝、质帝、桓帝又均为其拥立,最后被桓帝诛杀,《后汉书》有传。 ⑦ 天统:北齐后主高纬的年号(565—569)。 ⑧ 世祖举哀西堂:世祖武成帝高湛是传位于太子高纬即后主,而自己做太上皇,到天统四年(568)才去世,所以天统三年(567)他可为斛律金举哀。 ⑨ 定:定州,及所属中山郡的治所均在卢奴,今河北定州。瀛:瀛州,及所属河间郡的治所均在赵都军城,即今河北河间。齐:齐州,及所属济南郡的治所均在历城,即今山东济南。沧:沧州,治所饶安城在今山东乐陵北。幽:幽州,及所属燕郡的治所均在蓟(jì)城,即今北京。录尚书:尚书省的长官,位在尚书令之上。

原文

光,字明月,少工骑射,以武艺知名。魏末,从金西征。周文帝长史莫者晖时在行间①,光驰马射中之,因擒于阵。光时年十七,高祖嘉之,即擢为都督。世宗为世子,引为亲信都督,稍迁征虏将军②,累加卫将军③。武定五年,封永乐县子④。尝从世宗于洹桥校猎⑤,见一大鸟,云表飞扬,光引弓射之,正中其颈,此鸟形如车轮,旋转而下,至地乃大

翻译

斛律光,字明月,年青时就精于骑射,以武艺知名。魏末,跟随斛律金西征。周文帝的长史莫者晖当时在阵上,斛律光跑马把他射中,活捉过来。斛律光当时十七岁,高祖嘉奖他,立即提升为都督。世宗当时是世子,把他调来作为亲信都督,升迁为征虏将军,再加授到卫将军。武定五年(547),封为永乐县子。曾经跟随世宗在洹桥打猎,看到一只大鸟,在云端飞扬,斛律光开弓射它,正射中它的颈子,这鸟形状像车轮,旋转落下,落到地上才发现是一只大雕。世宗取来观看,大为惊奇赞赏。丞相官属邢子高看了叹道:"这是射雕手

雕也。世宗取而观之，深壮异焉。丞相属邢子高见而叹曰⑥："此射雕手也！"当时传号落雕都督。寻兼左卫将军⑦，进爵为伯。

啊！"当时传称他是落雕都督。不久兼任左卫将军，进爵位为伯。

注释　① 行间：行伍之间，军中，阵上。　② 征虏将军：是所谓杂号将军，品级比较高一点。　③ 卫将军：高级武职。　④ 永乐县：定州中山郡的属县，在今河北满城西北。　⑤ 洹(huán)桥：洹水上的桥，洹水源出林虑山，在齐都邺城南边流过。⑥ 丞相：世宗文襄帝高澄时为大丞相。　⑦ 左卫将军：当时设左、右卫府，禁卫宫廷，左卫将军是左卫府的长官。

原文

齐受禅，加开府仪同三司，别封西安县子①。天保三年，从征出塞，光先驱破敌，多斩首虏②，并获杂畜。还，除晋州刺史③。东有周天柱、新安、牛头三戍，招引亡叛，屡为寇窃，七年，光率步骑五千袭破之，又大破周仪同王敬俦等，获口五百人、杂畜千余头而还④。九年，又率众取周绛川、白马、浍交、翼城等四戍。除朔州刺史。十年，除特进、开府

翻译

齐受魏禅，加授斛律光开府仪同三司，另加封西安县子。天保三年(552)，从征到边塞外，斛律光先驱破敌，多所斩杀，并虏获杂畜。回军后，授任晋州刺史。这里往东有周的天柱、新安、牛头三个镇戍，招降纳叛，屡次侵扰掳掠，七年(556)，斛律光率领步骑五千进袭把它攻破，又大破周的仪同王敬俦等，俘获了五百人、杂畜千余头回军。九年(558)，斛律光又率领兵众攻取周的绛州、白马、浍交、翼城等四个镇戍。授任朔州刺史。十年(559)，授特进、开府仪同三司。二月里，斛律光率领一万骑进讨周的开府曹回公，把曹斩杀，另一个

仪同三司⑤。二月,率骑一万讨周开府曹回公,斩之,柏谷城主仪同薛禹生弃城奔遁⑥,遂取文侯镇,立戍置栅而还。乾明元年⑦,除并州刺史。皇建元年⑧,进爵巨鹿郡公⑨。时乐陵王百年为皇太子⑩,肃宗以光世载醇谨,兼著勋王室,纳其长女为太子妃。大宁元年⑪,除尚书右仆射,食中山郡干⑫。二年,除太子太保⑬。河清二年四月⑭,光率步骑二万筑勋掌城于轵关西⑮,仍筑长城二百里,置十三戍。三年正月,周遣将达奚成兴等来寇平阳,诏光率步骑三万御之,兴等闻而退走,光逐北⑯,遂入其境,获二千余口而还。其年三月,迁司徒。四月,率骑北讨突厥⑰,获马千余匹。是年冬,周武帝遣其柱国大司马尉迟迥、齐国公宇文宪、柱国庸国公可叱雄等⑱,众称十

柏谷城主仪同薛禹生弃城逃跑,斛律光乘势攻下文侯镇,设置了营垒然后班师。乾明元年(560),斛律光任并州刺史。皇建元年(560),斛律光进爵为巨鹿郡公。当时乐陵王高百年是皇太子,肃宗考虑到斛律光世代醇厚恭谨,而且为皇室建立功勋,就娶他的长女为太子妃。大宁元年(561),斛律光被授为尚书右仆射,食中山郡干。二年(562),斛律光授太子太保。河清二年(563)四月里,斛律光率领步骑二万在轵关西边筑了个勋掌城,并筑长城二百里,设置十三个镇戍。三年(564)正月里,周派将领达奚成兴等入侵平阳,齐朝廷下诏叫斛律光率领步骑三万去抵御,达奚成兴等知道了就撤退,斛律光追赶,就此进入周境,俘获二千多人返回。这年三月,斛律光升为司徒。四月,斛律光率骑北讨突厥,虏获马一千多匹。这年冬天,周武帝派他的柱国大司马尉迟迥、齐国公宇文宪、柱国庸国公可叱雄等,兵众号称十万,进犯洛阳,斛律光率领五万骑赶往迎战。在邙山开战,尉迟迥等大败,斛律光亲自射可叱雄,把他射死,斩杀三千多人,尉迟迥、宇文宪差一点没有逃掉,甲兵辎重都收缴过来,还把杀死的尸体堆积成京观。世祖来到

万,寇洛阳,光率骑五万驰往赴击。战于邙山,迥等大败,光亲射雄,杀之,斩捕首虏三千余级,迥、宪仅而获免,尽收其甲兵辎重⑲,仍以死者积为京观⑳。世祖幸洛阳,策勋班赏㉑,迁太尉,又封冠军县公㉒。先是世祖命纳光第二女为太子妃,天统元年,拜为皇后。其年,光转大将军。三年六月,父丧去官㉓,其月,诏起光及其弟羡并复前任。秋,除太保,袭爵咸阳王,并袭第一领民酋长,别封武德郡公㉔,徙食赵州干㉕,迁太傅。

洛阳,记勋分赏,升斛律光为太尉,又加封冠军县公。之前世祖叫娶斛律光的第二女为太子妃,后主天统元年被(565)拜为皇后。这年,斛律光转任大将军。三年(567)六月,斛律光因父丧离职,就在这个月里,皇帝下诏让斛律光和其弟斛律羡都出来恢复原职。秋天,授斛律光太保,袭爵咸阳王,同时袭第一领民酋长,另封个武德郡公,迁食赵州干,升为太傅。

注释 ① 西安县:在青州,在今山东临朐(qú)西。 ② 首虏:斩获的敌人脑袋。 ③ 除:除授,任命。 ④ 口:生口,这里指俘虏。 ⑤ 特进:高级的荣誉职称。 ⑥ 柏谷城:在洛阳东。 ⑦ 乾明:北齐废帝高殷的年号(560)。 ⑧ 皇建:北齐肃宗孝昭帝高演的年号(560—561)。 ⑨ 巨鹿郡:定州属郡,治所曲阳在今河北晋州西。 ⑩ 乐陵王百年:元百年,《北齐书》有传。 ⑪ 大宁:北齐世祖武成帝高湛的年号(561—562)。 ⑫ 中山郡:定州属郡,州和郡的治所均在卢奴,即今河北定州。 ⑬ 太子太保:和太子太师、太子太傅合称三师,名义上是皇太子的师傅,实际上已成为高级荣誉职称。 ⑭ 河清:北齐世宗武成帝高湛的年号(562—565)。 ⑮ 轵(zhǐ)关:在河内郡轵县之北,今河南济源境内,当轵道之险,为"太行八陉"的第一陉。 ⑯ 逐北:北是败北,即败逃,逐北就是追击败逃的敌人。 ⑰ 突厥:我国古代少数民族,公元 552 年破柔然,建政权于今鄂尔浑河流域,统一塞北,582 年分裂为东西突厥。 ⑱ 柱国:柱国大将军,西魏时宇文泰及其他七人均为柱国大将军,称八柱国,是当时最高的实职武官。大司马:西魏时仿《周礼》改官制,这大司马即当时所改的夏官府大司马卿,不是北魏、北齐"二大"之一的大司马。可叱(chì)雄:即王雄,《周书》有传,说他赐姓可频氏,这里作可叱,不知孰是。 ⑲ 辎(zī)重:军用粮草、器械等的统称。 ⑳ 京观:古代战胜后把敌人尸体埋在一起堆成高冢,以夸耀武功,叫作"京观"。 ㉑ 策勋:本指纪功于策,后成为纪录功勋的代称。班赏:分赏。 ㉒ 冠军县:在今河南邓州西北。 ㉓ 父丧去官:在古代,官员的父母去世后,必须免官在家守孝二十七个月,叫"守制"。 ㉔ 武德郡:治所在今河南沁阳西。 ㉕ 赵州:州及所属南赵郡的治所均在今河北隆尧。

原文

十二月,周遣将围洛阳,壅绝粮道①。武平元年正月②,诏光率步骑三万讨之。军次定陇,周将张掖公宇文桀、中州刺史梁士彦、开府司水大夫梁景兴等又屯鹿卢交道③,光擐甲执锐④,身先士卒,锋刃才交,桀众大溃,斩首二千余级。直到宜阳,与周齐国公宇文宪、中国公搛跋显敬相对十旬⑤。光置筑统关、丰化二城,以通宜阳之路。军还,

翻译

十二月里,周遣将围攻洛阳,阻塞运粮的通道。武平元年(570)正月,下诏叫斛律光率领步骑三万讨伐周兵。齐军进驻到定陇,周将张掖公宇文桀、中州刺史梁士彦、开府司水大夫梁景兴等又进驻到鹿卢交道,斛律光套上铠甲拿起兵器,身先士卒,刚一交锋,宇文桀的兵众就大崩溃,被斩首二千多级。斛律光前进直到宜阳,和周的齐国公宇文宪、中国公搛跋显敬相对峙了十旬。斛律光设置并筑成了统关、丰化二城,打通到宜阳的道路。斛律光回军,途中在安邺停宿,宇文宪等号称五万兵众,还在后面跟踪,斛律光放出战骑冲击

行次安邺，宪等众号五万，仍蹑军后⑥，光纵骑击之，宪众大溃，虏其开府宇文英、都督越勤世良、韩延等，又斩首三百余级。宪仍令桀及其大将军中部公梁洛都与景兴、士彦等步骑三万于鹿卢交塞断要路⑦，光与韩贵孙、呼延族、王显等合击，大破之，斩景兴，获马千匹，诏加右丞相、并州刺史。其冬，光又率步骑五万于玉壁筑华谷、龙门二城，与宪、显敬等相持，宪等不敢动。光乃进围定阳⑧，仍筑南汾城，置州以逼之⑨，夷夏万余户并来内附。二年，率众筑平陇、卫壁、统戎等镇戍十有三所。周柱国枹罕公普屯威、柱国韦孝宽等步骑万余⑩，来逼平陇，与光战于汾水之北，光大破之，俘斩千计。又封中山郡公，增邑一千户。军还，诏复令率步骑五万出平阳道，攻姚襄、白

宇文宪兵众大崩溃，俘虏了周开府宇文英、都督越勤世良、韩延等人，又斩首三百多级。宇文宪仍令宇文桀及大将军中部公梁洛都和梁景兴、梁士彦等步骑三万在鹿卢交塞断要道，斛律光和韩贵孙、呼延族、王显等人汇合攻击，大破周兵，斩杀梁景兴，虏获马千匹。下诏加授斛律光右丞相、并州刺史。这年冬天，斛律光又率领步骑五万在玉壁修筑华谷、龙门二城，与宇文宪、擒跋显敬等相对峙，宇文宪等人不敢有所举动。斛律光就进军围困定阳，并修筑南汾城，设置南汾州向周境进逼，夷夏一万多户都来依附。二年(571)，斛律光率领兵众修筑平陇、卫壁、统戎等镇戍十三所。周的柱国枹罕公普屯威、柱国韦孝宽等一万多步骑，进逼平陇，和斛律光在汾水北面开战，斛律光大破周兵，俘获斩杀数以千计。斛律光又加封中山郡公，增邑一千户。回军后，又下诏叫斛律光率领步骑五万出平阳道，进攻姚襄、白亭等城戍，都打了下来，擒获城主仪同、大都督等共九人，俘虏兵众几千人。又另封了个长乐郡公。这个月里，周派遣柱国纥干广略围攻宜阳，斛律光率领步骑五万赶到，在城下大战，拿下周的建安等四个镇戍，俘虏一千多

亭城戍,皆克之,获其城主仪同、大都督等九人,捕虏数千人。又别封长乐郡公。是月,周遣其柱国纥干广略围宜阳,光率步骑五万赴之,大战于城下,乃取周建安等四戍,捕虏千余人而还。军未至邺,敕令便放兵散。光以为军人多有勋功,未得慰劳,若即便散,恩泽不施,乃密通表请使宣旨,军仍且进。朝廷发使迟留,军还将至紫陌,光仍驻营待使。帝闻光军营已逼,心甚恶之,急令舍人追光入见,然后宣劳散兵。拜光左丞相,又别封清河郡公⑪。

人班师。军众还没有到邺城,就下敕书叫分散回去。斛律光认为军人中很多建立了勋功,还没有得到慰劳,如果就分散回去,恩泽便沾不上了,于是秘密修表请使者报告,让军众仍继续前进。朝廷再派使者的时候有些迟,军众已将到紫陌,斛律光仍停驻扎营等待使者。后主听到斛律光的军营已逼近邺城,心上极为厌恶,急忙派舍人把斛律光叫到邺城里见后主,然后慰劳兵众让他们分散回去。拜斛律光为左丞相,又另封了个清河郡公。

注释　①壅(yōng):阻塞。　②武平:北齐后主高纬的年号(570—576)。　③张掖:凉州张掖郡,治所永平在今甘肃张掖西北。中州:治所在今河南洛阳西。梁士彦:《周书》有传。司水大夫:西魏改官制后的冬官府司水中大夫。　④擐(huàn):套,穿。锐:锋利的兵器。　⑤擒:音dá。旬:十天为一旬。　⑥蹑(niè):跟踪。　⑦大将军:西魏改官制后的大将军,一柱国统二大将军。中部:中部郡,治所中部在今陕西宜君东。　⑧定阳:定阳郡治所定阳,即今山西吉县。　⑨置州:即在定阳设置南汾州。　⑩枹(fú)罕:郡名,治所枹罕即今甘肃临夏。　⑪清河郡:相州属郡,治所清河在今山东临清东北。

原文

光入，常在朝堂垂帘而坐①。祖珽不知②，乘马过其前。光怒，谓人曰："此人乃敢尔！"后珽在内省③，言声高慢，光适过，闻之又怒。珽知光忿，而赂光从奴而问之曰："相王瞋孝徵耶④？"曰："自公用事，相王每夜抱膝叹曰：'盲人入⑤，国必破矣！'"穆提婆求娶光庶女⑥，不许。帝赐提婆晋阳之田，光言于朝曰："此田，神武帝以来常种禾⑦，饲马数千匹，以拟寇难。今赐提婆，无乃阙军务也⑧？"由是祖、穆积怨。周将军韦孝宽忌光英勇，乃作谣言，令间谍漏其文于邺⑨，曰："百升飞上天⑩，明月照长安⑪。"又曰："高山不推自崩⑫，槲树不扶自竖⑬。"祖珽因续之曰："盲眼老公背上下大斧，饶舌老母不得语⑭。"令小儿歌之于路。提婆闻之，以告其母令

翻译

斛律光进入邺城后，有一天在朝堂里坐着前面挂了帘子。祖珽不知道，骑了马在前面走过。斛律光发怒，对人说："这人竟敢如此！"后来祖珽在宫禁，说话声音高而且傲慢，斛律光正巧走过，听了又发怒。祖珽知道斛律光对他生气，就贿赂跟随斛律光的僮奴问道："相王对我孝徵生气吧？"僮奴说："自从公掌权，相王每每在晚上抱膝叹息说：'盲人进来，国家必定破败了！'"穆提婆要求娶斛律光的庶出女，斛律光不允许。后主把晋阳的田赏赐穆提婆，斛律光在朝廷上说："这块田，神武帝以来常用来种粮食，养了几千匹马，以准备敌人入寇时好用上。如今赐给穆提婆，岂不使军务有所缺失吗？"从此祖珽、穆提婆积怨于斛律光。周将军韦孝宽忌斛律光英勇，编造了民谣，叫间谍把它传进邺城里，说："百升飞上天，明月照长安。"又说："高山不推自崩，槲树不扶自竖。"祖珽就续上说："盲眼老公背上下大斧，饶舌老母不得语。"叫小孩在路上唱着。穆提婆听到了，告诉他的母亲陆令萱。陆令萱认为饶舌是指斥自己，盲老公是说祖珽，就和祖珽商议同谋，把民谣报告后主道："斛律一家几代都是

萱⑮。萱以饶舌斥己也，盲老公谓斑也，遂相与协谋，以谣言启帝曰："斛律累世大将，明月声震关西⑯，丰乐威行突厥，女为皇后，男尚公主，谣言甚可畏也！"帝以问韩长鸾⑰，鸾以为不可，事寝⑱。祖斑又见帝请间⑲，唯何洪珍在侧⑳，帝曰："前得公启，即欲施行，长鸾以为无此理。"斑未对，洪珍进曰："若本无意则可，既有此意而不决行，万一泄露如何？"帝曰："洪珍言是也。"犹豫未决㉑。会丞相府佐封士让密启云㉒："光前西讨还，敕令放兵散，光令军逼帝京，将行不轨㉓，事不果而止。家藏弩甲，奴僮千数㉔，每遣使丰乐、武都处，阴谋往来。若不早图，恐事不可测。"启云"军逼帝京"，会帝前所疑意，谓何洪珍云："人心亦大圣㉕，我前疑其欲反，果然。"帝性至怯懦㉖，恐即

大将，明月声震关西，丰乐威行突厥，女为皇后，男尚公主，谣言很可怕啊！"后主把这问韩长鸾，韩长鸾认为不能这么做，事情搁了下来。祖斑又找机会单独见后主，只有何洪珍在旁边，后主说："上次得到公所上启，就要照办，韩长鸾认为没有这个道理。"祖斑还没有回答，何洪珍进言道："如果本来没有这个意思还可以，既有了这意思而不下决心去执行，万一泄露了可怎么办？"后主说："洪珍说得很对。"但还犹豫不决。正巧丞相府佐叫封士让的也上了个密启说："斛律光上次西讨回军，敕书叫兵众分散回去，斛律光叫军逼帝京，将图谋不轨，事情没做成才中止。他家里藏有弓弩甲兵，奴僮数以千计，常派使者去丰乐、武都那里，阴谋往来。如果不及早收拾，怕发生不测之事。"这启里所说"军逼帝京"，正和后主当时所疑忌的对上号，就对何洪珍说："人心也真习钻，我当时怀疑他要造反，果然如此。"后主秉性极为懦弱，怕变乱即刻发生，叫何洪珍快马把祖斑召来告诉这事。又怕斛律光不听从命令前来，祖斑就说："正式召见，怕他怀疑不肯前来。可派使者赏赐他一匹骏马，对他说：'明天要去东山游览，王可以骑上这马一起去。'斛律

变发,令洪珍驰召祖珽告之。又恐追光不从命,珽因云:"正尔召之,恐疑不肯入。宜遣使赐其一骏马,语云:'明日将往东山游观,王可乘此马同行。'光必来奉谢,因引入执之。"帝如其言。顷之,光至,引入凉风堂,刘桃枝自后拉而杀之㉗,时年五十八。于是下诏称光谋反,今已伏法,其余家口并不须问。寻而发诏,尽灭其族。

光必定前来谢恩,就此把他引进来抓住。"后主照他的话做。过了一会,斛律光来到,引进凉风堂,刘桃枝从后面把他拉杀了,当时年五十八岁。于是下诏书说斛律光谋反,现已伏法,其余家口概不过问。不久又下诏书,把他一族人都诛灭。

注释 ①常:同"尝",曾经。 ②祖珽:北齐权臣。 ③内省:宫禁。 ④瞋(chēn):怒。孝徵:祖珽的字。 ⑤盲人:当时祖珽已双目失明。 ⑥穆提婆:《北齐书》有传,本书已选译。庶女:不是妻所生而是婢妾所生之女。 ⑦禾:粟,也用作粮食的通称。 ⑧阙:空缺,缺失。 ⑨间(jiàn)谍:窃取对方情报或进行破坏颠覆活动的人。 ⑩百升:十升为一斗,十斗为一斛,这"百升"指斛律的"斛"。 ⑪明月:斛律光的字。 ⑫高山:指北齐高氏皇室。 ⑬槲(hú)树:指斛律。 ⑭饶舌:多嘴,唠叨。 ⑮令萱:陆令萱,穆提婆母,事迹见穆提婆传。 ⑯关西:潼关以西,指北周统治地区。 ⑰韩长鸾:韩凤字长鸾,其传本书已选译。 ⑱寝:停止,平息。 ⑲请间:找机会单独进言,不想让很多人知道。 ⑳何洪珍:事迹见《北齐书》的恩幸传,本书已选译。 ㉑犹豫:迟疑不决。 ㉒丞相府佐:丞相府里的办事人员。 ㉓不轨:不遵守法度,这里指谋叛。 ㉔奴僮:指私家所蓄的奴隶僮仆。 ㉕圣:乖觉,刁钻。 ㉖怯(qiè)懦:胆小,懦弱。 ㉗刘桃枝:北齐高祖神武帝蓄养的苍头，以后历事北齐诸帝，常奉命杀害显贵。

原文

　　光性少言刚急，严于御下，治兵督众，唯仗威刑。版筑之役①，鞭挞人士②，颇称其暴。自结发从戎③，未尝失律④，深为邻敌所慑惮⑤。罪既不彰，一旦屠灭，朝野痛惜之。周武帝闻光死，大喜，赦其境内⑥。后入邺，追赠上柱国、崇国公，指诏书曰："此人若在，朕岂能至邺。"

翻译

　　斛律光话不多而性情刚急，对下管得严，治兵督众，只依仗威势刑罚。督筑城墙，鞭打百姓士卒，人们多说他残暴。自从结发从戎，不曾打过败仗，很为邻敌所畏惧。罪状既不彰明，一朝屠灭，朝廷民间都很痛惜。周武帝听到他被杀，大为欣喜，在境内大赦。后来打进邺城，追赠他为上柱国、崇国公，并指着这个诏书说："此人如果健在，朕岂能到邺城。"

注释　①版筑：指斛律光在边境筑城，当时的城都用土版筑，而非砖砌。　②挞(tà)：用鞭子或棍子打。　③结发：也作"束发"，指年轻时候。　④失律：本指行军无纪律，后引申为用兵失利。　⑤慑(shè)：恐惧。惮(dàn)：害怕，畏惧。　⑥赦：大赦，古代国家或皇室有喜庆之事往往要对一般的罪犯大赦，周武帝认为斛律光被杀对周来讲是喜庆之事，所以在境内大赦。

原文

　　光有四子。长子武都，历位特进、太子太保、开府仪同三司、梁兖二州刺史①，所在并无政绩，唯事聚敛，

翻译

　　斛律光有四子。长子武都，历任特进、太子太保、开府仪同三司、梁兖二州刺史，所到之处并无政绩，专事搜刮，侵渔百姓。斛律光死，后主派使者到州里

侵渔百姓②。光死,遣使于州斩之。次须达,中护军、开府仪同三司③,先光卒。次世雄,开府仪同三司。次恒伽,假仪同三司④。并赐死。光小子钟,年数岁,获免,周朝袭封崇国公,隋开皇中卒于骠骑将军。

把他斩首。次子是须达,任中护军、开府仪同三司,死在斛律光之前。再次是世雄,开府仪同三司。再次是恒伽,假仪同三司。这两人都被赐死。斛律光的小儿子叫钟,当时只有几岁,得以免死,在周朝袭封崇国公,隋朝开皇年间做到骠骑将军后去世。

注释　①梁:梁州,及所属陈留郡的治所均在大梁,即今河南开封。兖(yǎn):兖州,治所在今山东兖州北。　②渔:用不正当手段去谋取。　③中护军:掌管中央直属部队的高级武职。　④假:够不上做这个官,权宜给予,在前面加个"假",以与正式的区别。

司马子如传

导读

　　这个传里所讲的司马子如,和前面所选尉景传的传主尉景是同一类型人物,都是依靠和高欢的老交情而致身高位,只是尉景没有能耐,而司马子如颇具本领,因而在东魏初年能和孙腾等"共知朝政",号称"四贵",掌握了一段时间的实权。但毕竟因为赃贿被高澄削去官爵,恢复官爵后又因诬陷整顿政治的崔暹等人再度被高洋免官。这说明当时的高氏政权还很有活力,不像后来高湛、高纬时那样腐朽败坏。(选自卷一八)

原文

　　司马子如,字遵业,河内温人也①。八世祖模②,晋司空、南阳王③。模世子保④,晋乱出奔凉州⑤,因家焉。魏平姑臧,徙居于云中。其自序云尔⑥。父兴龙,魏鲁阳太守⑦。

翻译

　　司马子如,字遵业,是河内温县人。八世祖名模,是晋的司空、南阳王。司马模的世子名保,晋乱时出逃到凉州,从而住了下来。魏平定姑臧,迁居到云中。司马子如在自序里这么说。父名兴龙,做魏的鲁阳太守。

注释　①河内温:河内郡温县,北魏时属司州,在今河南温县西。温县的司马氏是东汉以来的世家大族,司马懿父子及晋皇室都出于这一家族,司马子如自己认为也出于这一家族,所以说是河内温人。　②模:司马模,司马懿的侄孙,《晋书》有传。　③南阳：荆州南阳郡，治所宛县即今河南南阳。　④保：司马保，《晋书》有传。
⑤凉州：州及所属武威郡的治所均在姑臧，即今甘肃武威。　⑥自序：自己讲述家
世，不是后人代写的自序。魏晋南北朝以至隋唐人常伪造家世，妄托大族，司马子
如自序所说的这个家世当也系伪造，作史者点明"其自序云尔"，也就表明对此并不
相信。　⑦鲁阳：北魏荆州属郡，州及郡的治所均在山北，即今河南鲁山。

原文

子如少机警，有口辩，好交游豪杰，与高祖相结托，分义甚深①。孝昌中，北州沦陷②，子如携家口南奔肆州，为尔朱荣所礼遇，假以中军③。荣之向洛也，以子如为司马，持节，假平南将军④，监前军，次高都⑤。荣以建兴险阻，往来冲要，有后顾之忧，以子如行建兴太守、当郡都督。永安初⑥，封平遥县子⑦，邑三百户，仍为大行台郎中⑧。荣以子如明辩，能说时事，数遣奉使诣阙，多称旨⑨，孝庄亦接待焉。葛荣之乱，相州孤危，荣遣子如间行入邺⑩，助加防守。葛荣平，进爵为侯。

翻译

司马子如从小很机敏，能口辩，喜欢跟豪杰往来，和高祖相结识，交情很深。孝昌年间，北边诸州沦陷，司马子如带了家小往南逃到肆州，受到尔朱荣礼遇，授予他中军的职务。尔朱荣进军洛阳，任司马子如为司马，持节，给予平南将军名义，监督前军，进驻高都。尔朱荣因建兴地势险阻，是往来冲要，不控制将有后顾之忧，派司马子如行建兴太守、本郡都督。永安初年，封为平遥县子，邑三百户，并任大行台的郎中。尔朱荣因司马子如明敏善辩，能讲说时事，屡次派他作为使者去京师，多能称皇帝心意，孝庄帝也亲自接待。葛荣作乱，相州孤立危急，尔朱荣派司马子如微行进入邺城，协助防守。葛荣乱平后，司马子如进爵为侯。元颢进入洛阳，人心疑惑离散，因司马子如曾守御邺城，颇有恩信，就叫他行相州刺史。元颢被平定，被征为金紫光禄大夫。

元颢入洛，人情离阻，以子如曾守邺城，颇有恩信，乃令行相州事。颢平，征为金紫光禄大夫[11]。

注释　① 分义：交情。　② 北州沦陷：指杜洛周等在北边六镇起兵反北魏政权。③ 中军：本应是中军将军的省称，但中军将军职位很高，据司马子如的墓志他担任的其实是中坚将军，品级比中军将军低得多。　④ 平南将军：较高级别的武职。⑤ 高都：高都郡治所高都，在今山西晋城东北。　⑥ 永安：北魏孝庄帝元子攸的年号（528—530）。　⑦ 平遥县：并州太原郡的属县，即今山西平遥。　⑧ 大行台郎中：行台是尚书省的派出机构，尚书省下分设几个部，部的长官叫某部尚书，下面又分设若干郎中办事，因而行台下也就照样设置若干郎中。　⑨ 称旨：合皇帝的心意。⑩ 间（jiàn）行：微行，隐秘前往。　⑪ 金紫光禄大夫：荣誉性的高级职称。

原文

尔朱荣之诛，子如知有变，自宫内突出，至荣宅，弃家随荣妻子与尔朱世隆等走出京城。世隆便欲还北，子如曰："事贵应机，兵不厌诈，天下恟恟[1]，唯强是视，于此际会，不可以弱示人。若必走北，即恐变故随起。不如分兵守河桥，回军向京，出其不意，或可离溃。假不如心，犹足示有余力，

翻译

尔朱荣被诛，司马子如知道有变，从宫中冲出，到尔朱荣宅，抛弃家跟随尔朱荣的妻、子和尔朱世隆等逃出京城。尔朱世隆就要回北边，司马子如说："处事贵在随机应变，用兵不厌诡诈，天下匈匈，都在看谁最强大，在这种情况下，切不可让人看到自己软弱。如果一定要去北边，恐怕变故马上会发生。不如分兵守住河桥，回军向京城进发，出其不意，也许会使对方崩溃。万一不能如愿，也还可以显示我们仍有余力，使天下看到听到，都惧怕我们强

使天下观听,惧我威强。"于是世隆还逼京城。魏长广王立,兼尚书右仆射。前废帝以为侍中、骠骑大将军、仪同三司②,进爵阳平郡公③,邑一千七百户,固让仪同不受。高祖起义信都,世隆等知子如与高祖有旧,疑虑,出为南岐州刺史④。子如愤恨,泣涕自陈,而不获免。

高祖入洛,子如遣使启贺,仍叙平生旧恩。寻追赴京,以为大行台尚书,朝夕左右,参知军国。天平初,除左仆射,与侍中高岳、侍中孙腾、右仆射高隆之等共知朝政⑤,甚见信重。高祖镇晋阳,子如时往谒见,待之甚厚,并坐同食,从旦达暮,及其当还,高祖及武明后俱有赍遗⑥,率以为常。

大。"于是尔朱世隆回军进逼京城。魏长广王立,司马子如兼任尚书右仆射。前废帝任他为侍中、骠骑大将军、仪同三司,进爵阳平郡公,邑一千七百户,他坚辞仪同不接受。高祖在信都起义,尔朱世隆等知道司马子如和高祖是旧交,对他疑虑,让他出任南岐州刺史。司马子如很气愤,哭着解释,仍没有用。

高祖进入洛阳,司马子如派使者送书启祝贺,并陈说平生旧恩。不久就调司马子如进京,任大行台尚书,早晚不离左右,参与处理军国大事。天平初年,除授左仆射,和侍中高岳、侍中孙腾、右仆射高隆之等一起主持朝政,很被亲信重用。高祖在晋阳坐镇,司马子如时常前去谒见,高祖待他极为亲厚,一起并坐一同进食,从清早直到晚上,到他要回去时,高祖和武明皇后都有赠送,已习以为常。

注释 ① 恟(xiōng)恟：也作"匈匈""汹汹"，骚扰不安貌。 ② 侍中：北魏时门下省设侍中六人，本是皇帝的高级侍从官，渐成为宰相。 ③ 阳平郡：相州属郡，治所馆陶即今山东馆陶。 ④ 南岐州：州及所属固道郡的治所在今陕西凤县。 ⑤ 高岳：《北齐书》有传。 ⑥ 赉(lài)：赏赐，赠送。遗(wèi)：赠予。

原文

子如性既豪爽，兼恃旧恩，簿领之务①，与夺任情②，公然受纳，无所顾惮。兴和中③以为北道行台，巡检诸州，守令已下，委其黜陟④。子如至定州，斩深泽县令⑤，至冀州，斩东光县令⑥，皆稽留时漏⑦，致之极刑。若言有进退⑧，少不合意，便令武士顿曳⑨，白刃临项。士庶惶惧，不知所为。转尚书令。子如义旗之始，身不参预，直以高祖故旧⑩，遂当委重，意气甚高，聚敛不息。时世宗入辅朝政，内稍嫌之。寻以赃贿为御史中尉崔暹所劾⑪，禁止于尚书省。诏免其大罪，削官爵。未几，起行冀州事。子

翻译

司马子如秉性既豪爽，又凭借旧恩，簿录别人功绩，可以任情与夺，公然收受贿赂，毫无忌惮。兴和年间，出任北道行台。到所属各州巡行检察，郡守县令以下，委他贬黜升陟。司马子如到定州，斩了深泽县令，到冀州，斩了东光县令，都只是延缓片刻，就处以极刑。如果说话有点出入，稍不合意，就叫武士推倒拖出去，把白刀子架在颈项上。弄得做官的和老百姓都很害怕，不知怎么办才好。又转任尚书令。司马子如在高祖举义旗时，本没有参与，不过因是高祖的故旧，就被委以重任，意气很高，不停地聚敛。这时世宗入辅朝政，心里有点讨厌他。不久就因赃贿被御史中尉崔暹弹劾，拘禁在尚书省。下诏免他大罪，削除他的官爵。没过多久，又被起用为行冀州刺史。司马子如能认真改过，很有声誉，揭发奸伪，僚属都既害怕又心服。转行并州刺史。下诏恢复官爵，另加封野王县男，邑二百户。

如能自厉改⑫,甚有声誉,发摘奸伪⑬,僚吏畏伏之。转行并州事。诏复官爵,别封野王县男⑭,邑二百户。齐受禅,以有翼赞之功,别封须昌县公⑮,寻除司空。

齐受禅,因有辅佐之功,另加封须昌县公,不久除授司空。

注释　① 簿领:文簿记录,这里指记录人家的功绩以便升赏。　② 与:给。夺:不给。　③ 兴和:东魏孝静帝元善见的年号(539—542)。　④ 黜(chù):贬斥,撤职。陟:提升,升迁。　⑤ 深泽县:定州博陵郡的属县,在今河北深泽东。　⑥ 东光县:冀州渤海郡的属县,在今河北东光东。　⑦ 稽留:延滞,迟缓。时漏:漏是古代计时器,也叫漏壶,漏刻,在壶上有部件,上刻符号表时间。时漏也就是现在所说的时刻。　⑧ 进退:这里是有出入的意思。　⑨ 顿:这里指把人推倒在地。曳(yè):牵引,拖走。　⑩ 直:特,不过。　⑪ 崔暹:《北齐书》有传,本书已选译。劾(hé):弹劾,揭发罪状。　⑫ 厉改:尽力改正。　⑬ 奸:奸恶。伪:欺诈。　⑭ 野王县:河内郡的治所,即今河南沁阳。　⑮ 须昌县:东平郡属县,在今山东东平西北。

原文

　　子如性滑稽,不治检裁,言戏秽亵①,识者非之。而事姊有礼,抚诸兄子慈笃,当时名士,并加钦爱,世以此称之。然素无鲠正②,不能平心处物。世宗时,中尉崔暹、黄门郎崔季舒俱被任用③。世宗崩,暹等赴晋

翻译

　　司马子如秉性滑稽,不注意检点,说话开玩笑很秽亵,受到有识之士非议。但侍奉姐姐有礼,抚养诸兄子仁慈亲切,对当时的名士,也都敬重爱慕,人们又因此对他称赞。只是素来欠耿直,不能平心地待人接物。在世宗时,中尉崔暹、黄门郎崔季舒都被重用。世宗崩,崔暹等去晋阳,司马子如就上启显祖,说崔暹等罪恶,并劝显祖杀他们。

阳，子如乃启显祖，言其罪恶，仍劝诛之④。其后子如以马度关，为有司所奏⑤，显祖引子如数让之曰⑥："崔暹、季舒，事朕先世，有何大罪，卿令我杀之？"因此免官。久之，犹以先帝之旧，拜太尉。寻以疾薨，时年六十四。赠使持节、都督冀定瀛沧怀五州诸军事、太师、太尉、怀州刺史⑦，赠物一千段⑧，谥曰文明。

子消难嗣。尚高祖女，以主婿、贵公子，频历中书、黄门郎、光禄少卿⑨，出为北豫州刺史，镇武牢。消难博涉史传，有风神，然不能廉洁，在州为御史所劾。又于公主情好不睦⑩，公主潜诉之，惧罪，遂招延邻敌，走关西⑪。

后来司马子如因马度关的事情，被有司劾奏，显祖把司马子如叫来列举罪状责备道："崔暹、季舒，为朕先世办事，有什么大罪，卿要叫我杀他们？"因此把司马子如免官。过了好久，还因是先帝的故旧，拜授太尉一职。不久司马子如病故，时年六十四。赠使持节、都督冀定瀛沧怀五州军事、太师、太尉、怀州刺史，赠物一千段，谥为文明。

子消难继承爵位。他娶高祖女，因是主婿、贵公子，历任中书、黄门郎、光禄少卿，出任北豫州刺史，镇守虎牢。这司马消难博览史书传记，有风度，但不能廉洁，在州时被御史弹劾。又和公主感情不好，公主诉说他的坏话，他怕得罪，就招引邻敌，出走关西。

注释 ① 秽亵(xiè)：肮脏下流。 ② 鲠(gěng)正：鲠本指鱼骨，引申为直，鲠正就是"鲠直"，也就是"耿直"。 ③ 黄门郎：黄门侍郎，当时在门下省设置黄门侍郎六人，执掌和侍中相同。崔季舒：《北齐书》有传。 ④ 仍劝诛之：崔暹、崔季舒当时没有被杀,只是流放北边服劳役,后都召回任用。 ⑤ 有司:主管的官吏。 ⑥ 数 (shǔ):列举罪状。让:责备。 ⑦ 怀州:州及所属河内郡治所均在野王,即今河南沁 阳。 ⑧ 物:这里指绢帛,当时也可作钱币使用。 ⑨ 中书:当指中书省的中书侍 郎,品级略低于黄门侍郎。光禄少卿:光禄寺的副长官,执掌膳食、帐幕器物及宫殿 门户等事。 ⑩ 睦(mù):和睦。 ⑪ 走关西:司马消难投北周后的事迹,详《周书》 的司马消难传。

慕容绍宗传

导读

　　可能受了明清章回小说的影响,有些读者一提起历史上的大将、名将,心目中就会有个武艺高强而且战无不胜的形象。其实任何时候在第一线战斗的总是众多的士兵,将领所起的作用主要是筹划和指挥,即使有武艺也不一定亲自冲杀。而常胜将军也比较少有,能在关键性战役中获胜就很不容易了。这位慕容绍宗就是这样的人物,他打败了在河南叛齐的大敌侯景,并非凭武艺而在于指挥,最后却在围攻颍州时由于偶然因素而牺牲。(选自卷二〇)

原文

　　慕容绍宗,慕容晃第四子太原王恪后也①。曾祖腾归魏,遂居于代②。祖都,岐州刺史③。父远,恒州刺史。

翻译

　　慕容绍宗,是慕容晃第四子太原王慕容恪的后裔。曾祖叫慕容腾,投奔了魏,就在代地定居。其祖父名慕容都,任岐州刺史。父名慕容远,任恒州刺史。

注释　　① 慕容晃:即慕容皝(huǎng),慕容氏是鲜卑族的一支,慕容晃是十六国时期前燕政权的创建者,《晋书》《魏书》均有传。太原王恪:《晋书》有传。　② 代:北魏本称代,建都盛乐,在今内蒙古和林格尔北。　③ 岐州:州及所属平秦郡的治所均在雍县,在今陕西宝鸡东北。

原文

绍宗容貌恢毅,少言语,深沉有胆略^①。尔朱荣即其从舅子也^②。值北边扰乱,绍宗携家属诣晋阳以归荣,荣深待之。及荣称兵入洛,私告绍宗曰:"洛中人士繁盛,骄侈成俗,若不加除翦,恐难制驭^③。吾欲因百官出迎,仍悉诛之,谓可尔不^④?"绍宗对曰:"太后临朝,淫虐无道^⑤,天下愤惋^⑥,共所弃之。公既身控神兵^⑦,心执忠义,忽欲歼夷多士^⑧,谓非长策,深愿三思^⑨。"荣不从。后以军功封索卢县子^⑩,寻进爵为侯。从高祖破羊侃,又与元天穆平邢杲,累迁并州刺史。

翻译

慕容绍宗容貌恢弘刚毅,言语不多,深沉有胆略。尔朱荣就是他从舅的儿子。逢北边扰乱,慕容绍宗带了家属去晋阳投靠尔朱荣,尔朱荣很厚待他。到尔朱荣兴兵入洛阳时,私下对慕容绍宗说:"洛中人士繁盛,骄侈已成习俗,如不加以剪除,恐怕难以控制驾驭。我准备乘百官出迎的时候,把他们统统杀死,你看行不行?"慕容绍宗回答道:"太后临朝,淫虐无道,天下愤惋,已为人所共弃。您既手握神兵,心怀忠义,忽然要杀尽大臣,我认为不是好办法,很希望三思。"尔朱荣不听从。后来慕容绍宗因军功封为索卢县子,不久进爵为侯。跟随高祖打败羊侃,又和元天穆平定邢杲,多次升迁任并州刺史。

注释 ①胆略:胆识才略。 ②从舅:母亲的叔伯兄弟。 ③驭(yù):驾驭马匹,引申为统率,控制。 ④不(fǒu):同"否"。 ⑤无道:违背正常的言行准则,过去常指君上的暴虐为"无道"。 ⑥惋(wǎn):怅恨,惋惜。 ⑦神兵:这里用来夸张尔朱荣所部之能战斗,也就是劲兵、精兵的意思。 ⑧歼:杀尽。夷:诛锄。 ⑨三思:再三考虑。 ⑩索卢县:齐州广川郡的属县,即今山东桓台。

原文

纥豆陵步藩逼晋阳，尔朱兆击之，累为步藩所破，欲以晋州征高祖，共图步藩。绍宗谏曰："今天下扰扰，人怀觊觎①，正是智士用策之秋。高晋州才雄气猛，英略盖世，譬诸蛟龙，安可借以云雨。"兆怒曰："我与晋州推诚相待，何忽辄相猜阻②，横生此言！"便禁止绍宗，数日方释。遂割鲜卑隶高祖，高祖共讨步藩灭之。及高祖举义信都，兆以绍宗为长史，又命为行台，率军壶关③，以抗高祖。及广阿、韩陵之败，兆乃抚膺自咎④，谓绍宗曰："比用卿言⑤，今岂至此！"

翻译

纥豆陵步藩进逼晋阳，尔朱兆出击，多次被步藩打败，准备任命齐高祖高欢为晋州刺史，一起对付步藩。慕容绍宗劝谏道："当今天下扰扰，人人有所觊觎，正是智谋之士运用计策之时。高晋州才雄气猛，英勇才略盖世，譬如是条蛟龙，怎能借他云雨。"尔朱兆发怒道："我和高晋州推诚相待，你怎么就妄加猜疑，说出这种话来！"就把慕容绍宗拘禁起来，几天后才开释。尔朱兆就把鲜卑人分配给高祖统率，高祖和尔朱兆一起征讨步藩，把步藩灭掉。等高祖在信都起义，尔朱兆任慕容绍宗为长史，又派绍宗为行台，领兵到壶关，抵抗高祖。等他在广阿、韩陵两次战败之后，尔朱兆就拍着胸膛责怪自己，对慕容绍宗说："之前如果听了卿的话，今天哪会落到这地步！"

注释 ① 觊觎(jì yú)：非分的希望或企图。 ② 阻：疑惑。 ③ 壶关：并州上党郡的属县，在今山西壶关东南。 ④ 咎(jiù)：罪责，责怪。 ⑤ 比：近来，前此。

原文

兆之败于韩陵也，士卒

翻译

尔朱兆在韩陵战败时，士卒多数奔

多奔,兆惧,将欲潜遁①。绍宗建旗鸣角,招集义徒②,军容既振,与兆徐而上马。后高祖从邺讨兆于晋阳,兆窘急,走赤谼岭,自缢而死。绍宗行到乌突城,见高祖追至,遂携荣妻子及兆余众自归。高祖仍加恩礼,所有官爵并如故,军谋兵略,时参预焉。

天平初,迁都邺,庶事未周③,乃令绍宗与高隆之共知府库图籍诸事④。二年,宜阳民李延孙聚众反,乃以绍宗为西南道军司,率都督厍狄安盛等讨破之。军还,行扬州刺史⑤,寻行青州刺史。丞相府记室孙搴属绍宗以兄为州主簿⑥,绍宗不用,搴谮之于高祖,云慕容绍宗尝登广固城长叹⑦,谓其所亲云:"大丈夫有复先业理不⑧?"由是征还。元象初,西魏将独孤如愿据洛州⑨,梁、颍之间⑩,

散,尔朱兆害怕起来,准备潜逃。慕容绍宗树起旗、吹动号角,招集随从的徒众,军容重振后,才和尔朱兆从容地上马。后来高祖从邺城到晋阳讨伐尔朱兆,尔朱兆窘急,逃往赤谼岭,自缢而死。慕容绍宗跑到乌突城,看见高祖追来,就带了尔朱荣的妻、子以及尔朱兆的残余兵众自行投顺。高祖仍旧对他施加恩惠、礼敬有加,他所有官爵都照旧不动,军谋兵略,让他时常参预。

天平初年,迁都到邺城,许多事情还未周全,齐高祖就叫慕容绍宗和高隆之共同主管府库图籍等事。二年(535),宜阳百姓李延孙聚众造反,就派慕容绍宗任西南道军司,率领都督厍狄安盛等把他打败。回军后,派慕容绍宗行扬州刺史,不久改行青州刺史。丞相府的记室孙搴嘱托慕容绍宗用自己的兄长做州主簿,慕容绍宗没有用,孙搴就在高祖面前说坏话,说慕容绍宗曾登上广固城长叹,对亲近的人讲:"大丈夫有恢复先人事业之理吗?"因此慕容绍宗被召回。元象初年,西魏将军独孤如愿据有洛州,梁郡、颍川郡之间,寇盗蜂起。高祖派慕容绍宗领兵去武牢,和行台刘贵等把寇盗讨伐平定。慕容绍宗进爵为公,授官度支尚书。后来又任晋寇盗蜂起⑪。高祖命绍宗率兵赴武牢，与行台刘贵等平之。进爵为公，除度支尚书⑫。后为晋州刺史、西道大行台。还朝，迁御史中尉。属梁人刘乌黑入寇徐方⑬，令绍宗率兵讨击之，大破，因除徐州刺史。乌黑收其散众，复为侵窃。绍宗密诱其徒党，数月间，遂执乌黑杀之。

州刺史、西道大行台。回朝，升任御史中尉。正逢梁人刘乌黑入寇徐州，朝廷派慕容绍宗领兵去征讨，大破敌兵，从而授官徐州刺史。刘乌黑收合散卒，又来侵扰，慕容绍宗密诱刘乌黑的徒众，几个月里，就捕杀刘乌黑。

注释 ① 潜：暗中，偷偷地。 ② 义徒：随从的徒众。 ③ 庶：众多。 ④ 府库：官府储存财物兵甲的仓库。图籍：地图与户籍。 ⑤ 扬州：这是北朝的扬州，及所属梁郡的治所均在今安徽寿县。 ⑥ 记室：丞相府分曹办事，记室是其中一曹，掌管章表文檄之类。孙搴（qiān）：《北齐书》有传。主簿：州的佐吏，主管文书。 ⑦ 广固城：在青州治所益都，曾是南燕慕容德、慕容超的都城，在今山东青州西北。 ⑧ 不（fǒu）：同"否"。 ⑨ 洛州：州及所属上洛郡的治所均在上洛，即今陕西商州。 ⑩ 梁：梁郡，治所睢阳在今河南商丘南。颍：颍川郡，治所长社在今河南长葛东北。 ⑪ 蜂起：齐起。 ⑫ 度支尚书：尚书省隶属的六尚书之一，掌管户口、赋税、仓库。 ⑬ 徐方：本即徐戎，是古代东夷之一，这里借用来指徐州。徐州及所属彭城郡的治所均在彭城，即今江苏徐州。

原文

侯景反叛，命绍宗为东南道行台，加开府，转封燕

翻译

侯景反叛，派慕容绍宗任东南道大行台，加开府，转封燕郡公，和韩轨等去

郡公①,与韩轨等诣瑕丘②,以图进趣③。梁武帝遣其兄子贞阳侯渊明等率众十万④,顿军寒山⑤,与侯景掎角,拥泗水灌彭城。仍诏绍宗为行台,节度三徐二兖州军事⑥,与大都督高岳等出讨,大破之,擒渊明及其将帅等,俘虏甚众,乃回军讨侯景于涡阳。于时景军甚众,前后诸将往者莫不为其所轻,及闻绍宗与岳将至,深有惧色,谓其属曰:"岳所部兵精,绍宗旧将,宜共慎之。"于是与景接战,诸将持疑,无肯先者,绍宗麾兵径进⑦,诸将从之,因而大捷,景遂奔遁。军还,别封永乐县子。初,高祖末命世宗云⑧:"侯景若反,以慕容绍宗当之。"至是,竟立功效。

瑕丘,计划进取。梁武帝派他兄子贞阳侯萧渊明等领兵十万,驻屯在寒山,和侯景成掎角之势,拥泗水来灌彭城。东魏仍下诏任慕容绍宗为行台,节度三徐二兖州军事,和大都督高岳等出兵讨伐,大破梁军,生擒萧渊明及其将帅等人,俘获极多,于是回军去涡阳讨伐侯景。这时侯景兵马极多,先后前往的将领没有不被他轻视,等侯景知道慕容绍宗和高岳将到达后,神色深为恐惧,对部众说:"高岳所部精锐,慕容绍宗则是旧将,大家得小心。"于是和侯景开战,东魏将领们迟疑,没有愿意当先的,慕容绍宗挥兵直前,将领们跟从其后,才打了个大胜仗,侯景就此逃走。回军后,另封慕容绍宗永乐县子。当初,高祖给世宗的遗命说:"侯景如果造反,用慕容绍宗来抵敌。"到这时,才算真立下了功劳。

注释 ①燕郡:幽州燕郡,州郡的治所均在蓟县,即今北京。 ②韩轨:《北齐书》有传。瑕丘:兖州的治所,在今山东兖州北。 ③趣:同"趋"。 ④梁武帝:《梁书》有纪。 ⑤寒山:离彭城十八里。 ⑥三徐二兖州:三徐州是徐州、南徐州和北徐州,南徐州治所宿预,在今江苏宿迁东南,北徐州治所燕县,在今安徽凤阳东。二兖州是兖州和南兖州,南兖州治所涡阳即今安徽蒙城。 ⑦ 麾(huī):同"挥",指挥。⑧ 末命:帝王临死前的遗命。

原文

西魏遣其大将王思政入据颍州①。又以绍宗为南道行台,与太尉高岳、仪同刘丰等率军围击,堰洧水以灌之②。……未几,与丰临堰,见北有尘气,乃入舰同坐。暴风从东北来,远近晦冥,舟缆断③,飘舰径向敌城。绍宗自度不免,遂投水而死,时年四十九。三军将士莫不悲悍,朝廷嗟伤。赠使持节、二青二兖齐济光七州军事、尚书令、太尉、青州刺史④,谥曰景惠。

除其长子士肃为散骑常侍⑤,寻以谋反伏诛,朝廷以绍宗功,罪止士肃身。皇建初,配飨世宗庙庭⑥。士肃弟建中袭绍宗爵,武平末仪同三司,隋开皇中大将

翻译

西魏派大将王思政进入颍州据守。东魏又派慕容绍宗任南道行台,和太尉高岳、仪同刘丰等领兵围攻,堰起洧水来灌州城。……过了不久,慕容绍宗和刘丰来到堰上,看见北边有尘气,就上舰船同坐。暴风从东北刮来,远近一片昏黑,船缆断掉,舰船飘走直向敌城。慕容绍宗自思不免,就投水而死,时年四十九。三军将士没有不悲痛惋惜的,朝廷也为之嗟叹哀伤。赠使持节、二青二兖齐济光七州军事、尚书令、太尉、青州刺史,谥为景惠。

除授他的长子士肃为散骑常侍,不久谋反伏诛,朝廷考虑慕容绍宗的功劳,罪止于士肃一身。皇建初年,让慕容绍宗配享世宗庙庭。士肃弟建中承袭慕容绍宗的封爵,武平末年任仪同三司,隋开皇年间任大将军、叠州总管。

军、叠州总管⑦。

注释 ① 颍州：州及所属颍州郡的治所均在长社，在今河南长葛东。 ② 堰 (yàn)：本指拦河堰，横截河流以便引水灌溉或决水灌城，这里作动词用，即筑堰。 洧(wěi)水：即今河南双洎(jì)河，故道流经颍州的长社城。 ③ 缆(lǎn)：系船的索。 ④ 二青：青州和南青州。南青州及所属东安郡的治所团城即今山东沂水。济：济 州，治所卢县，在今山东东阿西北。光：光州，及所属东莱郡的治所均在掖县，即今 山东莱州。 ⑤ 散骑常侍：当时在集书省设散骑常侍六人，以备向皇帝进言讽谏。 ⑥ 飨：同"享"。 ⑦ 叠(dié)州：治所合川即今甘肃迭部。

高 昂 传

导读

　　前面选译了少数民族将军慕容绍宗和斛律金、斛律光父子的列传，这里再选译一位汉族将军高昂的列传。从传里可以看到这位将军及其部下是何等悍勇善战，不减鲜卑，在关系高欢霸业成败的韩陵之战中起了决定性作用，今天读起来仍使人们在感情上受到震动。当然，那时候的许多战争都是为了封建统治者的利益，无论哪方面都是如此，何况高昂本身还是渤海高氏这个地方大豪族的成员。这就是历史局限性在古人身上的体现，不好用今天的标准来衡量要求。（选自卷二一）

原文

　　高乾，字乾邕，渤海蓨人也。父翼，字次同，豪侠有风神，为州里所宗敬。孝昌末，葛荣作乱于燕、赵①，朝廷以翼山东豪右②，即家拜渤海太守。至郡未几，贼徒愈盛，翼部率合境，徙居河、济之间③，魏因置东冀州④，以翼为刺史，加镇东将军、乐城县侯⑤。及尔朱兆弑庄帝⑥，翼保境自守，谓诸

翻译

　　高乾，字乾邕，是渤海蓨县人。父名翼，字次同，豪侠而有风度，受到州里崇拜敬重。孝昌末年，葛荣在燕、赵作乱，朝廷因为高翼是山东豪强，到他家里拜授他为渤海太守。高翼到郡不久，贼众愈盛，就部署统率全境百姓，迁居到黄河、济水之间，魏就此设置了一个东冀州，任高翼为刺史，加授他镇东将军、乐城县侯。到尔朱兆弑孝庄帝，高翼保境自守，对儿子们说：“主忧臣辱，主辱臣死，如今社稷临危，人神愤怒，破了家来保国，正是时候。尔朱兄弟，性

子曰："主忧臣辱，主辱臣死，今社稷阽危⑦，人神愤怨，破家报国，在此时也。尔朱兄弟，性甚猜忌，忌则多害，汝等宜早图之，先人有夺人之心，时不可失也。"事未辑而卒。……

格特别猜忌，猜忌多了就会多害人，你们应及早图谋，事情做在别人之先就能夺人之心，机会不可丧失。"高翼没有成事就死了。……

注释 ① 燕(yān)、赵：战国时燕国在今河北北部和辽宁西端，赵国在今山西中部、陕西东北角和河北西南部，这里借用来指葛荣活动的地区。 ② 豪右：地方豪强、豪族。 ③ 河、济之间：黄河、济水之间。渤海郡在黄河北边，南迁过黄河到达河、济之间。 ④ 东冀州：治所何地不详。 ⑤ 乐城县：青州河间郡的属县，在今山东寿光东。 ⑥ 弑(shì)：封建时代称臣杀君、子杀父母为"弑"。 ⑦ 阽(diàn)危：阽是近边欲坠的意思，阽危就是危险。

原文

　　昂，字敖曹，乾第三弟。幼稚时，便有壮气。长而倜傥①，胆力过人，龙眉豹颈，姿体雄异。其父为求严师，令加捶挞②。昂不遵师训，专事驰骋③，每言男儿当横行天下，自取富贵，谁能端坐读书，作老博士也④。与兄乾数为劫掠，州县莫能穷治，招聚剑客⑤，家资倾尽，

翻译

　　昂，字敖曹，高乾的第三弟。幼小时，就具有壮气。长大后倜傥洒脱，有过人的胆量气力，龙眉豹颈，姿态身躯雄奇。他的父亲给他请了严师，听任师傅捶挞。他不听师训，一意驰骋，常说男儿当横行天下，自取富贵，谁能端坐读书，当个老博士。他和兄长高乾多次出外劫掠，州县不敢认真惩办，他招聚剑客，把家财都散掉，乡里都怕他，没有人敢违抗。他父亲高翼常对人说："这儿如果不灭我家族，就会光大家门，不

乡闾畏之⑥，无敢违迕⑦。父翼常谓人曰："此儿不灭我族，当大吾门，不直为州豪也！"

光做个州豪而已！"

① 俶傥(tì tǎng)：同"倜(tì)傥"，卓异，豪爽，洒脱不拘。 ② 捶(chuí)：用拳头或棍棒敲打。挞(tà)：用鞭子或棍子打。 ③ 驰骋(chěng)：纵马疾驰。 ④ 博士：秦及汉初设置博士本掌管图籍、博通古今，后成为官方传授经学者的专称，南北朝以来也用来称民间塾师和一般读书人。 ⑤ 剑客：本指精于剑术的人，这里泛指敢持短兵器拼死命的人。 ⑥ 乡闾(lǚ)：闾本是里巷的大门，乡闾也就是乡里。 ⑦ 迕(wǔ)：违背。

原文

建义初①，兄弟共举兵。既而奉旨散众，仍除通直散骑侍郎②，封武城县伯③，邑五百户。乾解官归，与昂俱在乡里，阴养壮士。尔朱荣闻而恶之，密令刺史元仲宗诱执昂，送于晋阳。永安末④，荣入洛，以昂自随，禁于驼牛署⑤。既而荣死，魏庄帝即引见劳勉之。时尔朱世隆还逼宫阙，帝亲临大夏门指麾处分⑥。昂既免缧绁⑦，被甲横戈，志凌劲敌，

翻译

建义初年，高昂兄弟同起兵。既而奉旨解散兵众，仍被除授通直散骑侍郎，封武城县伯，邑五百户。高乾解官回来，和高昂都在乡里，私下畜养壮士。尔朱荣知道了很厌恶，密令刺史元仲宗把高昂诱骗擒捉，送到晋阳。永安末年，尔朱荣进入洛阳，把高昂随身带着，拘禁在驼牛署里。不久尔朱荣死，魏孝庄帝引见高昂慰问勉励。当时尔朱世隆回军进逼宫阙，孝庄帝亲临大夏门指挥处分。高昂既已免于囚禁，被甲横戈，气压强敌，和堂侄高长命等摧锋直入，所向披靡。孝庄帝和看的人无不惊叹他勇壮，立即除授直阁将军，赏赐帛

乃与其从子长命等推锋径进⑧,所向披靡⑨。帝及观者莫不壮之,即除直阁将军⑩,赐帛千匹。

一千匹。

注释 ① 建义:北魏孝庄帝元子攸的年号(528)。 ② 通直散骑侍郎:集书省置通直散骑侍郎六人,品级低于散骑常侍和通直散骑常侍,职掌相同。 ③ 武城县:当时相州清河郡有武城县,在今山东武成西北。齐州东清河郡也有武城县,在今山东淄博南。这里的武城县不知是哪个武城县。 ④ 永安:北魏孝庄帝元子攸的年号(528—530)。 ⑤ 驼牛署:太仆寺下属管理骆驼和牛的机构。 ⑥ 大夏门:北魏洛阳城北靠西的门。 ⑦ 缧绁(léi xiè):古代拘系犯人的绳索,引申为拘系,囚禁。 ⑧ 从子:侄儿,堂侄。长命:高翼长兄的孙、高昂的堂侄,事迹附见《北齐书》高乾、高昂等人传后。 ⑨ 披靡:本指草木随风偃倒,引申为军队溃败不能立足。 ⑩ 直阁将军:左右卫府中的武职。

原文

昂以寇难尚繁,非一夫所济,乃请还本乡,招集部曲,仍除通直常侍①,加平北将军,所在义勇,竞来投赴。寻值京师不守,遂与父兄据信都起义。殷州刺史尔朱羽生潜军来袭,奄至城下②。昂不暇擐甲,将十余骑驰之,羽生退走,人情遂定。后废帝立,除使持节、冀州

翻译

高昂考虑寇难尚多,单凭一人不济事,就请求回到家乡,招集部曲,仍被除授通直常侍,加平北将军,当地义勇,都争相前来投效。不久逢上京师失守,就和父兄据信都起义。殷州刺史尔朱羽生领兵偷袭,突然来到城下。高昂来不及披上铠甲,带了十几骑冲过去,尔朱羽生退走,人心才安定下来。后废帝即位,除授他使持节、任冀州刺史终身。仍为大都督,领兵跟随高祖在广阿打败尔朱兆。到平定邺城,他另率所部管领

刺史以终其身。仍为大都督,率众从高祖破尔朱兆于广阿。及平邺,别率所部领黎阳③。又随高祖讨尔朱兆于韩陵,昂自领乡人部曲王桃汤、东方老、呼延族等三千人,高祖曰:"高都督纯将汉儿,恐不济事,今当割鲜卑兵千余人共相参杂,于意如何?"昂对曰:"敖曹所将部曲,练习已久,前后战斗,不减鲜卑。今若杂之,情不相合,胜则争功,退则推罪。愿自领汉军,不烦更配。"高祖然之。及战,高祖不利,军小却,兆等方乘之④,高岳、韩匈奴等以五百骑冲其前,斛律敦收散卒蹑其后,昂与蔡儁以千骑自栗园出,横击兆军,兆众由是大败。是日微昂等,高祖几殆⑤。

黎阳。又跟随高祖讨伐尔朱兆于韩陵,高昂自己率领乡人部曲王桃汤、东方老、呼延族等三千人,高祖说:"高都督统率的都是汉儿,恐怕不济事,该分割鲜卑兵千余人掺杂到一起,你认为怎样?"高昂回答道:"我敖曹所率领的部曲,早经训练熟悉,前后投入战斗,并不比鲜卑差。现在如果掺杂到一起,性情不能相合,打胜就争功,后退就推罪,愿意自领汉军,用不着再配鲜卑军。"高祖同意。等两军交战,高祖不利,兵众稍稍退却,尔朱兆正要追赶,高岳、韩匈奴等率领五百骑冲到前面,斛律敦收拾散兵跟到后面,高昂和蔡儁率领一千骑从栗园杀出,横击尔朱兆军,尔朱兆军因此大败。这天如没有高昂等,高祖就很危险了。

注释 ①通直常侍:即通直散骑常侍,当时集书省设通直散骑常侍六人,职掌同散骑常侍。 ②奄:忽,遽,突然。 ③黎阳:司州属郡,治所黎阳,在今河南浚县东。 ④乘:这里是追赶的意思。 ⑤殆:危殆,危险。

原文

太昌初,始之冀州。寻加侍中、开府,进爵为侯,邑七百户。兄乾被杀,乃将十余骑奔晋阳,归于高祖。及斛斯椿衅起①,高祖南讨,今昂为前驱。武帝西遁,昂率五百骑倍道兼行②,至于崤、陕③,不及而还。寻行豫州刺史,仍讨三荆诸州不附者并平之④。天平初,除侍中、司空公,昂以兄乾薨于此位,固辞不拜,转司徒公。

时高祖方有事关陇,以昂为西南道大都督,径趣商洛⑤。山道峻隘,已为寇所守险,昂转斗而进,莫有当其锋者。遂攻克上洛,获西魏洛州刺史泉企并将帅数十人⑥。会窦泰失利,召昂班师。时昂为流矢所中⑦,创甚,顾谓左右曰:"吾以身许国,死无恨矣,所可叹息者,不见季式作刺史耳⑧!"高祖闻之,即驰驿启季式为

翻译

太昌初年,高昂才去冀州。不久加授侍中、开府,进封爵为侯,邑七百户。兄高乾被杀,高昂带了十几骑奔赴晋阳,投靠高祖。到斛斯椿挑起事端,高祖南下讨伐,派高昂为前驱。孝武帝西逃,高昂率领五百骑兼程而行,赶到崤、陕,没有赶上才回来。不久行豫州刺史,还讨伐三荆诸州不归附的并把他们讨平。天平初年,除授侍中、司空公,高昂因兄高乾死在这司空位置上,坚辞不受,转授司徒公。

这时高祖正有事于关陇,任高昂为西南道大都督,直取商洛。这里山路峻隘,已有敌寇据险扼守,高昂转斗前进,没有人能挡得住他的兵锋。就攻克上洛,俘获西魏洛州刺史泉企和将帅几十人。逢上窦泰失利,召高昂班师。当时高昂中了流矢,创伤很重,看了看左右说:"我以身许国,死无所恨,所可叹息的,只是见不到季式做上刺史了。"高祖听说了,就快马启用季式为济州刺史。

济州刺史。

① 衅(xìn)：挑起事端。 ② 倍道兼行：兼程而行，一天走两天的路程。 ③ 陕：恒农郡治所北陕，在今河南三门峡市西。 ④ 三荆：荆州、东荆州和北荆州，东荆州治所泚(bǐ)阳即今河南泌阳，北荆州治所在今河南宜阳南。 ⑤ 商：洛州上庸郡治所，在今陕西商州东南。 ⑥ 泉企：《周书》有传。 ⑦ 流矢：无端飞来的乱箭。 ⑧ 季式：高乾第四弟，《北齐书》有传。

原文

昂还，复为军司大都督，统七十六都督，与行台侯景治兵于武牢①。御史中尉刘贵时亦率众在北豫州，与昂小有忿争，昂怒，鸣鼓会兵而攻之，侯景与冀州刺史万俟受洛干救解乃止②，其侠气凌物如此③。于时鲜卑共轻中华朝士，唯惮服于昂。高祖每申令三军，常鲜卑语，昂若在列，则为华言。昂尝诣相府，掌门者不纳，昂怒，引弓射之。高祖知而不责。

元象元年，进封京兆郡公④，邑一千户。与侯景等同攻独孤如愿于金墉城，周文帝率众救之，战于邙阴。

翻译

高昂回来后，又任军司大都督，统率七十六个都督，和行台侯景在虎牢练兵。御史中尉刘贵这时也领众在北豫州，和高昂稍有争执，高昂生气了，敲响鼓召集兵众要进攻刘贵，侯景和冀州刺史万俟受洛干劝解才作罢，他侠气凌物就是如此。当时鲜卑都看不起中华朝士，只对高昂畏服。高祖每对三军发令，常说鲜卑话，如果高昂在场，就说汉话。高昂曾上相府，守门的不让进，高昂发怒，拉开弓要射他。高祖知道了也不责备。

元象元年(538)，进封高昂为京兆郡公，邑一千户。和侯景等一同攻打守金墉城的独孤如愿，周文帝率众救援，在邙山山北开战。高昂所部失利，左右分散，他单马东出，要前往河梁南城，城门关闭进不去，就被西军杀害，时年四昂所部失利，左右分散，单马东出，欲趣河梁南城⑤，门闭不得入，遂为西军所害，时年四十八。赠使持节、侍中、都督冀定沧瀛殷五州诸军事、太师、大司马、太尉公、录尚书事、冀州刺史，谥忠武。

子突骑嗣，早卒。世宗复召昂诸子，亲简其第三子道豁嗣。皇建初，追封昂永昌王⑥，道豁袭，武平末开府仪同三司，入周授仪同大将军，开皇中，卒于黄州刺史⑦。

十八。赠使持节、侍中、都督冀定沧瀛殷五州诸军事、太师、大司马、太尉公、录尚书事、冀州刺史，谥为忠武。

子突骑继承爵位，死得早。世宗又召见高昂诸子，亲自挑选他的第三子道豁继承。皇建初年，追封高昂永昌王，由道豁承袭，武平末年道豁任开府仪同三司，入周授仪同大将军，开皇年间，死在黄州刺史任上。

注释 ① 治兵：练兵。 ② 万俟(mò qí)：本是鲜卑的一个部落，万俟受洛干就是这个部落的人，以部落名万俟为姓。 ③ 凌物：欺凌他人，欺侮他人。 ④ 京兆郡：雍州属郡，郡的治所霸城，在今陕西西安东北。 ⑤ 河梁南城：在河桥南岸。 ⑥ 永昌：郡名，治所在今山东曹县东。 ⑦ 黄州：治所黄冈即今湖北新洲。

崔 暹 传

导读

　　高欢依靠以鲜卑族为主的六镇兵力打天下，但还懂得"马上得之，不能马上治之"的道理，用了一批文士帮他治天下。这批文士中有很多出身于北方的世家大族，因为这些家族里做官的经验比较多，文化也比较高，而且由于经常要跟"马上得之"的少数民族上层分子打交道，就保持了一定的活动能力，而不像南朝的世家大族那样很快腐朽。崔暹就是这样的一位人物，他在协助高欢、高澄整顿政治上确实起过积极作用。

　　这篇传原已缺失，这是后人据《高氏小史》之类补入的。（选自卷三〇）

原文

　　崔暹，字季伦，博陵安平人^①，汉尚书寔之后也^②，世为北州著姓^③。父穆，州主簿。

　　暹少为书生，避地渤海依高乾，以妹妻乾弟慎。慎后临光州^④，启暹为长史。赵郡公琛镇定州^⑤，辟为开府谘议^⑥。随琛往晋阳，高祖与语，说之^⑦，以兼丞相长

翻译

　　崔暹，字季伦，是博陵安平人，汉尚书崔寔的后裔，世代是北州的大姓。父名穆，是州的主簿。

　　崔暹年轻时是个书生，渤海到避乱投靠高乾，把妹妹嫁给高乾弟高慎。高慎后来治光州，启奏崔暹为长史。赵郡公高琛镇定州，征召他做开府的谘议。崔暹跟随高琛去晋阳，高祖和他谈话，很欣赏他，便让他兼任丞相的长史。高祖起兵将入洛阳，把崔暹留下来帮助高琛主持后方的事情，对他说："大丈夫相

史。高祖举兵将入洛，留暹佐琛知后事，谓之曰："丈夫相知⑧，岂在新旧。军戎事重，留守任切，家弟年少，未闲事宜，凡百后事⑨，一以相属。"握手殷勤⑩，至于三四。后迁左丞、吏部郎⑪，主议《麟趾格》⑫。

知，岂在新旧。军事固重大，留守责任也不轻，家弟年纪轻，办事不熟悉，后方的所有工作，统统交给你。"和崔暹恳切地握手，握了三四次。以后崔暹升任左丞、吏部郎，主持议定《麟趾格》。

注释 ① 博陵安平：定州博陵郡，治所安平即今河北安平。博陵崔氏和清河崔氏都是山东郡姓王、崔、卢、李、郑中的崔姓，北朝著名的世家大族。 ② 汉尚书寔（shí）：崔寔，《后汉书》有传。 ③ 北州：北方诸州，北地。 ④ 临：统治，治理。 ⑤ 赵郡：定州属郡，治所平棘即今河北赵县。琛（chēn）：高琛，高欢弟，死后进爵为赵郡王，《北齐书》有传。 ⑥ 开府谘（zī）议：高琛当时是开府仪同三司，谘议是幕府里的文职人员。 ⑦ 说（yuè）：同"悦"。 ⑧ 相知：知己朋友，成为知己朋友。 ⑨ 凡百：所有的，一切。 ⑩ 殷勤：情意恳切深厚。 ⑪ 左丞：尚书省在尚书令、左右仆射和六尚书外，还设置左、右丞，也是显要的职务。吏部郎：六尚书下各设若干曹，郎中是曹的长官，吏部郎即吏部下面的吏部曹郎中。 ⑫《麟趾格》：我国古代法律方面有律、令、格、式四种，格是律即刑法的补充。这次编定《麟趾格》是在东魏孝静帝兴和三年（541），由高澄和群臣在麟趾阁议定，所以叫《麟趾格》，到高洋称帝后又再修订。

原文

暹亲遇日隆①，好荐人士，言邢卲宜任府僚②，兼任机密。世宗因以征，卲甚见

翻译

崔暹一天天被信任厚待，他喜欢推荐人才，说邢卲做府僚合适，还可兼管机密。世宗就征用了邢卲，很亲信重

亲重。言论之际，邵遂毁暹，世宗不悦，谓暹曰："卿说子才之长[③]，子才专言卿短，此痴人也！"暹曰："子才言暹短，暹说子才长，皆是实事，不为嫌也。"高慎之叛，与暹有隙，高祖欲杀之，世宗救免。

武定初，迁御史中尉，选毕义云、卢潜、宋钦道、李愔、崔瞻、杜蕤、嵇晔、郦伯伟、崔子武、李广皆为御史[④]，世称其知人。世宗欲假暹威势，诸公在坐，令暹高视徐步，两人掣裾而入[⑤]。世宗分庭对揖[⑥]，暹不让席而坐，觞再行[⑦]，便辞退。世宗曰："下官薄有蔬食[⑧]，愿公少留。"暹曰："适受敕在台检校[⑨]。"遂不待食而去，世宗降阶送之。旬日后，世宗与诸公出之东山，遇暹于道，前驱为赤棒所击[⑩]，世宗回马避之。

视。可言谈之时，邢邵却说崔暹的坏话，世宗不高兴，对崔暹说："卿说子才的长处，子才却专说卿的短处，真是痴人啊！"崔暹说："子才说暹的短处，暹说子才的长处，都是实事，没有什么意见。"高慎叛变，是因为和崔暹有仇隙，高祖要杀崔暹，被世宗救了下来。

武定初年，崔暹升任御史中尉，选用毕义云、卢潜、宋钦道、李愔、崔瞻、杜蕤、嵇晔、郦伯伟、崔子武、李广做御史，人们说他能识拔人才。世宗要提高崔暹的威势，一次诸公在坐，世宗让崔暹昂首慢步走来，两个人替他拽着衣裾。世宗和崔暹分庭对揖，崔暹不让席就坐了下来，行了两遍酒，就要辞行退下。世宗说："下官略备了点蔬食，愿公稍留一会。"崔暹说："刚受了敕书要到台里去查核。"不等吃东西就走，世宗下阶送他。旬日以后，世宗和诸公去东山，在路上碰到崔暹，世宗的前驱被赤棒打了，世宗拨回马头退避。

注释 ① 亲遇:信任厚待。 ② 邢卲:《北齐书》有传,本书已选译。 ③ 子才:邢卲字子才。 ④ 蕤:音 ruí。 ⑤ 挈(chè):牵引,拽。裾(jū):衣服的前襟。 ⑥ 分庭对揖:古代主客相见时,主人在庭院之东,客在庭院之西,相对施礼,也叫"分庭抗礼",是以平等的礼节相见。揖,是古代的拱手礼。 ⑦ 觞(shāng):古代酒杯叫觞,引申为向人敬酒或自饮。 ⑧ 下官:古代官员的谦称。薄有:稍有一点。蔬食:用蔬菜烹制的食物,意思是并非丰盛可口的肉食,这也是谦词。 ⑨ 台:御史台,御史中尉在当时就是御史台的长官。检校:查核。 ⑩ 赤棒:执法用的红色棒。

原文

暹前后表弹尚书令司马子如及尚书元羡、雍州刺史慕容献,又弹太师咸阳王坦、并州刺史可朱浑道元①,罪状极笔②,并免官,其余死黜者甚众。高祖书与邺下诸贵曰③:"崔暹昔事家弟为定州长史,后吾儿开府谘议,及迁左丞、吏部郎,吾未知其能也。始居宪台④,乃尔纠劾。咸阳王、司马令并是吾对门布衣之旧,尊贵亲昵⑤,无过二人,同时获罪,吾不能救,诸君其慎之。"高祖如京师⑥,群官迎于紫陌,高祖握暹手而劳之曰:"往

翻译

崔暹先后上表弹劾尚书令司马子如和尚书元羡、雍州刺史慕容献,又弹劾太师咸阳王元坦、并州刺史可朱浑道元,罪状写得极为详尽,都将他们免了官,此外被处死贬黜的还很多。高祖给邺下诸贵人写信说:"崔暹当初在家弟定州刺史任上办事,后来做吾儿的开府谘议,到迁任左丞、吏部郎,我还没有知道他的能力。如今刚居宪台,就能如此纠劾。咸阳王、司马令都是我门对门的布衣故旧,讲尊贵亲近,总超不过这两位,但是同时获罪,我救不了,诸位该小心了。"高祖去京师,百官到紫陌迎接,高祖握着崔暹的手慰劳道:"以前朝廷上岂没有法官,而天下贪婪,没有人肯去纠劾。中尉尽心为国,不怕豪强,就使远近肃清,诸公奉法。冲锋陷阵,大有其人;放下脸来做官,如今才见到。

前朝廷岂无法官,而天下贪婪⑦,莫肯纠劾。中尉尽心为国,不避豪强,遂使远迩肃清,群公奉法。冲锋陷阵,大有其人;当官正色⑧,今始见之。今荣华富贵,直是中尉自取,高欢父子,无以相报。"赐暹良马,使骑之以从,且行且语。暹下拜,马惊走,高祖为拥之而授辔⑨。魏帝宴于华林园,谓高祖曰:"自顷朝贵、牧守、令长、所在百司⑩,多有贪暴,侵削下人⑪。朝廷之中有用心公平、直言弹劾不避亲戚者⑫,王可劝酒。"高祖降阶,跪而言曰:"唯御史中尉崔暹一人。谨奉明旨,敢以酒劝,并臣所射赐物千匹⑬,乞回赐之。"帝曰:"崔中尉为法,道俗齐整⑭。"暹谢曰:"此自陛下风化所加⑮,大将军臣澄劝奖之力⑯。"世宗退谓暹曰:"我尚畏羡⑰,何况余人。"由是威

现在这些荣华富贵,都是中尉自己取得的,高欢父子,实在没有什么好报答。"赏赐崔暹好马,叫骑上跟着走,边走边说话。崔暹下马拜谢,马受惊要跑,高祖拦住并把缰绳递给崔暹。魏帝在华林园举行宴会,对高祖说:"近来朝贵、牧守、令长、百官,多有贪赃暴虐,侵削百姓的。朝廷里如有用心公平、敢直言弹劾不避亲戚的,王可劝酒。"高祖走下台阶,跪着说:"这只有御史中尉崔暹一位。臣敬奉明旨,用酒劝他喝,臣所射得的赐物千匹,也请回赐给他。"魏帝说:"崔中尉执法,引导风俗齐整。"崔暹答谢道:"这自是陛下教化之所施加,大将军臣澄的劝奖也起了作用。"世宗退下来对崔暹说:"我尚且怕太富饶,何况其余的人。"从此崔暹威名一天盛似一天,朝廷内外没有人不畏服。

名日盛,内外莫不畏服。

注释 ① 坦:元坦,《北齐书》有传。 ② 极笔:写得极为详尽。 ③ 邺下:即邺、邺城,魏晋南北朝时习惯称京城为都下,所以也称成为京城的邺为邺下。 ④ 宪台:东汉时曾把西汉的御史府改称宪台,后世就通称御史台为宪台。 ⑤ 昵(nì 溺):亲近,亲昵。 ⑥ 如:往,去。 ⑦ 贪婪(lán):贪得无厌。 ⑧ 正色:表情端庄严肃,放下脸。 ⑨ 拥:本指抱持,这里是拉住。辔(pèi):驾驭牲口的绳索,缰绳。 ⑩ 顷:不久,方才。牧守:州刺史和郡太守。令长:县令。百司:朝廷百官。 ⑪ 下人:下民,老百姓,撰史时避李世民名讳改称"下人"。 ⑫ 亲戚:这是指魏帝和高欢等的亲戚。 ⑬ 所射赐物千匹:在宴会上比赛射箭,胜者可得赏赐,赐物是绢帛,所以说千匹。 ⑭ 道:通"导",引导。 ⑮ 风化:教化。加:施。 ⑯ 大将军……之力:当时高欢留驻晋阳,高澄在邺城以尚书令、左右京畿大都督执掌朝政,兴和二年(540)加大将军。 ⑰ 畏羡:羡是丰饶、富裕,畏羡是怕太富裕,致有贪赃不法的嫌疑。

原文

高祖崩,未发丧,世宗以暹为度支尚书兼仆射,委以心腹之寄①。暹忧国如家,以天下为己任。世宗车服过度②,诛戮变常,言谈进止③,或有亏失,暹每厉色极言,世宗亦为之止。有囚数百,世宗尽欲诛之,每催文帐④,暹故缓之,不以时进。世宗意释⑤,竟以获免。

翻译

高祖崩,还没有发丧,世宗任崔暹为度支尚书兼仆射,委以心腹重任。崔暹操心国事犹如家事,以天下为己任。世宗车服过度,诛杀反常,言谈举动,也时有错失,崔暹常严肃地无保留地指责,世宗也因此改正。有几百名囚徒,世宗要统统杀掉,多次催促公文簿籍,崔暹故意拖延,不及时送上。世宗后来改变了想法,这些囚徒终于得免死。

注释　① 委以心腹之寄：寄托心腹，委以中枢的重任。　② 车服：乘车和衣服，这些在古代都用以区分等级，不能过于华丽奢侈。度：制度，法度。　③ 进止：进退举止，行动。　④ 文帐：文是公文、文书，帐是帐目，即囚犯的名单。　⑤ 意释：也作"意解"，消除原来的想法，改变原来的想法。

原文

　　自出身从官①，常日晏乃归。侵晓则与兄弟问母之起居②，暮则尝食视寝③，然后至外斋对亲宾④。一生不问家事。魏、梁通和，要贵皆遣人随聘使交易⑤，暹惟寄求佛经。梁武帝闻之为缮写⑥，以幡花赞呗送至馆焉⑦。然而好大言，调戏无节⑧。密令沙门明藏著《佛性论》而署己名⑨，传诸江表⑩。子达拏年十三⑪；暹命儒者权会教其说"周易"两字⑫，乃集朝贵名流，令达拏升高座开讲。赵郡眭仲让阳屈服之⑬，暹喜，擢为司徒中郎⑭，邺下为之语曰："讲义两行得中郎⑮。"此皆暹之短也。

翻译

　　崔暹自从出身从政，经常日暮才回家。拂晓和兄弟向母亲问起居，日暮回家后先尝食视寝，然后到外斋接待亲属宾客。一生不问家事。魏、梁讲和通好，权要显贵都派人跟随聘问的使者去做买卖，崔暹只托人购求佛经。梁武帝知道了就专门给他缮写，用幡花赞呗送到使者住的馆舍。然而崔暹爱说大话，调笑戏弄起来没有节制。暗地里叫沙门明藏写了篇《佛性论》而署上自己的姓名，传到江表去。子达拏十三岁时，崔暹叫儒者刚教会他讲说"周易"二字，就招集朝贵名流，叫达拏升高座开讲。有个赵郡人眭仲让假装辩论不过达拏，崔暹很高兴，把他升擢为司徒中郎。邺下给这编了句话道："讲义两行得中郎。"这些都是崔暹的短处。

注释 ①出身：古人称开始进入仕途做官为出身。 ②起居：起是起来活动，居是坐下休息，起居就指日常生活，常作为问候安否的话。 ③尝食视寝：尝饮食是否可口，看枕席是否安适，都是旧时孝顺父母者所必须做到的。 ④斋：屋舍，多指书室、学舍。 ⑤聘使：到别国去聘问的使者。 ⑥梁武帝：梁武帝萧衍，最信佛教，《梁书》有纪。缮写：抄写，雕版印刷是唐代中期才出现的，在这以前的书籍都得抄写，魏晋以来都抄写在长纸卷上成为卷轴形式。 ⑦幡花：旗幡和鲜花，都是佛教徒举行宗教仪式时必备的东西。赞呗（bài）：也作"呗赞"，佛教徒赞颂佛的功德叫"赞呗""呗赞"。 ⑧调戏：调笑戏弄，嘲谑。 ⑨沙门：也作"桑门"，梵语的音译，原为印度各教派出家修道者的通称，后专用来称依戒律出家修道的佛教徒。 ⑩江表：地理上的习惯用语，指长江以南的广大地区。 ⑪挐：音rú。 ⑫说"周易"二字：《周易》是儒者必读的《五经》之一，南北朝时盛行义疏之学，对《五经》等都作了繁琐的讲解，说"周易"二字，就是对书名"周易"二字作繁琐的讲解。 ⑬眭：音suī。阳：通"佯"，假装。 ⑭司徒中郎：北齐太尉、司徒、司空所谓三公都设置官属，其中有从事中郎这一官职。 ⑮讲义：当时把对《五经》等所作的讲解写出来就成为"讲义"。

原文

显祖初嗣霸业，司马子如等挟旧怨，言暹罪重，谓宜罚之。高隆之亦言宜宽政网，去苛察，法官黜崔暹，则得远近人意。显祖从之。及践祚①，谮毁之者犹不息。帝乃令都督陈山提等搜暹家，甚贫匮②，唯得高祖、世宗与暹书千余纸，多论军国

翻译

显祖刚继承霸业，司马子如等怀藏旧怨，说崔暹罪重，应该惩罚。高隆之也说该放宽政网，去掉苛察，把法官中崔暹这种人贬黜，就会远近都得人心。显祖听从了。到显祖登位，毁谤崔暹的还不见止息。显祖就派都督陈山提等去搜崔暹的家，发现他家里很穷，只找到高祖、世宗写给崔暹的一千多张信，多是讨论军国大事。显祖嗟叹赞赏，但还是免不了人们非议，就把崔暹流放到

原文

大事③。帝嗟赏之，仍不免众口，乃流遄于马城④，昼则负土供役，夜则置地牢。岁余，奴告遄谋反，锁赴晋阳，无实，释而劳之，寻迁太常卿⑤。帝谓群臣曰："崔太常清正，天下无双，卿等不及。"

原文

初，世宗欲以妹嫁遄子，而会世宗崩，遂寝。至是群臣宴于宣光殿，贵戚之子多在焉，显祖历与之语，于坐上亲作书与遄曰："贤子达拏，甚有才学。亡兄女乐安主①，魏帝外甥②，内外敬待，胜朕诸妹，思成大兄宿志。"乃以主降达拏。天保末，为右仆射。帝谓左右曰："崔暹谏我饮酒过多，然我饮何所妨？"常山王私谓

翻译

马城，白天背土服役，夜里放进地牢。过了一年多，有奴仆控告崔暹谋反，崔暹被锁起来送到晋阳，但是查不出事实，他就被释放并加慰劳，不久迁任太常卿。显祖对臣下们说："崔太常清正，天下无双，卿等都比不上。"

当初，世宗要把亲妹嫁给崔暹的儿子，正逢世宗崩逝，就搁置了。到这时群臣在宣光殿宴会，贵戚的儿子们多数在场，显祖一个个和他们谈话，在座位上亲笔作书给崔暹说："你的儿子达拏，很有才学。朕亡兄之女乐安公主，是魏帝的外甥，内外敬待，胜过朕诸妹，朕想实现大兄的夙愿。"就把乐安公主下嫁给达拏。天保末年，崔暹任右仆射。显祖对左右说："崔暹劝谏我酒不要喝得太多，但我喝了又碍什么？"常山王私下对崔暹说："至尊常多喝醉，太后尚且无从说话，我们兄弟更都闭口，只有仆射

遏曰③："至尊或多醉④,太后尚不能致言;吾兄弟杜口⑤,仆射独能犯颜⑥,内外深相感愧⑦。"十年,遏以疾卒,帝抚灵而哭,赠开府。

达拏温良清谨,有识学,少历职为司农卿⑧。入周,谋反伏诛。天保时,显祖尝问乐安公主:"达拏于汝何似?"答曰:"甚相敬重,唯阿家憎儿⑨。"显祖召达拏母入内,杀之,投尸漳水。齐灭,达拏杀主以复仇。

能劝谏,内外深为感愧。"十年(559),崔遏因病去世,显祖抚灵而哭,赠开府。

达拏温良清谨,有识见学问,年轻时历任为司农卿。入周后,以谋反被杀。天保时,显祖曾问乐安公主:"达拏对你怎么样?"回答道:"很敬重,只是阿家讨厌儿。"显祖就召达拏母入宫,把她杀死,把尸体抛在漳水里。齐灭后,达拏杀死公主复仇。

注释　①乐安:青州乐安郡,治所千乘,在今山东广饶北。　②魏帝外甥:高澄妻是东魏孝静帝元善见妹冯(píng)翊长公主,所以她所生之女乐安主是魏孝静帝的外甥。　③常山王:高演,后篡位为北齐孝昭帝,《北齐书》有纪。　④至尊:魏晋南北朝时人在私下常称皇帝为"至尊"。　⑤杜口:杜是堵塞,杜口即闭口不言。　⑥犯颜:冒犯尊长的威严,多指直谏而言。　⑦内外:这里指高氏家族内和家族外。　⑧司农卿:司农寺的长官,掌管仓市、薪菜、园池、果实等。　⑨阿家(gū):"家"同"姑",阿家即"阿姑",妇称夫之母为"阿家""阿姑"。

邢 邵 传

导读

邢邵和崔暹都是文士，但崔暹能整顿政治办实事，邢邵则纯以文学知名。南北朝时盛行骈体文，连皇帝下诏书行敕令都得用典故、讲对偶、调声律，因此读书多、会做文章的邢邵也能以此致身贵显，尽管他贵显后仍多从事文墨工作。另外，南北朝时世家大族讲究礼法，影响到朝廷上也特别重视吉凶礼仪，因而邢邵晚年也在《五经》上下功夫，成为礼仪方面的权威。这说明学问总得适应时代的需要，脱离时代需要而成为大学问家是很困难的。

这个传原已缺失，这是后人据《北史》补入的，但又有所删节。（选自卷三六）

原文

邢邵，字子才，河间鄚人①，魏太常贞之后。父虬，魏光禄卿②。邵小字吉，少时有避，遂不行名③。

翻译

邢邵，字子才，是河间鄚县人，魏太常卿邢贞的后裔。父名虬，是魏的光禄卿。邢邵小字叫吉，年轻时为了避讳，就没有通行邵这个大名。

注释 ① 河间：郡名，治所武垣，在今河北河间南。鄚(mò)：河间郡属县，在今河北任丘北。 ② 光禄卿：光禄寺的长官，掌管膳食、帐幕器物、宫殿门户等。 ③ 少时……行名：邢邵的"邵"和魏彭城王元劭的"劭"音义都相同，少时避元劭的名讳，于是以"子才"这个字行世而不用"邵"这个名。

原文

年五岁，魏吏部郎清河崔亮见而奇之①，曰："此子后当大成，位望通显②。"十岁，便能属文③，雅有才思④，聪明强记⑤，日诵万余言⑥。族兄峦有人伦鉴⑦，谓子弟曰："宗室中有此儿⑧，非常人也！"少在洛阳，会天下无事，与时名胜专以山水游宴为娱⑨，不暇勤业。尝因霖雨，乃读《汉书》，五日略能遍记之。后因饮谑倦，方广寻经史⑩，五行俱下，一览便记，无所遗忘。文章典丽，既赡且速⑪。年未二十，名动衣冠⑫。尝与右北平阳固、河东裴伯茂、从兄昄、河南陆道晖等至北海王昕舍宿饮⑬，相与赋诗，凡数十首，皆在主人奴处，旦日奴行，诸人求诗不得，邵皆为诵之，诸人有不认诗者，奴还得本，不误一字，诸人方之王粲⑭。吏部尚书陇

翻译

五岁时，魏吏部郎清河崔亮见到了就称奇，说："这孩子以后会大有成就，地位声望通达显赫。"到十岁，就会做文章，很有才华，聪明强记，一天可熟读万余言。族兄邢峦善于鉴别人伦，对子弟说："宗族有这样的孩子，可不是寻常人啊！"邢邵年轻时住在洛阳，正值天下太平无事，和当时的名流一意游山玩水宴饮作乐，顾不上用功读书。曾因连日阴雨，才读《汉书》，花了五天功夫就能大体记住。后来邢邵对宴饮玩乐厌倦了，才开始广为探求经史，阅览起来五行齐下，一遍就记住，没有遗忘。写文章典雅绮丽，既赡博且迅速。还没到二十岁，在衣冠人物中就很有名气。曾和右北平阳固、河东裴伯茂、从兄邢昄、河南陆道晖等到北海王元昕家过夜宴饮，互相作诗，一起做了几十首，都放在主人的家奴处，天明后家奴外出，这些人找诗找不到，邢邵都替他们背诵出来，这些人中有不认账的，等家奴回来拿出原本，一字不差，这些人把邢邵比作王粲。吏部尚书陇西李神儁对他极其钦佩尊重，引为忘年之交。

西李神儁大相钦重^⑮，引为忘年之交^⑯。

注释 ① 清河：相州属郡，治所清河，在今山东临清东北。崔亮：《魏书》有传。② 位望：地位声望。通显：官位崇高显赫。 ③ 属文：即作文，古人叫属文，连缀字句成为文章的意思。 ④ 雅：极，甚。 ⑤ 强记：记忆力强，记得的东西多。 ⑥ 诵：熟读。 ⑦ 族兄峦（luán）：邢峦，《魏书》有传。人伦鉴：具有对人的流品进行辨别评述的能力。 ⑧ 宗室：这里是宗族的意思，并非像通常那样指皇室。 ⑨ 名胜：这里指名士胜流，即名流，并非像通常那样指名胜古迹而言。 ⑩ 寻：探求。 ⑪ 赡（shàn）：充实，丰富。当时盛行骈体文，文章里引用典故愈多愈好，所以用"赡"字称文章之好。 ⑫ 衣冠：指官僚显贵、世家大族。 ⑬ 右北平：战国秦汉时的郡，东汉时治所土垠在今河北丰润东南，西晋起改名北平郡。河东：郡名，治所蒲坂，在今山西永济西、黄河东岸。罘：音 fú。河南：河南尹所管区，治所洛阳，在今河南洛阳东。北海：青州北海郡，治所平寿，在今山东潍坊西南。 ⑭ 方：比。王粲：东汉末建安时文学家，以强记著称，《三国志》有传。 ⑮ 陇西：郡名，治所原在狄道，在今甘肃临洮南，陇西狄道李氏是魏晋南北朝时的世家大族。李神儁（jùn）：《魏书》有传。 ⑯ 忘年之交：不拘年岁辈分的差别而成为好朋友。

原文

释巾为魏宣武挽郎^①，除奉朝请^②，迁著作佐郎^③，深为领军元乂所礼。乂新除尚书令，神儁与陈郡袁翻在席^④，乂令邵作谢表^⑤，须臾便成，以示诸宾，神儁曰："邢邵此表，足使袁公变色^⑥。"孝昌初，与黄门侍郎

翻译

进入仕途先做魏宣武帝的挽郎，除授奉朝请，升迁著作佐郎，大受领军元乂礼敬。元乂新除授尚书令，李神儁和陈郡袁翻在座，元乂请邢邵代作谢表，一会儿就写好，给在座的客人们看，李神儁说："邢邵这个表，足以使袁公变色。"孝昌初年，和黄门侍郎李琰之共同掌管朝廷礼仪。从孝明帝以后，讲究文

李琰之对典朝仪⑦。自孝明以后⑧，文雅大盛，邵雕虫之美⑨，独步当时⑩。每一文初出，京师为之纸贵⑪，读诵俄遍远近。于时袁翻与范阳祖莹位望通显⑫，文笔之美⑬，见称先达⑭，以邵藻思华赡⑮，深共嫉之⑯。每洛中贵人拜职，多凭邵为谢表。尝有一贵胜初受官⑰，大集宾食，翻与邵俱在坐，翻意主人托其为让表，遂命邵作之。翻甚不悦，每告人云："邢家小儿尝客作章表⑱，自买黄纸⑲，写而送之。"邵恐为翻作害，乃辞以疾。属尚书令元罗出镇青州⑳，启为府司马，遂在青土终日酣赏，尽山泉之致㉑。

雅，邢邵文章之美，独步当时。每当一篇写出，京城里就广为传抄为之纸贵，远近到处诵读。当时袁翻和范阳祖莹位望通显，文章之美，也被前辈称赞，看到邢邵文思华赡，大为妒忌。当时洛阳城里贵人拜受官职，多请邢邵作谢表。曾有一位名流初受官，大请客，袁翻和邢邵都在座，袁翻心想主人要请自己作谢表，结果请了邢邵，袁翻很不愉快，常告诉人说："邢家小儿曾受人雇用作章表，自己买了黄纸，写好送去。"邢邵怕被袁翻暗害，就推辞有病。正好尚书令元罗出镇青州，启奏邢邵为府司马，邢邵就在青州整天喝酒游赏，极尽山水之趣。

注释 ① 释巾：巾是未做官的处士所服，释巾就是进入仕途。魏宣武：北魏宣武帝元恪。挽郎：给皇帝牵引灵柩唱挽歌的少年，要由公卿子弟充任。 ② 奉朝请：古代诸侯春季朝见天子叫朝，秋季朝见叫请，奉朝请就是可以参加朝见的意思，北魏时成为中级的文职官员。 ③ 著作佐郎：当时秘书省设著作佐郎八人。 ④ 陈郡：豫州属郡，治所项县即今河南沈丘。袁翻：《魏书》有传。 ⑤ 谢表：魏晋南北朝唐宋时人被除授官职，照例要上表辞谢，叫"谢表"，也叫"让表"。 ⑥ 变色：失色，吃惊而改变脸色。　⑦ 李琰之：《魏书》有传。　⑧ 孝明：北魏孝明帝元诩,《魏书》有纪。　⑨ 雕虫：比喻小技、小道,常指词章,这里即指词章。　⑩ 独步：独一无二,超群出众。　⑪ 纸贵：西晋左思著《三都赋》成,洛阳豪贵竞相传写,纸价因而昂贵,后来就用"洛阳纸贵"或"纸贵"来称文章著作为人传诵。　⑫ 范阳：幽州属郡,治所涿县即今河北涿州。祖莹：《魏书》有传。　⑬ 文笔：南北朝时称有韵之文为文,无韵之文为笔,也泛称文章为文笔。　⑭ 先达：前辈。　⑮ 藻思：华美的文思。　⑯ 嫉(jí)：妒忌。　⑰ 贵胜：贵族名流。　⑱ 客作：受人雇用。　⑲ 黄纸：当时表章都用黄纸书写。　⑳ 属：恰好。　㉑ 致：情趣。

原文

永安初,累迁中书侍郎,所作诏诰,文体宏丽。及尔朱荣入洛,京师扰乱,邵与弘农杨愔避地嵩高山①。普泰中,兼给事黄门侍郎②,寻为散骑常侍。太昌初,敕令恒直内省③,给御食,令覆按尚书门下事,凡除大官,先问其可否,然后施行。除卫将军、国子祭酒④。以亲老还乡,诏所在特给兵力五人⑤,并令岁一入朝,以备顾问。丁母忧⑥,哀毁过礼⑦。……累迁太常卿、中书监⑧,摄国子祭酒⑨。是时朝臣多守一职,

翻译

永安初年,邢邵几次升迁做到中书侍郎,所写作的诏诰,文体恢宏华丽。到尔朱荣进入洛阳,京城扰乱,邢邵和弘农杨愔进嵩高山避乱。普泰年间,邢邵兼任给事黄门侍郎,不久任散骑常侍。太昌初年,敕令邢邵经常在内省上班,给他吃皇帝的御食,叫他覆查尚书省、门下省的公事,凡是除授大官,先要问他行不行,然后办理。除授他为卫将军、国子祭酒。邢邵因亲人年老回家乡,下诏当地特别供给他兵士五名,还叫每年入朝一次,以备顾问。母亲去世,他哀毁超过了礼仪的要求。……又几次迁任太常卿、中书监,摄国子祭酒。这时朝臣多数只任一职,兼任两个官职的很少,邢邵一下子任三个官职,而且这些官职是文章学问之士的首选,为当

带领二官甚少⑩,邵顿居三职,并是文学之首⑪,当世荣之。文宣幸晋阳,路中频有甘露之瑞⑫,朝臣皆作《甘露颂》,尚书符令邵为之序⑬。及文宣皇帝崩,凶礼多见讯访,敕撰哀策⑭。后授特进⑮,卒。

世所荣耀。文宣帝驾幸晋阳,路上不断地呈现甘露的祥瑞,朝臣都作《甘露颂》,尚书省发文叫邢邵给它写序。到文宣帝崩逝,丧礼中有许多地方向邢邵请教,还敕令撰作哀策。后来除授特进,逝世。

注释 ① 愔:音 yīn。嵩(sōng):即嵩山,在今河南登封北。 ② 给事黄门侍郎:门下省设置给事黄门侍郎六人。 ③ 内省:宫内。 ④ 卫将军:高级武职,邢邵任此当然只算加个荣誉性职称。国子祭酒:最高教育机构国子监的长官。 ⑤ 兵力:为官员服役的兵士。 ⑥ 丁母忧:旧称遭父母之丧为"丁忧"。 ⑦ 哀毁:因丧悲哀而致瘦损。 ⑧ 中书监:中书省的长官。 ⑨ 摄:代理。 ⑩ 带领:兼任。 ⑪ 文学之首:文章学问之士的首选,也就是文章学问之士能做的最好的官。 ⑫ 频:连续多次,不断地。甘露:一种甜美的露水,古人迷信,以为天下太平就天降甘露,其实都是附会而已。 ⑬ 符令:符,本是古代朝廷用来传达命令的东西,符令就是行文命令。 ⑭ 哀策:也作"哀册",古代皇帝死后,将送葬时所读的最后一篇祭文刻在策上,埋入陵,叫"哀策"或"哀册",对太子、皇后也可使用。 ⑮ 特进:荣誉性的文职高官,多授予年老退闲的人。

原文

邵率情简素①,内行修谨②,兄弟亲姻之间③,称为雍睦④。博览坟籍⑤,无不通晓。晚年尤以《五经》章

翻译

邢邵秉性简易朴素,内行修谨,兄弟亲姻之间,有雍睦之称。博览典籍,无不通解知晓。晚年尤其用心于《五经》章句,穷尽其中的指归要义。有关

句为意⑥，穷其指要⑦。吉凶礼仪，公私谘禀⑧，质疑去惑⑨，为世指南⑩。每公卿会议，事关典故⑪，卲援笔立成，证引该洽⑫，帝命朝章⑬，取定俄顷⑭，词致宏远，独步当时。与济阴温子昇为文士之冠⑮，世论谓之"温邢"。巨鹿魏收⑯，虽天才艳发，而年事在二人之后⑰，故子昇死后，方称"邢魏"焉。虽望实兼重，不以才位傲物，脱略简易⑱，不修威仪⑲，车服器用，充事而已⑳。有斋不居，坐卧恒在一小屋，果饵之属㉑，或置之梁上，宾至下而共啖。天姿质素，特安异同㉒，士无贤愚，皆能顾接㉓，对客或解衣觅虱㉔，且与剧谈㉕。有书甚多，而不甚雠校㉖，见人校书，常笑曰："何愚之甚！天下书至死读不可遍，焉能始复校此㉗。且误书思之，更是一适㉘。"妻弟李季节，才

吉凶礼仪的事情，公家私人都向他咨询请示，他解答疑难，成为人们的指南。每当公卿集会议论，事情有关典制掌故，邢卲拿起笔立刻写出来，引证详备，诏令朝章，顷刻而定，词理宏远，独步当时。和济阴温子昇为文士之冠，社会上议论称之为"温邢"。巨鹿魏收，虽然天才艳发，但年龄资历在温、邢两位之后，所以到温子昇死后，才有"邢魏"之称。邢卲尽管名望和真实本领都够，却不凭才学地位骄傲，脱略简易，不讲究威仪，车子、衣服、器物、用具，勉强够数就行。有斋不住，坐卧常在一间小屋里，果实糕饼之类，有时就放在梁上，客人到了取下来一起吃。天性质朴，尤其不计较异同，文士不论贤愚，都能接待，有时对着客人解开衣服捉虱子，同时还谈得起劲。藏书很多，但不怎么校勘，看到人家校勘书，常笑着说："怎么愚蠢到如此！天下的书到死也读不完，哪能一遍遍地校一部书。何况有错误的书读时多想一想，也是一种快乐。"妻弟李季节，是位有才学的文士，他对邢卲说："世上的人多数不聪明，对着有错误的书哪能想出什么。"邢卲说："如果想不出，就不用读书了。"他对妻子很疏远，不住进内室，自己说："曾经白天走进内

学之士,谓子才曰:"世间人多不聪明,思误书何由能得。"子才曰:"若思不能得,便不劳读书。"与妇甚疏,未尝内宿,自云:"尝昼入内阁㉙,为狗所吠㉚。"言毕便抚掌大笑㉛。性好谈赏㉜,不能闲独㉝,公事归休,恒须宾客自伴。事寡嫂甚谨,养孤子恕,慈爱特深。……有集三十卷,见行于世。子大宝,有文情。孽子大德、大道㉞,略不识字焉。

室,被狗吠叫。"说完就拍手大笑。习性喜欢谈赏,耐不住孤独,办完公事回家,常要宾客作伴。他侍奉寡嫂很小心,养育孤儿恕,特别慈爱。……有诗文集三十卷,流行在社会上。子大宝,有文才。庶出子大德、大道,差不多连字也不识。

注释 ①率情:秉性,性情。 ②内行:平素在家里的操行。 ③亲姻:有婚姻关系的亲戚。 ④雍睦:和睦。 ⑤坟籍:《左传·昭公十二年》有"三坟、五典、八索、九丘"的话,杜预注:"皆古书名。"因而后人就用"坟籍"或"坟典"来称古书。 ⑥章句:本指古书的章节、句读,后引申为给古书作训诂注解。 ⑦指要:指归要义,要旨。 ⑧谘禀:咨询请示。 ⑨质疑:本指请人解答疑难,这里是解答疑难的意思。去惑:解惑。 ⑩指南:本指指南针,引申为正确的指导。 ⑪典故:典制掌故。 ⑫该治(qià):详备,广博。 ⑬帝命:皇帝的诏令。朝章:朝廷的章奏。 ⑭俄顷:顷刻,一会儿。 ⑮济阴:兖州属郡,治所定陶在今山东定陶西北。 ⑯魏收:《魏书》撰人,《北齐书》有传。 ⑰年事:年龄资历。 ⑱脱略:轻慢不拘,随便。 ⑲威仪:礼仪细节。 ⑳充事:勉强够数。 ㉑饵:糕饼。 ㉒异同:不同的主张见解。 ㉓顾接:接待。 ㉔虱(shī失):虱子,寄生于人和哺乳动物体表,吸血为生。 ㉕剧谈:畅谈,谈得起劲。 ㉖雠(chóu):校勘,校对并改正错误。 ㉗始复:始是开始。复是又，更，即再开始。始复即一遍遍的意思。　㉘ 误书……一适：指思考这个字为什么会错成那个字，这也是一种快乐。　㉙ 内阁：内室，这里指邢卲妻的卧室。　㉚ 为狗所吠：吠是狗叫，因为邢卲平时未尝内宿，所以连内室的狗也不认识他，要对他叫。　㉛ 抚掌：拍手。　㉜ 谈赏：谈论评赏。　㉝ 能（nài）：同"耐"。　㉞ 孽（niè）子：婢妾所生之子，旧时所谓庶出之子、庶孽之子。

元 文 遥 传

　　北魏自从孝文帝拓跋宏迁都洛阳,改姓元氏,厉行汉化以来,逐渐收到成效。这位元文遥本是北魏的宗室,所谓昭成帝拓跋什翼犍的六世孙,但在他身上已不再保有擅长骑射的旧习俗,而变成了有高度文化修养的士大夫。在青年时他便以强记见赏于邢邵,论政治才能他也不弱于崔暹之流。尤其是身居高位仍能"与物无竞",这也许是天保十年(559)文宣帝高洋大杀元氏宗室而他仍得保全并继续受到宠信的原因。

　　本篇原已缺失,这是后人据《北史》补入的。(选自卷三八)

　　元文遥,字德远,河南洛阳人①,魏昭成皇帝六世孙也②。五世祖常山王遵③。父晞有孝行,父卒庐于墓侧而终,文遥贵,赠特进、开府仪同三司、中书监,谥曰孝。

　　文遥敏慧夙成,济阴王晖业每云④:"此子王佐才也⑤!"晖业尝大会宾客,有人将何逊集初入洛⑥,诸贤

　　元文遥,字德远,是河南洛阳人,魏昭成皇帝的六世孙。五世祖是常山王元遵。父元晞有孝行,其父亲死后他在墓边搭个庐舍住到死,等元文遥显贵之后,追赠特进、开府仪同三司、中书监,谥为孝。

　　元文遥生来就聪明有智慧,济阴王元晖业常说:"这孩子是王佐之才啊!"元晖业曾大会宾客,有人把何逊的集子带进洛阳,贤士们都很赞赏,河间邢邵试问元文遥几遍可背诵,元文遥看了一遍就背诵,这时才十几岁。济阴王说:

皆赞赏之，河间邢卲试命文遥诵之几遍可得，文遥一览便诵，时年十余岁。济阴王曰："我家千里驹⑦，今定如何？"邢云："此殆古来未有。"

"这是我家千里驹，请看怎么样？"邢卲说："这当是从古以来不曾有过。"

注释 ① 河南洛阳人：北魏孝文帝规定南迁洛阳的鲜卑族都算河南洛阳人，死后也必须就地埋葬，不得回北方。 ② 昭成皇帝：拓跋什翼犍，《魏书》有纪。 ③ 常山王遵：《魏书》有传。 ④ 济阴王晖业：《魏书》有传。 ⑤ 王佐才：辅佐帝王之才。 ⑥ 何逊：南朝梁诗人，《梁书》有传。 ⑦ 千里驹：驹是幼马，千里驹是少壮的良马，引申以比喻英俊的少年，也称族中英俊者为千里驹。

原文

起家员外散骑常侍①。遭父丧，服阕除太尉东阁祭酒②。以天下方乱，遂解官侍养，隐于林虑山③。武定中，文襄征为大将军府功曹④。齐受禅，于登坛所受中书舍人⑤，宣传文武号令。杨遵彦每云⑥："堪解穰侯印者⑦，必在斯人。"后忽被中旨幽执⑧，竟不知所由，如此积年⑨。文宣后自幸禁狱，执手愧谢，亲解所着金带及

翻译

元文遥起家任员外散骑常侍。遇上父丧，服阕除授太尉东阁祭酒。看到天下方乱，就辞官侍母，隐居在林虑山里。武定年间，文襄征他为大将军府功曹。齐受禅时，他在登坛之处受职中书舍人，对文武官员宣布传达号令。杨遵彦常说："可解穰侯印的，一定是这人。"后来忽然被宫中下诏旨拘囚起来，连原因都一直弄不清，就这样过了几年。后来文宣亲自去禁狱，握着他的手惭愧道歉，亲自解下所着的金带和御衣赐给他，当天起用他为尚书祠部郎中。孝昭摄行政事，除授他为大丞相府功曹参

御服赐之，即日起为尚书祠部郎中⑩。孝昭摄政，除大丞相府功曹参军⑪，典机密。及践祚，除中书侍郎，封永乐县伯，参军国大事。及帝大渐⑫，与平秦王归彦、赵郡王睿等同受顾托⑬，迎立武成。即位，任遇转隆，历给事黄门侍郎、散骑常侍、侍中、中书监⑭。天统二年，诏特赐姓高氏，籍属宗正⑮，子弟依例岁时入朝⑯。再迁尚书左仆射，进封宁都郡公，侍中。

军，主管机密。到孝昭登位，除授他为中书侍郎，封永乐县伯，参预军国大事。后来孝昭病危，他和平秦王高归彦、赵郡王高睿等一起受顾托，迎立武成。武成即位，对他委任更重，历任他为给事黄门侍郎、散骑常侍、侍中、中书监。天统二年(566)，下诏特赐他姓高，名籍隶属于宗正，子弟照例在岁时入朝。再迁任尚书左仆射，进封宁都郡公，侍中。

注释 ①员外散骑常侍：集书省设置员外散骑常侍二十人。 ②服阕(què)：阕是终了，旧时父母死要在家服丧三年，实服二十七个月，在此期间不能做官，期满叫"服阕"，便可以做官。太尉东阁祭酒：当时太尉等三公以及三师、二大的属官中都有东、西阁祭酒。 ③林虑山：在相州魏郡林虑县西，即今河南林州之西。 ④功曹：当时大司马、大将军等二大及三师、三公的属官中都有功曹。 ⑤登坛所：当时新皇帝受禅须筑受禅坛，登坛接受前朝皇帝禅位。这登坛所就指受禅坛前。 ⑥杨遵彦：杨愔，字遵彦，北齐文宣帝时历任尚书右仆射、左仆射、尚书令等职而为宰相，《北齐书》有传。 ⑦解穰(rǎng)侯印：战国时秦昭王母宣太后弟魏冉相秦，封穰侯，后范睢游说昭王获得信任，昭王"拜范睢为相，收穰侯之印"。后人就用"解穰侯印"来称取代相位。 ⑧中旨：宫中直接发出的诏旨。 ⑨积年：过了几年。 ⑩尚书祠部郎中：当时尚书省设祠部尚书即后来的礼部尚书，所辖有祠部曹，祠部郎中即祠部曹的长官。 ⑪ 大丞相:孝昭帝高演在乾明元年(560)三月发动政变后为大丞相、都督中外诸军、录尚书事。 ⑫ 大渐:病危将死,多用于皇帝。 ⑬ 平秦王归彦:高归彦,《北齐书》有传。赵郡王睿(ruì):高睿,《北齐书》有传。顾托:皇帝临死前对大臣传遗诏,并托付大臣辅佐嗣君。 ⑭ 给事黄门侍郎:门下省设置给事黄门侍郎六人,地位仅次于侍中。 ⑮ 籍属宗正:宗正是宗正寺,掌管宗室的属籍,籍就是名册。元文遥赐姓高,变成了高氏宗室的成员,所以要籍属宗正。 ⑯ 岁时:新年和节日,逢年过节。

原文

文遥历事三主,明达世务,每临轩①,多命宣敕,号令文武,声韵高朗,发吐无滞。然探测上旨,时有委巷之言②,故不为知音所重③。齐因魏朝,宰县多用厮滥④,至于士流,耻居百里⑤。文遥以县令为字人之切⑥,遂请革选。于是密令搜扬贵游子弟⑦,发敕用之。犹恐其披诉⑧,总召集神武门⑨,令赵郡王睿宣旨唱名,厚加慰喻。士人为县,自此始也。既与赵彦深、和士开同被任遇,虽不如彦深清贞守道,又不为士开贪淫乱政,在于季、孟之间⑩,然性和

翻译

元文遥先后侍奉三主,通达世务,每当皇上临轩,常叫他宣布敕旨,号令文武,声音既高又清朗,没有一点拖泥带水。只是有时探测皇上意旨,说了些俗陋欠典雅的话,因而不被懂行的人看重。齐承袭魏朝的做法,县令多用低贱的人,至于士人,多以主宰百里为耻。元文遥考虑县令是抚爱百姓最紧要的人,就对选用办法提请改革。于是秘密搜访贵游子弟,下敕书任用。还怕他们陈诉,把他们召集到神虎门,叫赵郡王高睿宣布敕旨唱读姓名,好好地安慰解说。士人做县令,从这时开始。元文遥和赵彦深、和士开同样地被信任重用,虽然比不上赵彦深那样清贞守道,也不像和士开那样贪淫乱政,可说在于季、孟之间,但因为秉性和厚,不和别人竞争,所以对他的舆论不在赵彦深之下。

厚，与物无竞，故时论不在彦深之下。初文遥自洛迁邺，惟有地十顷，家贫，所资衣食而已。魏之将季⑪，宗姓被侮，有人冒相侵夺，文遥即以与之。及贵，此人尚在，乃将家逃窜，文遥大惊，追加慰抚，还以与之，彼人愧而不受。彼此俱让，遂为闲田。

当初元文遥从洛阳迁到邺城，只有十顷地，家里穷，仅能供上吃饭穿衣。这时正值魏朝将亡，宗室受欺侮，有人出来冒认侵占此地，元文遥就给了他。到元文遥显贵后，这人还在，就带了家眷逃走，元文遥大惊，把这人追回来安抚慰问，把地仍给这人，这人惭愧不敢受领。彼此互相推让，这地就成了闲田。

注释　①临轩：皇帝坐殿前处理大事叫"临轩"，轩是殿前近檐处两边的槛。②委巷之言：委巷是僻陋的小巷，指民间，委巷之言，指民间俗陋而不典雅的话。③知音：这里指懂行的人。　④厮滥：低贱的人。　⑤百里：古代一县约辖地百里，因此百里为县之称。　⑥字人：字，同"慈"，抚爱的意思。字人就是抚爱百姓。切：切要，紧要。　⑦贵游：本指无官职的贵族，这里泛指显贵者。　⑧披诉：披是披露、陈述，披诉就是陈诉。　⑨神武门：本作神虎门，史官避唐高祖李渊祖李虎名讳改"虎"为"武"。　⑩季、孟之间：季、孟本指春秋时鲁国公族季氏和孟氏，《论语·微子》篇说："齐景公待孔子，曰：'若季氏则吾不能，以季、孟之间待之。'"季氏为鲁上卿，孟氏为下卿，齐景公的意思是要给孔子以上、下卿之间的待遇，后人遂以"季、孟之间"比喻上下之间。　⑪季：一个朝代的末了。

原文

　　至后主嗣位，赵郡王睿、娄定远等谋出和士开，文遥亦参其议。睿见杀，文

翻译

　　到后主即位，赵郡王高睿、娄定远等谋算要把和士开弄出去，元文遥也参与商议。高睿被杀，元文遥也因之被外

遥由是出为西兖州刺史。诣士开别,士开曰:"处得言地,使元家儿作令仆①,深愧朝廷。"既言而悔,仍执手慰勉之。犹虑文遥自疑,用其子行恭为尚书郎,以慰其心。士开死,自东徐州刺史征入朝,竟不用,卒。

行恭美姿貌,有父风,兼俊才,位中书舍人,待诏文林馆②。齐亡,阳休之等十八人同入关③,稍迁司勋下大夫④。隋开皇中位尚书郎,坐事徙瓜州而卒⑤。……行恭弟行如,亦聪慧早成,武平末任著作佐郎。

任西兖州刺史。他临走时去和士开处告别,和士开说:"处在能说话的位置上,却让元家儿当上令仆,真有愧于朝廷。"才说出口又懊悔,仍握着手慰勉了一番。还怕元文遥疑虑,任用他的儿子行恭做尚书郎,使他安心。和士开死,他从东徐州刺史任上征入朝,但终于没有被任用,就去世了。

元行恭姿态容貌很美,有他父亲的风范,并且是俊才,做中书舍人,待诏文林馆。齐亡后,和阳休之等十八人同入关,不久任司勋下大夫。隋开皇年间任尚书郎,犯了事迁到瓜州死去。……行恭弟行如,也聪慧很早成熟,武平末年任著作佐郎。

注释 ①令仆:尚书令与尚书左右仆射,元文遥是尚书左仆射,所以和士开这么说。 ②待诏文林馆:在文林馆值班以准备皇帝召唤交任务。 ③阳休之等十八人:阳休之,《北齐书》有传,十八人姓名即见本传。入关:入潼关,即至北周都城长安。 ④司勋下大夫:北周夏官府的属官。 ⑤瓜州:治所在敦煌,即今甘肃敦煌。

张景仁传

导读

纪传史里的《儒林传》,照例是给经学家立传(从汉代以来,凡给《周易》《尚书》《诗经》《周礼》《仪礼》《礼记》《左传》《公羊传》《穀梁传》《论语》《孝经》《尔雅》《孟子》作注疏或其他研究都称经学),但《北齐书》的《儒林传》里找不出有名的经学家,因而选译了这个会写书法的张景仁的传。这个张景仁以小心恭谨而获得后主的宠信,又通过勾结恩幸而做上大官封王爵,可以说是旧时代知识分子中志趣庸下、品行卑劣的代表人物,作为反面教员应是恰当不过的。至于此人之所以被写进《儒林传》,则是因为古代儒家以礼、乐、射、御、书、数为"六艺",书就是写字,此人字既写得好,就可勉强附入《儒林传》了。(选自卷四四)

原文

张景仁者,济北人也①。幼孤家贫,以学书为业,遂工草隶②。选补内书生③,与魏郡姚元标、颍川韩毅、同郡袁买奴、荥阳李超等齐名④,世宗并引为宾客。天保八年,敕授太原王绍德书⑤,除开府参军⑥。后主在东宫,世祖选善书人性行

翻译

张景仁,是济北人。小时候是孤儿,家里贫穷,学写字为业,就此工于草、隶。被选补为内书生,和魏郡姚元标、颍川韩毅、同郡袁买奴、荥阳李超等齐名,世宗都征引为宾客。天保八年(557),敕张景仁教授太原王高绍德写书法,除授开府参军。后主在东宫时,世祖挑选会写字人中性情品行淳朴谨厚的去东宫侍书,张景仁就被擢用。他小心恭慎,得到后主喜欢,叫他担任博

淳谨者令侍书，景仁遂被引擢。小心恭慎，后主爱之，呼为博士。历太子门大夫、员外散骑常侍、谏议大夫⑦。后主登祚，除通直散骑常侍⑧，及奏，御笔点除"通"字，遂正常侍。左右与语，犹称博士。

士。历任太子门大夫、员外散骑常侍、谏议大夫。后主登位，除授他为通直散骑常侍，到奏章上来，后主御笔点掉了"通"字，就转正为常侍。左右和他说话，仍称他博士。

注释 ① 济北：济州属郡，治所卢子城，在今山东平阴东北。 ② 草隶：草书和隶书，不过这种隶书已不是汉代隶书的模样，而是经过魏晋南北朝向楷书过渡、已近似楷书的字体，当时习惯上仍称之为隶而已。 ③ 内书生：到宫廷里教写字的人。 ④ 荥（xíng）阳：司州属郡，治所荥阳即今河南荥阳。 ⑤ 太原王绍德：北齐显祖文宣帝次子高绍德，《北齐书》有传。 ⑥ 开府参军：高绍德任开府仪同三司，张景仁在他属下任参军，即开府的参军。 ⑦ 太子门大夫：太子的属官，掌管递呈文书及宫门禁卫。谏议大夫：集书省设置谏议大夫七人，掌管侍从规谏。 ⑧ 通直散骑常侍：集书省设散骑常侍、通直散骑常侍各六人，散骑常侍地位最高，通直散骑常侍次之。

原文

胡人何洪珍有宠于后主，欲得通婚朝士，以景仁在内官位稍高，遂为其兄子取景仁第二息子瑜之女①。因此表里②，恩遇日隆。景仁多疾，每遣徐之范等治

翻译

胡人何洪珍有宠于后主，要和朝士通婚，因张景仁在内廷里官位稍微高一点，就给他的兄子娶张景仁次子叫子瑜的女儿。因此内外勾结，恩遇一天胜过一天。张景仁多病，后主常派徐之范等去治疗，给药物珍羞，中使探望问候的，

疗,给药物珍羞③,中使问疾,相望于道,是后敕有司恒就宅送御食。迁假仪同三司、银青光禄大夫④,食恒山县干⑤。车驾或有行幸,在道宿处,每送步障为遮风寒⑥。进位仪同三司,寻加开府,侍书、余官并如故。每旦须参,即在东宫停止。及立文林馆,中人邓长颙希旨⑦,奏令总制馆事,除侍中。四年,封建安王。洪珍死后,长颙犹存旧款⑧,更相弥缝⑨,得无坠退⑩。除中书监,以疾卒。赠侍中、齐济等五州刺史、司空公。

相望于道路,此后敕令有司经常往张景仁宅第送御食。升任假仪同三司、银青光禄大夫,食恒山县干。后主要有行幸,在路上停宿之处,也都送步障给张景仁遮风寒。再升任仪同三司,不久加开府,侍书和其余官职都仍旧不变动。每逢清晨要朝参,就在东宫里休息。等设立了文林馆,宦官邓长颙迎合旨意,奏请张景仁来总管馆务,并除授他任侍中。武平四年(573),封为建安王。何洪珍死后,邓长颙和他还有老交情,互相弥缝,得以免于倒台。除授他任中书监,因病死去。赠侍中、齐济等五州刺史、司空公。

注释 ①息:儿子或女儿,这里指儿子。 ②表里:表是外,里是内,表里就是内外呼应勾结。 ③珍羞:珍贵的食物。 ④银青光禄大夫:高级的荣誉职称。 ⑤恒山县:北齐无此县,地望不详。 ⑥步障:用以遮避风寒或障蔽内外的屏幕。 ⑦中人:宦官。邓长颙:见《北齐书》的《恩幸传》,本书已选译。希旨:迎合在上者的旨意。 ⑧款:款交,至交。 ⑨弥缝:对做错的事去弥补缝合。 ⑩坠退:跌倒下来,倒台。

原文

景仁出自寒微，本无识见，一旦开府、侍中、封王。其妻姓奇，莫知氏族所出，容制音辞，事事庸俚①。既诏除王妃，与诸公主、郡君同在朝谒之例②，见者为其惭悚③。子瑜薄传父业，更无余伎，以洪珍故，擢授中书舍人，转给事黄门侍郎。长息子玉，起家员外散骑侍郎。

景仁性本卑谦，及用胡人、巷伯之势④，坐致通显⑤，志操颇改，渐成骄傲。良马轻裘，徒从拥冗⑥，高门广宇，当衢向街⑦。诸子不思其本，自许贵游。自苍颉以来⑧，八体取进⑨，一人而已！

翻译

张景仁出身寒微，本没有识见，却一旦开府、侍中、封了王。他的妻姓奇，不知氏族来历，举止言辞，样样庸劣鄙俗，既已有诏除授为王妃，就和那些公主、郡君同样朝贺进谒，见到的都替她羞惭恐惧。次子子瑜稍稍传承了点父业，再没有其他本领，因何洪珍的关系，升授中书舍人，转任给事黄门侍郎。长子子玉，起家任员外散骑侍郎。

张景仁秉性本来卑下谦退，等到凭借胡人、宦官的势力，不花气力致身通显，志趣行为就颇有变化，逐渐骄傲起来。骑良马穿轻裘，随从冗杂，高门大屋，面对着街衢。儿子们不想本来是什么模样，也自以为贵游。从苍颉以来，靠八体进身，只有这张景仁一人而已！

注释 ①俚：鄙俗，不文雅。 ②郡君：封建社会称显贵官员之妻或皇室中女子为郡君。 ③悚(sǒng)：恐惧。 ④巷伯：春秋时官中内官名，用阉割过失去生殖能力的人充任，后来就用来作为宦官的代称。 ⑤坐致：安坐而得，不花气力就获得。 ⑥徒从：随从。冗(rǒng)：冗杂，繁杂。 ⑦衢(qú)：四通八达的道路。 ⑧苍颉：也作仓颉，神话中黄帝的史官，汉字的创造者。 ⑨八体：秦始皇时所定书体有八种，即大篆、小篆、刻符、虫书、摹印、署书、殳(shū)书、隶书，称为"八体"，这里说的"八体"，是指书法。

颜之推传

导读

颜之推在《北齐书·文苑传》里是名气最大的一位。他所写的《颜氏家训》中有许多话至今看来仍有现实意义,这里选译了他的传记。从他被俘入北周后要设法逃入北齐、北周灭齐时他又献计投陈来看,当时北齐的环境应比北周更能使士大夫适应,尽管在北齐也出现过士大夫被虐杀的事情。这当因为北齐统治的黄河下游在当时仍是我国经济文化的重心,非北周统治的关陇地区所能比拟。(选自卷四五)

原文

颜之推,字介①,琅邪临沂人也②。九世祖含③,从晋元东渡④,官至侍中、右光禄、西平侯⑤。父勰⑥,梁湘东王绎镇西府谘议参军⑦。世善《周官》《左氏》⑧。

翻译

颜之推,字介,是琅邪临沂人。九世祖名含,跟随晋元帝东渡,做到侍中、右光禄、西平侯。父名勰,是梁湘东王萧绎镇西府的谘议参军。世代专长《周礼》《左传》。

注释 ① 字介:古人有名用两字,而字用一字的,颜之推字介就是其例。春秋时晋国有个贤人叫介之推,因而颜之推也字介而名之推。到唐中期以后这种字用一字之例才不再出现。 ② 琅邪(láng yá):西晋时是徐州琅邪国,治所开阳,在今山东临沂北。临沂:琅邪属县,在开阳北。 ③ 九世祖含:颜含,《晋书》有传。 ④ 晋元:东晋元帝司马睿,《晋书》有纪。东渡:司马睿到建康即今江苏南京称帝,建康当时称为江东、江左,所以说"东渡",当然也可说"南渡"。 ⑤ 右光禄:晋在光禄大夫外还加设左、右光禄大夫,也是高级荣誉职称。西平:东晋宁州属郡,治所在今广西西林。 ⑥ 勰(xié):颜勰,《梁书》有传,作颜协。 ⑦ 梁湘东王绎:即后来成为梁元帝的萧绎,《梁书》有纪。他起初封为湘东郡王,湘州湘东郡治所临蒸,即今湖南衡阳。梁武帝太清元年(547)任使持节都督荆雍湘司郢宁梁南北秦九州诸军事、镇西将军、荆州刺史,所以这称"镇西府"。梁荆州及所属南郡的治所均在江陵,即今湖北江陵。谘议参军:梁皇弟及皇子府的属官中有谘议参军。 ⑧《周官》:即《周礼》,与《仪礼》《礼记》合称"三礼"。《左氏》:即《春秋左氏传》,也称《左传》。

原文

　　之推早传家业。年十二,值绎自讲《庄》《老》①,便预门徒②。虚谈非其所好③,还习《礼》《传》④。博览群书,无不该洽⑤,词情典丽,甚为西府所称。绎以为其国左常侍⑥,加镇西墨曹参军⑦。好饮酒,多任纵,不修边幅⑧,时论以此少之⑨。绎遣世子方诸出镇郢州⑩,以之推掌管记⑪。值侯景陷郢州⑫,频欲杀之,赖其行台郎中王则以获免⑬,被囚送建业⑭。景平,还江陵。时绎已自立⑮,以之推为散骑侍郎,奏舍人事⑯。后为周军所破⑰,大将军李显庆重

翻译

　　颜之推很早接受家传的学业。十二岁时,逢上萧绎亲自讲说《庄子》《老子》,他就在门徒之列。不过对这些虚谈不爱好,仍学习《礼》《传》。他博览群书,无所不晓,文词典丽,很受镇西府里的人称赞。萧绎任他为湘东国的左常侍,加授镇西府的墨曹参军。他喜欢喝酒,多放纵,不修边幅,舆论也因之对他有所贬抑。萧绎派世子萧方诸出镇郢州,叫颜之推任管记。逢上侯景攻陷郢州,几次要杀颜之推,靠侯景的行台郎中王则解救才得免死,被囚送到建业。侯景被平定,才回到江陵。当时萧绎已经自立为皇帝,任颜之推为散骑侍郎,奏舍人事。后来江陵被周军攻破,周大将军李显庆看重颜之推,推荐他去弘农,在李显庆兄阳平公李翰处掌管书翰。正好黄河水暴涨,颜之推弄了船带

之⑱,荐往弘农,令掌其兄阳平公远书翰⑲。值河水暴长,具船将妻子来奔,经砥柱之险⑳,时人称其勇决。

着妻儿逃过来,中间经历砥柱之险,当时人都称说他勇敢有决断。

注释 ①《庄》《老》:《庄子》和《老子道德经》,南北朝讲玄学者的必读书。② 预:参与。门徒:门生,听讲学的人。 ③ 虚谈:清谈,魏晋南北朝士大夫多数人崇尚虚无,空谈名理,称为"清谈"或"虚谈"。 ④《礼》:指《周礼》等《三礼》。《传》:指《左传》。 ⑤ 无不该洽:该,同"赅"(gāi),兼备,完具。该洽就是学识广博,无不该洽可解释为无所不晓。 ⑥ 左常侍:晋王国置常侍官,萧绎是湘东郡王,王国里可设此左常侍。 ⑦ 墨曹参军:镇西府属官,墨曹掌管刑法,有的朝代称"贼曹""法曹"。 ⑧ 不修边幅:不注意衣着仪表。 ⑨ 少之:轻视他,贬抑他。 ⑩ 方诸:萧方诸,《梁书》有传。郢(yǐng)州:州及所属江夏郡的治所均在汝南即今湖北武汉。⑪ 管记:州刺史的属官,做文书工作。 ⑫ 侯景陷郢州:侯景先叛东魏投梁,又叛梁进占梁都建康,再西上攻陷郢州。 ⑬ 行台郎中:侯景投梁后封河南王、大行台,所以他手下有行台郎中。 ⑭ 建业:建康原名建业,西晋愍帝建兴元年(313)改称建康,但写文章时也常用建业这个旧称。当时建康已为侯景占领。 ⑮ 绎已自立:公元552年萧绎在江陵称帝。 ⑯ 奏舍人事:梁中书省设通事舍人,奏舍人事,就是说做这通事舍人的工作。 ⑰ 为周军所破:梁元帝承圣三年(554)西魏军破江陵,元帝被杀,大批官民被俘入长安,颜之推也在其中。因为过不了几年西魏就为北周所篡夺,所以这里混称为"周军"。 ⑱ 大将军:西魏时设八柱国大将军,其中六人各督二大将军,凡十二大将军。 ⑲ 阳平公远:李远,《周书》有传。 ⑳ 砥(dǐ)柱:砥柱山,一称三门山,在今河南三门峡,是黄河急流中的石岛,船过此常触岛倾覆。

原文

显祖见而悦之,即除奉朝请,引于内馆中①,侍从左

翻译

显祖见到颜之推很喜欢,立即授他奉朝请,引进内馆里,在左右侍从,颇受

右，颇被顾眄②。天保末，从至天池③，以为中书舍人，令中书郎段孝信将敕书出示之推④。之推营外饮酒，孝信还以状言，显祖乃曰："且停。"由是遂寝。河清末，被举为赵州功曹参军⑤，寻待诏文林馆，除司徒录事参军⑥。之推聪颖机悟，博识有才辩，工尺牍⑦，应对闲明⑧，大为祖珽所重，令掌知馆事，判署文书⑨。寻迁通直散骑常侍，俄领中书舍人。帝时有取索，恒令中使传旨，之推禀受宣告，馆中皆受进止⑩。所进文章，皆是其封署⑪，于进贤门奏之，待报方出⑫。兼善于文字⑬，监校缮写，处事勤敏，号为称职⑭。帝甚加恩接⑮，顾遇逾厚⑯，为勋要者所嫉，常欲害之。崔季舒等将谏也⑰，之推取急还宅⑱，故不连署，及召集谏人，之推亦被唤入，勘无其名，方

重视。天保末年，侍从去天池，准备任为中书舍人，叫中书郎段孝信拿了敕书去给颜之推看。颜之推正在营外喝酒，段孝信回来把情况报告，显祖就说："且停。"于是中书舍人的任命就压下不提了。河清末年，颜之推被推举为赵州功曹参军，不久到文林馆待诏，除授司徒录事参军。颜之推聪明机智，学识广博而且多才善辩，尺牍写得好，谈起话来既闲雅又清楚，大为祖珽看重，叫主持文林馆务，批阅处理文书。不久迁任通直散骑常侍，很快又领中书舍人。后主不时索取，常叫中使传达旨意，颜之推禀承宣告，馆里都听他安排。馆里所进呈的文章，都由他封署，到进贤门奏上，等有了答复才出来。颜之推还擅长文字，监校缮写，办事勤快，号为称职。后主对他很有恩宠，礼遇深厚，被勋贵权要妒忌，常想加害。崔季舒等将进谏后主不要去晋阳，颜之推正好请假回家，因而没有署名，到召集进谏者时，颜之推也被叫了进去，查对没有他的署名，才得以免祸。不久除授黄门侍郎。

得免祸。寻除黄门侍郎。

注释　① 内馆：内廷的馆舍，其中用一些人办事，如后面所说的文林馆之类。
② 顾眄(miǎn)：顾是回视，眄是斜视。顾眄，引申为被重视。　③ 天池：也称祁连
池，在肆州秀容郡西北的管涔(cén)山上，今山西宁武西南。　④ 中书郎：即中书省
的中书侍郎。　⑤ 功曹参军：州刺史的属官，掌管选用，相当于中央吏部的职责。
⑥ 司徒录事参军：司徒等三公属官中有录事参军事，掌管总录各曹文簿，举弹善
恶。　⑦ 尺牍：古代纸通用前，书写用的木简叫牍，用一尺长的木简写书信，叫尺
牍。南北朝时纸早已通用，但习惯上还把书信叫作尺牍。　⑧ 闲明：闲是文雅，明
是清楚。　⑨ 判署文书：判是裁决，署是签上名字，判署文书就是批阅处理文书。
⑩ 进止：进在这里就是事情要办，止就是不要办。　⑪ 封署：为保守机密，将文章封
缄在皂囊中并署上姓名，叫封署。　⑫ 报：答复。　⑬ 文字：这里指书写文字，也就
是指写字，指书法。　⑭ 称(chèn)职：才能和职位相称，胜任。　⑮ 恩接：恩遇，恩
眷，受皇帝的恩宠。　⑯ 顾遇：恩宠礼遇。　⑰ 崔季舒等将谏：北齐后主武平四年
(573)，侍中崔季舒、张雕虎、散骑常侍刘逖、封孝琰、黄门侍郎裴泽、郭遵劝谏后主
不要离邺城赴晋阳，恩幸韩凤诬奏他们谋反，后主听信了谗言，把他们在殿廷斩首，
是当时的一起冤案。　⑱ 取急：也作"请急"，有急事请假。

原文

　　及周兵陷晋阳，帝轻骑
还邺，窘急计无所从。之推
因宦者侍中邓长颙进奔陈
之策①，仍劝募吴士千余人
以为左右②，取青、徐路共投
陈国。帝甚纳之，以告丞相
高阿那肱等③。阿那肱不愿
入陈，乃云吴士难信，不须

翻译

　　到周兵攻陷晋阳，后主轻骑逃回邺
城，窘急得不知怎么办好。颜之推通过
宦官侍中邓长颙献计奔陈，并劝招募吴
士千余人为左右亲随，取道青州、徐州
一起投向陈国。后主很同意，告诉丞相
高阿那肱等人。高阿那肱不愿去陈国，
就说吴士不可信，不用招募，劝后主把
珍宝累重送到青州，先守住三齐地区，

募之,劝帝送珍宝累重向青州④,且守三齐之地⑤,若不可保,徐浮海南渡。虽不从之推计策,然犹以为平原太守⑥,令守河津⑦。

如果保不住,再从海上往南边去。他们虽然没有听从颜之推的计策,但仍任命他为平原太守,让他防守黄河渡口。

注释 ① 宦者侍中邓长颙:北齐时宦官机构为中侍中省,设中侍中二人为长官,掌管出入门阁,但邓长颙所任侍中并非中侍中,而是门下省的长官侍中,这是宰相之职,所以《北齐书·恩幸传》说"长颙武平中任参宰相,干预朝权"。 ② 吴士:指原籍江东的战士。左右:这里指身边的亲随。 ③ 高阿那肱(gōng):《北齐书·恩幸传》里有他的传,本书已选译。 ④ 累重:家属资产。 ⑤ 三齐:地理上的习惯用语,当年项羽以齐国故地立故齐王族人田都为齐王都临淄(在今山东淄博东北),田市为胶东王都即墨(在今山东平度东南),田安为济北王都博阳(在今山东泰安东南),于是有"三齐"之称,相当今山东省大部分地区。 ⑥ 平原:济州属郡,治所在今山东聊城西北。 ⑦ 河津:黄河渡口,平原郡治所就在黄河北岸。

原文

齐亡入周,大象末为御史上士①。隋开皇中,太子召为学士②,甚见礼重,寻以疾终。有文三十卷,撰《家训》二十篇,并行于世。……

之推在齐有二子,长曰思鲁,次曰愍楚,不忘本也③。之推集在,思鲁自为序录④。

翻译

齐亡后颜之推入周,大象末年任御史上士。隋开皇年间,太子召他做学士,很受礼遇,不久因病去世。有文集三十卷,撰写《家训》二十篇,都在社会上流传。……

颜之推在齐得了两个儿子,长的名思鲁,次的名愍楚,都是不忘本的意思。颜之推的集子留下来,思鲁自己给编写了序录。

注释 ①大象：北周静帝宇文阐的年号(579—581)。御史上士：北周春官府的属官。 ②太子：这是隋文帝杨坚的太子杨勇，开皇二十年(600)杨广才代杨勇为太子，这时颜之推已去世了。 ③长曰……本也：颜之推本是琅邪临沂人，在古代的齐鲁地区，所以长子叫思鲁，即思念鲁地的意思；他又长期生活在南朝梁国，在江陵为西魏军攻陷后被俘入北朝，江陵是古代的楚地，所以次子叫愍(mǐn)楚，即哀怜楚地的意思。这都说明他的不忘本。 ④序录：也作"叙录"，一部书的简要介绍，包括序和目录两部分。

恩 幸 传

导读

　　北齐末年政治腐败和宠用恩幸很有关系，从这个《恩幸传》就可窥知大略。这些恩幸中，如高阿那肱本是北魏六镇的鲜卑人，穆提婆、韩凤是鲜卑化的汉人，和士开、何洪珍、胡小儿等是西域胡人。鲜卑人在当时比较能战斗，西域胡人会经商而并能歌善舞，都各有长处。但如处的位置欠确当，让他们产生优越感而对汉人歧视，破坏民族团结，阻挠民族融合，就非坏事不可了。

　　这个传原已缺失，这是后人据《高氏小史》之类的史传抄补入的。（选自卷五〇）

原文

　　……和士开，字彦通，清都临漳人也①。其先西域商胡，本姓素和氏。父安，恭敏善事人，稍迁中书舍人。魏孝静尝夜中与朝贤讲集，命安看斗柄所指②，安答曰："臣不识北斗。"高祖闻之，以为淳直。后为仪州刺史③。

翻译

　　……和士开，字彦通，是清都临漳人。先人是西域商胡，本来姓素和。父名安，谦恭明敏善于侍奉人，升迁中书舍人。魏孝静帝曾在夜里和朝里的名贤一起谈论，叫和安去看斗柄指到了哪里，和安回答道："臣不识北斗。"高祖知道了，认为他淳朴正直。后来他做到仪州刺史。

注释 ① 清都临漳人：北齐建国后改都城邺所在的魏尹为清都尹，又分邺所管治的一部分为临漳县。和士开先世本是西域商胡，大概长期定居邺城，所以到北齐就自称为清都临漳人了。 ② 斗柄：北斗是现在天文学上所谓大熊星座的七颗星，在北天排列成斗形，特别光亮，其中四颗形成斗身，三颗形成斗柄，常作为指示方向的标志。 ③ 仪州：当时并无仪州，应是义州，原为南朝梁置，武定七年(549)为东魏所有，治所在今河南光山东南。

原文

士开幼而聪慧，选为国子学生，解悟捷疾，为同业所尚①。天保初，世祖封长广王，辟士开府行参军②。世祖性好握槊③，士开善于此戏，由是遂有斯举。加以倾巧便僻④，又能弹胡琵琶⑤，因此亲狎⑥。尝谓王曰："殿下非天人也⑦，是天帝也⑧！"王曰："卿非世人也，是世神也！"其深相爱如此。显祖知其轻薄⑨，不令王与小人相亲善，责其戏狎过度，徙长城⑩。后除京畿士曹参军⑪，长广王请之也。

翻译

和士开从小聪慧，选为国子学生，领会理解很敏捷，为同学习的人所推重。天保初年，世祖封长广王时，征用和士开做王府的行参军。世祖喜欢玩握槊，和士开善于这游戏，于是有这征用。加以和士开为人狡诈会逢迎，又能弹胡琵琶，因此能和世祖亲狎。曾对世祖说："殿下不是天人，是天帝啊！"世祖说："卿不是世人，是世神啊！"两人相爱到如此程度。显祖知道和士开轻佻浮薄，不让世祖和小人亲近，斥责他们戏狎过度，把和士开迁往长城。后来除授和士开京畿大都督府的士曹参军，还是长广王请求来的。

注释 ① 同业:同学习的人。尚:推重。 ② 行参军:当时皇子、皇弟府的官属在正参军外还有次一等的行参军。 ③ 握槊:古代的一种博戏,相传是南北朝时从印度传入,到北魏后期大为流行,以后演化成为另一种博戏"双陆"。 ④ 倾巧:狡诈,看风行事。便(pián)僻:也作"便辟",逢迎谄媚貌。 ⑤ 胡琵琶:琵琶本是西域胡人的乐器,秦汉时在黄河流域发展为后来的阮咸、秦琴、三弦、月琴等,都是圆形直颈,当时仍通称琵琶。南北朝时又从西域传入曲项琵琶,为半梨形曲项,这里说的胡琵琶即指这种曲项琵琶,隋唐时也通称为胡琴。现在的琵琶是唐宋以来在上两种琵琶的基础上改进形成的。 ⑥ 狎(xiá):亲热,轻浮而欠严肃的亲密。 ⑦ 天人:天上的人,不同凡俗的人。 ⑧ 天帝:天上的帝,上帝。 ⑨ 轻薄:轻佻浮薄。 ⑩ 长城:指北边原六镇地区的长城,本书所选译的《崔暹传》里所说崔暹流放的马城,也在此长城。 ⑪ 京畿士曹参军:京畿是京畿大都督,世祖高湛为长广王时曾兼领此职。士曹参军是京畿大都督府的属官,掌管河津、营造、桥梁、廨宇之事。

原文

世祖践祚,累除侍中,加开府。遭母刘氏忧,帝闻而悲恸,遣武卫将军吕芬诣宅,昼夜扶侍,成服后方还①。其日,帝又遣以犊车迎士开入内②,帝见,亲自握手,怆恻③下泣,晓喻良久④,然后遣还,并诸弟四人并起复本官⑤。其见亲重如此。除右仆射。帝先患气疾⑥,因饮酒辄大发动,士开每谏不从。属帝气疾发,又

翻译

世祖登位,多次升迁和士开为侍中,加开府。和士开母刘氏死,世祖知道了悲伤惋惜,派武卫将军吕芬去和士开的宅第,日夜招呼着,到和士开成服后才离开。这天,世祖又派犊车迎接和士开进宫,世祖和他见面,亲自握他的手,悲伤得流眼泪,对他开导了好久,才送他回去,和他四个弟弟都起复仍做原来的官职。和士开就是如此地被亲信重用。又除授和士开为右仆射。世祖原先有气疾,喝了酒就大发作,和士开每次劝谏都不听。这次逢上气疾又发作,还要喝酒,和士开流泪抽咽说不出

欲饮，士开泪下歔欷不能言[7]。帝曰："卿此是不言之谏。"因不复饮。言辞容止，极诸鄙亵，以夜继昼，无复君臣之礼，至说世祖云："自古帝王，尽为灰烬，尧、舜、桀、纣[8]，竟复何异？陛下宜及少壮，恣意作乐，纵横行之[9]，即是一日快活敌千年。国事分付大臣，何虑不办，无为自勤苦也！"世祖大悦。其年十二月，世祖寝疾于乾寿殿[10]，士开入侍医药。世祖谓士开有伊、霍之才[11]，殷勤属以后事，临崩，握士开之手曰："勿负我也！"仍绝于士开之手。

话。世祖说："卿这是不言之谏。"就此不再喝。和士开说话举动，极其鄙亵，黑夜接着白天，不讲君臣之礼，甚至对世祖劝说："从古以来的帝王，统统成为灰烬，尧、舜也好，桀、纣也好，最终有什么两样？陛下应该趁少壮之时，尽情作乐，爱怎么办就怎么办，快活一天顶上一千年，国事吩咐给大臣，不会弄不好，犯不着让自己吃苦啊！"世祖大为高兴。这年(568)十二月，世祖病倒在乾寿殿，和士开进去侍奉医药，世祖说和士开有伊尹、霍光的大才，恳切地对他嘱咐后事，临崩逝前，握着和士开的手说："不要辜负我啊！"就死在和士开手中。

注释　① 成服：旧时丧礼，大殓之后，亲属按照与死者关系的亲疏穿上不同的丧服，叫"成服"。　② 犊车：犊是小牛，犊车就是牛拉的车，当时是贵人所用。　③ 怆恻：悲伤。　④ 晓喻：开导。　⑤ 起复：旧时做官的死了父母要免官在家服丧，如丧期未满就起用做官，叫"起复"。另外，免官后复职有时也称为"起复"。　⑥ 气疾：当是气喘之类的疾病。　⑦ 歔欷(xū xī)：也作"欷歔"，哭泣抽咽声。　⑧ 尧、舜：神话传说中古代的圣君。桀、纣：桀是夏的亡国之君，纣是商的亡国之君，都是传说中的暴君。　⑨ 纵横行之：恣肆横行，无所忌惮，爱怎么办就怎么办。　⑩ 寝疾：卧病。⑪ 伊、霍：商的伊尹，西汉的霍光，都是以辅佐幼主而得名的大臣。

原文

　　后主以世祖顾托,深委
仗之。又先得幸于胡太
后①,是以弥见亲密。赵郡
王睿与娄定远等谋出士开,
引诸贵人共为计策。属太
后飨朝贵于前殿,睿面陈士
开罪失,云:"士开先帝弄
臣②,城狐社鼠③,受纳货
贿,秽乱宫掖,臣等义无杜
口,冒死以陈④。"太后曰:
"先帝在时,王等何不道,今
日欲欺孤寡耶?但饮酒,勿
多言!"睿词色愈厉。或曰:
"不出士开,朝野不定。"睿
等或投冠于地,或拂衣而
起,言词咆勃⑤,无所不至。
明日,睿等共诣云龙门,令
文遥入奏之,太后不听。段
韶呼胡长粲传言⑥,太后曰:
"梓宫在殡⑦,事大匆速,欲
王等更思量。"赵郡王等遂
并拜谢,更无余言。太后及
后主召见问士开,士开曰:
"先帝群官之中,待臣最重,

翻译

　　后主因为世祖顾托,对和士开极其
委任依仗。和士开在这以前又得幸于
胡太后,所以更显得亲密。赵郡王高睿
和娄定远等想把和士开弄出去,招引显
贵们一起策划。正好胡太后在前殿请
朝廷显贵喝酒,高睿就当面陈诉和士开
的罪过,说:"和士开是先帝的弄臣,是
城狐社鼠,收受财贿,秽乱宫掖,臣等在
道义上无法闭口,冒死来陈说。"胡太后
说:"先帝健在的时候,王等为什么不
说,今日要欺侮我们孤儿寡妇啊?喝酒
就是,不要多说了!"高睿的话和脸色却
更严厉。有的说:"不把和士开弄出去,
朝野都安定不了。"高睿等有的把冠抛
到地上,有的拂衣而起,言词咆勃,什么
都做出来了。第二天,高睿等一起来到
云龙门,叫元文遥进去奏请,胡太后不
听。段韶叫胡长粲传话,胡太后说:"梓
宫在殡,事太匆忙,要王等再思量。"高
睿等就都拜谢,再没有别的话。胡太后
和后主召见和士开来问话,和士开说:
"先帝在百官之中,对臣最为恩重,陛下
才谅闇,大臣都有觊觎之心,如果把臣
弄出去,正是剪掉了陛下的翅膀。应对
高睿等说:'让和士开出任州刺史,等山
陵事毕,然后叫他动身。'高睿等认为臣

陛下谅闇始尔⑧，大臣皆有觊觎心，若出臣，正是剪陛下羽翼。宜谓睿等云：'令士开为州，待过山陵⑨，然后发遣。'睿等谓臣真出，必心喜之。"后主及太后然之，告睿等如士开旨，以士开为兖州刺史。山陵毕，睿等促士开就路。士开载美女、珠帘及条诸宝玩以诣定远⑩，谢曰："诸贵欲杀士开，蒙王特赐性命，用作方伯⑪。今欲奉别，谨具上二女子、一珠帘。"定远喜，谓士开曰："欲得还入不⑫？"士开曰："在内久，常不自安，今得出，实称本意，不愿更入，但乞王保护，长作大州刺史。今日远出，愿得一辞觐二宫⑬。"定远许之。士开由是得见太后及后主，进说曰："先帝一旦登遐⑭，臣愧不能自死。观朝贵势欲以陛下为乾明⑮，臣出之后，必有大变，复何面见先帝于地下。"因

真的出去，一定暗暗喜欢。"后主和胡太后以为不错，按照和士开的办法告诉高睿等人，派和士开出任兖州刺史。到山陵事毕，高睿等催促和士开上路。和士开载了美女、珠帘还开列了珍宝玩好去见娄定远，致谢道："诸贵要杀士开，承蒙王特赐士开性命，用士开做方伯。如今要告别了，谨送上二名女子、一挂珠帘。"娄定远很高兴，对和士开说："还想回京里吗？"和士开说："在里边日子长了，常不自安，如得出去，真称本心，不愿再回来，只求王多加保护，让我长久做大州刺史。现在要远出了，想辞别一下二宫。"娄定远允许了。和士开因此得见胡太后和后主，进说道："先帝一旦驾崩，臣惭愧不能自死。看起来朝廷显贵们将要把陛下当作乾明帝，臣外出之后，必定会有大变乱，臣还有什么面目见先帝于地下。"接着就痛哭。后主和胡太后也都哭了，问有什么办法。和士开说："臣已经进来了，还怕什么，只要几行诏书就行了。"于是下诏叫娄定远出任青州刺史，斥责赵郡王高睿不臣之罪，召进来杀掉。重新除授和士开侍中、右仆射。娄定远归还和士开赠送的，又加上别的珍宝来贿赂他。武平元年(570)，封和士开为淮阳王，除授尚书

恸哭。帝及太后皆泣,问计将安出。士开曰:"臣已得入,复何所虑,正须数行诏书耳。"于是诏出定远青州刺史,责赵郡王睿以不臣之罪,召入而杀之。复除士开侍中、右仆射。定远归士开所遗,加以余珍赂之。武平元年,封淮阳王⑯,除尚书令、录尚书事,复本官悉得如故。

令、录尚书事,所恢复的本来官职照旧不动。

注释 ① 胡太后:北齐世祖武成帝高湛的皇后胡氏,后主时尊为皇太后,《北齐书》有传,也讲到她与和士开私通的事。 ② 弄臣:皇帝狎近戏弄之臣。 ③ 城狐社鼠:比喻依势为奸的人。 ④ 冒死:冒着死罪。 ⑤ 咆勃:发怒貌。 ⑥ 段韶:《北齐书》有传。胡长粲:胡太后的族兄,《北齐书》有传。 ⑦ 梓(zǐ)宫:皇帝的棺,因为以梓木制造,所以叫梓宫。殡(bìn):殓而未葬。 ⑧ 谅闇(liàng ān):也作"谅阴",帝王居丧叫"谅闇""谅阴"。 ⑨ 山陵:本指皇帝的陵墓,这里引申为筑好皇帝的陵墓。 ⑩ 条:条列,一项项开出来。 ⑪ 方伯:本指古代诸侯中的领袖,是一方之长,所以叫"方伯",这里指刺史,因为一个州的刺史可以管几个郡的太守,所以也可叫"方伯"。 ⑫ 不(fǒu):同"否"。 ⑬ 觐(jìn):朝见天子。二官:这里指胡太后和北齐后主。 ⑭ 登退:也作"登假",本指成仙上升,多用来称帝王之死。 ⑮ 乾明:北齐废帝高殷的年号,高殷是显祖文宣帝高洋的长子,天保十年(559)十月即位,第二年乾明元年(560)八月为高洋弟、高欢第六子肃宗孝昭帝高演所篡夺。这里的"乾明"即指废帝高殷而言。 ⑯ 淮阳:徐州属郡,治所睢陵即今江苏睢宁。

原文

世祖时，恒令士开与太后握槊，又出入卧内无复期限①，遂与太后为乱。及世祖崩后，弥自放恣。琅邪王俨恶之②，与领军厍狄伏连、侍中冯子琮、御史王子宜、武卫高舍洛等谋诛之③。伏连发京畿军士，帖神武、千秋门外④，并私约束，不听士开入殿。其年七月二十五日旦，士开依式早参⑤，伏连前把士开手曰："今有一大好事。"王子宜便授一函云："有敕令王向台⑥。"遣兵士防送，禁于治书侍御厅事⑦，俨遣都督冯永洛就台斩之，时年四十八，簿录其家口⑧。后诛俨等。上哀悼，不视事数日，追忆不已。诏起复其子道盛为常侍⑨，又敕其弟士休入内省参典机密。诏赠士开假黄钺、十州诸军事、左丞相、太宰⑩。……

翻译

在世祖时，常叫和士开和胡后握槊，又出入卧室没有时间限制，就和胡后淫乱。到世祖崩逝后，就更加放肆。琅邪王高俨对此极为憎恨，和领军厍狄伏连、侍中冯子琮、御史王子宜、武卫高舍洛等策划杀掉和士开。厍狄伏连征发京畿兵士，驻扎在神虎门、千秋门外，并且私自约束，叫他们不让和士开进入宫殿。这年（571）七月二十五日清晨，和士开照例早朝，厍狄伏连走上前握住和士开的手说："现在有一件大好事。"王子宜就递上一函道："有敕叫王去御史台。"派兵士押送，拘禁在治书侍御的厅事，高俨派都督冯永洛去御史台把和士开斩首，和士开这时四十八岁，还把和士开的家口也簿录起来。后来后主把高俨等杀掉。后主哀悼和士开，为了他几天不上朝听政，不停地想念他。下诏起复他的儿子和道盛任常侍，又敕令他的弟弟和士休进入内省参与机密。下诏赠和士开假黄钺、十州诸军事、左丞相、太宰。……

注释　①期限：期是时间，限是限止。　②琅邪王俨：后主弟、世祖武成帝高湛第三子，《北齐书》有传。　③厍狄伏连：《北史》有传。冯子琮：《北齐书》有传。御史王子宜：据琅邪王俨传，王子宜是御史台的治书侍御史。　④帖：连附，贴近。神武：本作神虎，史官避唐高祖李渊祖李虎名讳改"虎"为"武"。　⑤早参：早朝。⑥台：指御史台。　⑦厅事：官府办公的地方。　⑧簿录其家口：把他家里的人口用簿子登记起来，准备作为奴婢。　⑨常侍：指散骑常侍。　⑩太宰：相当于三公、三师的高级荣誉职称。

原文

　　士开禀性庸鄙，不窥书传①，发言吐论，惟以谄媚自资。河清、天统以后，威权转盛，富商大贾，朝夕填门②，朝士不知廉耻者多相附会③，甚者为其假子，与市道小人同在昆季行列④。又有一人士⑤，曾参士开，值疾，医人云："王伤寒极重，进药无效，应服黄龙汤⑥。"士开有难色，是人云："此物甚易与⑦，王不须疑惑，请为王先尝之。"一举便尽，士开深感此心，为之强服，遂得汗病愈，其势倾朝廷也如此。虽以左道事之者⑧，不问贤愚无不进擢；而以正理

翻译

　　和士开秉性庸陋鄙下，不看书传，谈话发议论，都为了谄媚。河清、天统以后，他威权转盛，富商大贾，朝夕塞满他门庭，朝士中不知廉耻的多趋附他，甚至做他的干儿子，和市井小人同居兄弟行列。又有一个士人，曾参见和士开，正好和士开生病，医生说："王伤寒很重，吃药没有用，要服黄龙汤。"和士开面有难色，这人说："这东西好对付，王不用疑惑，我给王先尝一尝。"一举碗就喝完，和士开深感这人的心意，给勉强喝下，就出上一身汗把病治好了，和士开势倾朝廷到如此地步。即使用左道来讨好和士开，他也不问贤愚统统把人家提拔；但坚持正当道理触犯了和士开，却还常能不予计较。和士开看到人家将受刑被杀戮，会多方营救，人家免了罪，他就暗示人家，叫献上珍宝，称之

干忤者,亦颇能舍之。士开见人将加刑戮,多所营救,既得免罪,即命讽喻⑨,责其珍宝,谓之"赎命物",虽有全济⑩,皆非直道云。

为"赎命物",虽然救了不少命,都不是走的正道。

注释 ①书传:典籍史传。 ②填门:塞满门庭。 ③附会:这里是依附、趋附的意思。 ④市道小人:市井中的商贩小人。昆季:兄弟,长者为昆,幼者为季。 ⑤人士:这里就是士人、士大夫。 ⑥黄龙汤:陈的粪汁,古人认为可治病。 ⑦易与:容易对付。 ⑧左道:邪法、妖术之类。 ⑨讽喻:这里是暗示的意思。 ⑩全济:救人使免于死。

原文

穆提婆,本姓骆,汉阳人也①,父超,以谋叛伏诛。提婆母陆令萱尝配入掖庭②,后主襁褓之中③,令其鞠养④,谓之干阿奶⑤,遂大为胡后所昵爱。令萱奸巧多机辩,取媚百端,宫掖之中,独擅威福⑥。天统初,奏引提婆入侍后主,朝夕左右,大被亲狎,嬉戏丑亵,无所不为。宠遇弥隆,官爵不知纪极⑦,遂至录尚书事,封城阳王⑧。令萱又佞媚穆昭

翻译

穆提婆,本来姓骆,是汉阳人。父名超,因谋叛被杀。穆提婆母叫陆令萱的曾发配进掖庭,当时后主在襁褓之中,叫她抚养,称她为干阿奶,就此大受胡后的昵爱。陆令萱此人奸巧多机辩,多方献媚,在宫掖之中,独擅威福。天统初年,奏请引提婆入侍后主,早晚伴随左右,大受亲狎,嬉戏丑亵,什么事情都做得出来。就这样受到的恩宠越来越深重,官爵也赏赐得没有个限度,直做到录尚书事,封城阳王。陆令萱又献媚穆昭仪,让穆昭仪把她作为养母,于是提婆也改姓了穆。到穆昭仪立为皇后,陆令萱就号称太姬,这太姬是齐朝

仪⑨,养之为母,是以提婆改姓穆氏。及穆后立,令萱号曰太姬,此即齐朝皇后母氏之位号也,视第一品⑩,班在长公主之上。自武平之后,令萱母子势倾内外矣,庸劣之徒皆重迹屏气焉⑪,自外杀生予夺不可尽言⑫。晋州军败,后主还邺,提婆奔投周军⑬。令萱自杀,子孙大小皆弃市⑭,籍没其家。

皇后之母的名位称号,相当于官爵的第一品,班次还在公主之上。从武平以后,陆令萱母子势倾内外,庸劣之徒都为之重迹屏气,此外生杀予夺的事情就更多得说不完。到晋州战败,后主逃回邺城,穆提婆出奔投降周军。陆令萱自杀,子孙大小都弃市,家被籍没。

注释 ① 汉阳:梁州属郡,治所兰仓在今甘肃礼县。 ② 掖庭:皇宫中旁舍,宫嫔所住的地方。 ③ 襁褓(qiǎng bǎo):襁是用来络负小儿的布幅,褓是裹覆小儿的被子,泛指抱负小儿所用的东西。 ④ 鞠(jū)养:养育,抚养。 ⑤ 干阿奶:干妈。 ⑥ 擅威福:恃势弄权。 ⑦ 纪极:终极,限度。 ⑧ 城阳:永州属郡,治所在今河南信阳北。 ⑨ 穆昭仪:本北齐后主斛律后从婢,后有宠于后主,为昭仪,又代后为皇后,《北齐书》有传。 ⑩ 视:比照,相当于。 ⑪ 重迹:犹重足,即迭足而立,一动也不敢动。屏气:不敢出气。 ⑫ 杀生予夺:一般都作"生杀予夺",指生死赏罚之权。 ⑬ 提婆奔投周军:周任穆提婆为刺史,几个月后即和降周的北齐后主高纬等都被安上谋反的罪名处死。 ⑭ 弃市:处死刑,因为古代有"刑人于市,与众弃之"的讲法,所以这么说。

原文

　　高阿那肱,善无人也。其父市贵,从高祖起义。那

翻译

　　高阿那肱,是善无人。父名市贵,追随高祖起义。高阿那肱做库典,跟着

肱为库典①,从征讨,以功勤擢为武卫将军。肱妙于骑射,便僻善事人,每宴射之次②,大为世祖所爱重。又谄悦和士开,尤相亵狎,士开每为之言,弥见亲待。后主即位,累迁并省尚书左仆射③,封淮阴王,又除并省尚书令。肱才伎庸劣,不涉文史④,识用尤在士开之下,而奸巧计数亦不逮士开⑤。既为世祖所幸,多令在东宫侍后主,所以大被宠遇。士开死后,后主谓其识度足继士开,遂致位宰辅⑥。武平四年令其录尚书事,又总知外兵及内省机密⑦。尚书郎中源师尝谘肱云⑧:"龙见当雩⑨。"问师云:"何处龙见?作何物颜色?"师云:"此是龙星见,须雩祭,非是真龙见。"肱云:"汉儿强知星宿⑩!"其墙面如此⑪。又为右丞相,余如故。

征讨,出力有功升擢武卫将军。高阿那肱精于骑射,侍奉人很会逢迎谄媚,每当宴射场合,很受世祖爱重。又讨好和士开,相亲相狎,和士开常替他说话,使他更受亲待。后主即位,多次升任并省尚书左仆射,封淮阴王,又除授并省尚书令。这高阿那肱才技庸劣,不懂文史,不仅见识在和士开之下,而且奸巧谋算也赶不上和士开。既为世祖所亲幸,常叫他在东宫侍奉后主,所以大受宠遇。和士开死后,后主说他的见识度量可以接替和士开,就让他做上宰相。武平四年(573)叫他录尚书事,还总管外兵和内省的机密。尚书郎中源师曾向他请示:"龙出现就要举行雩祭了。"他问源师:"龙在哪里出现,什么模样什么颜色?"源师说:"这是龙星出现,该雩祭,不是真的活龙出现。"他说:"汉儿硬装懂什么星宿!"不学无术到如此地步。又任右丞相,其余官职都照旧不动。

注释 ① 库典：管库藏的小官吏。 ② 次：所在之处。 ③ 并省尚书左仆射：当时在晋阳也设置尚书省，就是这里所说的并省，也同样设有尚书令、尚书左右仆射等官职。 ④ 文史：文书记事。 ⑤ 计数：计谋。 ⑥ 宰辅：宰相。 ⑦ 外兵：北齐尚书省有相当于后来兵部尚书的五兵尚书，所管五兵中有左外兵、右外兵，前者掌管黄河以南、潼关以东诸州兵，后者掌管黄河以北、潼关以西诸州兵。这里的外兵是京畿以外诸州兵的总称。 ⑧ 源师：《隋书》有传。案源姓本也是鲜卑人，但源师已汉化，于是被高阿那肱斥骂为"汉儿"。谘：询问，请示。 ⑨ 龙：星名，东方苍龙七宿的统称。雩(yú)：古代在农历四月里龙星出现后要进行求雨的雩祭。 ⑩ 强知：硬要懂，硬装懂。 ⑪ 墙面：如面对墙壁，一无所见，用来比喻人的不学无术。

原文

周师逼平阳，后主于天池校猎，晋州频遣驰奏，从旦至午，驿马三至①。肱云："大家正作乐②，何急奏闻！"至暮，使更至，云："平阳城已陷，贼方至。"乃奏知。明早旦，即欲引军，淑妃又请更合一围③。及军赴晋州，令肱率前军先进，仍总节度诸军。后主谓肱曰："战是耶，不战是耶？"肱曰："勿战，却守高梁桥④。"安吐根曰："一把子贼，马上刺取掷着汾河中！"帝意未决，诸内参曰⑤："彼亦天子，我亦天

翻译

周军进逼平阳，后主在天池打猎，晋州不断派人驰奏，从清早到中午，驿马到了三次。高阿那肱说："大家正在寻欢乐，急着奏闻干什么！"到傍晚，使者又来到，说："平阳城已失陷，贼兵正到来。"这才奏上让后主知道。第二天清早，正准备出动大军，冯淑妃又请求再合一围。等大军前往晋州，派高阿那肱率领前军先行进发，并让总节制调度各军。后主问高阿那肱："战好，还是不战好？"高阿那肱说："不要出战，要退守高梁桥。"安吐根说："一把子贼，马上刺着掷到汾河里去！"后主定不了主意，内参们说："人家是天子，我们这边也是天子，人家尚且能远道而来，我们干什么守堑示弱！"后主说："这话对。"于是让

子,彼尚能远来,我何为守堼示弱⑥?"帝曰:"此言是也。"于是渐进。提婆观战,东偏颇有退者,提婆去曰:"大家去!大家去!"帝以淑妃奔高梁关。开府奚长谏曰:"半进半退,战之常体。今兵众全整,未有伤败,陛下舍此安之?御马一动,人情惊乱,且速还安慰之。"武卫张常山自后至,亦曰:"军寻收回,甚整顿,围城兵亦不动,至尊宜回。不信臣言,乞将内参往视。"帝将从之,提婆引帝肘曰:"此言难信。"帝遂北驰。有军士告称:"那肱遣臣招引西军,今故闻奏。"后主令侍中斛律孝卿检校⑦,孝卿云:"此人妄语。"还至晋,那肱腹心告肱谋反,又以为妄,斩之。乃颠沛还邺⑧,侍卫逃散,唯那肱及内官数十骑从行。后主走度太行后⑨,那肱以数千人投济州关⑩,仍遣觇

大军推进。穆提婆在观战,齐军东偏有许多人在后退,穆提婆就逃跑说:"大家快跑!大家快跑!"后主就带了冯淑妃跑向高梁关。开府奚长谏止道:"半进半退,在战争中是常见的事情。如今兵众齐整,并未伤败,陛下丢下将到哪里去?御马一动,人情惊乱,赶快回去安抚住。"武卫张常山从后面赶来,也说:"兵马很快就收回,很整齐,围晋州城的兵也没有动,至尊该回去。如果对臣的话不相信,请派宦官去看。"后主将听从。穆提婆拉着后主的手腕说:"这话靠不住。"后主就往北快跑。有个军士报告说:"高阿那肱派臣招引西军,现在得奏闻。"后主叫侍中斛律孝卿查核,斛律孝卿说:"这人在胡说。"回到晋阳,高阿那肱的心腹报告阿那肱谋反,又认为不真实,把这心腹斩首。接着后主狼狈地回邺城,侍卫逃散,只剩下高阿那肱和宦官几十骑跟随。后主越过太行山后,高阿那肱带了几千人前往济州关,并派人觇候,屡次上奏说:"周军还没有到,可在青州招集兵马,不须去南边。"到周将军尉迟迥来到关前,高阿那肱就投降了。当时人都说高阿那肱早已上表归顺了周武帝,一定是周武帝要叫活捉齐主,所以不把周军行动从速报告,

候⑪，每奏："周军未至，且在青州集兵，未须南行。"及周将军尉迟迥至关，肱遂降。时人皆云肱表款周武⑫，必仰生致齐主⑬，故不速报兵至，使后主被擒。肱至长安，授大将军，封公，为隆州刺史⑭，诛。……

让后主被擒获。高阿那肱到了长安，授予大将军，封公，出任隆州刺史，被杀掉。……

注释 ① 驿马：驿站的马，供传递公文信息用。 ② 大家：指皇帝，指北齐后主。 ③ 淑妃：冯淑妃，《北史》有传。更合一围：当时皇室显贵打猎都把猎区四面包围然后射猎，叫"合围"。更合一围，就是再围猎一次。 ④ 高梁桥：晋州平阳郡平阳县有高梁城，高梁桥即在附近汾水上。 ⑤ 内参：宦官。 ⑥ 堑(qiàn)：壕沟。 ⑦ 检校(jiào)：察看，查核。 ⑧ 颠沛：狼狈，困顿。 ⑨ 太行(háng)：太行山，在山西高原和河北平原间，从晋阳到邺必须横越太行山。 ⑩ 济州关：济州州城之北是临黄河的碻磝(qiāo áo)津，有关。 ⑪ 觇候：侦伺。 ⑫ 款：投顺，归顺。 ⑬ 仰：旧时上对下文书中的命令式用语，"仰"什么，就是叫办什么。 ⑭ 隆州：州及所属盘龙郡的治所均在今四川阆(làng)中。

原文

韩凤，字长鸾，昌黎人也①。父永兴，青州刺史。凤少而聪察，有膂力②。善骑射，稍迁都督。后主居东宫，年幼稚，世祖简都督二十人送令侍卫，凤在其数。

翻译

韩凤，字长鸾，是昌黎人。父名永兴，任青州刺史。韩凤年轻时就聪明，有膂力，善于骑射，稍升迁到都督。后主在东宫时，年纪幼小，世祖挑选都督二十名送去作侍卫，韩凤在其中。后主在这些都督中亲自拉上韩凤的手说：

后主亲就众中牵凤手曰：
"都督看儿来。"因此被识，
数唤共戏。后主即位，累迁
侍中、领军，总知内省机密。
祖珽曾与凤于后主前论事，
珽语凤曰："强弓长矛，无容
相谢；军国谋算，何由得
争。"凤答曰："各出意见，岂
在文武优劣。"封昌黎郡王，
男宝行尚公主，在晋阳赐第
一区③。其公主生男昌满
月，驾幸凤宅，宴会尽日。
军国要密，无不经手，与高
阿那肱、穆提婆共处衡轴④，
号曰"三贵"，损国害政，日
月滋甚。寿阳陷没⑤，凤与
穆提婆闻告败，握槊不辍，
曰："他家物，从他去。"后帝
使于黎阳临河筑城戍，曰：
"急时且守此作龟兹国子⑥，
更可怜人生如寄，唯当行
乐，何因愁为？"君臣应和若
此。其弟万岁及二子宝行、
宝信并开府仪同。宝信尚
公主，驾复幸其宅，亲戚咸

"都督看儿来了。"因此被后主相识，常
叫来一起戏耍。后主即位，多次升迁到
侍中、领军，总管内省机密。祖珽曾和
韩凤在后主面前讨论问题，祖珽对韩凤
说："强弓硬矛，你自不用相让；军国谋
算，怎能和我相争。"韩凤回答道："各出
意见，岂因文武而有优劣。"韩凤被封为
昌黎郡王，子宝行尚公主，在晋阳赏赐
宅第一区。这公主生男孩叫作昌的满
月，后主驾幸韩凤宅第，宴会一整天。
军国机密要务，没有不经韩凤之手，和
高阿那肱、穆提婆共处中枢，号称"三
贵"，损国害政，一天天更甚。寿阳被攻
陷，韩凤和穆提婆得到败报，仍握槊不
歇手，说："人家的东西，随他去。"后来
后主派他在黎阳临黄河处筑城戍，对他
说："紧急时可守住这里作个龟兹国子，
更可怜人生如寄，唯当行乐，发愁干什
么？"君臣之间就如此地一唱一和。韩
凤弟万岁和二子宝行、宝信都当上开府
仪同。宝信尚公主，后主又驾幸韩凤的
宅第，亲属都蒙受官赏。

蒙官赏。

①昌黎：郡名，治所昌黎即今辽宁义县。 ②膂(lǚ)力：膂本指脊骨，膂力就是筋力、体力。 ③区：古人常以"区"称宅第，这里的"赐第一区"就是赐宅第一所。 ④衡轴：本指观测天体仪器上可以旋转的横管，引申比喻中枢要职。 ⑤寿阳陷没：这是北齐扬州梁郡的治所寿阳，即今安徽寿县。武平四年(573)陈伐齐，齐军大败，寿阳等城都被攻下。 ⑥龟(qiū)兹国子：龟兹是古西域城国名，在今新疆库车一带。当时北齐朝廷有些人受西域文化影响，所以会说"作龟兹国子"的话，"龟兹国子"就是龟兹国主的意思。

原文

凤母鲜于，段孝言之从母子姊也①，为此偏相参附②。奏遣监造晋阳宫，陈德信驰驿检行，见孝言役官夫匠自营宅，即语云："仆射为至尊起台殿未讫，何容先自营造？"凤及穆提婆亦遣孝言分工匠为己造宅，德信还具奏闻。及幸晋阳，又以官马与他人乘骑。上因此发忿，与提婆并除名，亦不露其罪，仍毁其宅，公主离婚，复被遣向邺吏部门参③。及后主晋阳走还，被敕入内，寻诏复爵，从后主走度

翻译

韩凤母鲜于氏，是段孝言的从母子之姊，因此互相拉拢依附。奏派段孝言监造晋阳宫，宦官陈德信驰驿去检查，发现段孝言役使公家的工匠给自己营造宅第，就说："仆射给至尊起造台殿还未完毕，怎好先给自己营造？"韩凤和穆提婆也叫段孝言分派工匠给自己造宅，陈德信回去都一一奏报。等后主临幸晋阳时，韩凤又把官马给别人骑。后主因此发怒，把韩凤和穆提婆都革除官爵，也不公布罪状，把他的宅第毁掉，公主也离婚，还被派到邺城的吏部去门参。等后主从晋阳逃回，他才接到敕令入内，不久下诏恢复他的封爵，跟随后主出逃过黄河，到青州，都被周军俘获。

韩凤在权贵显要中间，是最憎恨士

河,到青州,并为周军所获。

凤于权要之中,尤嫉人士,崔季舒等冤酷,皆凤所为。每朝士谘事,莫敢仰视,动致呵叱,辄詈云④:"狗汉大不可耐,唯须杀却。"若见武职,虽厮养末品亦容下之⑤。仕隋,位终于陇州刺史⑥。

人的一个,崔季舒等人被冤杀,都是韩凤干下的。每当朝士有事情向他请示,都不敢抬头看他,动辄被他呵斥,叱骂说:"狗汉大不可耐,只该杀却。"如见到武职,即使厮养末品也谦和接待。在隋朝做官,做到陇州刺史。

注释 ① 段孝言:《北齐书》有传。 ② 参附:拉拢依附。 ③ 门参:旧时下级晋谒上级叫参,门参就是登门参见。 ④ 詈(lì):骂。 ⑤ 厮养:服贱役供使唤的人。末品:旧时认为地位最低下的人。容下:容是接纳,下是谦让,容下就是谦和接待。 ⑥ 陇州:治所汧源在今陕西陇县东南。

原文

韩宝业、卢勒叉、齐绍,并高祖旧左右,唯门阉驱使①,不被恩遇。历天保、皇建之朝,亦不至宠幸,但渐有职任,宝业至长秋卿②,勒叉等或为中常侍③。世祖时有曹文摽、邓长颙辈④,亦有至仪同食干者。唯长颙武平中任参宰相,干预朝权。

翻译

韩宝业、卢勒叉、齐绍,都是高祖旧日身边的宦官,只是作为门阉受驱使,没有受到什么恩遇。经历天保、皇建两朝,也没有被宠幸,只是逐渐有了官职,韩宝业做到长秋卿,卢勒叉等有的做上中常侍。世祖时宦官有曹文摽、邓长颙等,也有做到仪同还食干的,其中只有邓长颙在武平年间参与宰相之职,干预朝政。后来宝业、勒叉、齐绍、子微都封了王,还不过于侵暴。在后主朝,有陈后宝业、勒叉、齐绍、子徽并封王,不过侵暴。于后主之朝,有陈德信等数十人,并肆其奸佞,败政虐人,古今未有。多授开府,罕止仪同,亦有加光禄大夫金章紫绶者⑤,多带中侍中、中常侍,此二职乃数十人,又皆封王、开府。恒出入门禁,往来园苑⑥,趋侍左右,通宵累日,承候颜色,竞进谄谀,莫不发言动意,多会深旨。一戏之赏⑦,动逾巨万⑧,丘山之积,贪冒无厌。犹以波斯狗为仪同、郡君⑨,分其干、禄。神兽门外有朝贵憩息之所⑩,时人号为解卸厅。诸阉或在内多日,暂放归休,所乘之马牵至神兽门阶,然后升骑,飞鞭竞走,数十为群,马尘必坌⑪。诸朝贵爱至唐、赵、韩、骆⑫,皆隐听趋避,不敢为言。

德信等几十人,都极尽奸佞,败政虐人,为古今所未有。多除授开府,很少止于仪同,也有加光禄大夫金章紫绶的,多带中侍中、中常侍,带这两个官职有几十人,又都封王、开府。经常出入宫禁,往来园苑,趋侍左右,通宵累日,承候皇上的脸色,争着谄媚阿谀,一开口一动念头,都没有不迎合旨意。一次乐舞、百戏的赏赐,动逾巨万,家财积得像丘山似的,还贪冒无厌。还把波斯狗封为仪同、郡君,分食相应的干、禄。神虎门外有朝贵休息的地方,当时叫作解卸厅。宦官们有的在内廷多日,暂时放回休假,所骑的马牵到神虎门阶,就上马挥鞭抢着走,几十骑一群,马尘四起,朝贵们如唐、赵、韩、骆等人,都隐忍趋避,不敢说什么。

注释 ①门阉(yān)：看门的宦官。驱使：驱遣役使。 ②长秋卿：长秋寺的长官，专用宦官，掌管宫阁。 ③中常侍：宦官的办事机构中侍中省设中侍中二人，中常侍四人。 ④摽：音biāo。 ⑤光禄大夫金章紫绶：光禄大夫一般是银的印章、青的绶带，即所谓银青光禄大夫；地位更高则金的印章、紫的绶带，即所谓金紫光禄大夫。 ⑥园苑：指皇帝的园苑。 ⑦戏：指当时的乐舞、百戏即杂技之类，后来的戏曲在这时还未出现。 ⑧巨万：万万，形容数目极大。 ⑨波斯狗为仪同、郡君：公狗为仪同，母狗为郡君。 ⑩神兽门：本作神虎门，史官避唐高祖李渊祖李虎名讳改"虎"为"兽"。憩(qì)：休息。 ⑪坌(bèn)：尘埃四起。 ⑫唐、赵、韩、骆：当指唐邕、赵彦深和韩凤、穆提婆，穆提婆本姓骆，唐邕、赵彦深《北齐书》均有传。

原文

高祖时有苍头陈山提、盖丰乐、刘桃枝等数十人，俱驱驰便僻，颇蒙恩遇，天保、大宁之朝渐以贵盛，至武平时皆以开府、封王，其不及武平者则追赠王爵。又有何海及子洪珍皆为王，尤为亲要。洪珍侮弄权势，鬻狱卖官①。

又有史丑多之徒胡小儿等数十，咸能舞工歌，亦至仪同、开府，封王。

诸宦者犹以宫掖驱驰，便烦左右②，渐因昵狎，以至大官。苍头始自家人，情寄

翻译

高祖时有苍头陈山提、盖丰乐、刘桃枝等几十人，都驱驰迎合，颇蒙受恩遇，在天保、大宁两朝逐渐贵盛，到武平朝都开府、封王，没有活到武平朝的就追赠王爵。又有个何海和儿子何洪珍都封王，尤其亲要。何洪珍玩弄权势，鬻狱卖官。

又有史丑多之流胡小儿几十人，都能舞善歌，也做到仪同、开府，封了王。

这些宦官还是靠着在宫掖供驱驰，在左右勤伺候，逐渐昵狎，做上了大官。苍头则开始只是家人，关系深密，到了后主手里，成为先朝旧人，凭借旧人勤劳，得以叨窃高位。至于胡小儿等眼鼻深险，一无可用，依靠皇上的非理爱好，敢于排突朝贵，尤为士人所憎恨厌恶。

深密，及于后主，则是先朝旧人，以勤旧之劳，致此叨窃③。至于胡小儿等眼鼻深崄④，一无可用，非理爱好，排突朝贵⑤，尤为人士之所疾恶。其以音乐至大官者，沈过儿官至开府仪同，王长通年十四五便假节通州刺史⑥。……

其中靠音乐做上大官的，有沈过儿做到开府仪同，王长通十四五岁就假节通州刺史。……

注释　①鬻狱：审判案子谁贿赂多就让谁胜诉。卖官：谁出钱就让谁做官，要做高官就得多出钱。　②便烦：伺候奔走。　③叨（tāo）窃：才能本不胜任而据有其位。　④崄（xiǎn）：同"险"。　⑤排突：排挤冒犯。　⑥通州：北齐无通州，地望不详。

周书

黄永年　译注

安平秋　审阅

导　言

　　我国历史上叫周的朝代有好几个。最古老的是商、周的周，即周文王、武王打出来的周，要细分还分为西周、东周。以后南北朝时北朝有个周，为区别古老的周，后人称它为北周；又因为它的皇帝姓宇文，也称为宇文周。唐以后五代的最后一代又叫周，史书上称它为后周。如果再数，降清的吴三桂后来反清时还曾建国号为周。这部《周书》是我国大型史书"二十四史"里的一史，排列在《北齐书》之后，《隋书》之前，有点历史常识的读者就一定会说这是讲述北周历史的史书。

　　这话是讲对了，但还不完全对，因为这部《周书》不仅仅讲述北周的历史。南北朝的北朝先是鲜卑人做皇帝，建立的朝代叫魏，后人为了区别于以前三国时曹家的魏，也称它为北魏。这个北魏后来迭经战乱，政权落到了军人高欢的手里。北魏永熙三年(534)，孝武帝元修从京城洛阳西逃长安，投靠在西边掌权的另一个军人宇文泰。高欢就另立了元氏宗室元善见做皇帝，并且迁都到邺城，这样一个魏就分裂成东、西两部分。东魏孝静帝元善见做了十七年傀儡皇帝，在武定八年(550)被高欢次子高洋取代，由高家的北齐代替了东魏。西魏的寿命稍微长一点，经历了文帝元宝炬、废帝元钦、恭帝拓跋廓三个傀儡皇帝，到宇文泰死后恭帝三年(556)冬天才被宇文氏的北周取代。这样，后来撰写北周和北齐史书的人就不好只写北周、北齐正式建立以后的事，因为这样写就无法把两个政权初期的历史写进去，会成为有身子缺脑袋的东西。所以编进"二十四史"里的《周书》和《北齐书》分别从宇文泰和高欢写起，包括把在西魏、东魏很活跃但到北周、北齐正式建立时已去世的人物也写进书里。《北齐书》写到幼主高恒承光元年(577)北周灭北齐,《周书》写到静帝宇文阐大定元年(581)杨坚建立隋朝取代北周。这么做看起来内容和书名有点矛盾,但从保持史事的完整性来讲,倒不失为一种妥善的方法。

讲了《周书》起讫,再讲《周书》的编写。我国古代史书的编写一般用两种体裁。一种叫编年体,现存最早的是《春秋》,是按照春秋时鲁国各个国君在位的年月日编写的史书。后来最有影响的大型编年体史书是北宋时司马光的《资治通鉴》,是从东周威烈王二十三年(前403)到五代后周世宗显德六年(959)一千三百六十二年之间按年月日编写的史书。另一种体裁叫纪传体,创始于西汉时司马谈、司马迁父子的《史记》,其中有本纪、表、书、世家和列传。接着东汉时班固撰写《汉书》,把书改称志,把世家也写成列传,成为本纪、志、表、列传四个部分,后来历代修史的多数按照这个模式写下去。这四部分中又以本纪和列传为主。本纪也简称为纪,一般一个皇帝一个纪,但除开国皇帝,很少写皇帝自身的事情,实际上是用皇帝年号来纪年的编年史,和上面所说的《资治通鉴》差不多,只是不可能记载得那么详细。列传也简称为传,多数是给政治上的重要人物写传,另外后妃、皇子也得写传,最后还要写类传和四裔传,类传如儒林传、循吏传之类,四裔传记述少数民族和外国的事情。至于志,是对天文地理、典章制度等多方面的记述。表,是把文字叙述不方便的史实用表的形式列出来,如年表、职官表之类。有的史书不编写表,有的连志也缺掉不曾写,但纪和传总是有的,所以习惯上称这种史书为纪传体史书。这种纪传体史书比单纯编年的内容更完备,所以人们又常把它称为"正史"。前面说的"二十四史"就都是这种纪传体的"正史"。

讲了《周书》编写的体裁,再介绍编写者和编写的过程。编写者是谁?打开《周书》,上面写着"唐令狐德棻等撰"。令狐德棻《旧唐书》有传,说他在唐高宗乾封元年(666)去世,享年八十四岁,推算起来,隋文帝开皇三年(583)他才出生。这位令狐德棻是在北周灭亡后才出生的,怎么能够把北周以至西魏的事情知道得那么清楚,来写成这部《周书》呢? 不要紧,因为在这以前早有人给他准备好素材了。原来我们祖先有个重视历史记载的好习惯,统治者很早就知道要设置史官来记录自己的历史。前面说过的编年体史书《春秋》,就是鲁国史官记录编写的,撰写纪传体史书《史记》的司马谈、司马迁父子,也都是西汉的太史令。到了东汉时候,这种设置史官记录编写本朝历史即所谓国史的一套制度更加健全起来,以后各个朝代都设有秘书监、秘书省来编写国史。西魏、北周自不例外,也设置了秘书省,任命了主管秘书省的秘书监、秘书丞,下面还任命了几位著作郎和著作佐郎,从大统十四年(548)柳虬出任秘书丞后就承担起编写国史的工作。后来实行官制改革,把著作郎改称著作上士,著作佐郎改称著作中士,归春官府的外史下大夫领导,编写国史的工作仍旧没有停顿。这就给以后的北周纪传体正史准备好素材,以后正式编写便以这些素材为基础作加工补充。北周正史的正式编写是在杨坚取代北周建立隋朝以后,编写者是隋朝著名的文臣牛弘。牛弘在隋文帝杨坚开皇初年出任秘书监,以后又历任礼部尚书、吏部尚书等要职,编写的纪传体《周史》有十八卷,可惜并没有写完。唐高祖李渊武德五年(622),前面所说的令狐德棻出任秘书丞,他向李渊建议编写南朝梁、陈,北朝北齐、北周以及隋的纪传体正史,因为这五个朝代的纪传体正史都还没有编写成功。李渊接受了这个建议,还安排了编写人员,周史就叫令狐德棻和侍中陈叔达、太史令庾俭承担。到武德九年(626)李渊退位、唐太宗李世民即位还不曾编写好。于是在贞观三年(629)李世民再下诏编写这五部正史,周史仍叫令狐德棻编写,不过合作者换了秘书郎岑文本,令狐德棻还奏请殿中侍御史崔仁师来协助,此外,李世民又叫令狐德棻统一协调这五史的编写工作。贞观六年

(632)令狐德棻升任礼部侍郎,岑文本也升任中书侍郎,但编写周史的工作仍由他们继续承担,到贞观十年(636)和其他四史同时编写完成进呈给李世民。正式的书名和此前的正史一样都叫"书",所以这部周史就叫《周书》。全书共五十卷,包括本纪八卷和列传四十二卷,本纪依次记了文帝宇文泰、孝闵帝宇文觉、明帝宇文毓、武帝宇文邕、宣帝宇文赟、静帝宇文阐,文帝宇文泰、武帝宇文邕各占二卷,其余诸帝人各一卷。列传则从皇后、诸王开始,以儒林、孝义、艺术三个类传和附庸萧詧政权以及记载少数民族和外国的异域传结束,中间是将相和其他重要人物的列传。没有编表,也没有写志。这五史的志是在贞观十五年(641)李世民下诏叫于志宁等统一编写,到高宗李治永徽元年(650)令狐德棻也奉命监修这五史的志。一共写了礼仪、音乐、律历、天文、五行、食货、刑法、百官、地理、经籍十志计三十卷,在高宗显庆元年(656)由长孙无忌进呈,称为《五代史志》,后来编进《隋书》里。要查北周的志应到《隋书》里去查,不能把没有志算作《周书》的缺漏。

历史这门科学研究起来和多数科学不一样。多数科学像自然科学、技术科学都是研究看得见甚至摸得到的东西,社会科学里的经济学、政治学也多数是研究当前现实的东西,而历史科学却需要研究已经过去的人类社会现象。尤其是古代史,研究对象和现实生活距离得更远,这就必须凭借古人留下来的文字记载和实物来研究。实物包括考古发掘所得和流传下来的古建筑、古文物,但用来研究当时的历史总嫌缺乏系统性,文字记载中的古诗文、古文书等也免不了这个毛病。要讲有系统、有条理而且内容丰富,不能不首推旧史书,尤其是"二十四史"这样的纪传体正史。就《周书》来说,自从令狐德棻等人把它写成后,就再没有一部记载西魏、北周历史比它更详细的专书。《资治通鉴》自然写得不差,但西魏、北周这部分主要还是基于《周书》的记载。今天我们可以对西魏、北周写出精湛的研究成果,而根据的史料主要还得来自

《周书》。中国历史记载近三千年来不曾中断过，其中也有《周书》的一份功绩。

旧史书的编写者接受过传统史学的熏陶和训练。因此在保存大量史料的同时，还知道怎样把这些史料编写得更有条理，更能体现历史的真实，使人们读了可以把这段历史的基本面貌掌握住，尤其把这段历史的政治动态掌握住。《周书》在这方面就做得很成功。例如，读了它的《文帝纪》和有关列传，就能知道宇文泰一生主要做了两件事。一件是稳固内部，在除掉侯莫陈悦而掌握关中地区军政领导权后，尽量与原先地位和他相等的赵贵、独孤信、于谨等人搞好关系。另一件是以攻为守，和实力远过于自己的高欢打了几次大仗，稳定了东西对峙的局面。宇文泰死时儿子都太小，不能不把实权交付给侄儿宇文护。读《晋荡公宇文护传》和《孝闵帝纪》《明帝纪》，可以知道尽管孝闵帝宇文觉、明帝宇文毓这两个宇文泰的亲儿子先后被宇文护杀害，宇文护却真能继承宇文泰的遗志，拉拢于谨，剪除赵贵、独孤信、侯莫陈崇，进一步把权力集中到宇文氏手里。明帝以后即位的是宇文泰的第四子武帝宇文邕，看《武帝纪》和有关列传，可以知道这是又一位能够继承宇文泰遗志的皇帝。他培植了尉迟运、王轨、宇文神举、宇文孝伯等亲信，齐心协力除掉了宇文护，把政权收归宇文泰嫡系。接着又整军经武攻取北齐，而且吸取了宇文泰进攻洛阳一再失利的教训，改从攻取晋州下手，获胜后一鼓作气拿下了齐都邺城，完成统一北方的大业。宇文邕死后传位长子宣帝宇文赟。看王轨、宇文孝伯等人的传，可以知道当年宇文邕的亲信王轨、宇文孝伯等人在宇文赟即位后就被一一剪除。再看《宣帝纪》，还可知道这个宇文赟在政治上乱来一通、毫无建树。到他死后政权就落入他的岳父杨坚之手，不久杨坚就废掉八岁的静帝宇文阐，让自己成为隋朝开国的隋文帝，而原先是宣帝亲信的郑译却摇身一变，充当了杨坚灭周的好帮手。如果不依靠《周书》这些纪传的陈述，要弄清楚这么复杂的政治斗争史怕不会如此容易。

　　以上是讲内容。讲文笔,《周书》也够水平。例如《王罴传》里说:"沙苑之役,齐神武士马甚盛。太祖以华州冲要,遣使劳罴,令加守备。罴语使人曰:'老罴当道卧,𧾷子安得过!'太祖闻而壮之。及齐神武至城下,谓罴曰:'何不早降?'罴乃大呼曰:'此城是王罴冢,生死在此,欲死者来!'齐神武遂不敢攻。"寥寥数语就写出了这位将军在强敌面前的英勇气概。《宇文孝伯传》里说宣帝做太子时西征吐谷浑,"在军有过行,郑译时亦预焉。军还,孝伯及王轨尽以白。高祖怒,挞帝数十,仍除译名"。到宣帝即位,"译又被帝亲昵。帝既追憾被杖,乃问译曰:'我脚上杖痕,谁所为也?'译答曰:'事由宇文孝伯及王轨。'"又活画出郑译的小人嘴脸。在记述战事上,《周书》也有它高明的手法。如《文帝纪》记述潼关斩窦泰一役,先说"东魏寇龙门,屯军蒲阪,造三道浮桥度河,又遣其将窦泰趣潼关,高敖曹围洛州"。讲了形势的严重。然后用大段文字讲述太祖文皇帝宇文泰的对策,说:"太祖出军广阳,召诸将曰:'贼今掎吾三面,又造桥于河,示欲必渡,是欲缀吾军,使窦泰得西入耳!久与相持,其计得行,非良策也。且欢起兵以来,泰每为先驱,其下多锐卒,屡胜而骄。今出其不意,袭之必克,克泰则欢不战而自走矣。'诸将咸曰:'贼在近,舍而远袭,事若蹉跌,悔无及也。'太祖曰:'欢前再袭潼关,吾军不过霸上,今者大来,兵未出郊,贼顾谓吾但自守耳,无远斗意。又狃于得志,有轻我之心。乘此击之,何往不克?贼虽造桥,不能径渡。此五日中,吾取窦泰必矣,公等勿疑。'"讲清楚了战略,下面打的过程就很简单:"庚戌,太祖率骑六千还长安,声言欲保陇右。辛亥,谒帝而潜出军。癸丑旦,至小关。窦泰卒闻军至,惶惧,依山为阵。未及成列,太祖纵兵击破之,尽俘其众万余人,斩泰,传首长安。高敖曹适陷洛州,执刺史泉企,闻泰之殁,焚辎重弃城走。齐神武亦撤桥而退。"一如宇文泰之所预料。这种该详则详、当简则简,文字既洁净又生动的写法,和公认为记叙文佳作的《左传》城濮之战、《史记·淮阴侯列传》井陉之战等完全可以媲美。足见这部史书在今天还颇有可读性。

最后谈谈本书的选篇和注译。

先说选篇。入选的标准一是要人物比较重要比较知名，二是要照顾各个方面各种类型，当然还得适当顾及可读性。这样首先选了宇文泰的《文帝纪》，因为他是北周政权的创建者，读了他的本纪可以了解这个政权怎样建立并得到巩固。这个政权的建立巩固主要靠军事，所以接着选了几位大将的列传。《于谨传》的传主于谨始终服从宇文氏政权得保其富贵，《赵贵传》的传主赵贵则因不服从宇文护而被剪除，《王罴传》的传主王罴体现了英勇忠贞的好品德，《尉迟迥传》的传主尉迟迥是伐蜀有功却又成为反对杨坚而牺牲的代表人物，这四位武将各有其特色。武将之后选了文臣卢辩的传记，他是为宇文泰出谋划策、改革制度的重要人物。后面再选一位大臣的传——《宇文孝伯传》，从传主宇文孝伯的升沉荣辱可以看出北周由盛而衰的变化。《周书》不像《北齐书》那样在类传里编写《文苑传》，在其他列传里还有《王褒传》可入选。王褒是大文学家，但他是从南朝来到关中，不算北周本地土生土长的人才。类里从《儒林传》选了熊安生的传，从《艺术传》选了赵文深的传，但前者又是从邺城西去关中的，后者的书法在王褒入关后也相形见绌，这些都反映了北周在文化上居于后进这一事实。其中《王罴传》《尉迟迥传》《卢辩传》三个传，在有些地方叙事比较简略，有些该记载的没有记载，很可能原本已经缺失，现在传下来的是北宋初年人根据某些删节的本子抄补进去的。但这些删节本既源出《周书》，今天自也可以把它和《周书》原本同等看待，同样入选。

《周书》和很多正史一样，前人都没有作过注，现在对选出的作注自然颇费气力。其中除一般词语，要注的以地名和职官名称居多。地名中州郡只注治所所在和相当于今某地，让读者对该州郡的方位有个大体的概念,不再详注全境。职官详注也太占篇幅,只大体注出所属机构和职掌,有时还说明是实职还是虚衔。

今译原则上都用直译,因为读者要读的是原文,译文只对阅读原文起帮助作用,而不是让读者脱离了原文去欣赏译文。

黄永年

文 帝 纪

导读

　　宇文泰在世时并没有做皇帝，而《周书》里仍给他写《文帝纪》并放在全书最前面，是因为他实际上是北周政权的前身即西魏政权的创建者，而且身后被追尊为周朝的文皇帝。这篇本纪很长，占了两卷之多。这里选译了宇文泰创建西魏政权的过程，西魏政权建立后则选译宇文泰和东魏政权的掌握者高欢之间的几次大战，这些都较有趣味性、可读性。其他过于繁琐的或流水账式的纪事，就概从节略。（选自卷一至二）

原文

　　太祖文皇帝姓宇文氏①，讳泰，字黑獭②，代武川人也③。其先出自炎帝神农氏，为黄帝所灭④，子孙遁居朔野⑤。有葛乌菟者，雄武多算略，鲜卑慕之，奉以为主，遂总十二部落，世为大人⑥。其后曰普回，因狩得玉玺三纽，有文曰"皇帝玺"。普回心异之，以为天授，其俗谓天曰宇，谓君曰文，因号宇文国，并以为氏焉。

翻译

　　太祖文皇帝姓宇文氏，名讳叫泰，字叫黑獭，是代的武川人。他的祖先源出炎帝神农氏，被黄帝灭掉，子孙逃到北边旷野之地住下来。有个叫葛乌菟的，雄武多谋略，鲜卑人敬慕他，奉他为主子，就此总领十二个部落，世代充当大人。后来出了个叫普回的，打猎时捡到三枚玉玺，印文有"皇帝玺"几个字。普回很惊异，认为是上天授予的，他们习俗称天为"宇"，称君为"文"，因此自号宇文国，并且把宇文作为姓氏。

注释 ① 太祖文皇帝：太祖是周朝给宇文泰的庙号。文皇帝是后来追尊的谥号。
② 讳泰，字黑獭：黑獭本是宇文泰的胡名，和唐初人刘黑闼、吴黑闼的"黑闼"是同
名异写，汉名"泰"是胡语"獭"的对音，把胡名"黑獭"雅译成"泰"这个汉名，以后史
官又把"黑獭"说成是宇文泰的字。 ③ 代：北魏在道武帝拓跋珪登国元年(386)始
称魏，其前从西晋愍帝建兴三年(315)拓跋猗卢被封为代王起一直称为代。武川：
北魏初年为防御北边柔然的侵扰，在京城平城(今山西大同东)以北、阴山(内蒙古
中部、东西走向、长约 1200 千米的大山脉)南北，自西而东设置沃野(今内蒙古五原
北)、怀朔(今内蒙古固阳西南)、武川(今内蒙古武川的西土城)、抚冥(今内蒙古四
子王旗东南的土城子)、柔玄(今内蒙古兴和的台基庙东北)、怀荒(今河北张北)六
个军镇，称为"六镇"。这里说代武川也就是北魏武川镇的意思。后来东魏、西魏的
武力主要来自六镇，杨隋、李唐的先人也都和这武川镇有关。 ④ 其先……所灭：
《史记》的五帝本纪里说黄帝打败炎帝，代神农氏而为天子，这只是一种神话传说，
宇文氏借此自夸是炎帝的后裔，就更不可信。据研究，宇文氏是鲜卑的一支，其君
长本是更早见于史书的匈奴的贵族，东汉后期鲜卑分为东、中、西三部，宇文氏世代
做东部大人即东部的首领。 ⑤ 朔野：朔是北方，朔野是北边旷野之地。 ⑥ 大
人：古代鲜卑、乌桓、契丹等族的部落首领都称大人。

原文

　　普回子莫那，自阴山南
徙①，始居辽西②。……九
世至侯豆归，为慕容晃所
灭③。其子陵仕燕。……魏
道武将攻中山④，陵从慕容
宝御之⑤，宝败，陵率甲骑五
百归魏。……天兴初⑥，徙
豪杰于代都⑦，陵随例迁武

翻译

　　普回的儿子叫莫那，从阴山向南迁
徙，开始居住到辽西。……传了九代传
到叫侯豆归的，被慕容晃灭掉。侯豆归
的儿子陵在燕做官。……北魏道武帝
将要进攻中山，宇文陵跟随慕容宝抵
御，慕容宝战败，宇文陵率领五百披甲
战骑归顺北魏。……天兴初年，把豪杰
迁进代都，宇文陵按照规定迁到武川。
宇文陵生子宇文系，宇文系生子宇文

川焉。陵生系,系生韬,并 以武略称。

韬,都以能打仗见称。

注释 ① 徙(xǐ):迁移。 ② 辽西:辽指辽河,在今辽宁省内由东北流向西南入渤海的大河。秦汉时曾设辽西郡,治所阳乐在今辽宁义县西,以后逐渐缩小。这里的辽西泛指辽河以西地区,包括今辽宁西南部和河北东部。 ③ 慕容晃:一般作慕容皝(huǎng),十六国时期前燕国君,333—348 年在位。 ④ 魏道武:北魏道武帝拓拔珪,386—409 年在位。中山:原为中山郡,治所卢奴即今河北定州,后燕建立者慕容垂以此为都城。 ⑤ 慕容宝:慕容垂之子,后燕国君,396—398 年在位。 ⑥ 天兴:北魏道武帝拓跋珪的年号(398—404)。 ⑦ 代都:北魏代郡的治所平城,北魏道武帝皇始三年(398)迁都到这里,所以称代都。

原文

韬生肱①,肱任侠有气干②。正光末③,沃野镇人破六汗拔陵作乱④,远近多应之。其伪署王卫可孤徒党最盛⑤,肱乃纠合乡里斩可孤,其众乃散。后避地中山⑥,遂陷于鲜于修礼⑦,修礼令肱还统其部众。后为定州军所破,殁于阵⑧。武成初⑨,追尊曰德皇帝。

翻译

宇文韬生子宇文肱,宇文肱任侠有气节。正光末年,沃野镇人破六汗拔陵作乱,远近多响应。他所伪封的王叫卫可孤的徒众最多,宇文肱就纠合同乡里的人斩杀卫可孤,卫可孤的徒众才解散。以后宇文肱避祸迁居到中山,就失陷在鲜于修礼军中,鲜于修礼仍叫宇文肱统率原来的部众。后来宇文肱被定州官兵打败,阵亡。到武成初年,追尊宇文肱为德皇帝。

注释 ① 肱:音 gōng。 ② 任(rèn)侠:以抑强扶弱为己任称任侠。 ③ 正光:北魏孝明帝元诩(xǔ)的年号(520—525)。 ④ 破六汗拔陵:也写作破六韩拔陵,北魏孝明帝正光四年(523)在沃野镇起义,得六镇士兵响应,孝明帝孝昌元年(525)战败被杀。　⑤伪署王:站在北魏的立场自然要否定破六汗拔陵的起义,所以不承认破六汗拔陵所封的王爵,而称之为"伪署王"。　⑥避地:迁居到某处以避祸患。⑦鲜于修礼:本是怀朔镇兵,鲜于是姓,六镇起义失败后,部众二十余万被安置在冀州(治所与所属长乐郡治所同在信都,即今河北冀州)、定州(治所与所属中山郡治所同在卢奴,即今河北定州)和瀛州(治所在赵都军城,即今河北河间),孝昌二年(526)鲜于修礼在定州率这些"降户"起义。　⑧殁(mò):死亡。　⑨武成:北周明帝宇文毓的年号(557—559)。

原文

　　太祖,德皇帝之少子也。……少随德皇帝在鲜于修礼军。及葛荣杀修礼①,太祖时年十八,荣遂任以将帅。太祖知其无成,与诸兄谋欲逃避②,计未行。会尔朱荣擒葛荣③,定河北④,太祖随例迁晋阳⑤。荣以太祖兄弟雄杰,惧或异己,遂托以他罪,诛太祖第三兄洛生。复欲害太祖,太祖自理家冤,辞旨慷慨,荣感而免之,益加敬待。

翻译

　　太祖,是德皇帝的小儿子。……小时候跟随德皇帝在鲜于修礼军中。到葛荣杀掉鲜于修礼,太祖已十八岁,葛荣就任命太祖为将领。太祖知道葛荣成不了事,曾和哥哥们商量作逃走的打算,没有能实现。适逢尔朱荣擒获葛荣,平定河北,太祖按照规定迁到晋阳。尔朱荣看到太祖兄弟是英雄豪杰,怕他们有可能背叛自己,就借了别的罪名,杀害太祖的三哥宇文洛生。还想杀害太祖,太祖亲自申理宇文家的冤屈,话说得很慷慨,尔朱荣有所感动,不再追究他,反而对他更加尊敬礼貌。

注释　①葛荣:本是怀朔镇将,参加鲜于修礼起义,鲜于修礼被元洪业所杀,他又杀元洪业,继续斗争,这里说他"杀修礼"是错的。他在这年称天子,国号齐,北魏孝明帝武泰元年(528)他兼并了另一支由柔玄镇兵杜洛周率领的六镇降户起义军,杀杜洛周,尽有冀、定、瀛、沧(治所饶安,在今河北盐山西南)、殷(治所在南赵郡,在今河北隆尧西)五州之地,但南攻相州(治所与所属魏郡的治所同在邺县,在今河南安阳北)失败,为魏尔朱荣擒杀。 ② 诸兄:宇文肱娶妻王氏,生四子,长子宇文颢(hào),次子宇文连,三子宇文洛生,四子宇文泰,《周书》都有传,这里的"诸兄"即指颢、连、洛生。 ③ 尔朱荣:北秀容(今山西朔州北)的契胡族世袭酋长,尔朱是姓,北魏末年成为最强大的军事集团首领,武泰元年(528)北魏孝明帝被母胡太后毒死,胡太后立孝明帝堂侄元钊为帝,尔朱荣拥立孝庄帝元子攸,进入京城洛阳(在今河南洛阳东),杀胡太后、元钊及王公百官二千多人,后又消灭葛荣等起义军,一度统一北方,永安三年(530)在洛阳被孝庄帝袭杀,尔朱氏残余势力被高欢所消灭。 ④ 河北:地理上的习惯用语,多指潼关以东、黄河以北直到海边的广大地区。 ⑤ 晋阳:并州及所属太原郡的治所,在今山西太原西南。

原文

孝昌二年,燕州乱①,太祖始以统军从荣征之②。先是,北海王颢奔梁③,梁人立为魏主,令率兵入洛,魏孝庄帝出居河内以避之④。荣遣贺拔岳讨颢⑤,仍迎孝庄帝。太祖与岳有旧⑥,乃以别将从岳⑦。及孝庄帝反正⑧,以功封宁都子⑨,邑三百户⑩,迁镇远将军、步兵校尉⑪。

翻译

孝昌二年(526),燕州发生乱事,太祖开始以统军身份跟随尔朱荣去征讨。在这以前,北魏的北海王元颢出逃到梁,梁人立他为魏主,叫他带兵进入了洛阳,北魏孝庄帝退避到河内。尔朱荣派贺拔岳讨伐元颢,并迎回孝庄帝。太祖和贺拔岳是故旧,就以别将的身份跟随贺拔岳前往。到孝庄帝回京重做皇帝,太祖因功封为宁都子,食邑三百户,升任镇远将军、步兵校尉。

注释 ① 燕州：治所及所属广宁郡的治所同在广宁，即今河北涿鹿。燕州在孝昌元年(525)被杜洛周围困，这年五月北魏燕州刺史崔秉弃州城广宁南逃定州，所谓"燕州乱"似指此事，但这年宇文泰尚在葛荣军中，不可能跟随尔朱荣去征讨燕州。这以后孝庄帝永安二年(529)二月有燕州民王庆祖聚众于上党郡(治所壶关城，在今山西长治北)而为尔朱荣讨擒的事情，但上党郡属于弃州，不能说"燕州乱"。北魏末年史事记载颇多混乱，像这类事情已难以考订清楚。 ② 统军：这里只是统带一支军队的意思，不是正式官职名称，和唐初政府兵的骠骑将军为统军不是一回事。 ③ 北海王颢(hào)：北魏献文帝拓拔弘的孙儿元颢，袭封北海王，反对尔朱荣支持的孝庄帝而逃往南朝，在南朝梁武帝萧衍的支持下进军北上，永安二年(529)曾打进洛阳，后在孝庄帝和尔朱荣进攻下战败被杀。又北海王的北海是郡名，这时有王、公、侯、伯、子、男六个封爵等级，上面虽都加有地名，实际上并不真往该处称王称公，所以遇到某某王、某某公时，对所加地名一概不加注，因为注了并无实际意义。 ④ 河内：司州河内郡，治所野王即今河南沁阳。 ⑤ 贺拔岳：出身武川镇的鲜卑族武将，贺拔是姓，《周书》有传。 ⑥ 有旧：旧是故旧、旧交、旧友，有旧指原先就相识有往来。 ⑦ 别将：指另带一支非主力军队的将领，和唐初政府兵的车骑将军为别将不是一回事。 ⑧ 反正：回到原来正常的位置上来，这里指回京城重新做皇帝。 ⑨ 子：当时第五等封爵。 ⑩ 邑：食邑。这时受了封爵的一般不像先秦和西汉时真到封地去做统治者，而另行规定食邑若干户，即把若干户应缴的赋税作为受封爵者的收入。 ⑪ 镇远将军：这是用来酬赏功勋的官品稍高的所谓杂号将军，并无实际职掌。步兵校尉：东汉时设置屯骑、越骑、步兵、长水、射声五校尉，统带禁卫武装，魏晋以来仍设置，北魏这五校尉各设置二十人，算是官品稍高的武职。

原文

　万俟丑奴作乱关右①，孝庄帝遣尔朱天光及岳等讨之②，太祖遂从岳入关③，先锋破伪行台尉迟菩萨

翻译

　万俟丑奴在关右作乱，孝庄帝派尔朱天光和贺拔岳等去讨伐，太祖就跟随贺拔岳入关，充当先锋打败伪行台尉迟菩萨等人。到打败丑奴，平定陇右，太

等④。及平丑奴,定陇右⑤,太祖功居多,迁征西将军、金紫光禄大夫⑥,增邑三百户,加直阁将军⑦,行原州事⑧。时关陇寇乱,百姓凋残⑨,太祖抚以恩信⑩,民皆悦服,咸喜曰:"早值宇文使君⑪,吾等岂从逆乱!"……

祖的功劳居多,升任征西将军、金紫光禄大夫,增添食邑三百户,加授直阁将军,行原州刺史事。当时关陇经寇盗破坏,百姓凋残,太祖用恩信来抚慰,百姓都心悦诚服,都高兴地说:"如果早些逢上宇文使君,我们哪能跟着参与逆乱啊!"……

注释 ① 万俟(mò qí)丑奴:鲜卑族,万俟是姓,万俟丑奴是北魏末年关陇各族起义军首领,孝庄帝建义元年(528)称天子,永安三年(530)战败被俘,送洛阳杀害。关右:古人以西为右,关右也就是关西,这时的关西是指潼关以西地区,主要指关陇即关中、陇西而言,关中即今陕西中部北部,陇西即陕西陇山以西、黄河以东、今甘肃的东南部。 ② 尔朱天光:尔朱荣从祖兄之子,后参与尔朱家族对高欢作战,在邺城的韩陵战败被擒杀。 ③ 关:潼关。 ④ 伪行台:行台是尚书行台的简称,是中央最高行政机构尚书省的临时性地方分支机构,中央尚书省的长官是尚书令,行台的长官也叫行台尚书令,但常省称为行台。这个行台是万俟丑奴任命的,站在北魏的立场自然要称之为"伪"。 ⑤ 陇右:即陇西。 ⑥ 征西将军:汉魏以来设置征东、征西、征南、征北四征将军,这时是用来酬赏功勋的高级武职,并无实际职掌。金紫光禄大夫:金紫指金章紫绶,即用金的印章并在印纽上穿紫色的绶带来佩带,汉代的光禄大夫本只是银章青绶,即用银的印章穿上青色绶带,后来才加金章紫绶,北魏时分左右光禄大夫、金紫光禄大夫、银青光禄大夫三个等级,都是高级的荣誉性文职。 ⑦ 直阁将军:职掌禁卫的左右卫府的属官。 ⑧ 行原州事:做原州刺史的工作。原州治所在高平城,即今宁夏固原。 ⑨ 凋残:凋零残损。 ⑩ 恩信:恩德,信义。 ⑪ 使君:汉代称刺史为使君,以后相沿作为州长官刺史和郡长官太守的尊称。

原文

普泰二年^①,尔朱天光东拒齐神武^②,留弟显寿镇长安^③。秦州刺史侯莫陈悦为天光所召^④,将军众东下。岳知天光必败,欲留悦共图显寿,而计无所出。太祖谓岳曰:"今天光尚迩^⑤,悦未有二心^⑥,若以此事告之,恐其惊惧。然悦虽为主将,不能制物^⑦,若先说其众^⑧,必人有留心。进失尔朱之期^⑨,退恐人情变动,乘此说悦,事无不遂。"岳大喜,即令太祖入悦军说之,悦遂不行。乃相率袭长安^⑩,令太祖轻骑为前锋^⑪。太祖策显寿怯懦,闻诸军将至,必当东走。恐其远遁,乃倍道兼行^⑫。显寿果已东走,追至华山^⑬,擒之。

翻译

普泰二年(532),尔朱天光东出抗拒齐神武,留下他的弟弟尔朱显寿镇守长安。秦州刺史侯莫陈悦得到尔朱天光的征召,带着兵众东下。贺拔岳知道尔朱天光必定失败,想留下侯莫陈悦一起收拾尔朱显寿,只是想不出好办法。太祖对贺拔岳说:"如今尔朱天光还走得不远,侯莫陈悦没有异心,如果把这事情告诉他,怕他要惊慌恐惧。但侯莫陈悦虽名为主将,却不能控制部众,如果先说动他的部众,部众必然人人想留下。这样前进既赶不上尔朱天光约定的期限,退后又怕人情变动,趁此时劝说侯莫陈悦,没有说不成的。"贺拔岳很高兴,立刻叫太祖到侯莫陈悦军中去劝说,侯莫陈悦就不再行动。于是共同进袭长安,派太祖率领轻骑为先锋。太祖估计尔朱显寿胆小,听到各路军队将到,一定会往东逃跑。怕他逃得远,太祖就兼程而行。尔朱显寿果然已经往东逃跑,太祖追到华山,把他擒获。

注释 ① 普泰:北魏节闵帝即前废帝元恭的年号(531—532)。 ② 齐神武:即高欢,东魏政权的实际创立者,次子高洋改魏为齐正式称帝(北齐显祖文宣帝),追尊高欢为皇帝,追谥献武,庙号太祖,后来又改谥神武,所以这里称高欢为齐神武。

③ 长安：雍州及所属京兆郡的治所长安，即今陕西西安。　④ 秦州：治所及所属天水郡的治所同在上邽(guī)，即今甘肃天水。侯莫陈悦：鲜卑族将领，侯莫陈是姓，尔朱天光入关时以贺拔岳为左大都督，侯莫陈悦为右大都督，都充当尔朱天光的副手，侯莫陈悦的地位仅稍次于贺拔岳。至于大都督或都督，都是魏晋南北朝在用兵时设置的领兵将帅，不在正式的职官编制之列。　⑤ 迩(ěr)：近。⑥ 二心：异心，不忠实。　⑦ 制物：这里的物指的是人，制物就是控制部众。　⑧ 说(shuì)：用话劝说别人使听从自己的意见。　⑨ 期：约定的日期、期限。　⑩ 相率：相共，相随。　⑪ 轻骑：轻装的骑兵。　⑫ 倍道兼行：兼程而行，一天走二天的路程。　⑬ 华(huà)山：秦岭东段的大山，同名主峰一称太华山，汉以来称为西岳，在今陕西华阴南。

原文

太昌元年①，岳为关西大行台②，以太祖为左丞③，领岳府司马④，加散骑常侍⑤，事无巨细，皆委决焉。

翻译

太昌元年(532)，贺拔岳任关西大行台，任太祖为行台左丞，兼领贺拔岳府的司马，加授散骑常侍，事无大小，都委托他裁决。

注释　① 太昌：北魏孝武帝元修的年号(532)。　② 关西大行台：这是关西地区的最高地方长官，是临时设置的官职。　③ 左丞：中央的尚书省在长官尚书令和左右仆射(yè)之下，设左丞各一人作为主要助手，行台也仿照设左右丞。　④ 领岳府司马：贺拔岳当时还是雍州(治所及所属京兆郡的治所同在长安，在今陕西西安西北)刺史，按规定州刺史下设长史、司马作为主要辅佐官，司马专管军事，宇文泰任司马是雍州刺史府的司马，所以这里说"领岳府司马"，而任左丞则是做关右大行台的官。　⑤ 散骑常侍：北魏有集书省，下设官员依次为散骑常侍、通直散骑常侍、谏议大夫、散骑侍郎、员外散骑常侍、通直散骑侍郎、给事中、员外散骑侍郎、奉朝请各若干人，任务是向皇帝讽谏建议，实际上成为荣誉性的高级职称。

原文

齐神武既破尔朱,遂专朝政。太祖请往观之……还谓岳曰:"高欢非人臣也①,逆谋所以未发者,惮公兄弟耳②!然凡欲立大功,匡社稷③,未有不因地势总英雄而能克成者也④。侯莫陈悦本实庸材,遭逢际会⑤,遂叨任委⑥,既无忧国之心,亦不为高欢所忌,但为之备,图之不难。今费也头控弦之骑不下一万⑦,夏州刺史斛拔弥俄突胜兵之士三千余人⑧,及灵州刺史曹泥⑨,并恃其避远,常怀异望。河西流民纥豆陵伊利等⑩,户口富实,未奉朝风⑪。今若移军近陇,扼其要害,示之以威,服之以德,即可收其士马,以实吾军。西辑氐、羌⑫,北抚沙塞⑬,还军长安,匡辅魏室,此桓、文举也⑭!"岳大悦,复遣太祖诣阙请事⑮,密陈其状⑯。

翻译

齐神武既已打败尔朱家族,就专擅北魏的朝政。太祖请前往看一看……回来对贺拔岳说:"高欢不是做人臣的,所以没有发动逆谋,是怕公兄弟啊!但凡要建立大功,匡扶社稷,没有不凭借地势招集英雄而能成功的。侯莫陈悦本是个庸才,碰上机会,才承受了本不能胜任的委任,此人既无忧国之心,也不为高欢所忌,只要做好准备,图谋他并不困难。如今费也头有骑兵不下一万人,夏州刺史斛拔弥俄突的精兵有三千多人,还有灵州刺史曹泥,都凭着地处僻远,常心怀异志。河西流民纥豆陵伊利等,户口殷富,而未奉朝廷风教。目前如果移军近陇,控扼要害之地,示之以威,服之以德,就可收编他们的兵马,来充实我军。往西和睦氐、羌,向北抚绥边塞,回军长安,匡辅魏室,这才是齐桓、晋文的举动啊!"贺拔岳大为高兴,再派太祖进京请示政事,秘密报告了这个情况。魏帝深为赞同,加授太祖武卫将军,叫他回报贺拔岳。

魏帝深纳之,加太祖武卫将军⑰,还令报岳。

注释 ① 人臣:做人家臣下的人。 ② 惮(dàn):怕,畏惧。公兄弟:指贺拔岳和兄贺拔胜,当时贺拔胜任荆州刺史(北魏的荆州,治所山北即今河南鲁山)加南道大行台尚书左仆射,后南投梁,不久又到长安投归宇文泰,有战功。 ③ 匡:纠正,挽救。社稷:社本是社神,也就是后土即土地神,稷本是谷物神,先秦时天子诸侯都祭社稷,就把社稷作为国家的代称。 ④ 因:依据,凭借。地势:地理形势。总:这里是聚集、招集的意思。克:能够。 ⑤ 际会:际遇,多指好的机遇、遭遇。 ⑥ 叨(tāo):本是谦词,承受、辱承的意思,这里用来指承受了本不胜任的任务。 ⑦ 费也头:当时生活在河西(今山西吕梁山以西)的黄河东西两岸地区的族群,颇有战斗力。控弦:弦是弓弦,控是开弓,控弦就是开弓射箭。 ⑧ 夏州:治所及所属化政郡的治所同在岩绿,在今陕西靖边的白城子。斛拔弥俄突:费也头族将领,斛拔是姓。胜兵:有战斗力的兵。 ⑨ 灵州:治所在旧薄骨律镇,今宁夏灵武西南。曹泥:当时任灵州刺史,后受宇文泰攻克,据《周书·文帝纪》说曹泥降西魏,据《北齐书·神武纪》说被高欢派兵迎回东魏。 ⑩ 流民:离开本土流亡在外的人群。纥豆陵伊利:费也头族,纥豆陵是姓。 ⑪ 朝风:朝廷的教化。 ⑫ 辑:和睦。氏、羌:两汉魏晋南北朝时氏分布在今陕西、甘肃、四川等省,羌分布在今陕西、青海、四川等省,这里用氏、羌来泛指西北各族。 ⑬ 沙塞:北边的边塞,因为多沙漠,可叫沙塞。 ⑭ 桓、文之举:桓、文指春秋时霸主齐桓公和晋文公,他们尊崇天子、安定时局,后人就称这种事业为桓、文之举。 ⑮ 诣(yì):前往。阙(què):阙本是古代宫殿、祠庙、陵墓前左右各一的高台状建筑物,因左右两阙之间是空缺,所以叫这建筑物为阙,后来就作为皇帝的宫门的代称,皇帝所居住之处以至京城,也常称为"阙下"。 ⑯ 状:情况。 ⑰ 武卫将军:北魏左右卫府的长官是左右卫将军,副长官是武卫将军。

原文

　　岳遂引军西次平凉①,谋于其众曰:"夏州邻接寇

翻译

　　贺拔岳于是引军往西到平凉停留下来,和部众商量道:"夏州邻近贼寇,

贼，须加绥抚，安得良刺史以镇之？"众皆曰："宇文左丞即其人也。"岳曰："左丞，吾之左右手也，如何可废？"沉吟累日②，乃从众议。于是表太祖为使持节、武卫将军、夏州刺史③。太祖至州，伊利望风款附④，而曹泥犹通使于齐神武。

必须加以抚绥，从哪里找个好刺史来坐镇呢？"部众都说："宇文左丞就是合适的人选。"贺拔岳说："左丞，是我的左右手，怎么能离去？"迟疑了好几天，才听从大家的主张。于是表奏太祖为使持节、武卫将军、夏州刺史。太祖到了夏州，纥豆陵伊利率先诚心归附，只是曹泥还派使者和齐神武往来。

注释 ① 次：在中途停留下来。平凉：泾州平凉郡，治所鹑(chún)阴，在今甘肃华亭西。 ② 沉吟：犹豫迟疑。 ③ 表：上表奏请。使持节：魏晋南北朝时地方军政长官往往加使持节的称号，给予诛杀中级以下官吏之权；次一等称持节，可杀无官职的人；再次称假节，可杀犯军令的人。到隋唐时刺史例加使持节，则已成为虚衔。 ④ 望风：人的行动影响及于远方，有类于因风传送。因此把对方人虽未到而这边已有所举动叫"望风"，也就是率先的意思。款附：款是诚恳，款附是诚心归附。

原文

魏永熙三年春正月①，岳欲讨曹泥，遣都督赵贵至夏州与太祖计事②。太祖曰："曹泥孤城阻远③，未足为忧。侯莫陈悦怙众密迩④，贪而无信，必将为患，愿早图之。"岳不听，遂与悦

翻译

北魏永熙三年(534)春正月，贺拔岳想讨伐曹泥，派都督赵贵到夏州和太祖商量。太祖说："曹泥孤城遥远，不足为虑。侯莫陈悦凭恃人多而且贴近，又贪而无信，必定成为大患，请及早收拾。"贺拔岳不听，就和侯莫陈悦一同讨伐曹泥。二月，进军到河曲，贺拔岳果

俱讨泥。二月,至于河曲⑤,岳果为悦所害。其士众散还平凉,唯大都督赵贵率部曲收岳尸还营⑥。

真被侯莫陈悦杀害。贺拔岳的兵众散回平凉,只有大都督赵贵率领部曲收得贺拔岳尸体回营。

注释　①永熙:北魏孝武帝元修的年号(532—534)。　②赵贵:贺拔岳手下的高级将领,后成为宇文泰的大将,宇文泰死后反对掌政的宇文护而被杀。　③阻远:艰阻遥远。　④怙(hù):依靠,凭恃。密:靠近,贴近。　⑤河曲:古代地理上的习惯用语,指黄河河流曲折之处,这里是指灵州西南、黄河东岸的富平,在今宁夏吴忠西南,黄河自西向东经过这里向北流。　⑥部曲:本是古代军队中的编制,后来通称将领的直属部队为部曲。

原文

于是三军未有所属①,诸将以都督寇洛年最长②,相与推洛以总兵事。洛素无雄略,威令不行,乃谓诸将曰:"洛智能本阙③,不宜统御④。近者迫于群议,推相摄领⑤。今请避位⑥,更择贤才。"于是赵贵言于众曰:"元帅忠公尽节⑦,暴于朝野⑧,勋业未就⑨,奄罹凶酷⑩,岂唯国丧良宰⑪,固亦众无所依。必欲纠合同盟⑫,复仇雪耻,须择贤者,

翻译

这时三军没有归属,将领们因都督寇洛最年长,共同推举寇洛总领兵事。寇洛平素缺乏雄略,威令不能贯彻,就对将领们说:"我寇洛本来缺乏才能,不适合统率驾驭。最近迫于众议,推我暂时总领兵事。现在请准我让位,另行选择贤才。"于是赵贵对大家说:"元帅忠心国事、竭尽臣节,已为朝野所共知,勋业尚未成就,忽然遭遇凶酷,岂止国家丧失良宰,也使大众无所依靠。真要结合同盟,报仇雪耻,必须推举贤能,来总统诸军。如果推举的人不合适,就大事难成,虽想建立忠义,怎能达到目的?我私下观察宇文夏州,英姿不世,雄谋

总统诸军。举非其人,则大事难集⑬,虽欲立忠建义,其可得乎?窃观宇文夏州⑭,英姿不世⑮,雄谟冠时⑯,远迩归心⑰,士卒用命⑱,加以法令齐肃,赏罚严明,真足恃也。今若告丧,必来赴难⑲,因而奉之,则大事集矣。"诸将皆称善,乃命赫连达驰至夏州⑳,告太祖曰:"侯莫陈悦不顾盟誓,弃恩背德,贼害忠良,群情愤惋㉑,控告无所。公昔居管辖㉒,恩信著闻,今无小无大㉓,咸愿推奉。众之思公,引日成岁㉔,愿勿稽留㉕,以慰众望也。"……

冠时,远近归心,士卒效命,加之法令整肃,赏罚严明,真可依靠。现今如果向他告丧,他一定会来赴难,因而推奉他,大事就成了。"将领们都说好,就派赫连达快马到夏州,报告太祖道:"侯莫陈悦不顾同盟誓言,弃恩背德,杀害忠良,群情愤恨,无处控告。公从前位居管辖,久著恩信,如今不论官职大小,都愿意推奉。大家思念我公,度日如年,请不要滞留,来满足大家的要求。"……

注释 ①三军:春秋时大国多设上、中、下或左、中、右三军,后来就把"三军"作为军队的统称。 ②寇洛:后为宇文泰的将领,《周书》有传。 ③阙(quē):同"缺"。 ④御:驾驭,治理。 ⑤摄:代理。 ⑥避位:退位,让位。 ⑦元帅:全军或一支大军的最高长官通称为元帅,这里指贺拔岳。尽节:旧时所谓尽臣节,即做到臣下所应该做的。 ⑧暴:暴露。朝野:朝廷和民间。 ⑨就:成就。 ⑩奄(yǎn):忽然。罹(lí):遭遇,专指不幸的遭遇。凶酷:专指被杀害。 ⑪宰:本是主持的意思,这里泛指国家的大臣。 ⑫同盟:春秋时国与国之间订有盟约的叫"同盟",后来对为同一目的而联合行动的也称"同盟"。 ⑬集:把事情办成功。 ⑭窃:私下,常用作表示个人意见的谦词。字文夏州：当时宇文泰是夏州刺史，所以称他为宇文夏州。
⑮ 不世：不是每个世代都有的，非常、非凡的意思。 ⑯ 谟（mó）：谋略。 ⑰ 归心：
心悦诚服地归附。 ⑱ 用命：效命，尽力。 ⑲ 赴难：前来解救危难。 ⑳ 赫连达：
匈奴族将领，赫连是匈奴的一个姓氏。 ㉑ 惋（wǎn）：惋惜，叹恨。 ㉒ 管辖：本是
管领、掌管的意思，宇文泰曾任贺拔岳的行台左丞和司马，辅助贺拔岳管领全军，所
以这里说他"昔居管辖"。 ㉓ 无小无大：不论官职大小。 ㉔ 引日成岁：过一天等
于过一年，形容心情迫切。 ㉕ 稽：留止，延迟。

原文

太祖乃率帐下轻骑①，驰赴平凉。时齐神武遣长史侯景招引岳众②，太祖至安定③，遇之，谓景曰："贺拔公虽死，宇文泰尚存，卿何为也④？"景失色⑤，对曰："我犹箭耳，随人所射，安能自裁⑥！"景于此即还。太祖至平凉，哭岳甚恸⑦。将士且悲且喜曰："宇文公至，无所忧矣！"

翻译

太祖这就率领帐下轻骑，赶赴平凉。当时齐神武派长史侯景来招引贺拔岳的部众，太祖到达安定，碰上侯景，对侯景说："贺拔公虽死，宇文泰尚在，你来干什么？"侯景惊恐失色，回答道："我犹如一枝箭，随人家射向哪里，哪能自己裁决！"侯景于是就回去了。太祖到达平凉，为贺拔岳而哭，极其悲痛。将士们且悲且喜道："宇文公来到，不用发愁了！"

注释 ① 帐下：帐指军中大将的营帐，帐下指大将的直属官吏和战士。 ② 侯景：
高欢的将领，高欢死后南投梁，又叛梁攻占都城建康（今江苏南京），称帝，后败逃被
杀。 ③ 安定：泾州及所属安定郡的治所安定县，在今甘肃泾川北。 ④ 卿：本是古
代君对臣、长辈对晚辈的称谓，朋友、夫妇间也以"卿"为戏称，这里是朋友间的戏
称。 ⑤ 失色：因恐惧而变了脸色。 ⑥ 裁：决定，决断。 ⑦ 恸（tòng）：极其悲痛。

原文

于时魏孝武帝将图齐神武①，闻岳被害，遣武卫将军元毗宣旨慰劳②，追岳军还洛阳。毗到平凉，会诸将已推太祖③。侯莫陈悦亦被敕追还④，悦既附齐神武，不肯应召。太祖谓诸将曰："侯莫陈悦枉害忠良，复不应诏命，此国之大贼，岂可容之！"乃命诸军戒严⑤，将以讨悦。……

翻译

这时北魏孝武帝准备图谋齐神武，知道贺拔岳被害，派武卫将军元毗传达旨意慰劳，把贺拔岳的兵众撤回洛阳。元毗到达平凉，正逢将领们已推举了太祖。侯莫陈悦也得到诏敕要他撤回，而侯莫陈悦已投靠齐神武，不肯应诏。太祖对将领们说："侯莫陈悦枉害忠良，又不应诏命，这是国家的大贼，怎能容忍！"就命令各路兵马戒严，准备讨伐侯莫陈悦。……

注释　① 魏孝武帝：北魏孝武帝元修，为高欢所立，532—534 年在位，永熙三年 (534)七月高欢进军洛阳，孝武帝西逃长安依靠宇文泰，闰十二月又被宇文泰杀害，《魏书》有纪，称出帝。　② 元毗(pí)：北魏宗室。　③ 会：恰巧，适逢。　④ 敕(chì)：皇帝的诏书。　⑤ 戒严：警戒，做出战准备。

原文

三月，太祖进军至原州①，众军悉集，谕以讨悦之意②，士卒莫不怀愤。……夏四月，引兵上陇③，留兄子导为都督④，镇原州。太祖军令严肃，秋毫无犯⑤，百姓

翻译

三月，太祖进军到达原州，各军都到齐，太祖晓谕要讨伐侯莫陈悦的道理，士卒无不胸怀义愤。……夏天四月，太祖引兵上陇，留下大哥的儿子宇文导为都督，镇守原州。太祖军令严肃，秋毫无犯，百姓大为喜悦，有识见的都知道他会成功。大军走出木峡关，天

大悦,识者知其有成。军出木峡关⑥,大雨雪⑦,平地二尺。太祖知悦怯而多猜⑧,乃倍道兼行,出其不意。悦果疑其左右有异志者⑨,左右亦不安,众遂离贰⑩。闻大军且至⑪,退保略阳⑫,留一万余人据守水洛⑬。太祖至水洛,命围之,城降。太祖即率轻骑数百趣略阳⑭,以临悦军。悦大惧,乃召其部将议之。皆曰此锋不可当,劝悦退保上邽以避之⑮。时南秦州刺史李弼亦在悦军⑯,乃间道遣使⑰,请为内应。其夜悦出军,军中自惊溃,将卒或相率来降。太祖纵兵奋击,大破之,虏获万余人、马八千匹,悦与其子弟及麾下数十骑遁走⑱。太祖曰:"悦本与曹泥应接⑲,不过走向灵州。"乃令原州都督导邀其前⑳,都督贺拔颖等追其后。导至牵屯山追及悦㉑,斩之。太祖入上

下大雪,平地雪厚二尺。太祖知道侯莫陈悦胆小而多疑,就兼程而行,想要出其不意。侯莫陈悦也果真疑心他左右有怀异心的,他左右的人也不自安,部众就此离心。听到太祖大军快到,退守略阳,留下一万多人在水洛据守。太祖到达水洛,下令围城,水洛城投降。太祖就率领几百轻骑直趋略阳,直逼侯莫陈悦军。侯莫陈悦大为恐惧,就召部将们商量。部将们都说兵锋锐利、无从抵挡,劝侯莫陈悦退避到上邽据守。当时南秦州刺史李弼也在侯莫陈悦军中,就从小路派使者去太祖军,表示愿意充当内应。当夜侯莫陈悦出兵,军中自相惊恐溃乱,将领士卒有的相随来投降。太祖出兵攻打,大破侯莫陈悦军,俘获一万多人、马八千匹,侯莫陈悦和他的子弟以及麾下几十骑逃走。太祖说:"侯莫陈悦本和曹泥通声气,不过逃往灵州罢了。"就命令原州都督宇文导在前面拦截,都督贺拔颖等在后面追击。宇文导到牵屯山追上侯莫陈悦,把他斩杀。太祖进入上邽,接收侯莫陈悦的府库,财物堆积如山,都用来赏赐士卒,自己一毫一厘也不拿。……

邦,收悦府库,财物山积,皆
以 赏 士 卒, 毫 厘 无 所
取㉒。……

注释 ① 原州:治所及所属高平郡的治所同在高平城,即今宁夏固原。 ② 谕:晓谕,使理解。 ③ 上陇:陇指陇西,陇西地势高,所以称前往陇西为"上陇"。 ④ 兄子导:宇文泰长兄宇文颢的第二子宇文导,《周书》有传。 ⑤ 秋毫无犯:秋毫,指鸟兽在秋天新长出来的细毛,比喻极细小的事物。秋毫无犯,指军队纪律严明,丝毫不侵犯百姓。 ⑥ 木峡关:在今宁夏固原西南。 ⑦ 雨(yù)雪:下雪。 ⑧ 怯(qiè):胆小。猜:猜疑。 ⑨ 异志:异心,叛变的意图。 ⑩ 离贰(èr):贰是有二心,背叛。离贰是有异志。 ⑪ 且:将要。 ⑫ 略阳:秦州略阳郡,治所陇城在今甘肃秦安东北。 ⑬ 水洛:水洛城,在陇城东北,即今甘肃庄浪。 ⑭ 趣(qū):同"趋"。 ⑮ 上邽:秦州及所属天水郡的治所。 ⑯ 南秦州:治所及所属仇池郡的治所同在今甘肃西和南。李弼:后为宇文泰的大将,《周书》有传。 ⑰ 间(jiàn)道:偏僻的小路。 ⑱ 麾(huī)下:麾是古代用来指挥军队的旗帜。麾下,指主帅的直属部下,和"帐下"意义相同。 ⑲ 应接:通声气,相呼应。 ⑳ 邀(yāo):阻拦。 ㉑ 牵屯山:在今宁夏泾源北。 ㉒ 毫厘:都是古代长度单位,十丝为一毫,十毫为一厘,十厘为一分,十分为一寸,因而常用"毫厘"一词来指细微的事物或微小的数量。

原文

　　齐神武闻秦陇克捷,乃遣使于太祖,甘言厚礼,深相倚结,太祖拒而不纳。时齐神武已有异志,故魏帝深仗太祖,乃征二千骑镇东雍州①,助为声援,仍令太祖稍引军而东。太祖乃遣大都督

翻译

　　齐神武知道太祖在秦陇打了胜仗,就派使者到太祖这边,用美言厚礼,来和太祖结深交,太祖拒绝不接受。当时神武已有叛逆的念头,所以魏帝要多依仗太祖,就向太祖征调二千骑兵来镇守东雍州,作为声援,并叫太祖率领大军向东稍稍移动。太祖就派大都督梁御

梁御率步骑五千镇河、渭合口②，为图河东之计③。……魏帝遣著作郎姚幼瑜持节劳军④，进太祖侍中、骠骑大将军、开府仪同三司、关西大都督、略阳县公⑤，承制封拜⑥，使持节如故。……时魏帝方图齐神武，又遣征兵。太祖乃令前秦州刺史骆超为大都督，率轻骑一千赴洛。进授太祖兼尚书仆射、关西大行台⑦，余官封如故。

带上五千步兵骑兵到黄河、渭河交汇处镇守，作为进取河东的打算。……魏帝派著作郎姚幼瑜持节慰劳太祖军，进太祖为侍中、骠骑大将军，开府仪同三司、关西大都督、略阳县公，可以承制封拜，照旧使持节。……当时魏帝正想图谋齐神武，又派使者向太祖征调兵马。太祖就派前任秦州刺史骆超为大都督，率领轻骑一千前往洛阳。魏帝进授太祖兼尚书仆射、关西大行台，其余官职封爵照旧。

注释 ① 东雍州：治所及所属华山郡的治所同在今陕西华县。 ② 梁御：《周书》有传。河、渭合口：渭河东流到潼关流入黄河，河、渭合口即指此处。 ③ 河东：司州河东郡，治所蒲坂（bǎn）在今山西永济蒲州镇。 ④ 著作郎：秘书省所领著作省的官员，掌管修撰国史即本朝的史书。持节：节是符节，古代使者要持节以作传达皇帝命令的凭证。 ⑤ 侍中：门下省的长官。门下省在当时是掌管进谏的中央机构，宇文泰这时任侍中只是挂名，并不是真要去洛阳任职。骠骑大将军：荣誉性的高级武职。开府仪同三司：荣誉性的高级职称。 ⑥ 承制封拜：承制，是秉承皇帝旨意。承制封拜，是授权此人在所管辖地区可以任命刺史等高级地方官，名义上是秉承皇帝旨意，实际上并不需要先行奏请。 ⑦ 尚书仆射（yè）：当时中央最高行政机构尚书省的长官是尚书令，副长官是尚书仆射，任尚书令、尚书仆射的都是宰相。

原文

秋七月，太祖帅众发自

翻译

秋天七月，太祖率领兵众从高平出

高平①，前军至于弘农②，而齐神武稍逼京邑③。魏帝亲总六军④，屯于河桥⑤，令左卫元斌之、领军斛斯椿镇武牢⑥，遣使告太祖。太祖谓左右曰："高欢数日行八九百里，晓兵者所忌，正须乘便击之。而主上以万乘之重⑦，不能决战，方缘津据守⑧。且长河万里⑨，捍御为难，若一处得度⑩，大事去矣！"即以大都督赵贵为别道行台⑪，自蒲坂济，趣并州⑫，遣大都督李贤将精骑一千赴洛阳。会斌之与斛斯椿争权不协，斌之遂弃椿还，绐帝云⑬："高欢兵至！"

发，前军到达弘农，而齐神武已逼近京师。魏帝亲自统率六军，驻屯在河桥，叫左卫元斌之、领军斛斯椿镇守武牢，派使者通报太祖。太祖对左右说："高欢几天功夫行军八九百里，是懂得军事者所忌，应该趁此机会出击高欢军。而主上以万乘之重，不能决战，正在沿渡口据守。况且长河万里，很难防御，如果高欢军从一处渡过，大事就去了！"于是派大都督赵贵为别道行台，从蒲坂渡河，直趋并州，派大都督李贤率领精锐骑兵一千前往洛阳。适逢元斌之和斛斯椿争权不和，元斌之丢开斛斯椿回来，骗魏帝说："高欢的兵来了！"

注释　①帅:同"率"，带领。高平:原州高平郡的治所高平城。　②弘农:司州弘农郡，治所北陕在今河南三门峡西。　③稍:已经。京邑:北魏京城洛阳。　④六军:《周礼·夏官·司马》说"王六军"，后来"六军"一词就成为天子所统军队的泛称。　⑤河桥:故址在今河南孟州西南、孟津东北黄河上，为洛阳外围戍守要地。　⑥左卫:左卫将军，左卫府的长官。领军:领军将军，领军府的长官，掌管宫廷禁卫。武牢:本称虎牢，避唐高祖李渊祖父李虎名讳，称武牢，在司州荥(xíng)阳郡成皋县，今河南荥阳汜(sì)水镇，这里地处黄河南岸、汜水西岸，形势险要，是古代的军事重镇。　⑦万乘(shèng):先秦时一车四马为一乘，天子能有兵车一万乘，后来就用"万乘"作为帝位的代称。 ⑧ 方：正在。缘：沿。津：河的渡口。 ⑨ 长河：指黄河。 ⑩ 度：同"渡"。 ⑪ 别道行台：当时行军常把从哪里走叫"出某某道"，别道行台，就是非从正面而出的另一道军队的统帅。 ⑫ 并州：治所及所属太原郡的治所同在晋阳，在今山西太原西南。 ⑬ 绐（dài）：欺骗。

原文

　　七月丁未①，帝遂从洛阳率轻骑入关。太祖备仪卫奉迎②，谒见东阳驿③……乃奉帝都长安。披草莱④，立朝廷，军国之政⑤，咸取太祖决焉。仍加授大将军、雍州刺史⑥，兼尚书令，进封略阳郡公，别置二尚书，随机处分⑦，解尚书仆射，余如故。……初，魏帝在洛阳，许以冯翊长公主配太祖⑧，未及结纳⑨，而帝西迁。至是，诏太祖尚之⑩，拜驸马都尉⑪。

翻译

　　七月丁未这天，魏帝就从洛阳带了轻骑进关。太祖备好仪卫奉迎，在东阳驿谒见……就奉魏帝定都长安。除草莱，立朝廷，军国大政，都取决于太祖。并加授太祖大将军、雍州刺史，兼尚书令，进封略阳郡公，另外设置两名尚书，随时处理机要事务，解除太祖尚书仆射的职务，其余照旧。……当初，魏帝在洛阳，要把冯翊长公主许配给太祖，没有来得及纳采行聘，魏帝就西迁了。这时，下诏太祖娶这位长公主，拜太祖为驸马都尉。

注释　　① 七月丁未：北魏永熙三年的七月丁未，查陈垣先生的《二十史朔闰表》是七月二十七日。以后遇到这类干支纪日处，为简省起见就不再注出是哪一天。 ② 仪卫：古代对皇帝的仪仗、侍卫的统称。 ③ 东阳驿（yì）：古代在交通要道上由官方设驿，作为递送公文者和往来官员住宿的场所，驿里还备了马供他们更换使用。东阳驿在雍州京兆郡的新丰县东，东阳水流入渭河之处，是由潼关到达长安的必经之地。 ④ 披草莱:草莱即草莽,是丛生的杂草。长安从417年后秦灭亡到这时已有一百多年没有作为都城,所以北魏孝武帝来到后要披草莱,披就是劈开、除掉的意思。 ⑤ 军国:国家重大的军务和政事。 ⑥ 大将军:当时以大司马和大将军为"二大",是最高的武职,居太尉、司徒、司空"三公"之上。 ⑦ 别置……处分:宇文泰兼尚书令,已成为尚书省的长官,但又不可能到尚书省处理日常行政,所以另外在尚书省内设置两名尚书,随时处理机要事务。 ⑧ 冯(píng)翊长公主:北魏孝武帝之妹,冯翊是她的封号,因为是皇帝之妹,所以称长公主,后来宇文泰被追尊为文皇帝,她被追尊为皇后,《周书》有文帝元皇后传写她。 ⑨ 结纳:纳采行聘,即男方送求婚的礼物与女方。 ⑩ 尚:娶皇家的女儿叫"尚"。 ⑪ 驸马都尉:西汉武帝时设置驸马都尉,掌管皇帝副车的马,是一种近侍官,魏晋以来皇帝的女婿照例加授此官,并无实职,以后就用驸马来称帝婿。

原文

八月,齐神武袭陷潼关,侵华阴①。太祖率诸军屯霸上以待之②。齐神武留其将薛瑾守关而退。太祖乃进军讨瑾,虏其卒七千,还长安,进位丞相③。

翻译

八月,齐神武袭取了潼关,入侵华阴。太祖率领各军驻屯在霸上等待着。齐神武留下将领薛瑾守潼关,自己退回。太祖就进军攻打薛瑾,俘虏了七千士兵,返回长安,进位为丞相。

注释 ① 华阴:雍州华山郡华阴县,在今陕西华阴东。 ② 霸上:也作灞上,因地处灞水西岸的原上而得名,在今陕西西安东,为古代长安东边的军事要地。 ③ 丞相:南北朝时丞相已不常设,多为加重权臣的地位而临时设置。

原文

冬十月,齐神武推魏清河王亶子善见为主①,徙都

翻译

冬天十月,齐神武拥立北魏清河王元亶的儿子元善见为帝,迁都到邺,这

于邺②,是为东魏。

就是东魏。

注释 ① 亶:音 dǎn。善见:东魏孝静帝元善见,534—550 年在位。 ② 邺(yè):相州及所属魏郡的治所邺县,也称邺城,在今河南安阳北。

原文

十一月,遣仪同李虎与李弼、赵贵等讨曹泥于灵州①,虎引河灌之。明年泥降,迁其豪帅于咸阳②。

闰十二月③,魏孝武帝崩④。太祖与群公定策⑤,尊立魏南阳王宝炬为嗣,是为文皇帝⑥。

翻译

十一月,太祖派仪同李虎和李弼、赵贵等到灵州讨伐曹泥,李虎引黄河水灌州城。明年曹泥投降,把当地的豪帅迁到咸阳。

闰十二月,北魏孝武帝驾崩。太祖和公卿们定策,尊立北魏的南阳王元宝炬即位,这就是西魏的文皇帝。

注释 ① 仪同:仪同三司,次于开府仪同三司的职称。李虎:字文彬的大将,唐高祖李渊的祖父。 ② 豪帅:当地地方武装的将领。咸阳:雍州咸阳郡,治所池阳,在今陕西泾阳。 ③ 闰十二月:我国古代都用阴阳历即今天的所谓农历,不像今天的公历那样只在二月份增加一天叫闰年,而是三年闰一个月,五年闰两个月,十九年闰七个月,每逢闰年所加的一个月叫闰月,闰月加在某月之后就叫"闰某月"。 ④ 魏孝武帝崩:实际是被宇文泰毒杀。 ⑤ 定策:大臣主谋拥立皇帝叫定策。 ⑥ 文皇帝:西魏文帝元宝炬,535—551 年在位。

原文

魏大统元年春正月己酉①,进太祖督中外诸军事、

翻译

西魏大统元年(535)春正月己酉,进太祖为督中外诸军事、录尚书事、大

录尚书事、大行台②,改封安定郡王,太祖固让王及录尚书声,魏帝许之,乃改封安定郡公。……

行台,改封为安定郡王,太祖坚决辞让掉王爵和录尚书事,魏帝允许了,就改封他为安定郡公。……

注释 ① 大统:西魏文帝元宝炬的年号(535—551)。 ② 督中外诸军事:都督中外诸军事,是仅次于"三师""二大""三公"的高级武职。录尚书事:与尚书令同为尚书省的长官,地位在尚书令之上,不常设。

原文

三年春正月,东魏寇龙门①,屯军蒲坂,造三道浮桥度河,又遣其将窦泰趣潼关,高敖曹围洛州②。太祖出军广阳③,召诸将曰:"贼今掎吾三面④,又造桥于河,示欲必渡,是欲缀吾军⑤,使窦泰得西入耳!久与相持,其计得行,非良策也。且欢起兵以来,泰每为先驱,其下多锐卒,屡胜而骄。今出其不意,袭之必克,克泰则欢不战而自走矣。"诸将咸曰:"贼在近,舍而远袭,事若蹉跌⑥,悔无及也。"太祖

翻译

大统三年(537)春天正月,东魏入侵龙门,屯军在蒲坂,造了三道浮桥渡黄河,又派大将窦泰进取潼关,高敖曹围攻洛州。太祖出兵广阳,召集将领们说:"贼如今三面对我牵制,又在黄河造桥,表示一定要渡河,这是要拘住我军,使窦泰得以西入啊!长时间和他们相持,使他们的计划得以实施,可不是好办法。而且自从高欢起兵,每次都是窦泰充当前驱,他的手下多是精锐,屡次打胜仗,很骄傲。如今出其不意,袭击他一定能取胜,战胜了窦泰那高欢就不战自走了。"将领们都说:"贼就在眼前,却丢开而去远袭窦泰,事情如有失误,就将悔之莫及。"太祖说:"高欢以前再次侵袭潼关,我军出动没有开过霸上,如今他们大举前来,我军还未开到郊

曰："欢前再袭潼关,吾军不过霸上,今者大来,兵未出郊。贼顾谓吾但自守耳⑦,无远斗意。又狃于得志⑧,有轻我之心。乘此击之,何往不克?贼虽造桥,不能径渡⑨。此五日中,吾取窦泰必矣,公等勿疑。"庚戌,太祖率骑六千还长安,声言欲保陇右。辛亥,谒帝而潜出军。癸丑旦,至小关⑩。窦泰卒闻军至⑪,惶惧⑫,依山为阵。未及成列,太祖纵兵击破之,尽俘其众万余人,斩泰,传首长安。高敖曹适陷洛州,执刺史泉企,闻泰之殁,焚辎重弃城走⑬。齐神武亦撤桥而退。企子元礼寻复洛州⑭,斩东魏刺史杜密。太祖还军长安。

外。贼以为我军只能自守,没有远出战斗的打算。又打惯了胜仗,有轻视我军之心。我军趁此出袭,将何往而不克?贼虽造桥,不能径直渡河。在这五天之内,我必然战胜窦泰,公等不要怀疑。"庚戌这天,太祖率领六千骑兵回长安,放出风来说要退守陇右。辛亥这天,谒见了魏帝而暗地里出兵。癸丑这天清晨,到达小关。窦泰突然听到大军来到,惊慌起来,靠山摆阵。还没有摆好,太祖就出兵把他打败,一万多兵众统统俘虏过来,把窦泰斩杀,首级传送长安。高敖曹这时正打进了洛州,擒获刺史泉企,听到窦泰的死讯,焚烧辎重弃城退走。齐神武也撤掉浮桥退回。泉企的儿子泉元礼不久收复洛州,斩杀东魏派的刺史杜密。太祖回军长安。

注释 ①龙门:东雍州高凉郡龙门县,即今山西河津,有龙门山在县西北。②高敖曹:高昂字敖曹,高欢手下的著名勇将,《北齐书》有传。洛州:治所及所属上洛郡的治所同在上洛,即今陕西商州。 ③广阳:雍州冯翊郡广阳县,在今陕西富平南。 ④掎(jǐ):拖住,牵制。 ⑤缀(chuò):拘束。 ⑥蹉(cuō)跌:失足跌倒,比喻失误。 ⑦顾:但,特。 ⑧狃(niǔ):习以为常,不复措意。得志:达到目的,这里指打胜仗。　⑨ 径：径直。　⑩ 小关：潼关左边的小关门，在唐代叫禁谷，黄巢的农民军曾从这里打进去而攻占了潼关。　⑪ 卒（cù）：突然。　⑫ 惶：恐惧，惊慌。⑬ 辎（zī）重：军用器械、粮草、营帐、服装等的统称。　⑭ 寻：旋即，不久。

原文

六月……太祖请罢行台，帝复申前命，太祖受录尚书事，余固让，乃止。……

八月丁丑，太祖率李弼、独孤信、梁御、赵贵、于谨、若干惠、怡峰、刘亮、王德、侯莫陈崇、李远、达奚武等十二将东伐。至潼关，……遣于谨居军前，徇地至槃豆①。东魏将高叔礼守栅不下②，谨急攻之，乃降，获其戍卒一千，送叔礼于长安。戊子，至弘农，东魏将高干、陕州刺史李徽伯拒守③。于时连雨，太祖乃命诸军冒雨攻之。庚寅，城溃，斩徽伯，虏其战士八千，高干走度河，令贺拔胜追擒之④，并送长安。于是宜阳、

翻译

六月里……太祖请求撤销行台，魏帝重申前命，太祖接受了录尚书事，其余的坚决辞让，魏帝才作罢。……

八月丁丑，太祖率领李弼、独孤信、梁御、赵贵、于谨、若干惠、怡峰、刘亮、王德、侯莫陈崇、李远、达奚武等十二将东伐。到达潼关……派于谨在大军之前，略地到槃豆。东魏将领高叔礼守栅不降，于谨猛攻，才投降，俘获了戍守的一千士卒，把高叔礼送往长安。戊子，大军到达弘农，东魏将领高干、陕州刺史李徽伯拒守。当时连下大雨，太祖就下令各军冒雨进攻。庚寅，弘农城崩溃，斩杀了李徽伯，俘虏了八千战士，高干逃走要去渡黄河，太祖派贺拔胜追击并把他擒获，一并送往长安。于是宜阳、邵郡都来归附。原先黄河以南的豪杰多聚兵和东魏通气，这时各自带领部众来投降。

邵郡皆来归附⑤。先是河南豪杰多聚兵应东魏⑥，至是各率所部来降。

注释 ① 徇(xùn)地：略地，率领军队巡行各地而使之降服。樊(pán)豆：弘农郡湖县之西的樊豆城，在今河南灵宝西。 ② 栅：栅栏，用木材构成的防御物。 ③ 陕州：治所及所属弘农郡治所同在北陕，在今河南三门峡市西。 ④ 贺拔胜：贺拔岳之兄，《周书》有传。 ⑤ 宜阳：宜阳郡，治所宜阳即今河南宜阳。邵郡：治所白水在今山西垣曲东南。 ⑥ 河南：指洛阳以西、黄河以南地区。

原文

齐神武惧，率众十万出壶口①，趋蒲坂，将自后土济②，又遣其将高敖曹以三万人出河南。是岁关中饥，太祖既平弘农，因馆谷五十余日③。时战士不满万人，闻齐神武将度，乃引军入关。齐神武遂度河，逼华州④。刺史王罴严守⑤，知不可攻，乃涉洛⑥，军于许原西⑦。太祖据渭南，征诸州兵皆未会，乃召诸将谓之曰："高欢越山度河，远来至此，天亡之时也，吾欲击之何如？"诸将咸以众寡不敌，

翻译

齐神武害怕了，率领十万兵众出壶口，前往蒲坂，准备从后土渡过黄河，又派将领高敖曹带三万人进入黄河以南。这年关中闹饥荒，太祖平定弘农后，就在那里吃住了五十多天。当时太祖手下的战士不到一万人，听到齐神武要渡黄河，就引军退进潼关。齐神武就渡过黄河，进逼华州。华州刺史王罴防守严密，齐神武知道攻不下，就涉水过洛河，在许原西边屯军。这边太祖据守渭河以南，征调各州兵马都还未来到，就召集将领们说："高欢越山渡河，从远处来到这里，这是天要他灭亡的时候了，我准备出击好不好？"将领们都认为寡不敌众，请等待高欢更向西进，那时再看形势。太祖说："高欢如果能到咸阳，人

请待欢更西，以观其势。太
祖曰："欢若得至咸阳，人情
转骚扰。今及其新至，便可
击之。"即造浮桥于渭，令军
人赍三日粮⑧，轻骑度渭，辎
重自渭南夹渭而西。

情反会骚动。现在趁他刚来，就可出
击。"就在渭河上造了浮桥，叫军人带上
三天口粮，轻骑渡过渭河，辎重在南岸
和骑兵夹着渭河向西前进。

注释 ① 壶口：在晋州平阳郡禽昌县东南，今山西临汾东南。 ② 后土：蒲坂县
北有后土祠，后土当指此地。 ③ 馆谷：馆是寓居，馆谷是住下来吃当地的饭。
④ 华州：治所华阴即今陕西华阴。 ⑤ 王罴(pí)：《周书》有传，已选译。 ⑥ 洛：今
陕西的北洛河，不是今河南的洛河。 ⑦ 许原：在北洛河之南。 ⑧ 赍(jī)：行旅中
携带的衣食等物叫赍。

原文

　　冬十月壬辰，至沙苑①，
距齐神武军六十余里。齐
神武闻太祖至，引军来会。
癸巳旦，候骑告齐神武军且
至②，太祖召诸将谋之。李
弼曰："彼众我寡，不可平地
置陈，此东十里有渭曲③，可
先据以待之。"遂进军至渭
曲，背水东西为陈，李弼为
右拒④，赵贵为左拒，命将士
皆偃戈于葭芦中⑤，闻鼓声
而起⑥。申时⑦，齐神武至，

翻译

　　冬天十月壬辰，太祖军到达沙苑，
距离齐神武军六十多里。齐神武知道
太祖已到，引军前来会战。癸巳这天清
晨，候骑报告齐神武军将到，太祖召集
将领们商量。李弼说："彼众我寡，不可
以在平地上摆阵，这里往东十里有渭
曲，可先前往据守以等待敌人。"太祖就
进军到渭曲，背着渭河东西摆阵，李弼
为右拒，赵贵为左拒，叫将士都放倒兵
器埋伏在芦苇丛中，要听到鼓声再出
动。申时，齐神武来到，望见太祖兵少，
抢着跑马前进，不成行列，都去攻打太

望太祖军少，竞驰而进，不为行列，总萃于左军⑧。兵将交，太祖鸣鼓，士皆奋起，于谨等六军与之合战，李弼等率铁骑横击之⑨，绝其军为二队，大破之，斩六千余级⑩，临阵降者二万余人。齐神武夜遁，追至河上，复大克获。前后虏其卒七万，留其甲士二万⑪，余悉纵归，收其辎重兵甲，献俘长安⑫。还军渭南，于是所征诸州兵始至，乃于战所，准当时兵士，人种树一株，以旌武功⑬。进太祖柱国大将军⑭，增邑并前五千户，李弼等十二将亦进爵增邑，并其下将士，赏各有差⑮。

祖的左军。两军将交锋，太祖亲自击鼓，芦苇丛里的将士都奋勇出动，于谨等六军和齐神武军合战，李弼等带了铁骑横击齐神武军，把神齐武军切成二队，将其杀得大败，斩首六千多人，临阵投降的二万多人。齐神武连夜逃走，太祖军追赶到黄河边上，又有很多俘获。前后总共俘虏士卒七万人，留下甲士二万人，其余的都放了回去，收了对方的辎重兵器铠甲，到长安献俘。太祖回军渭河南边，这时所征调的各州兵马才来到，太祖就在作战的地方，按照当时兵士的数目，每人种树一棵，来显示武功。魏帝进太祖为柱国大将军，增加食邑，和原先的加起来一共五千户，李弼等十二将也进官爵增加食邑，还有以下的将士，都分等级赏赐。

注释 ① 沙苑：在今陕西大荔。 ② 候骑：候即斥候，侦察敌情，候骑即侦察敌情的骑兵。 ③ 渭曲：渭水曲折之处。 ④ 拒（jǔ）：同"矩"，方阵。 ⑤ 偃：卧倒。戈：是我国先秦时的主要兵器，长柄安横刃，可以横击、钩援，后来常把"戈"作为一切兵器的代称。葭（jiā）：初生的芦苇。 ⑥ 鼓声：古代用击鼓声来发动进攻。 ⑦ 申时：旧时以时辰为计时单位，一昼夜分为子、丑、寅、卯、辰、巳、午、未、申、酉、戌、亥十二个时辰。申时相当于今天的下午三时至五时。 ⑧ 萃（cuì）：本是草丛生貌，引申为聚集。 ⑨ 铁骑：穿铁甲的骑兵。 ⑩ 级：古代秦国规定斩下一个敌人的头，就赐爵一级，所以后来称斩下的人头为"首级"，也简称为"级"。 ⑪ 甲士：穿着铠甲的战士。 ⑫ 献俘：古代战胜归来，要把俘虏献于宗庙社稷，叫献俘。 ⑬ 旌(jīng)：表彰，显示。 ⑭ 柱国大将军：北魏孝庄帝曾拜尔朱荣为柱国大将军，位在丞相之上，这时西魏文帝又授宇文泰此职，以后李虎、李弼、独孤信、赵贵、于谨、侯莫陈崇和魏宗室广陵王元欣也得任此职，成为西魏的大贵族，号称"八柱国"。 ⑮ 差(cī)：分别等级。

原文

　　遣左仆射冯翊王元季海为行台①，与开府独孤信率步骑二万向洛阳②。……初，太祖自弘农入关后，东魏将高敖曹围弘农，闻其军败，退守洛阳。独孤信至新安③，敖曹复走度河，信遂入洛阳。……四年……七月，东魏遣其将侯景、库狄干、高敖曹、韩轨、可朱浑元、莫多娄贷文等围独孤信于洛阳，齐神武继其后。先是，魏帝将幸洛阳拜园陵④，会信被围，诏太祖率军救信，魏帝亦东。

翻译

　　太祖派左仆射冯翊王元季海为行台，和开府独孤信率领步兵骑兵二万人进军洛阳。……当初，太祖从弘农入关以后，东魏将领高敖曹围攻弘农，知道高欢大军战败后，退守到洛阳。独孤信到达新安，高敖曹再退走过了黄河，独孤信就进入了洛阳。……大统四年(538)……七月，东魏派将领侯景、库狄干、高敖曹、韩轨、可朱浑元、莫多娄贷文等把独孤信围困在洛阳，齐神武随后前来。在这以前，魏帝准备临幸洛阳拜谒园陵，碰上独孤信被围，下诏令太祖领兵救援独孤信，魏帝也东进。

注释　①元季海：北魏宗室。 ②开府：开府仪同三司的省称。 ③新安：洛州新安郡的治所新安县，在今河南新安西。 ④园陵：帝王的墓地。北魏自孝文帝元宏迁都洛阳后，皇帝的陵墓都在洛阳。

原文

八月庚寅，太祖至谷城①。莫多娄贷文、可朱浑元来逆。临阵斩贷文，元单骑遁免，悉虏其众送弘农，遂进军瀍东②，是夕魏帝幸太祖营。于是景等夜解围去，及旦太祖率轻骑追之，至于河上。景等北据河桥、南属邙山为阵③，与诸军合战。太祖马中流矢④，惊逸，遂失所之⑤，因此军中扰乱，都督李穆下马授太祖，军以复振。于是大捷，斩高敖曹及其仪同李猛、西兖州刺史宋显等⑥，虏其甲士一万五千，赴河死者以万数。是日置阵既大，首尾悬远⑦，从旦至未⑧，战数十合⑨，氛雾四塞⑩，莫能相知。独孤信、李远居右，赵贵、怡峰居左，战并不利，又未知魏帝及太祖所在，皆弃其卒先归。开府李虎、念贤等为后军，遇信等退，即与俱还。由是乃班

翻译

八月庚寅，太祖到达谷城。莫多娄贷文、可朱浑元来迎战。临阵斩杀莫多娄贷文，可朱浑元单骑脱逃，把兵众都俘虏了送往弘农，就此进军到瀍水东边，当晚魏帝临幸太祖军营。于是侯景等连夜解围退走，到清晨太祖率领轻骑追赶，赶到了黄河边上。侯景等北据河桥、南连邙山结阵，和太祖各军合战。太祖的马中了流矢，惊恐乱跑，不知跑向哪处，因此军中扰乱，都督李穆下马把马给太祖骑，兵众才重新振作。于是打了个大胜仗，斩杀高敖曹和仪同李猛、西兖州刺史宋显等人，俘虏甲士一万五千人，挤到河里淹死的数以万计。但这天摆的阵很大，头和尾隔得很远，从清晨到未时，打了几十合，到处尘雾充塞，战况互相不知道。独孤信、李远在右边，赵贵、怡峰在左边，都打得不好，又不知道魏帝和太祖在哪里，都丢下部众先往后退。开府李虎、念贤等是后军，碰上独孤信等后退，也和他们一起退回。由此就班师，洛阳也失守。大军回到弘农，守将都已弃城西走，所俘降卒在弘农的共同闭城拒守，大军攻进城，杀掉为首的几百人。

师⑪,洛阳亦失守。大军至弘农,守将皆已弃城西走,所虏降卒在弘农者因相与闭门拒守⑫,进攻拔之,诛其魁首数百人。

注释 ① 谷城:在今河南新安。 ② 瀍(chán):瀍水,源出今河南洛阳西北,东南流经旧县城东入洛水。 ③ 属(zhǔ):连接。邙(máng)山:邙山东段在当时洛阳城北的北邙山。 ④ 流矢:没有确定目标的乱箭。 ⑤ 所之:之,去,到。所之,去的地方。 ⑥ 西兖州:治所及所属济阴郡的治所同在左城,在今山东定陶西。 ⑦ 悬:遥远,远隔。 ⑧ 未:下午一时至三时。 ⑨ 合:古称两军交锋一次为一合。 ⑩ 氛:尘雾。塞:充满。 ⑪ 班师:还师,回军。 ⑫ 相与:共同。

原文

大军之东伐也,关中留守兵少,而前后所虏东魏士卒,皆散在民间,乃谋为乱。及李虎等至长安,计无所出,乃与公卿辅魏太子出次渭北①。关中大震恐,百姓相剽劫②。于是沙苑所俘军人赵青雀、雍州民于伏德等遂反,青雀据长安子城③,伏德保咸阳,与太守慕容思庆各收降卒④,以拒还师。长安大城民皆相率拒青雀,每

翻译

大军东出讨伐时,关中留守的兵众少,而前后俘虏的东魏士卒,都分散在民间,就图谋作乱。到李虎等回到长安,拿不出好办法,就和公卿们辅佐魏太子出居到渭水北边。关中大为震惊,百姓互相抢劫。于是沙苑俘虏的军人赵青雀、雍州百姓于伏德等就造反,赵青雀据守长安子城,于伏德保有咸阳,和咸阳太守慕容思庆各自招收降卒,抗拒返回的大军。长安大城的民众都相随抗拒赵青雀,每天交战。魏帝这时停留在阌乡,派太祖去征讨。长安父老看

日接战。魏帝留止阌乡,遣太祖讨之。长安父老见太祖至,悲且喜曰:"不意今日复得见公!"士女咸相贺。华州刺史导率军袭咸阳⑤,斩思庆,擒伏德,南度渭与太祖会攻青雀,破之。太傅梁景睿先以疾留长安,遂与青雀通谋,至是亦伏诛⑥。关中于是乃定,魏帝还长安,太祖复屯华州。……

到太祖回来,悲喜交集地说:"想不到今天还能见公!"士女们都相庆贺。华州刺史宇文导率领兵众进袭咸阳,斩杀慕容思庆,擒获于伏德,再向南渡过渭河,和太祖会攻赵青雀,把他打败。太傅梁景睿之前因病留住长安,和赵青雀通谋,这时也被诛杀。关中于是安定下来,魏帝返回长安,太祖重新屯军华州。……

注释 ①次:这里指外出停留。 ②剽(piāo):抢劫。 ③子城:大城中的小城。 ④太守:这里指咸阳郡的太守。 ⑤华州刺史导:即前面任原州都督的宇文导,是宇文泰兄宇文颢之子。 ⑥伏诛:受死刑。

原文

九年春,东魏北豫州刺史高仲密举州来附①,太祖帅师迎之,令开府李远为前军,至洛阳。……三月,齐神武至河北,太祖还军瀍上以引之。齐神武果度河,据邙山为阵,不进者数日。太祖留辎重于瀍曲,士皆衔枚②,夜登邙山,未明击之。

翻译

大统九年(543)春天,东魏的北豫州刺史高仲密以全州来归降,太祖带兵迎接,派开府李远为前军,到达洛阳。……三月,齐神武来到黄河北岸,太祖回军瀍水边来吸引对方。齐神武果真渡过黄河,据邙山摆阵,不再前进有好几天。太祖让辎重留在瀍曲,叫战士都衔上枚,乘夜登上邙山,不到天亮就进击齐神武军。齐神武单骑被贺拔齐神武单骑为贺拔胜所逐，仅而获免。太祖率右军若干惠等大破齐神武军，悉虏其步卒。赵贵等五将军居左，战不利，齐神武军复合，太祖又不利，夜乃引还。既入关，屯渭上。齐神武进至陕，开府达奚武等率军御之，乃退。……

胜追逐，幸而获免。太祖率领右军若干惠等大破齐神武军，把步卒都俘虏了。但赵贵等五将的兵众在左边，战况不利，齐神武军重新合战，太祖又打得不好，到夜间就退军。入潼关后，屯驻在渭河边。齐神武进军到陕州，开府达奚武等领兵抵御，齐神武就退回。……

注释 ① 北豫州：治所及所属成皋郡的治所同在虎牢，在今河南荥阳汜水镇。② 衔枚：枚的形状像筷子，两端有带，可系于颈上，古代进军袭击敌人时，常令士兵衔在口中，以防喧哗。

原文

十二年……九月，齐神武围玉壁①，大都督韦孝宽力战拒守，齐神武攻围六旬不能下②，其士卒死者什二三。会齐神武有疾，烧营而退。

十三年春正月……齐神武薨③。其子澄嗣，是为文襄帝④。与其河南大行台侯景有隙⑤，景不自安，遣使

翻译

大统十二年(546)……九月，齐神武围攻玉壁，大都督韦孝宽力战拒守，齐神武围攻了六十天攻不下，士卒死掉十分之二三。适逢齐神武有病，烧掉营寨退兵。

大统十三年(547)春天正月……齐神武薨。儿子高澄继嗣，就是文襄帝。齐文襄和他们的河南大行台侯景有隙，侯景不能自安，派使者请求带河南六州来归附。齐文襄派将领韩轨、厍狄干等把侯景围困在颍川。

请举河南六州来附。齐文
襄遣其将韩轨、厍狄干等围
景于颍川⑥。

注释 ① 玉壁：西魏南汾州的治所玉壁城，在今陕西合阳以东，汾水之南、黄河之东。 ② 旬：十天为一旬。 ③ 薨（hōng）：先秦时诸侯死叫薨，以后显贵大官之死也叫薨。 ④ 文襄帝：北齐文襄帝高澄，他并未做皇帝，只是在实际上执掌了东魏的政权，549年被刺杀，其弟宣帝高洋建立北齐朝后被追尊为文襄帝。 ⑤ 隙（xì）：嫌隙，仇怨。 ⑥ 颍川：颍州颍川郡，治所长社，在今河南长葛东。

原文

三月，太祖遣开府李弼率军援之，轨等遁去。景请留收辑河南①，遂徙镇豫州②。于是遣开府王思政据颍川，弼引军还。

秋七月，侯景密图附梁。太祖知其谋，悉追还前后所配景将士。景惧，遂叛。……

十四年……夏五月，进授太祖太师。……是岁，东魏遣其将高岳、慕容绍宗、刘丰生等率众十余万围王思政于颍川。

十五年春，太祖遣大将

翻译

三月，太祖派开府李弼带兵救援侯景，韩轨等退走。侯景请求留下来收拾安抚河南，就徙镇到豫州。于是太祖派开府王思政据守颍川，李弼带兵返回。

秋天七月，侯景秘密图谋归附梁朝。太祖知道了他的打算，把先后配备给侯景的将领士卒统统撤了回来。侯景害怕了，于是反叛。……

大统十四年（548）……夏天五月，魏帝进授太祖太师。……这年，东魏派将领高岳、慕容绍宗、刘丰生等率领兵众十多万人把王思政围困在颍川。

大统十五年（549）春天，太祖派大将军赵贵率领兵众到穰县，兼督东南各州兵马救援王思政。高岳筑起了堰，引军赵贵帅军至穰③,兼督东南诸州兵以援思政④。高岳起堰⑤,引洧水以灌城⑥,自颍川以北皆为陂泽⑦,救兵不得至。

洧水来灌颍川郡城,从颍川以北都成为陂泽,救兵无法来到。

注释 ① 收辑:收拾安抚。 ② 豫州:治所及所属汝南郡的治所同在悬瓠(hù)城,即今河南汝南。 ③ 穰(rǎng):西魏荆州治所穰县,即今河南邓州。 ④ 东南诸州:西魏的东南角诸州,今河南南阳周围地区。 ⑤ 堰(yàn):拦河堰。 ⑥ 洧(wěi)水:即今河南双洎(jì)河,流经颍川治所长社。 ⑦ 陂(bēi):池。泽:聚水的低洼地。

原文

夏六月,颍川陷。初,侯景自豫州附梁,后遂度江……克建业①。……

是岁,盗杀齐文襄于邺,其弟洋讨贼擒之,仍嗣其事,是为文宣帝②。

十六年……先是,梁雍州刺史、岳阳王詧与其叔父荆州刺史、湘东王绎不睦③,乃称蕃来附④。……

翻译

夏天六月,颍川被攻陷。起初,侯景从豫州投梁,后来就渡过长江……打进了建业。……

这年,盗在邺城把齐文襄杀死,文襄的弟弟高洋讨盗把盗擒杀,仍继承主持政事,这就是文宣帝。

大统十六年(550)……在这以前,梁的雍州刺史、岳阳王萧詧和他的叔父荆州刺史、湘东王萧绎不和,就称蕃来归附。……

注释 ① 建业:县名,在今江苏南京,西晋初改名建邺,西晋末又改名建康,东晋和南朝的宋、齐、梁、陈都在此建都。 ② 文宣帝:文宣帝高洋,北齐的第一个皇帝,550—559年在位。 ③ 梁雍州:治所及所属襄阳郡的治所同在襄阳,在今湖北襄阳。岳阳王詧(chá)：南朝梁武帝之孙，武帝长子昭明太子萧统之第三子，《周书》有传。荆州：治所及所属南郡的治所同在江陵，即今湖北江陵。湖东王绎(yì)：梁武帝第七子，后在江陵称帝。即梁元帝，552—555 年在位。　④ 蕃(fán)：同"藩"，本是屏障，引申为藩属、属国。

原文

夏五月，齐文宣废其主元善见而自立。

秋七月，太祖率诸军东伐。……九月丁巳，军出长安。时连雨，自秋及冬，诸军马驴多死。遂于弘农北造桥济河，自蒲坂还。于是河南自洛阳、河北自平阳以东[①]，遂入于齐矣。

十七年春三月，魏文帝崩[②]，皇太子嗣位[③]。……

翻译

夏天五月，齐文宣废掉他的主子元善见而自立称帝。

秋天七月，太祖统率各军东出讨伐。……九月丁巳这天，大军离开长安。当时接连下雨，从秋天到冬天，各路兵马的马驴多死去。就在弘农北边造桥过黄河，从蒲坂回军。于是黄河之南从洛阳以东，黄河之北从平阳以东，都入于北齐了。

大统十七年(551)春天三月，西魏文帝驾崩，皇太子即位。……

注释　① 平阳：晋州平阳郡，治所同在平阳，在今山西临汾西南。　② 崩：天子死叫崩。　③ 皇太子嗣位：即西魏废帝元钦，551—553 年在位。

原文

魏废帝元年。……侯景之克建业也，还奉梁武帝为主，居数旬，梁武以愤恚薨[①]，景又立其子纲[②]，寻而

翻译

魏废帝元年(552)。……侯景攻克建业后，仍奉梁武帝为主，停了几十天，梁武帝因愤恨薨逝，侯景又立梁武帝的儿子萧纲，不久废掉萧纲自立。过了一

废纲自立。岁余,纲弟绎讨景擒之……仍嗣位于江陵,是为元帝。

二年春,魏帝诏太祖去丞相、大行台,为都督中外诸军事。……冬十一月,尚书元烈谋作乱③,事发伏诛。……

三年……自元烈诛,魏帝有怨言。……于是太祖与公卿定议废帝,尊立齐王廓,是为恭帝④。

年多,萧纲的弟弟萧绎讨伐侯景,把侯景擒杀……并在江陵即帝位,这就是梁元帝。

废帝二年(553)春天,魏帝下诏叫太祖去掉丞相、大行台的职务,任都督中外诸军事。……冬天十一月,尚书元烈图谋作乱,事情败露被诛杀。……

废帝三年(554)……自从元烈被诛杀,魏帝有抱怨的话。……于是太祖和公卿们定议废掉魏帝,尊立齐王拓拔廓,这就是恭帝。

注释 ① 恚(huì):愤怒,怨恨。 ② 纲:梁武帝第三子梁简文帝萧纲,549—551 年在位,为侯景所杀,《梁书》有纪。 ③ 元烈:魏宗室。 ④ 恭帝:西魏恭帝拓跋廓,554—556 年在位。

原文

魏恭帝元年……梁元帝遣使请据旧图以定疆界,又连结于齐,言辞悖慢①。太祖曰:"古人有言,'天之所弃,谁能兴之'②,其萧绎之谓乎!"冬十月壬戌,遣柱国于谨、中山公护、大将军杨忠、韦孝宽等步骑五万讨

翻译

魏恭帝元年(554)……梁元帝派使者请依据旧地图来划定两国的疆界,又和北齐联合,言辞荒谬傲慢。太祖说:"古人有句话,叫'天之所弃,谁能兴之',就是讲萧绎这种人吧!"冬十月壬戌这天,派柱国于谨、中山公宇文护、大将军杨忠、韦孝宽等步兵骑兵五万人讨伐梁。十一月癸未这天,大军渡过汉

之③。十一月癸未,师济于汉④。中山公护与杨忠率锐骑先屯其城下,据江津以备其逸⑤。丙申,谨至江陵,列营围守。辛亥,进攻城,其日克之。擒梁元帝杀之,并虏其百官及士民以归,没为奴婢者十余万,其免者二百余家。立萧詧为梁主⑥,居江陵,为魏附庸。……

水。中山公宇文护和杨忠率领精锐骑兵抢先屯集到江陵城下,占据了长江渡口以防备对方逃走。丙申这天,于谨来到江陵,列下营寨围城。辛亥这天,进攻江陵城,当天破城。擒获梁元帝并把他杀死,还把百官和士人百姓俘虏回去,沦没为奴婢的有十多万人,幸免的只有二百多家。把萧詧立为梁主,住在江陵,作为西魏的附庸。……

注释 ① 悖(bèi):荒谬。 ② 天之……兴之:《左传·襄公二十三年》:"天之所废,谁能兴之。" ③ 柱国:柱国大将军的省称。中山公护:太祖长兄宇文颢第三子宇文护,字萨保,宇文泰死后由他执掌政权。556年他逼迫西魏恭帝让位而建立周朝,宇文护第三子宇文觉为皇帝,是为北周孝闵帝;同年他又杀宇文觉而立宇文泰长子宇文毓,是为北周明帝;560年他又毒死宇文毓而立宇文泰第四子宇文邕,是为北周武帝;572年他为宇文邕所杀,《周书》有《晋荡公护传》写他。荡是他死后的谥。大将军:这里指一个柱国大将军统辖两个大将军的大将军。杨忠:隋文帝杨坚之父,《周书》有传。 ④ 汉:汉水,源出今陕西西南,从江陵的东北流过,在今湖北武汉注入长江。 ⑤ 江津:江指长江,从江陵城南边流过。津指这里的长江渡口。 ⑥ 梁主:萧詧为后梁宣帝,555—562年在位。萧詧死,第三子萧岿(kuī)即位,是为后梁明帝,562—585年在位。萧岿死,太子萧琮即位,587年隋文帝废梁国。

原文

　三年春正月丁丑,初行《周礼》①,建六官,以太祖为

翻译

　慕帝三年(556)春正月丁丑这天,开始实施《周礼》,建立六官,以太祖为

太师、大冢宰,柱国李弼为太傅、大司徒,赵贵为太保、大宗伯,独孤信为大司马,于谨为大司寇,侯莫陈崇为大司空。初太祖以汉、魏官繁,思革前弊,大统中,乃命苏绰、卢辩依周制改创其事②,寻亦置六卿官③,然为撰次未成④,众务犹归台阁⑤,至是始毕,乃命行之。

太师、大冢宰,柱国李弼为太傅、大司徒,赵贵为太保、大宗伯,独孤信为大司马,于谨为大司寇,侯莫陈崇为大司空。起初太祖鉴于汉、魏设官繁杂,想革除前弊,大统年间,就叫苏绰、卢辩依照周制改革创造,不久也设置了六卿官,只因撰写编排未完成,各项政务还由尚书省处理,这时已完成了,才叫实施。

注释　①《周礼》:本名《周官》,是战国时人编写的政治制度书,把已有的官制加以整齐化、理想化,设立天官大冢宰、地官大司徒、春官大宗伯、夏官大司马、秋官大司寇、冬官大司空六个主要官职,下面再分设若干官职。这书后来和《仪礼》《礼记》合称《三礼》,宋以来又成为《十三经》之一。　②周制:当时人们都认为《周礼》是西周初年周公姬旦所作,里面所说的真是周代的制度。　③六卿官:指天、地、春、夏、秋、冬六官。　④撰次:撰写编排。　⑤台阁:指中央最高行政机构尚书省。

原文

夏四月,太祖北巡狩①。……

九月,太祖有疾,还至云阳②,命中山公护受遗辅嗣子。

冬十月乙亥,崩于云阳宫,还长安发丧,时年五十

翻译

夏天四月,太祖北上巡狩。……

九月,太祖有病,回到云阳,叫中山公宇文护受遗嘱辅佐嗣子。

冬十月乙亥这天,太祖崩于云阳宫,回到长安发丧,时年五十二岁。十二月甲申这天,葬于成陵,谥为文公。孝闵帝受禅后,追尊他为文王,庙号太

二。甲申,葬于成陵③,谥曰文公。孝闵帝受禅④,追尊为文王,庙曰太祖。武成元年⑤,追尊为文皇帝。……祖。武成元年(559),追尊他为文皇帝。……

注释 ① 巡狩:本指皇帝到地方上视察,宇文泰实际上等于皇帝,所以称巡狩。② 云阳:雍州咸阳郡的云阳县,在今陕西泾阳西北。 ③ 成陵:从汉代开始,皇帝的陵墓都加有好听的名称,如汉武帝的茂陵等,宇文泰的陵墓即称为成陵。 ④ 孝闵帝受禅:从三国魏文帝曹丕开始,夺取政权在表面上都用禅让的形式,说是上一朝的皇帝干不下去或不想干了,把皇帝位置禅让给新朝代的新皇帝。北周朝的建立表面上也采用禅让的形式,说是西魏恭帝干不下去把皇帝位置禅让给新皇帝北周孝闵帝宇文觉。 ⑤ 武成:北周明帝宇文毓的年号(559—560)。

于 谨 传

导读

宇文泰的江山,是靠将领们打出来的,所以这里选译了于谨的传,因为这位将军不仅资格老、战功多,而且在宇文泰身后成为大臣中的领袖人物。但这个传对于谨也有美化之处,如他任统帅攻克江陵,把十多万人俘为奴婢,实在够野蛮,在这个传里却写得平淡,甚至在不少地方把他说得颇为文雅。这是因他的后裔一直显贵,在修《周书》时其曾孙于志宁正任中书省副长官中书侍郎的要职,写起来难免有所迁就。(选自卷一五)

原文	翻译
于谨,字思敬,河南洛阳人也①,小名巨弥②。曾祖婆,魏怀荒镇将。祖安定,平凉郡守、高平郡将。父提,陇西郡守、荏平县伯③,保定二年以谨著勋④,追赠使持节、柱国大将军、太保、建平郡公。	于谨,字思敬,是河南洛阳人,小名叫巨弥。曾祖名叫婆,是北魏的怀荒镇将。祖父名叫安定,是平凉郡守、高平郡将。父亲名叫提,是陇西郡守,封荏平县伯,到北周保定二年(562)由于于谨有大功勋,被追赠为使持节、柱国大将军、太保、建平郡公。

注释　① 河南洛阳人:北魏孝文帝拓跋宏在太和十八年(494)自平城迁都洛阳,大力推行汉化,朝廷上禁止说鲜卑语,把鲜卑姓都改成汉姓,他带头把拓跋姓改成

元姓,还规定鲜卑等族南迁洛阳的都作为河南洛阳人。于谨的上代本是鲜卑族,姓万忸(niǔ)于,南迁洛阳后才奉命改用汉姓于,并成为河南洛阳人。洛阳当时属司州,也是司州的治所,又设河南尹,所以称河南洛阳人。 ② 巨弥:是鲜卑语,也许是于谨的鲜卑语本名。 ③ 陇西郡:秦州陇西郡,治所襄武,在今甘肃陇西南。荏:音 rěn。 ④ 保定:北周武帝宇文邕的年号(561—565)。

原文

谨性沉深,有识量,略窥经史①,尤好《孙子》兵书②。……及破六汗拔陵首乱北境,引茹茹为援③,大行台仆射元纂率众讨之④。宿闻谨名,辟为铠曹参军事⑤,从军北伐。茹茹闻大军之逼,遂逃出塞,纂令谨率二千骑追之,至郁对原,前后十七战,尽降其众。后率轻骑出塞觇贼⑥,属铁勒数千骑奄至⑦,谨以众寡不敌,退必不免,乃散其众骑,使匿丛薄之间⑧,又遣人升山指麾,若分部军众者⑨。贼望见,虽疑有伏兵,既恃其众,不以为虑,乃进军逼谨。谨以常乘骏马一紫一骝⑩,贼

翻译

于谨秉性深沉,有识见,读过点经史,尤其爱好《孙子》兵书。……到破六汗拔陵带头在北边造反,结引茹茹作为声援,大行台仆射元纂带兵讨伐。他一向听说于谨这个人,就召用他做铠曹参军事,让他从军北伐。茹茹知道大军压过来,就逃出边塞,元纂派于谨带上二千骑兵去追赶,赶到叫郁对原的地方,前后打了十七仗,把茹茹的兵众统统招降过来。后来又带上轻骑到塞外窥看敌人,碰上铁勒的几千骑兵突然来到,于谨认为寡不敌众,要退走必然走不脱,就分散他的骑兵,叫在草木丛生的地方躲藏起来,再派人登山指挥,好像部署兵马的模样。贼兵望见了,虽疑心有伏兵,但仗着人多,不怕出问题,就进逼于谨。于谨常骑的好马一匹紫色一匹黑嘴黄色,贼兵以前都认得,于谨就派两个人各骑一匹,冲阵而去。贼兵以为是于谨,抢着追赶,于谨就带上其余

先所识,乃使二人各乘一马,突阵而出。贼以为谨也,皆争逐之,谨乃率余军击之,其追骑遂奔走,因得入塞。

的人马杀过去,追的贼兵于是奔逃,于谨得以进入了边塞。

注释　①经史:经,指当时流行的《周易》《尚书》《毛诗》《礼记》《春秋左传》五经;史,指《史记》《汉书》《东观汉纪》三史。　②《孙子》:我国现存最早最完整的一部兵家著作,相传是春秋后期孙武所著。汉魏以来它一直是学习研究军事的必读书,曹操等都给它作过注,其中不少理论在今天仍用得上,在国际上也颇受重视。　③茹茹:柔然的异译,有时还译作蠕蠕、芮芮,是我国古代北方的一个族群,源出东胡,后成为北魏北边的强敌,后渐衰微,西魏废帝元年(552)并入突厥。　④元纂:北魏宗室,《魏书》有传。　⑤铠曹参军事:府里分管铠甲兵仗的官员。　⑥觇(chān):看,窥测。　⑦属(zhǔ):这里是适逢的意思。铁勒:我国古代北方的一个族群,汉时称丁零,后音变为狄历、敕勒、铁勒等,又因所用车高大,也称高车。隋代分属东西突厥,唐初的薛延陀和后来的回纥都是铁勒的一部而发展强大的。　⑧丛薄(bó):草木丛生的地方。　⑨分部:分派,部署。　⑩骒(guā):黑嘴的黄马。

原文

　　正光四年,行台广阳王元深治兵北伐①,引谨为长流参军②,特相礼接,所有谋议,皆与谨参之,乃使其子佛陁拜焉③,其见待如此。遂与广阳王破贼主斛律野谷禄等④。时魏末乱,群盗蜂起,

翻译

　　北魏正光四年(523),行台广阳王元深出兵北伐,任用于谨为长流参军,对他特别礼貌,所有谋议,都让他参与,还叫儿子佛陁拜见,亲近到如此程度。于谨就和广阳王打败贼兵头领斛律野谷禄等。这时已到北魏末年动乱的时候,群盗蜂起,于谨从容地对广阳王说:"自从正光以后,海内纷扰,郡国残破,

谨乃从容谓广阳王曰⑤："自正光以后,海内沸腾⑥,郡国荒残⑦,农商废业。今殿下奉义行诛⑧,远临关塞⑨,然丑类蚁聚⑩,其徒实繁,若极武穷兵⑪,恐非计之上者。谨愿禀大王之威略⑫,驰往喻之,必不劳兵甲,可致清荡⑬。"广阳王然之。谨兼解诸国语⑭,乃单骑入贼,示以恩信。于是西部铁勒酋长乜列河等领三万余户并款附⑮,相率南迁。广阳王欲与谨至折敷岭迎接之,谨曰:"破六汗拔陵兵众不少,闻乜列河等归附,必来要击⑯。彼若先据险要,则难与争锋⑰。今以乜列河等饵之⑱,当竞来抄掠⑲,然后设伏以待,必指掌破之⑳。"广阳然其计。拔陵果来要击,破乜列河于岭上,部众皆没㉑。谨伏兵发,贼遂大败,悉收得乜列河之众。魏帝嘉之,除积射将军㉒。

农商荒废。如今殿下奉义诛讨,远来关塞,但丑类蚁聚,徒众实多,如果穷兵黩武,怕不是上策。我于谨请凭借大王的威略,快马前去开导,一定可以不用兵甲,达到清荡的目的。"广阳王认为很对。于谨还懂得各国语言,就单骑进入贼中,宣示恩信。于是西部铁勒的首长乜列河等带了三万多户一起归附,相随着往南边迁徙。广阳王准备和于谨去折敷岭迎接,于谨说:"破六汗拔陵的兵众不少,知道乜列河等归附,一定会来拦击。他如果先占据了险要,就难和他争胜。如今用乜列河等来引诱他,他必然争着来抢掠,然后埋下伏兵等待着,一定很容易地把他打败。"广阳王同意这个计策。破六汗拔陵果真前来拦击,在岭上把乜列河打败,乜列河的部众都被他抢走。这时于谨的伏兵冲来,贼兵就此被杀得大败,乜列河的部众都被收留过来。魏帝嘉赏于谨,授予他积射将军。

注释 ① 广阳王元深:北魏宗室,《魏书》有传。治兵:古礼军队出征叫"治兵",回来叫"振旅"。 ② 长流参军:府里分管刑狱的官员。 ③ 陁:音 tuó。 ④ 斛律野谷禄:斛律是铁勒的姓,此人应是铁勒人。 ⑤ 从容:舒缓不迫。 ⑥ 沸腾:本是水涌起貌,这里引申为纷扰。 ⑦ 郡国:汉初郡和王国同为地方高级行政区划,以后王国名存实亡,南北朝时虽沿用过郡国并置之制,但郡和王国实已没有区别。 ⑧ 殿下:汉以后对太子、亲王的尊称。诛:这里是讨伐的意思。 ⑨ 关塞:指边境的关隘、要塞。 ⑩ 丑类:丑是恶的意思,丑类指坏的一伙人。蚁聚:像蚂蚁一样聚集到一起。 ⑪ 极武穷兵:穷极武力,好战无厌。 ⑫ 威略:声威才略。 ⑬ 清荡:涤荡,把坏的东西清除干净。 ⑭ 诸国语:指各族群的语言。 ⑮ 乜:音 miē。款附:款是诚恳,款附是诚心归附。 ⑯ 要:同"邀",中途拦截。 ⑰ 争锋:争胜。 ⑱ 饵(ěr):引鱼上钩的食物,引申为引诱、利诱。 ⑲ 抄掠:掠夺,抢掠。 ⑳ 指掌:比喻事情容易做。 ㉑ 没:这里指被抄没,即被抢走。 ㉒ 积射将军:左右卫府的中级武职。

原文

孝昌……二年,梁将曹义宗据守穰城,数为边患,乃令谨与行台尚书辛纂率兵讨之,相持累年,经数十战。进拜都督、宣威将军、冗从仆射①。孝庄帝即位,除镇远将军,寻转直寝②。又随太宰元天穆讨葛荣③,平邢杲④,拜征虏将军⑤。从尔朱天光破万俟丑奴,封石城县伯,邑五百户。普泰

翻译

北魏孝昌……二年(527),南朝梁将曹义宗据守穰城,多次在边境侵扰,魏帝就叫于谨和行台尚书辛纂率兵去征讨,相持了几个年头,打了几十仗。进拜于谨为都督、宣威将军、冗从仆射。孝庄帝即位,授于谨为镇远将军,不久转任直寝。又跟随太宰元天穆讨伐葛荣,平定邢杲,被拜为征虏将军。跟随尔朱天光打败万俟丑奴,被封为石城县伯,食邑五百户。普泰元年(531),被授征北大将军、金紫光禄大夫、散骑常侍。又跟随尔朱天光平定宿勤明达,另外再

元年,除征北大将军、金紫光禄大夫、散骑常侍⑥。又随天光平宿勤明达⑦,别讨夏州贼贺遂有伐等,平之⑧,授大都督。从天光与齐神武战于韩陵山,天光既败,谨遂入关。贺拔岳表谨留镇,除卫将军、咸阳郡守⑨。

讨伐夏州贼贺遂有伐等,把他们打平,被授为大都督。跟随尔朱天光和齐神武在韩陵山作战,尔朱天光战败,于谨就进了潼关。贺拔岳上表把于谨留在自己镇上,授于谨卫将军、咸阳太守。

注释 ① 宣威将军:中级的杂号将军,并无实际执掌。冗(rǒng)从仆射(yè):左右卫府的高级属官。 ② 直寝:左右卫府下属直阁的属官。 ③ 太宰元天穆:北魏宗室,却成为尔朱荣的党羽,《魏书》有传,太宰是专为他设置的,是高级官职之一。 ④ 邢杲(gǎo):北魏孝庄帝建义元年(528)河北流民起义的领导者,自称汉王,曾攻占光州(治所及所属东莱郡的治所同在掖县,今山东莱州)等地,次年在历城(齐州及所属济南郡的治所,即今山东济南)被元天穆等击败,邢杲投降被杀。 ⑤ 征虏将军:高级的杂号将军。 ⑥ 征北大将军:这是所谓四征将军加"大"的,仍是用来酬赏功勋的高级武职,比不加"大"的级别更高。 ⑦ 宿勤明达:反北魏武装领袖之一,羌人。 ⑧ 贺遂有伐:反北魏武装领袖之一,鲜卑人。 ⑨ 卫将军:高级武职,仅次于大将军,但当时已仅用来酬赏功勋。

原文

太祖临夏州,以谨为防城大都督,兼夏州长史。及岳被害,太祖赴平凉,谨乃言于太祖曰:"魏祚陵迟①,权臣擅命②,群盗蜂起,黔首

翻译

太祖到了夏州,任命于谨为防城大都督,兼任夏州的长史。到贺拔岳被害,太祖前往平凉,于谨就对太祖说:"魏朝的国运已不行了,权臣专擅,群盗蜂起,百姓哀号。明公倚仗不世之英姿,胸怀济时之才略,四方远近都已归

嗷然③。明公仗超世之姿④，怀济时之略，四方远近，咸所归心，愿早建良图，以副众望⑤。"太祖曰："何以言之？"谨对曰："关右，秦汉旧都，古称天府，将士骁勇，厥壤膏腴⑥，西有巴蜀之饶⑦，北有羊马之利⑧。今若据其要害，招集英雄，养卒劝农，足观时变。且天子在洛，逼迫群凶⑨，若陈明公之恳诚，算时事之利害，请都关右，帝必嘉而西迁。然后挟天子而令诸侯⑩，奉王命以讨暴乱，桓、文之业，千载一时也！"太祖大悦。会有敕追谨为阁内大都督⑪，谨因进都关中之策，魏帝纳之。

心，请早作打算，不负众望。"太祖说："怎么讲呢？"于谨对答道："关右，是秦汉的旧都，古人称之为天府，将士骁勇，土地肥沃，西边有巴蜀之饶，北面有羊马之利。当今如果占据要害，招集英雄，养兵劝农，足以坐观时局变化。况且天子在洛阳，为群凶所逼迫，如果陈说明公的诚意，计算时事的利害，请求建都关右，天子必定嘉许而西迁。然后挟天子以令诸侯，奉王命以讨暴乱，这是齐桓、晋文的事业，千载一时的机会啊！"太祖大为高兴。正好有敕把于谨调回任阁内大都督，于谨趁此献上迁都关中的办法，得到魏帝的采纳。

注释 ① 祚(zuò)：福命，国运。陵迟：衰颓。 ② 权臣：指高欢。 ③ 黔(qián)首：战国及秦代对百姓的称呼，后成为百姓的通称。嗷(áo)：哀号声。 ④ 明公：古代对有名位者的尊称。 ⑤ 副：符合，相称。 ⑥ 厥：其。 ⑦ 巴蜀：这里指益州的巴郡和蜀郡，巴郡治所垫江即今重庆，蜀郡和益州的治所同在成都即今四川成都。 ⑧ 北有羊马之利：北指今陕西的北部，可以放羊牧马，所以说有羊马之利。 ⑨ 群凶：指高欢及其一伙。 ⑩ 挟天子而令诸侯：挟制皇帝，用皇帝名义发号施令，指挥各个地方势力。　⑪阁内大都督：职掌禁卫的武职。

原文

　　寻而齐神武逼洛阳，谨从魏帝西迁。仍从太祖征潼关，破回洛城①，授使持节、车骑大将军、仪同三司、北雍州刺史②，进爵蓝田县公，邑一千户。大统元年，拜骠骑大将军、开府仪同三司。三年③，夏阳人王游浪聚据杨氏壁谋逆④，谨讨擒之。是岁，大军东伐，谨为前锋。至盘豆⑤，东魏将高叔礼守险不下，攻破之，拔虏其卒一千。因此拔弘农，擒东魏陕州刺史李徽伯。齐神武至沙苑，谨从太祖与诸将力战破之，进爵常山郡公，增邑一千户。又从战河桥，拜大丞相府长史，兼大行台尚书。稽胡帅夏州刺史刘平叛⑥，谨率众讨平之，除大都督、恒并燕肆云五州诸军事、大将军、恒州刺

翻译

　　不久齐神武进逼洛阳，于谨跟随魏帝西迁。又跟着太祖出征潼关，攻下回洛城，被授为使持节、车骑大将军、仪同三司、北雍州刺史，进封爵为蓝田县公，食邑一千户。西魏大统元年（535），被拜为骠骑大将军、开府仪同三司。大统三年（537），夏阳人叫王游浪的在杨氏壁聚众叛乱，于谨出兵讨伐把他擒获。这年，大军东出征伐，于谨充当先锋。进军到盘豆，东魏将领高叔礼据险守御不降，于谨打了进去，俘虏兵众一千人。趁此又攻下弘农，擒获东魏的陕州刺史李徽伯。齐神武到达沙苑，于谨跟随太祖和将领们奋力战斗把他打败，进封爵为常山郡公，增加食邑一千户。又跟随着大战河桥，拜授大丞相府长史，兼大行台尚书。稽胡的将帅夏州刺史刘平叛乱，于谨带兵把他打平，被授大都督、恒并燕肆云五州诸军事、大将军、恒州刺史。调进京任太子太师。大统九年（543），再跟随太祖东出征讨，另带兵攻柏谷坞，打了下来。邙山之战，大军打得不好，于谨率领手下的兵马假装投降，站在路边，齐神武的兵马乘胜追逐，

史⑦。入为太子太师⑧。九年，复从太祖东征，别攻柏谷坞⑨，拔之。邙山之战，大军不利，谨率其麾下伪降，立于路左，齐神武军乘胜逐北⑩，不以为虞⑪，追骑过尽，谨乃自后击之，敌人大骇，独孤信又集兵士于后奋击，齐神武军遂乱，以此大军得全。十二年，拜尚书左仆射，领司农卿⑫。及侯景款附，请兵为援，太祖命李弼率兵应之。谨谏曰："侯景少习兵权，情实难测。且宜厚其礼秩⑬，以观其变，即欲遣兵，良用未可。"太祖不听。寻复兼大行台尚书、丞相府长史，率兵镇潼关，加授华州刺史，赠秬鬯一卣⑭，圭瓒副焉⑮。俄拜司空，增邑四百户。十五年，进位柱国大将军。齐氏称帝，太祖征之，以谨为后军大都督，别封一子盐亭县侯，邑一千户。魏恭帝元年，除雍州刺史。

不曾戒备，等追骑过完了，于谨就从后面出击，敌人大为惊骇，独孤信又聚集了兵众在后面奋力冲杀，齐神武军乱了起来，大军才得以保全。大统十二年（546），被拜授尚书左仆射，领司农卿。到侯景附归，请求派援兵，太祖派李弼带兵接应。于谨劝谏道："侯景年轻时就惯于在军事上弄权变，真情很难窥测。应该先对他厚加礼秩，看他有什么变化，现在马上派兵，大为不可。"太祖没有听从。不久又让于谦兼任大行台尚书、丞相府长史，带兵镇守潼关，加授华州刺史，赠给他秬鬯一卣，附带上圭瓒。不久被拜授司空，增加食邑四百户。大统十五年（549），进位柱国大将军。齐氏称帝，太祖出兵征讨，任于谨为后军大都督，另封他一个儿子为盐亭县侯，食邑一千户。西魏恭帝元年（554），被授雍州刺史。

注释　① 回洛城:位置不明,当是潼关附近、洛水边上的城镇。　② 车骑大将军:荣誉性的高级武职。北雍州:治所宜君,即今陕西铜川耀州。　③ 三年:本误作"其年",据《文帝纪》改正。　④ 夏阳:华州华山郡夏阳县,在今陕西韩城南。杨氏壁:在今陕西韩城,壁是壁坞,据险修筑的堡垒,魏晋南北朝时常有人带了宗族乡里修筑壁坞以避乱。　⑤ 盘豆:即槃豆。　⑥ 稽胡:我国古代少数民族,又称山胡、步落稽,源出南匈奴,居今山西、陕西北部山谷间,务农,与汉人杂处,隋唐以来与汉人融合。　⑦ 恒并燕肆云五州诸军事:当时有任一个州的刺史兼督邻近各州诸军事的制度。恒是恒州,治所平城即今山西大同。肆是肆州,治所九原城在今山西忻州。云是云州,治所在今山西祁县西。　⑧ 太子太师:和太子太傅、太子太保、太子少师、太子少傅、太子少保都是皇太子东宫的高级辅佐官。　⑨ 柏谷坞:在今河南偃师南。　⑩ 逐北:逐击败逃的敌人,北是败北,即败逃。　⑪ 虞:戒备。　⑫ 领:兼任较低的职务叫"领"。司农卿:司农寺的长官,掌管粮食、钱帛。　⑬ 秩:官员的俸禄。　⑭ 秬鬯(jù chàng)一卣(yǒu):秬是黑黍,鬯是香草,秬鬯是用黑黍和香草酿造的酒,作为祭祀降神之用,卣是古代的盛酒器。魏晋南北朝时皇帝赏赐权臣"九锡"中就有"秬鬯",现在赐给于谨,算是特殊的赏赐了。　⑮ 副:附带上。圭瓒(zàn):圭是长形的玉,圭瓒是古代以圭为柄的灌酒器。

原文

　　初,梁元帝平侯景之后,于江陵嗣位,密与齐氏通使,将谋侵轶①。其兄子岳阳王詧时为雍州刺史②,以梁元帝杀其兄誉③,遂结仇隙,据襄阳来附,仍请王师。乃令谨率众出讨,太祖饯于青泥谷④。长孙俭问谨

翻译

　　当初,梁元帝萧绎平定侯景以后,在江陵即位,和北齐秘密通使,打算前来侵犯。梁元帝哥哥的儿子岳阳王萧詧当时任雍州刺史,因为梁元帝杀害他的哥哥萧誉,就结了仇,据有着襄阳来归附,并请派王师。于是派于谨率领大军出征,太祖在青泥谷饯行。长孙俭问于谨道:"给萧绎打算,将怎么办?"于谨说:"到汉沔炫耀兵威,把江陵的军民财

曰⑤："为萧绎之计,将欲如何?"谨曰:"耀兵汉沔⑥,席卷渡江⑦,直据丹阳⑧,是其上策;移郭内居民⑨,退保子城,峻其陴堞⑩,以待援至,是其中策;若难于移动,据守罗郭⑪,是其下策。"俭曰:"揣绎定出何策⑫?"谨曰:"必用下策。"俭曰:"彼弃上而用下,何也?"对曰:"萧氏保据江南,绵历数纪⑬。属中原多故⑭,未遑外略⑮。又以我有齐氏之患,必谓力不能分。且绎懦而无谋,多疑少断,愚民难与虑始⑯,皆恋邑居,既恶迁移,当保罗郭。所以用下策也。"谨乃令中山公护及大将军杨忠等,率精骑先据江津,断其走路。梁人竖木栅于外城,广轮六十里⑰。寻而谨至,悉众围之。梁主屡遣兵于城南出战,辄为谨所破。旬有六日,外城遂陷,梁主退保子城。翌日,率其太子以

物统统带上渡过长江,直前据守丹阳,这是他的上策;迁移郭内的居民,退守子城,加高女墙,等待外援,这是他的中策;如果怕迁移,据守外城,是他的下策。"长孙俭说:"估计萧绎会采用什么?"于谨说:"一定采用下策。"长孙俭说:"他不用上策而用下策,为什么?"于谨回答说:"萧氏据有江南,经历了好几十年。正逢中原多事,没有顾得上对外经略。又认为我们有齐氏为患,一定不能分出兵力。加上萧绎怯懦而无谋,多疑虑而少决断,愚民则因循而不愿创始,都留恋着城里原来的住宅,既不愿迁移,就得据守外城。所以说他用下策。"于谨于是派中山公宇文护和大将军杨忠等人,率领精锐骑兵先占据长江渡口,把梁人出逃的路切断。梁人在外城竖立木栅,周围六十里。很快于谨来到,把大军全部调上把城围起来。梁元帝多次派兵在城南出战,都被于谨打败。围困了十六天,就打进外城,梁元帝退守子城。第二天,梁元帝带了他太子以下的臣民,面缚出城投降,过不久被杀死。俘虏了江陵的男女十多万人,收取府库里的珍宝,得到宋的浑天仪,梁的日晷铜表,魏的相风乌有铜的蟠螭座,大玉直径四尺周围七尺,还有那些

下,面缚出降⑱,寻杀之。虏其男女十余万人,收其府库珍宝,得宋浑天仪,梁日晷铜表,魏相风乌铜蟠螭跌,大玉径四尺围七尺,及诸舆辇法物以献⑲,军无私焉⑳。立萧詧为梁主,振旅而旋㉑。太祖亲至其第,宴语极欢。赏谨奴婢一千口,及梁之宝物,并金石丝竹乐一部㉒,别封新野郡公,邑二千户。谨固辞,太祖不许。又令司乐作《常山公平梁歌》十首,使工人歌之。

舆辇法物都带回献上,军中没有私自携取的。立萧詧为梁主,振旅凯旋。太祖亲自来到于谨的宅第,和于谨谈笑极为欢洽。赏赐于谨奴婢一千口,还有梁的宝物,以及金石丝竹乐一部,另外加封新野郡公,食邑二千户。于谨坚决辞谢,太祖不准许。又叫管音乐的做了十首《常山公平梁歌》,叫乐工歌唱。

注释 ① 侵轶(yì):侵犯。 ② 雍州:梁的雍州,治所襄阳。 ③ 詧:梁河东王萧詧,昭明太子萧统的第二子,《梁书》有传。 ④ 饯(jiàn):以酒食送行。青泥谷:在长安东南,在今陕西蓝田。 ⑤ 长孙俭:鲜卑族,本姓拓拔,南迁洛阳改姓长孙,宇文泰的大将,讨伐江陵的主谋,取得江陵后委他镇守,《周书》有传。 ⑥ 汉沔(miǎn):汉水和沔水虽源出不同,但合流后或称沔水或称汉水,所以这里称汉沔。 ⑦ 席卷:像卷席子一样包括无余,这里指把江陵的官员军民财物统统带走。 ⑧ 丹阳:扬州丹阳郡,治所同在建康即今江苏南京。 ⑨ 郭:外城。 ⑩ 陴(pí):城上的女墙即矮墙。堞(dié):也是城上的女墙。 ⑪ 罗:罗城,为加强防守,在城墙外加建的凸出的小城圈。 ⑫ 揣(chuǎi):估计,猜测。 ⑬ 纪:我国古代以十二年为一纪。 ⑭ 中原:指北方黄河流域中下游地区,与"江南"相对而言。 ⑮ 遑(huáng):闲暇。 ⑯ 虑始:谋划创始的事情。原先长期住在江陵,现在要迁往丹阳,对江陵百姓讲是件创始的事情。　⑰ 广轮：周长。　⑱ 面缚：两手反绑。　⑲ 宋浑天仪：浑天仪，也叫浑象，我国古代用来表示天象的仪器。这个浑天仪是南朝宋文帝时制造的。梁日晷（guǐ）铜表：日晷铜表也就是日晷，我国古代用来测时的仪器。这个日晷铜表是南朝梁武帝时制造的。魏相（xiàng）风乌：我国古代铜制的乌形风向器。这个相风乌是三国魏时制造的。铜蟠螭（chī）趺（fū）：螭是神话中的龙形动物，趺在这里指座子，铜蟠螭趺就是铜制的蟠螭形的座子，当是指相风乌的座子。舆：车子，这里指皇帝用的车子。辇（niǎn）：用人拉的车子，这里也专指皇帝用的。法物：指宗庙的乐器和皇帝的舆辇、仪仗等。　⑳ 私：私取。　㉑ 旋：凯旋。　㉒ 金石丝竹乐一部：《隋书·音乐志》里有隋初牛弘关于音乐的奏章，其中说到克江陵时得到梁家的雅乐，应该就是这里所说的金石丝竹乐，金是钟，石是磬（qìng），丝是琴、筝之类，竹是箫、笛之类。一部，就是一套音乐班子。

原文

谨自以久当权势，位望隆重，功名既立，愿保优闲，乃上先所乘骏马及所着铠甲等。太祖识其意，乃曰："今巨猾未平，公岂得便尔独善？"遂不受。六官建，拜大司徒。

及太祖崩，孝闵帝尚幼，中山公护虽受顾命①，而名位素下，群公各图执政，莫相率服②。护深忧之，密访于谨。谨曰："凤蒙丞相殊眷③，情深骨肉④，今日之

翻译

于谨自认为长期掌握权势，地位声望隆重，功名既已建立，情愿退下来过优闲的生活，就把原先所乘坐的骏马和所穿着的铠甲等献上。太祖清楚他的意思，就说："如今老奸巨猾之徒还未削平，公岂能就此独善其身？"没有接受他的请求。六官建立，拜于谨为大司徒。

到太祖崩逝，孝闵帝还幼小，中山公宇文护虽受了顾命，但名位向来低下，群公各自图谋执掌政权，不相顺服。宇文护很是担忧，私下找于谨谈。于谨说："我一向承蒙丞相特别关怀，感情深同骨肉，今天的事情，我一定出死力相争。如果当众定策，公一定不要辞让。"

事,必以死争之。若对众定策,公必不得辞让。"明日,群公会议,谨曰:"昔帝室倾危,人图问鼎⑤。丞相志在匡救,投袂荷戈⑥,故得国祚中兴⑦,群生遂性⑧。今上天降祸,奄弃庶寮⑨。嗣子虽幼,而中山公亲则犹子⑩,兼受顾托⑪,军国之事,理须归之。"辞色抗厉⑫,众皆悚动⑬。护曰:"此是家事,素虽庸昧,何敢有辞。"谨既太祖等夷⑭,护每申礼敬⑮,至是,谨乃趋而言曰:"公若统理军国,谨等便有所依。"遂再拜。群公迫于谨,亦再拜。因是众议始定。

第二天,群公会议,于谨说:"当初帝室倾危,人人企图问鼎。丞相有志匡救,投袂荷戈,才使国祚得以中兴,百姓能够安生。如今上天降祸,丞相忽然离弃庶寮。嗣子虽然年幼,中山公则有犹子之亲,并受顾命托付,军国大事,理当归中山公主持。"说的时候言语颜色很严厉,使大家惊恐震动。宇文护紧接着说:"这是我家家事,我平素虽然庸劣愚昧,也怎敢推辞。"于谨既和太祖资历地位相等,宇文护对他常表示礼貌尊敬,这时候,于谨走上前说:"公果真统理军国,于谨等就有依靠了。"于是向宇文护再拜。群公迫于于谨的表态,也都再拜。因而大家的议论才平息下来。

注释 ①顾命:天子临死前的遗命。这里指《太祖纪》里所说的"命中山公护受遗辅嗣子"。 ②率服:率是遵循、顺服的意思,率服就是顺服。 ③夙(sù):素常,一向。丞相:指宇文泰。眷(juàn):关怀。 ④骨肉:比喻兄弟等至亲。 ⑤问鼎:春秋时楚王用兵经过周,曾问周鼎的轻重,有企图取代周室之意,后人就把"问鼎"一词作为篡夺帝位的代称。 ⑥投袂(mèi):挥袖,甩袖。表示立即行动。荷(hè)戈:扛着戈。表示从军作战。 ⑦中兴:一个朝代经衰乱后重新兴盛。这是指魏在长安又建立了朝廷,可算是中兴。 ⑧群生遂性:遂是穷尽,性是生命,群生遂性就是说百姓能安其生,不因战乱而伤残夭折。 ⑨奄弃庶寮(liáo):奄是忽,弃是抛弃,庶是众多,寮同"僚",同官为僚。奄弃庶寮,就是忽然抛弃百官,指当政者死去。
⑩ 犹子:侄儿,因为侄儿如同儿子一样,所以称侄儿为犹子。 ⑪ 顾托:顾命托付。
⑫ 抗厉:抗通"亢",亢直的意思,抗厉就是严厉。 ⑬ 悚(sǒng)动:惊恐震动。
⑭ 等夷:同一辈。这里指资历地位相等。 ⑮ 申:表示。

原文

孝闵帝践阼①,进封燕国公,邑万户,迁太傅、大宗伯,与李弼、侯莫陈崇等参议朝政。……

保定……三年四月,诏曰:"……太傅、燕国公谨……可为三老②。……"谨上表固辞,诏答不许,又赐延年杖。……

翻译

孝闵帝即位,进封于谨为燕国公,食邑一万户,迁任太傅、大宗伯,和李弼、侯莫陈崇等参议朝政。……

北周保定……三年(563)四月,下诏说:"……太傅、燕国公谨……可任三老。……"于谨上表坚决辞谢,诏答复不准许,又赐给他延年杖。……

注释 ① 践阼:也作"践祚",即位,登基。 ② 三老:先秦时有把年老不任官职的德高望重者尊为"三老"或"五更"的做法,到汉代仍有天子"尊事三老,兄事五更"的说法。因为北周讲究复古,所以有尊于谨为三老的做法。

原文

及晋公护东伐①,谨时老病,护以其宿将旧臣②,犹请与同行,询访戎略。军还,赐钟磬一部。天和二年③,又赐安车一乘④,寻授雍州

翻译

到晋公宇文护东出征伐,于谨当时已经老病,宇文护考虑他是宿将旧臣,还请他一同前往,在军机战略上向他请教。大军回来,赐给于谨钟磬一部。北周天和二年(567),又赐给于谨安车一

牧⑤。三年，薨于位，年七十六。高祖亲临⑥，诏谯王俭监护丧事⑦。赐缯彩千段⑧，粟麦五千斛⑨，赠本官，加使持节、太师、雍恒等二十州诸军事，雍州刺史，谥曰文。及葬，王公已下，咸送出郊外。配享于太祖庙庭⑩。

乘，不久授他为雍州牧。天和三年（568），于谨在位上薨逝，享年七十六岁。高祖亲自驾临，下诏叫谯王宇文俭监护丧事。赐给缯彩一千段，粟麦五千斛，追赠本官，加上使持节、太师、雍恒等二十州诸军事、雍州刺史，谥为文。到下葬的这天，王公以下，都送出郊外。配享在太祖的庙庭。

注释 ①晋公护东伐：指北周武帝保定四年（564）十月宇文护讨伐北齐的战役，结果并未获胜。 ②宿将：有丰富经验的老将。 ③天和：北周武帝宇文邕的年号（566—572）。 ④安车：先秦时的一种小车，专给年老的贵族乘坐，很安适，所以叫安车。北周复古，所以也赐于谨安车。 ⑤雍州牧：雍州是北周京师长安所在地，所以在明帝二年（558）改雍州刺史为雍州牧，以提高其品级。 ⑥高祖：北周武帝宇文邕死后谥为武皇帝，庙号高祖。 ⑦谯（qiáo）王俭：宇文俭，也是宇文泰之子，武帝宇文邕之弟，《周书》有传。 ⑧缯（zēng）：古代丝织品总称为缯。彩：彩色丝织品。 ⑨斛：我国古代容量单位，十斗为一斛。 ⑩配享：在庙里受到陪祭的叫配享，皇帝宗庙里常选择已故的功臣配享。

原文

　谨有智谋，善于事上，名位虽重，愈存谦挹①，每朝参往来②，不过从两三骑而已。朝廷凡有军国之务，多与谨决之，谨亦竭其智能，弼谐帝室③。故功臣之中，

翻译

　于谨有智谋，善于为上边尽力，名位虽重，愈加谦抑，每当朝参往来，只让两三骑跟随而已。朝廷凡有军国大事，多找于谨商议决断，于谨也竭尽智能，对皇室辅佐调和。所以在功臣之中，特别受到信任，始终如一，人们没有说闲

特见委信,始终若一,人无间言④。每教训诸子,务存静退。加以年齿遐长⑤,礼遇隆重,子孙繁衍⑥,皆至显达,当时莫与为比焉。……

话的。常教训儿子们,务必恬静谦退。加以享有高年,礼遇隆重,子孙绵延,都官位显达,当时没有人能和他比。……

注释 ① 挹(yì):同"抑",谦退。 ② 朝参:臣下朝见皇帝叫"朝参"。 ③ 谐(xié):调和。 ④ 间言:不满的话。 ⑤ 年齿遐(xiá)长:年齿是年龄,遐也是长,年齿遐长就是高龄、高年。 ⑥ 繁衍:衍是水长流的意思,繁衍就是绵延。

赵 贵 传

导读

　　赵贵与于谨、李虎、李弼、独孤信、侯莫陈崇，本来都是和宇文泰资历、地位相等的人物，所以在西魏文帝大统十六年(550)以前都成为分掌兵权的柱国大将军。大统十七年(551)李虎先死，恭帝三年(556)宇文泰死后政权由宇文护掌握，李弼、于谨支持宇文护，以功名善终；赵贵、独孤信、侯莫陈崇则对宇文护不服，先后被剪除。前面已译了于谨的传，这里再把赵贵的传译出来，让读者对另一路人物有所了解(选自卷一六)。

原文

　　赵贵，字元贵，天水南安人也①。曾祖达，魏库部尚书②、临晋子。祖仁，以良家子镇武川③，因家焉。

翻译

　　赵贵，字元贵，是天水南安人。曾祖名叫达，是北魏的库部尚书，封临晋子。祖父名叫仁，以良家子去镇守武川，就此在武川安下家来。

注释　①天水南安：秦州天水郡内并无南安县，另有渭州所属南安郡，治所桓道在今甘肃陇西东南，这里说赵贵是天水南安人，当有脱误。　②库部尚书：北魏时尚书省下只设度支尚书，度支尚书所统六曹中有一曹是库部，掌管兵仗器用，库部的长官叫郎中，这里说库部尚书有误。　③良家子：旧时所谓清白人家以至名门贵族的子弟，北魏设置武川等六镇时多派拓拔氏族成员或中原强宗大族的子弟，这里的良家子就指这类不同于一般百姓的人。

原文

贵少颖悟①,有节概②。魏孝昌中,天下兵起,贵率乡里避难南迁。属葛荣陷中山,遂被拘逼。荣败,尔朱荣以贵为别将,从讨元颢有功,赐爵燕乐县子,授伏波将军、虎贲中郎将③。从贺拔岳平关中,赐爵魏平县伯,邑五百户。累迁镇北将军、光禄大夫、都督。

翻译

赵贵从小颖悟,有节概。北魏孝昌年间,天下兵起,赵贵率领同乡里的人避难南迁。碰上葛荣攻陷中山,赵贵被逼拘留葛荣军中。葛荣失败,尔朱荣任命赵贵为别将,跟着征讨元颢有功,赐封爵燕乐县子,授为伏波将军、虎贲中郎将。跟随贺拔岳平定关中,赐封爵魏平县伯,食邑五百户。几次升迁为镇北将军、光禄大夫、都督。

注释　① 颖悟:聪慧过人。　② 节概:志节度量。　③ 伏波将军:荣誉性的杂号将军。虎贲中郎将:领军府所属左右卫府的中级武职。

原文

及岳为侯莫陈悦所害,将吏奔散,莫有守者。贵谓其党曰:"……吾等荷贺拔公国士之遇①,宁可自同众人乎?"涕泣歔欷②,于是从之者五十人。乃诣悦诈降,悦信之,因请收葬岳,言辞慷慨,悦壮而许之③。贵乃收岳尸还,与寇洛等纠合其

翻译

到贺拔岳被侯莫陈悦杀害,手下将领官吏逃散,没有留下守护的。赵贵对他的党羽说:"……我等承蒙贺拔公以国士相待,能像一般人那样吗?"说着哭泣抽咽,于是有五十个人跟赵贵行动。赵贵就前往侯莫陈悦处诈降,侯莫陈悦相信了,赵贵提出给贺拔岳收葬,话说得很慷慨,侯莫陈悦看到他是个好汉就允许了。赵贵就收了贺拔岳的尸体回去,和寇洛等人集合部众跑到平凉,一

众奔平凉,共图拒悦。贵首议迎太祖,语在《太祖纪》。太祖至,以贵为大都督,领府司马。悦平,以本将军持节行秦州事、当州大都督④,为政清静,民吏怀之⑤。

起商量抵抗侯莫陈悦。赵贵首先提出迎立太祖,事情见于《太祖纪》中。太祖到达后,任赵贵为大都督,领府司马。平定侯莫陈悦后,赵贵以本将军持节行秦州刺史事、任当州大都督,为政清静,百姓官吏都归向他。

注释 ① 国士:旧称一国杰出的人物为"国士"。 ② 歔欷(xū xī):哭泣抽咽声。 ③ 壮:认为对方很壮烈,是个好汉。 ④ 当州:本州。 ⑤ 怀:这里是归向的意思。

原文

齐神武举兵向洛,使其都督韩轨进据蒲坂。太祖以贵为行台,与梁御等讨之,未济河而魏孝武已西入关,拜车骑大将军、仪同三司、兼右卫将军。时曹泥据灵州拒守,以贵为大都督,与李弼等率众讨之,进爵为侯,增邑五百户。又以预立魏文帝勋,进爵为公,增邑通前一千五百户。寻授岐州刺史,时以军国多务,借贵力用,遂不之部①,仍领大丞相府左长史,加散骑常

翻译

齐神武举兵进逼洛阳,派他的都督韩轨进据蒲坂。太祖派赵贵为行台,和梁御等去讨伐,还没有渡过黄河而魏孝武帝已西迁入关,拜授赵贵为车骑大将军、仪同三司、兼右卫将军。这时曹泥在灵州据险坚守,派赵贵为大都督,和李弼等领兵去讨伐,进赵贵的封爵为侯,增加食邑五百户。又因参预拥立西魏文帝的功勋,进封爵为公,增加食邑连以前的一共一千五百户。不久授赵贵为岐州刺史,因当时军国大事多,要凭借赵贵的力量,就不叫他去州部,并让他领大丞相府左长史,加授散骑常侍。梁仚定在河西作乱,派赵贵为陇西行台,领兵把他打败。又跟随太祖收复弘农,战于沙苑,拜授侍中、骠骑大将

侍。梁仚定称乱河右^②，以贵为陇西行台，率众讨破之。从太祖复弘农，战沙苑，拜侍中、骠骑大将军、开府仪同三司，进爵中山郡公，除雍州刺史。从战河桥，贵与怡峰为左军，战不利，先还。又从援玉壁，齐神武遁去。高仲密以北豫州降，太祖率师迎之，与东魏人战于邙山，贵为左军，失律^③，诸军因此并溃，坐免官^④，以骠骑、大都督领本军。寻复官爵，拜御史中尉^⑤，加大将军。东魏将高岳、慕容绍宗等围王思政于颍川，贵率军援之，东南诸州兵亦受贵节度，东魏人遏洧水灌城^⑥，军不得至，思政遂没，贵乃班师。寻拜柱国大将军，赐姓乙弗氏^⑦。茹茹寇广武^⑧，贵击破之，斩首数千级，收其辎重，振旅而还。六官建，以贵为太保、大宗伯，改封南阳郡公。孝

军、开府仪同三司、进封爵中山郡公，除授雍州刺史。跟随在河桥作战，赵贵和怡峰为左军，打得不好，先退回。又跟随去援救玉壁，齐神武退走。高仲密据北豫州投降，太祖统率大军去迎接，和东魏在邙山作战，赵贵为左军，失利，各军由此一齐崩溃，赵贵因这事免官，以骠骑大将军、大都督带领本军。不久又恢复官爵，被拜御史中尉，加授大将军。东魏将领高岳、慕容绍宗等把王思政围困在颍川，赵贵领兵救援，东南各州兵也受赵贵节度，东魏人堵住洧水来灌颍川城，赵贵军无法到达，王思政被东魏俘虏，赵贵于是班师。不久被拜授柱国大将军，赐姓乙弗氏。茹茹入侵广武，赵贵出击得胜，斩首几千级，虏获辎重，整顿部队而回。六官建立，以赵贵为太保、大宗伯，改封南阳郡公。孝闵帝即位，迁任太傅、大冢宰，进封爵楚国公，食邑一万户。

当初，赵贵与独孤信等都和太祖资历地位相等。到孝闵帝即位，晋公宇文护摄政，赵贵自以为元勋佐命，常心怀怏怏，有不平的神气，就和独孤信商量要把宇文护杀掉。到了约定的时间，赵贵准备动手，被独孤信制止了。不久开府宇文盛告密，赵贵被诛杀。

闵帝践阼,迁太傅、大冢宰,进封楚国公,邑万户。

初,贵与独孤信等皆与太祖等夷。及孝闵帝即位,晋公护摄政⑨,贵自以元勋佐命⑩,每怀怏怏⑪,有不平之色,乃与信谋杀护。及期,贵欲发,信止之。寻为开府宇文盛所告,被诛。

注释 ① 部:西汉初设州时称某州为某州刺史部,后来就把州所统治区称为某州部。 ② 梁仚(xiān)定:羌族的一个首领。河右:就是河西。 ③ 失律:作战失利。 ④ 坐:特指受处分或受责罚的缘由。 ⑤ 御史中尉:职掌监察的御史台的长官。 ⑥ 遏(è):阻止。 ⑦ 赐姓乙弗氏:宇文泰为了适应需要,曾在西魏恭帝元年(554)赐将领们以鲜卑姓,并叫所统率的部众也都改从鲜卑姓,这乙弗就是当时赐给赵贵的鲜卑姓。 ⑧ 广武:这是延州及所属遍城郡的治所广武,在今陕西延安东北。 ⑨ 摄政:古代帝王年幼不能听政,由亲近的亲属暂时代行职务,叫“摄政”。 ⑩ 佐命:辅佐皇帝创业的人叫“佐命”。 ⑪ 怏(yàng)怏:因不平而郁郁不乐。

王 罴 传

导读

　　赵贵、于谨都做到柱国大将军,可说是关系全局的人物,但因此在他们的列传里也就较少对他们作细节上的描绘,所记历次战功叫人读了难免有流水账的感觉。为了弥补这个缺失,这里选译王罴的传,让读者看看这位将军在强敌面前如何奋勇作战,不怕牺牲。这种英勇的精神时至今日仍值得我们学习。另外这篇传里还讲了王罴节约粮食的故事,这对今天的我们也应有一定的启示(选自卷一八)。

原文

　　王罴,字熊罴,京兆霸城人①,汉河南尹王遵之后②,世为州郡著姓③。罴刚直木强④,处物平当,州郡敬惮之⑤。

翻译

　　王罴,字熊罴,是京兆霸城人,东汉时河南尹王遵的后人,世代是州郡的著姓。王罴秉性刚直木强,待人公道得当,州郡里的人很敬畏他。

注释　　① 罴:音 pí。京兆霸城:雍州京兆郡霸城县,在今陕西西安东北。　② 汉河南尹:东汉在京师洛阳及周围地区设河南尹为地方长官。王遵:《后汉书》里出现过两个叫王遵的,但都不是做河南尹的,西汉时有个叫王尊的好官,《汉书》有传,但只做过以长安为治所的京兆尹,魏晋南北朝时重视门阀,家谱里记述先人时常胡乱编造,王罴家只是当地的土豪,这"汉河南尹王遵之后"当也出于编造。　③ 州郡著姓:州郡里的大姓、大宗族。　④ 木强(jiàng):性格质直刚强。　⑤ 惮(dàn):畏惧。

原文

魏太和中①，除殿中将军②。先是南岐、东益氐羌反叛③，王师战不利，乃令罴领羽林五千镇梁州④，讨平诸贼。还，授右将军、西河内史⑤，辞不拜。时人谓之曰："西河大邦，俸禄殷厚，何为致辞？"罴曰："京洛材木⑥，尽出西河，朝贵营第宅者，皆有求假⑦。如其私办，即力所不堪，若科发民间⑧，又违法宪⑨，以此辞耳！"

翻译

北魏太和年间，王罴除授殿中将军。在这以前南岐州、东益州的氐羌反叛，官兵作战失利，就派王罴带领羽林五千人镇守梁州，讨平各路贼兵。回来后，被任命为右将军、西河内史，王罴辞谢不受。当时有人对他说："西河是个大地方，俸禄丰厚，为什么推辞呢？"王罴说："京洛用的木材，都出在西河，朝廷显贵要营建宅第的，都会来讨索。如果由我私人来买了赠送，财力上承受不起，如果向民间征发，又违犯了法纪，因此我得推辞啊！"

注释 ①太和：北魏孝文帝元宏的年号(477—499)。 ②殿中将军：领军府所属左右卫府里的武职。 ③南岐：南岐州，治所固道郡，在今甘肃两当西。东益：东益州，治所和所属武兴郡的治所同在武兴县，即今陕西略阳。 ④羽林：北魏设置羽林监，是掌管禁兵的机构，所管禁兵就叫羽林。梁州：治所及所属仇池郡治所同在骆谷城，在今甘肃西和南。 ⑤右将军：北魏设前后左右将军，都是高级武职。西河：汾州西河郡，治所隰(xí)城即今山西汾阳。 ⑥京洛：当时的京师在洛阳，所以称洛阳为京洛。 ⑦求假：假是借的意思，求假就是求借，当然这种借以后未必会归还，实际上就是求取、讨索。 ⑧科发：也就是科差(chāi)，对百姓财物或劳役的征发。 ⑨法宪：宪是法令，法宪也就是法纪。

原文

梁将曹义宗围荆州①，

翻译

梁将曹义宗围攻荆州，敕令王罴和

救黑与别将裴衍率兵赴救，遂与梁人战，大破之。于是诸方鼎沸②，所在凋残，荆州新经寇难，尤借慰抚，以黑为荆州刺史，进号抚军将军③。梁复遣曹义宗众数万围荆州，堰水灌城，不没者数板④。时既内外多虞，未遑救援，乃遗黑铁券⑤，云城全当授本州刺史⑥。城中粮尽，黑煮粥，与将士均分而食之。每出战，尝不擐甲胄⑦，大呼曰："荆州城，孝文皇帝所置⑧。天若不祐国家，使贼箭中王黑；不尔，王黑须破贼！"屡经战阵，亦不被伤。弥历三年⑨，义宗方退⑩。进封霸城县公。寻迁车骑大将军、泾州刺史⑪。未及之部，属太祖征兵为勤王之举⑫，请前驱效命⑬，遂为大都督，镇华州。

别将裴衍带兵前往救援，就和梁人交战，把梁人打得大败。这时各地局势混乱，到处残破，荆州刚经过兵灾，更需要抚慰，就任王黑为荆州刺史，进号抚军将军。梁又派曹义宗带了几万兵马来围攻荆州，堵住水来灌州城，城没有淹没的只剩下几板。当时既因内外多有忧患，顾不上派救兵，就送王黑铁券，说州城保全了就授予本州刺史。城里粮吃完，王黑煮了粥，和将士们均分了吃。每当出战，王黑常不披戴甲胄，大声叫道："荆州城，是孝文皇帝置下的。上天如果不保佑国家，那就叫贼兵的箭射中王黑；不是这样，那王黑一定会打败贼兵！"经历多次战阵，也真没有负伤。这样过了三年，曹义宗才退兵。王黑进封为霸城县公。不久迁任车骑大将军、泾州刺史。还没有来得及去泾州，碰上太祖征集兵马要干勤王的事业，王黑自愿前驱效命，就被任为大都督，镇守华州。

注释 ① 荆州：荆州是北魏的荆州，治所在所属新野郡的穰县，即今河南邓州。据《资治通鉴》，王黑任荆州刺史是在北魏孝昌元年(525)，大约孝昌二年(526)梁将曹义宗才围攻荆州州城，并非曹义宗先围攻荆州州城王罴再去救，这里的记载或有错误。 ② 鼎沸：三足的鼎，本是煮食物、煮水用的，鼎沸指鼎里的水已煮得沸腾起来，形容局势的混乱不安。 ③ 抚军将军：用来酬勋的荣誉性高级武职。 ④ 不没者数板：我国宋代以前的城都不是砖砌的而是土筑的，筑好后表面留下一道道横的木板的痕迹。不没者数板，是说城外的水已沿城墙升上来，只剩下几道板痕还没有被水淹到。 ⑤ 铁券：皇帝颁赐功臣授以某种权利的凭证，用铁铸造。 ⑥ 城全……刺史：上文已说"以罴为荆州刺史"来守荆州城，这里又说"城全当授本州刺史"，记载必有错误。 ⑦ 尝：同"常"。擐（huàn）：穿着。胄（zhòu）：作战时戴的头盔。 ⑧ 孝文皇帝所置：北魏孝文帝太和年间把穰县作为荆州的治所。 ⑨ 弥历：弥是久远，弥历就是经历。 ⑩ 义宗方退：据《资治通鉴》，北魏永安元年（528）十月费穆率兵至荆州救援，梁曹义宗兵败，为魏所擒，荆州之围始解，这里说曹义宗退兵恐也有错误。 ⑪ 泾州：治所及所属安定郡的治所同在安定，即今甘肃泾川。 ⑫ 勤王：起兵救援天子，为天子尽力。 ⑬ 效命：奋力以赴，即使献出生命也愿意。

原文

魏孝武西迁，拜骠骑大将军，加侍中、开府。尝修州城未毕，梯在外。齐神武遣韩轨、司马子如从河东宵济袭罴①，罴不之觉，比晓②，轨众已乘梯入城。罴尚卧未起，闻阁外汹汹有声③，便袒身露髻徒跣④，持一白梃⑤，大呼而出，敌见之惊。逐至东门，左右稍集，合战破之，轨众遂投城遁

翻译

北魏孝武帝西迁，王罴被拜授骠骑大将军，加授侍中、开府。有一次修筑州城没有完毕，梯子留在城外。齐神武派韩轨、司马子如从河东连夜过河奔袭王罴，王罴没有发觉，到天刚亮，韩轨的兵众已爬上梯子进了城。这时王罴还躺着没有起身，听到阁外喧扰的声音，就光着上身露髻赤脚，拿起一根木棒，大声叫嚷着冲出去，敌兵看到了大为吃惊。一直赶到城东门，王罴手下的人逐渐集合起来，把敌兵打败，韩轨的兵众越过城墙逃走。这时关中闹大饥荒，得

走⑥。时关中大饥，征税民
间谷食，以供军费，或隐匿
者⑦，令递相告⑧，多被笞
捶⑨，以是人有逃散。唯黑
信著于人，莫有隐者，得粟
不少诸州，而无怨讟⑩。

从民间食粮中征税，来供给军费，有隐
藏食粮的人，命令相互辗转告发，很多
人遭到杖刑捶打，因此百姓有逃亡的。
只有王黑在人们中一向有威信，没有人
隐藏粮食，得到的粮食不比别的州少，
却听不到抱怨的声音。

注释　①宵济：连夜渡河。　②比：这里是及、等到的意思。　③阁：这里指卧室。
汹(xiōng)汹：喧闹声。　④袒(tǎn)：光着上身。露髻(jì)：我国古代男子也把头发
挽起来梳成发髻，平时戴上巾帽之类把髻遮盖着，这时匆忙顾不上用巾帽，就露着
髻。徒跣(xiǎn)：赤脚步行。　⑤白梃(tǐng)：梃是木棍，白是不加油漆。　⑥投城：
从城墙上跳下去或挂下去。　⑦匿(nì)：隐藏。　⑧递：辗转。　⑨笞(péng)：捶
打。捶：杖刑。　⑩讟(dú)：怨言。

原文

　　沙苑之役，齐神武士马
甚盛。太祖以华州冲要，遣
使劳黑，令加守备。黑语使
人曰："老黑当道卧，狢子安
得过①！"太祖闻而壮之。及
齐神武至城下，谓黑曰："何
不早降？"黑乃大呼曰："此
城是王黑冢，生死在此，欲
死者来！"齐神武遂不敢攻。

　　时茹茹渡河南寇②，候
骑已至豳州③。朝廷虑其深

翻译

　　沙苑之役，齐神武兵马很多。太祖
考虑到华州是冲要之地，派使者慰劳王
黑，叫加意守备。王黑对使者说："当路
有老黑躺着，狢子哪能过得去！"太祖听
到认为真是个好汉。到齐神武抵达城
下，对王黑说："为什么不早投降啊？"王
黑就大声叫道："这城就是王黑的坟墓，
生死都在这里，想要死的快过来！"齐神
武便不再敢进攻。

　　后来茹茹渡过黄河南下侵扰，候骑
已到了豳州。朝廷担心还会深入，就征
发兵马，来驻守京城，还在街巷上挖掘

入，乃征发士马，屯守京城，堑诸街巷④，以备侵轶。左仆射周惠达召黑议之⑤，黑不应命，谓其使曰："若茹茹至谓北者，王黑率乡里自破之⑥，不烦国家兵马。何为天子城中，遂作如此惊动？由周家小儿恇怯致此⑦。"黑轻侮权势，守正不回⑧，皆此类也。未几，还镇河东⑨。

战濠，防备敌人冲突。左仆射周惠达召王黑商议军机，王黑不去，对派来的使者说："如果茹茹到了渭北，王黑会率领乡里的人自行把他们打败，不麻烦国家动用兵马。为什么在天子的京城里，却这么大惊小怪？都是由于周家小儿胆小畏缩才弄得如此。"王黑的轻侮权势，守正不屈，都像这样。不久，让王黑再出镇河东。

注释 ① 狟（huán）：幼小的貉（hé），貉是一种犬科动物，俗称狗獾（huān）。 ② 茹茹渡河南寇：这是大统六年（540）夏天的事情。 ③ 豳（bīn）州：这是北魏太和时改邠（bīn）州为豳州的豳州，治所及其所属赵兴郡的治所同在定安，即今甘肃宁县。 ④ 堑（qiàn）：本是壕沟、战壕，这里是挖战壕。 ⑤ 周惠达召黑议之：王黑这时已调任雍州刺史，治所就在长安，所以周惠达要找他商议，《周书》这个传把调任雍州刺史事漏记了。 ⑥ 率乡里自破之：王黑家乡霸城就在渭水南边，所以说如果茹茹到了渭水北岸，他会带领乡里的人自行破敌。 ⑦ 周家小儿：骂周惠达的话。恇（kuāng）怯：恇是恐惧，恇怯是胆小畏缩。 ⑧ 守正：坚持正道。不回：不屈。 ⑨ 还镇河东：王黑在沙苑之战后，曾移镇河东，即任泰州刺史，泰州和所属河东郡的治所同在蒲坂，所以说移镇河东，但《周书》这个传没有记载，这样，这里"还镇河东"的"还镇"就没有着落了。

原文

　　黑性俭率①，不事边幅②。尝有台使③，黑为其

翻译

　　王黑秉性俭朴随便，不修边幅。曾有个台使前来，王黑给他拿上吃的。这

设食。使乃裂其薄饼缘④，黑曰："耕种收获，其功已深⑤，春爨造成⑥，用力不少，乃尔选择，当是未饥。"命左右撤去之。使者愕然大惭⑦。又有客与黑食瓜，客削瓜侵肤稍厚，黑意嫌之。及瓜皮落地，乃引手就地，取而食之。客甚有愧色。性又严急，尝有吏挟私陈事者，黑不暇命捶扑，乃手自取靴履，持以击之。每至享会，亲自秤量酒肉⑧，分给将士。时人尚其均平，嗤其鄙碎⑨。

大统七年卒于镇，赠太尉。

个台使却把薄饼的边缘撕掉，王黑说："耕种收获，花了很多功夫，春壳炊制，用了不少气力，你却要挑拣，应是肚子不饿。"叫左右把吃的都撤掉。这个台使陡然一惊，感到十分惭愧。又有一次客人和王黑一起吃瓜，客人削瓜皮削得厚了一点，王黑厌恶起来。等瓜皮落到地上，王黑就伸出手来，从地上拾了瓜皮吃下去。客人弄得满面羞惭。王黑性子又很严急，曾有个小吏怀着私意向王黑陈说事情，王黑顾不上叫人捶打，就自己拿起靴子，把他狠打。每逢宴会，王黑亲自称量酒肉，分给将士。人们赞赏他的均平，但也讥笑他的鄙俗琐碎。

西魏大统七年(541)王黑死在河东镇上，被追赠为太尉。

注释 ①率：这里是随便、马虎的意思。 ②不事边幅：即不修边幅，不注意衣着、仪表。 ③台使：中央最高行政机构尚书省派出的使者。 ④薄饼缘：缘是边，薄饼的边较易变硬，台使嫌不好吃，要把它撕掉。 ⑤功：功夫，花的气力。 ⑥春（chōng）：用杵白捣去谷物的皮壳。爨（cuàn）：生火烤饼煮饭。 ⑦愕（è）：陡然一惊。 ⑧秤（chēng）：同"称"，用秤衡计重量。 ⑨嗤（chī）：讥笑。鄙：鄙俗。碎：琐碎；只管些不必过问的细小事情。

尉 迟 迥 传

导读

上面所译几位将军的传记中,除于谨兼有平定江陵的功绩,多是与东魏北齐争雄而知名的。所以这里另译一位以伐蜀知名的将军尉迟迥的传记。从他战胜后"唯收僮隶及储积以赏将士"这点来看,应该比没江陵官民十余万为奴婢的于谨要文明。可惜这位将军晚年卷入了宇文氏和杨坚的斗争,败在另一位将军韦孝宽手里,而那位韦将军的凶残也正不亚于于谨。(选自卷二一)

原文

尉迟迥,字薄居罗①,代人也。其先魏之别种②,号尉迟部③,因而姓焉。父俟兜④,性弘裕⑤,有鉴识⑥,尚太祖姊昌乐大长公主⑦,生迥及纲。……

翻译

尉迟迥,字薄居罗,是代人。祖先是魏的别种,号为尉迟部,因此也姓了尉迟。父亲尉迟俟兜,秉性宽弘,具有鉴识,娶太祖姊昌乐大长公主,生尉迟迥和尉迟纲。……

注释 ①迥:音 jiǒng。字薄居罗:薄居罗本是尉迟迥的胡名,以后起了"迥"这个汉名,就把"薄居罗"说成是尉迟迥的字。 ②别种:乙部落归附到甲部落名下,称乙部落为甲部落的"别种"。 ③尉迟部:古西域于阗(tián)国(在今新疆和田一带)的王族姓尉迟,这尉迟部就是从于阗国进入中原的少数民族。 ④兜:音 dōu。 ⑤弘裕:宽弘。 ⑥鉴识:精辟的见识,多指识别人才。 ⑦姊(zǐ):姐姐。大长公主:皇帝之姑叫长公主。太祖宇文泰生前未做皇帝,所以他的姐姐在当时不能称长公主,到宇文泰之子北周孝闵帝宇文觉、明帝宇文毓、武帝宇文邕做皇帝时,宇文泰之姊已成为他们的姑,就只能称大长公主了。

原文

迴少聪敏,美容仪。及长,有大志,好施爱士。稍迁大丞相帐内都督。尚魏文帝女金明公主,拜驸马都尉。从太祖复弘农,破沙苑,皆有功。累迁尚书左仆射,兼领军将军①。迴通敏有干能,虽任兼文武,颇允时望②,太祖以此深委仗焉。后拜大将军。

翻译

尉迟迴自小聪敏,容貌仪表很美。到长大后,胸有大志,好施爱士。逐渐升迁为大丞相帐内都督。娶北魏文帝女金明公主,被拜为驸马都尉。跟随太祖收复弘农,破敌沙苑,都立了功。经过几次升迁,成为尚书左仆射,兼任领军将军。尉迟迴通敏有才干,虽是兼任文武,却与时望颇为相称,太祖因此对他深为依仗。后来拜授他为大将军。

注释 ① 领军将军:职掌宫廷禁卫的领军府的长官。 ② 允:这里是相称、相符的意思。时望:当时的声望。

原文

侯景之渡江,梁元帝时镇江陵,既以内难方殷①,请修邻好。其弟武陵王纪②,在蜀称帝,率众东下,将攻之。梁元帝大惧,乃移书请救,又请伐蜀。太祖曰:"蜀

翻译

侯景渡江时,梁元帝在江陵镇守,由于内难正多,请求修好。梁元帝的弟弟武陵王萧纪,在蜀自称皇帝,率领兵众东下,要进攻梁元帝。梁元帝大为恐惧,就来书求救,并请求伐蜀。太祖说:"蜀可以谋取了!取蜀制梁,就在此一举。"于是和群公会议,将领们多不赞

可图矣！取蜀制梁，在兹一举。"乃与群公会议，诸将多有异同③，唯迥以为纪既尽锐东下，蜀必空虚，王师临之，必有征无战④。太祖深以为然，谓迥曰："伐蜀之事，一以委汝，计将安出？"迥曰："蜀与中国隔绝百有余年⑤，恃其山川险阻，不虞我师之至。宜以精甲锐骑，星夜袭之⑥，平路则倍道兼行，险途则缓兵渐进，出其不意，冲其腹心。蜀人既骇官军之临速，必望风不守矣⑦。"于是乃令迥督开府元珍、乙弗亚、俟吕陵始、叱奴兴、綦连雄、宇文昇等六军⑧，甲士一万二千，骑万匹，伐蜀。以魏废帝二年春，自散关由固道出白马⑨，趣晋寿⑩，开平林旧道⑪。前军临剑阁⑫，纪安州刺史乐广以州先降⑬，纪梁州刺史杨乾运时镇潼州⑭，又降。六月，迥至潼州，大飨将

同，只有尉迟迥认为萧纪既已率领全部精锐东下，蜀中必然空虚，王师前往，一定有征无战。太祖认为很对，对尉迟迥说："伐蜀这件事，全部委托你了，你准备采取什么计策？"尉迟迥说："蜀和中国已隔绝了一百多年，凭借山川险阻，不会料到我军前去。该用精甲锐骑，连夜进袭，平路则兼道而行，路险就缓兵渐进，出其不意，直冲他们的腹心。蜀人既惊骇官军来得迅速，一定望风不守了。"于是派尉迟迥督率开府元珍、乙弗亚、俟吕陵始、叱奴兴、綦连雄、宇文昇等六军，甲士一万二千，战骑一万匹，出师伐蜀。在西魏废帝二年（553）春天，从散关经固道出白马，向晋寿进军，开通了平林旧道。前军到达剑阁，萧纪的安州刺史乐广举州先行投降，萧纪的梁州刺史杨乾运这时镇守潼州，也接着投降。六月，尉迟迥到达潼州，大宴将士，引军西进。萧纪的益州刺史萧㧑不敢出战，据城自守，尉迟迥就进军围城。在这以前，萧纪已到达巴郡，听到尉迟迥前来侵犯，派谯淹回师，作为萧㧑的外援。尉迟迥分派元珍、乙弗亚等带轻骑把谯淹打败，谯淹就投降了。萧㧑前后打了几十回合，又都被尉迟迥打败。萧㧑就同萧纪的儿子宜都王萧肃以及

士⑮,引之而西。纪益州刺史萧㧑不敢战⑯,遂婴城自守⑰,进军围之。初,纪至巴郡,闻迥来侵,遣谯淹回师,为㧑外援。迥分遣元珍、乙弗亚等以轻骑破之,遂降。㧑前后战数十合,皆为迥所破。㧑与纪子宜都王肃及其文武官属⑱,诣军门请见。迥以礼接之,其吏人等各令复业,唯收僮隶及储积以赏将士⑲,号令严肃,军无私焉。诏迥为大都督、益潼等十八州诸军事、益州刺史,以平蜀功封一子为公,自剑阁以南得承制封拜及黜陟⑳。迥乃明赏罚,布恩威,绥缉新邦㉑,经略未附,夷夏怀而归之㉒。

文武百官,来到尉迟迥的军门求见。尉迟迥以礼相待,原有的吏人都让复职,只把奴婢和积聚的财物分赏给将士,号令严肃,军中没有私自携取的。下诏任尉迟迥为大都督、益潼等十八州诸军事、益州刺史,以平蜀的功劳封一个儿子为公,从剑阁以南都可以承制封拜和黜陟官吏。尉迟迥于是彰明赏罚,广布恩信,安集已取得的新邦,经略未投顺的地方,夷夏都来归附。

注释　①殷:这里是众多的意思。　②武陵王纪:梁武帝第八子萧纪,封武陵郡王,后任益州刺史(治所及所属蜀郡的治所同在成都,即今四川成都),552年在成都称帝,改元天正,东下企图进攻江陵,553年在中途被杀,后方成都也为尉迟迥攻克,《梁书》有传。　③异同:不同。　④有征无战:出兵征伐不经过战斗就取胜。⑤百有余年:东晋太元十年(385)淝水战后东晋收复益州,从此益州由东晋南朝管辖,到西魏废帝二年(553)尉迟迥伐蜀,已有168年。中国,在这里是指中原政权而言。　⑥ 星夜：夜间，多用于连夜赶路。　⑦ 望风不守：听到风声就不敢据守。
⑧ 元珍：可能是魏宗室，《魏书》里有元珍的传，但不是这个元珍。乙弗亚、侯吕陵
始、叱奴兴、綦（qí）连雄：都是鲜卑等少数民族将领，乙弗、侯吕陵、叱奴、綦连都是
姓。宇文昇：鲜卑族将领，是不是宇文泰亲属已不可考知。　⑨ 散关：在今陕西宝
鸡西南大散岭上，当秦蜀咽喉，是由关中入蜀的交通孔道。固道：固道镇，在今陕西凤
县东北。白马：白马戍，在今陕西勉县西。　⑩ 晋寿：梁晋寿郡治所晋寿县，在今
四川剑阁县西北。　⑪ 平林旧道：当是出散关到剑阁的旧通道，其详已不可考。
⑫ 剑阁：在晋寿西北，即今四川剑门关，在今四川剑阁县东北。　⑬ 安州：治所及所
属普安郡的治所同在普安，即今四川剑阁县。　⑭ 梁州刺史：这是萧纪所授梁州
刺史，实际上以潼州州治为治所，并不真去梁州。潼州：治所及所属巴西、梓潼二郡
的治所同在涪（fú）县，即今四川绵阳。　⑮ 飨（xiǎng）：用酒食款待人。　⑯ 萧㧑
（huī）：梁武帝弟萧秀之子，降北周后以有文学仍被任用，《周书》有传。　⑰ 婴城：据
城。　⑱ 宜都王肃：萧圆肃，后在北周和隋任职，《周书》有传。　⑲ 僮（tóng）隶：奴
婢，指原先梁人所蓄的奴婢。储积：积聚的财物。　⑳ 黜陟（chù zhì）：黜是贬，陟是
升，黜陟就是指官员的降罢和提升。　㉑ 新邦：这里指新取得的地方。　㉒ 夷夏：夷
指少数民族，夏指汉族。

原文

迥性至孝，色养不怠①，
身虽在外，所得四时甘脆②，
必先荐奉，然后敢尝。大长
公主年高多病，迥往在京
师，每退朝参候起居③，忧悴
形于容色④，大长公主每为
之和颜进食，以宁迥心。太
祖知其至性⑤，征迥入朝，以

翻译

尉迟迥天性至孝，能色养而不懈
怠，虽然身在外边，得到了四时甘脆，一
定先行进奉，然后才敢入口。大长公主
年高多病，尉迟迥以往在京师的时候，
每当退朝后问候起居，忧悴见于容色，
大长公主常为此颜色安和地进食，来使
尉迟迥安心。太祖知道尉迟迥孝心纯
笃，就把他征召回朝，使他的母亲得到
安慰。派大鸿胪到郊外迎接慰劳，并赏

慰其母意。遣大鸿胪郊
劳⑥，仍赐迥衮冕之服⑦。
蜀人思之，立碑颂德。孝闵
践阼，进位柱国大将军，又
以迥有平蜀之功，同霍去病
冠军之义，封宁蜀公，进蜀
公，爵邑万户。

赐尉迟迥衮冕。蜀人仍对尉迟迥怀念，
立了碑歌颂他的功德。孝闵帝即位，进
授尉迟迥为柱国大将军，又因尉迟迥有
平蜀的功勋，按照当年霍去病为诸军之
冠而封冠军侯的做法，封他为宁蜀公，
再进封蜀公，食邑一万户。

注释　①色养：和颜悦色地对父母尽孝养之道。　②甘脆：美味，好吃的东西。
③起居：本指人的作息、生活，后因小辈要问候长辈的生活怎样，也把"起居"作为
向长辈请安、问候的代称。　④悴(cuì)：忧。　⑤至性：本指性情纯笃，这里和上面
所说的"至孝"是一个意思。　⑥大鸿胪：掌管接待宾客蕃客的鸿胪寺的长官。
⑦衮冕：衮是画上卷龙的衣服，冕是礼冠，古代帝王、上公所穿戴。

原文

　　宣帝即位，以迥为大前
疑①，出为相州总管②。宣
帝崩，隋文帝辅政③，以迥望
位尊重，惧为异图④，乃令迥
子魏安公惇赍诏书以会葬
征迥⑤，寻以郧公韦孝宽代
迥为总管⑥。迥以隋文帝当
权，将图篡夺，遂谋举兵，留
惇而不受代。隋文帝又使
候正破六汗裒诣迥喻旨⑦，
密与总管府长史晋昶等书，

翻译

　　宣帝即位，任尉迟迥为大前疑，出
任相州总管。宣帝崩逝，隋文帝辅政，
因尉迟迥一向有很高的声望和地位，怕
他有叛变的意图，就派他的儿子魏安公
尉迟惇送诏书去，用会葬宣帝的名义把
他征召回京，接着派郧公韦孝宽去替代
他任总管。尉迟迥看到隋文帝当权，要
图谋篡夺，就准备起兵，把尉迟惇留下
而不受替代。隋文帝又派候正破六汗
裒到尉迟迥那里去晓喻意旨，同时秘密
给总管府长史晋昶等人书信，叫防备尉
迟迥。尉迟迥知道了，把长史和破六汗

令为之备。迥闻之,杀长史及袁,乃集文武士庶,登城北楼而令之曰:"杨坚以凡庸之才,借后父之势,挟幼主而令天下,威福自己,赏罚无章⑧,不臣之迹⑨,暴于行路⑩。吾居将相,与国舅甥⑪,同休共戚⑫,义由一体⑬。先帝处吾于此,本欲寄以安危,今欲与卿等纠合义勇,匡国庇人⑭,进可以享荣名⑮,退可以终臣节⑯。卿等以为何如?"于是众咸从命,莫不感激⑰。乃自称大总管,承制署置官司。于是赵王招已入朝⑱,留少子在国⑲,迥又奉以号令。迥弟子勤时为青州总管⑳,亦从迥。迥所管相、卫、黎、毛、洺、贝、赵、冀、瀛、沧㉑,勤所统青、胶、光、莒诸州皆从之㉒,众数十万。荥州刺史邵公宇文胄、申州刺史李惠、东楚州刺史费也利进、东潼州刺史曹孝达各据州

袁杀掉,召集文武百官士人百姓,亲自登上城的北楼号令道:"杨坚凭他庸凡之才,依仗后父之势,挟幼主而令天下,威福出于个人,赏罚全无章法,不臣的行迹,已暴露于行路。我位居将相,和国家是甥舅之亲,同休共戚,犹如一体。先帝派我来到这里,本为了寄托国家安危,如今我要和卿等纠合义勇,扶国庇民,进可以享受荣名,退可以竭尽臣节。卿等认为怎样?"当时大家都愿听从,没有人不感动奋发。尉迟迥就自称大总管,承制设置官员。这时赵王招已经入朝,留下小儿子在国中,尉迟迥又拥戴他来发号施令。尉迟迥弟弟的儿子尉迟勤当时任青州总管,也跟随尉迟迥。尉迟迥所管相、卫、黎、毛、洺、贝、赵、冀、瀛、沧各州,尉迟勤所管青、胶、光、莒各州都听从,兵众有几十万。荥州刺史邵公宇文胄、申州刺史李惠、东楚州刺史费也利进、东潼州刺史曹孝达也各自据州响应尉迟迥。尉迟迥又北结高宝宁来通好突厥,南连陈人允诺割让江、淮的领土。

以应迥㉓。迥又北结高宝宁
以通突厥㉔，南连陈人许割
江、淮之地。

注释 ① 大前疑：北周宣帝设置大前疑、大右弼、大左辅、大后丞各一人称"四辅"，地位仅次于"三师"。 ② 相州：本为北魏所设置，治所及所属魏郡的治所在邺县，在今河南安阳北。东魏迁都邺，改相州为司州，改魏郡太守为魏尹，北齐改为清都尹，北周灭北齐后恢复原来相州、魏郡的名称。总管：北周明帝时改都督诸州军事为总管。 ③ 隋文帝：隋高祖文皇帝杨坚，北周柱国大将军杨忠长子，杨坚长女为北周宣帝宇文赟皇后，大象元年(579)宣帝传位长子静帝宇文阐，二年(580)宣帝死，杨坚以左大丞相主持朝政，大定元年(581)杨坚称帝建立隋朝。 ④ 异图：另有打算，指有叛变的意图。 ⑤ 赍(jī)：送。 ⑥ 郧：音 yún。 ⑦ 候正：仿照《周礼》所设，职掌斥候即侦察。裒：音 póu。 ⑧ 章：章法，条理。 ⑨ 不臣：这里指反叛。 ⑩ 暴于行路：行路指路上行走的人，暴是暴露，暴于行路也就是常说的"路人皆知"。 ⑪ 与国舅甥：宇文泰是尉迟迥的舅父，尉迟迥是宇文泰的外甥。 ⑫ 休：吉庆，享乐。戚：悲伤，担忧。 ⑬ 一体：比喻关系密切，如同一个整体。 ⑭ 庇人：庇是庇荫，救护，庇人就是救护百姓，"人"本应作"民"，唐人为避太宗李世民讳而改写为"人"。 ⑮ 进：这里指成功。 ⑯ 退：这里指失败。终：尽。臣节：做臣下应守的节操。 ⑰ 感激：感动奋发。 ⑱ 赵王招：宇文泰之子宇文招，封赵王，宣帝时以洺(míng)州襄国郡(州和郡的治所同在广年，即今河北永年)为赵国，宇文招到赵国为王，宣帝得病，召宇文招等回长安，尉迟迥起兵后宇文招在长安计划除掉杨坚，不成，为杨坚所杀。 ⑲ 国：指赵国国都广年。 ⑳ 迥弟子勤：尉迟迥弟尉迟纲次子尉迟勤。青州：治所及所属北海郡的治所同在益都，即今山东青州。 ㉑ 卫：卫州，治所及所属汲郡的治所同在汲县，在今河南卫辉西。黎：黎州，治所及所属黎阳郡的治所同在黎阳，在今河南浚县东。毛：毛州，尉迟迥失败后杨坚分相州设毛州，治所馆陶即今河北馆陶，这里提前说到毛州，有误。贝：贝州，治所及所属清河郡的治所同在清河，在今山东临清东北。赵：赵州，治所及所属赵郡的治所同在大陆，在今河北隆尧东。冀：冀州，治所及所属长乐郡的治所同在信都，即今河北冀州。瀛：瀛州,治所及所属河间郡的治所同在赵都军城,即今河北河间。沧:沧州,治所及所属勃海郡的治所同在饶安,在今河北盐山西南。 ㉒ 胶:胶州及所属高密郡的治所同在东武,即今山东诸城。光:光州,治所及所属东莱郡的治所同在掖县,即今山东莱州。莒(jǔ):莒州,治所及所属东安郡的治所同在东莞(guǎn),即今山东沂水。 ㉓ 荥(xíng)州:治所及所属荥阳郡的治所同在氾(sì)水,即今河南荥阳。宇文胄:宇文泰长兄宇文颢之孙,《周书》有传。申州:治所及所属义阳郡的治所同在平阳,即今河南信阳。东楚州:治所及所属琅邪郡的治所同在即丘,在今山东临沂东南。东潼州:治所及所属夏丘郡的治所同在晋陵,即今安徽泗县。 ㉔ 高宝宁:原北齐的营州(治所昌黎城即今辽宁朝阳)刺史,北齐亡后投靠突厥抗拒北周。突厥:我国古代北方的少数民族,公元六世纪时游牧在今阿尔泰山一带,初附属于柔然,西魏文帝大统十二年(546)击败铁勒,废帝元年(552)击败柔然,建政权于今鄂尔浑河流域,隋开皇二年(582)分裂为东突厥、西突厥。东突厥在唐贞观四年(630)为唐所灭,到唐永淳元年(682)复兴,天宝三载(744)为回纥所灭。西突厥在唐显庆四年(659)为唐所灭。

原文

隋文帝于是征兵讨迥,即以韦孝宽为元帅。惇率众十万入武德①,军于沁东②。孝宽等诸军隔水相持不进,隋文帝又遣高颎驰驿督战③。惇布兵二十里,麾军小却,欲待孝宽军半度击之。孝宽因其小却,鸣鼓齐进,惇大败,孝宽乘胜进至邺。迥与子惇、祐等又悉其

翻译

隋文帝于是征调兵马讨伐尉迟迥,就派韦孝宽为元帅。这边尉迟惇率领兵马十万进入武德,在沁水东边摆阵。韦孝宽等各军隔着沁水相持不进,隋文帝又派高颎驰驿前来督战。尉迟惇摆开兵马二十里,指挥军队稍稍后退,准备等韦孝宽军渡水渡到一半才出击。韦孝宽却趁对方后退,打响鼓一齐进攻,尉迟惇被打得大败,韦孝宽乘胜进逼到邺城。尉迟迥和儿子尉迟惇、尉迟祐等又把兵马悉数调出来,有十三万,

卒十三万陈于城南。迥别统万人，皆绿巾锦袄④，号曰黄龙兵。勤率众五万，自青州赴迥，以三千骑先到。迥旧习军旅，虽老犹被甲临阵，其麾下千兵皆关中人，为之力战，孝宽等军失利而却。邺中士女观者如堵⑤，高颎与李询整阵先犯观者⑥，因其扰而乘之，迥大败，遂入邺。迥走保北城，孝宽纵兵围之，李询、贺楼子干以其属先登⑦。迥上楼，射杀数人，乃自杀。勤、惇等东走，并追获之。余众月余皆斩之⑧。……迥自起兵至败，六十八日。

武德中⑨，迥从孙库部员外郎耆福上表请改葬⑩，朝议以迥忠于周室，有诏许之。

在邺城城南摆阵。尉迟迥另外统率上万人，都穿戴绿巾锦袄，号称黄龙兵。尉迟勤率领兵马五万，从青州赶来，其中三千骑兵已先赶到。尉迟迥早年熟悉军旅，现在虽年老还披甲上阵，他手下的一千人都是关中来的，替他奋力死战，韦孝宽等军失利后退。邺城里男女观战的多得像墙壁一般，高颎和李询整顿了队伍先进攻这些观战的，趁对方惊扰而冲杀过去，把尉迟迥杀得大败，就此打进了邺城。尉迟迥退守北城，韦孝宽指挥兵众包围，李询、贺楼子干带了队伍抢先登城。尉迟迥退到城楼上，射杀了好几个人，然后自杀。尉迟勤、尉迟惇等往东退走，都被追上擒获。余下的兵众一个多月后都被斩杀。……尉迟迥从起兵到失败，经历了六十八天。

唐武德年间，尉迟迥的从孙库部员外郎尉迟耆福上表请求改葬，朝廷商议认为尉迟迥忠于周室，下诏允许。

注释　①武德：怀州武德郡，治所州县在今河南温县北。　②沁（qìn）：沁水，黄河下游支流，源自太行山东麓，流经今山西东南进今河南流入黄河，在武德郡治北边流过。　③驰驿：驾乘驿马疾行。　④袄（ǎo）：有衬里的上衣。　⑤堵：墙壁。

⑥ 李询：当时任元帅长史，《隋书》有传。 ⑦ 贺楼子干：也写作贺娄子干，少数民族将领，贺楼是姓，《隋书》有传。 ⑧ 余众……斩之：据《韦孝宽传》，韦孝宽把尉迟迥"兵士在小城中者尽坑于游豫园"，坑就是活埋。又据《静帝纪》，这次战后把相州的州治移到安阳（今河南安阳），把邺城全部破坏。 ⑨ 武德：唐高祖李渊的年号（618—626）。 ⑩ 从孙：兄弟的孙儿，即尉迟纲的孙儿。库部员外郎：库部在唐代是兵部所属的司，员外郎是司的副长官。

卢 辩 传

导读

　　打天下要依靠武将,治天下要依靠文人。因此在选译了几位功勋卓著的武将后,再选译几位知名的文人。当时文人中最知名和重要的要数苏绰,他的传记我们在《北史》中进行选译。这里先选译卢辩的传记。卢辩之所以知名,是因为他秉承宇文泰的意旨,把西魏的官制模仿《周礼》作了一番改革。这种形式主义的改革在当时也自有其苦衷,因为同时南朝的政权一直以华夏文化的正统自居,东边的北齐继承了北魏的洛阳文化,也远非久经破坏的关中地区所能企及,宇文泰为了寻找精神支柱,不得不借重更古雅的《周礼》来为自己的政权作粉饰。当然这种粉饰无补于现实的政治,所以为时不久又逐渐恢复原来的旧官制了(选自卷二四)。

原文

　　卢辩,字景宣,范阳涿人①,累世儒学。父靖,太常丞②。

　　辩少好学,博通经籍,举秀才③,为太学博士④。以《大戴礼》未有解诂⑤,辩乃注之⑥。其兄景裕为当时硕儒⑦,谓辩曰:"昔侍中注

翻译

　　卢辩,字景宣,范阳涿县人,世代传授儒学。父卢靖,任太常丞。

　　卢辩从小好学,博通经籍,被举为秀才,任太学博士。考虑到《大戴礼记》还没有解诂,卢辩就给它作了注。他的哥哥卢景裕是当时的大儒,对卢辩说:"从前侍中注了《小戴礼记》,你现在注了《大戴礼记》,当可继承前贤了。"

《小戴》⑧,今尔注《大戴》,庶
纂前修矣⑨。"

注释 ①涿:范阳郡治所涿县,即今河北涿州。范阳卢氏是魏晋南北朝时著名的世家大族。 ②太常丞:太常寺是中央掌管宗庙祭祀、礼乐仪制的机构,长官是卿,以少卿为副,以丞为辅佐。 ③秀才:自西汉武帝以来,有由州郡推荐秀才、孝廉的办法,送中央考核合格后任用,到隋唐才被正式的科举制度代替。 ④太学博士:当时的中央教育机构国子寺下面有太学,设太学博士、助教各若干人。 ⑤《大戴礼》:即《大戴礼记》。西汉时戴德及其侄戴圣都研究礼,后人把传为戴圣所编定的先秦西汉时人礼学文章文献称为《小戴礼记》,把传为戴德所编定的称为《大戴礼记》,《小戴礼记》也就是《礼记》。解诂:解是解释,诂是训诂,解诂都是给古书作注的方式。 ⑥辩乃注之:流传到今天的《大戴礼记》仍是卢辩作注的本子。 ⑦硕儒:硕是大,硕儒就是大儒。 ⑧侍中注《小戴》:侍中指东汉末年的卢植,卢植也是涿人,曾任侍中,给《小戴礼记》作过注。 ⑨庶:庶几,差不多。纂:继承。前修:前贤。

原文

及帝入关,事起仓卒①,辩不及至家,单马而从。或问辩曰:"得辞家不②?"辩曰:"门外之治,以义断恩③,复何辞也!"孝武至长安,授给事黄门侍郎④,领著作。太祖以辩有儒术⑤,甚礼之,朝廷大议,常召顾问。赵青雀之乱,魏太子出居渭北,

翻译

到北魏孝武帝入关,事情发生得很仓促,卢辩来不及回家,单身匹马跟随前往。有人问卢辩:"有没有跟家里告别?"卢辩说:"处理家门以外的事情,该用大义来割断私情,告别干什么!"孝武帝到了长安,授卢辩为给事黄门侍郎,领著作省。太祖看到卢辩有儒术,对他很礼貌,朝廷有大议论,常召他来备顾问。赵青雀之乱,魏太子出居渭水北边,卢辩当时跟随着,也没有告诉家里

辩时随从,亦不告家人。其执志敢决⑥,皆此类也。寻除太常卿、太子少傅。魏太子及诸王等皆行束脩之礼⑦,受业于辩。进爵范阳公,转少师⑧。

的人。他坚持主见敢于决断,都是这样。不久被除授太常卿、太子少傅。魏太子和亲王等都行束脩之礼,在卢辩门下受业。卢辩进封爵为范阳公,转任少师。

注释 ① 仓卒(cù):卒,同"猝"。仓卒,匆忙、急遽的意思。 ② 不(fǒu):同"否"。 ③ 以义断恩:用大义来割断私恩,也就是说为了君臣大义,顾不上家庭的骨肉私情。 ④ 给事黄门侍郎:门下省里仅次于侍中的重要官职。 ⑤ 儒术:儒家的学问。 ⑥ 执志:坚持自己的主见。 ⑦ 束脩:脩在这里是干肉,束脩是束在一起的十条干肉,古代以此送礼,孔子得了束脩之礼就收人家为学生,因此后来就把束脩作为向老师所送礼物的代称,并非真送一束干肉。 ⑧ 少师:西魏时除设置太师、太傅、太保所谓"三师",还增设了略次于"三师"的少师、少傅、少保所谓"三孤",都是荣誉性高级职称。

原文

自魏末离乱,孝武西迁,朝章礼度,湮坠咸尽①。辩因时制宜②,皆合轨度③。性强记默契④,能断大事,凡所创制,处之不疑⑤。累迁尚书右仆射。世宗即位⑥,进位大将军。帝尝与诸公幸其第,儒者荣之。出为宜州刺史⑦。薨,配食太祖庙

翻译

自从魏末战乱,孝武帝西迁,朝廷的典章制度破坏得一干二净。卢辩因时制宜,都合于规矩法度。他记性很好,善于领会,能判断大事,凡所创制,决定了以后便不再动摇。经历多次升迁,任尚书右仆射。北周世宗明帝即位,卢辩进位大将军。明帝曾和公卿们临幸他的宅第,儒者都引以为荣。出任宜州刺史。去世后,配享在太祖庙庭。……

庭。……

初,太祖欲行周官,命苏绰专掌其事,未几而绰卒,乃令辩成之。于是依《周礼》建六官,置公、卿、大夫、士,并撰次朝仪,车服器用多依古礼,革汉魏之法。……太祖以魏恭帝三年始命行之。自兹厥后,世有损益⑧。宣帝即位⑨,事不师古,官员班品⑩,随意变革……又兼用秦汉等官。……

当初,太祖要实行周朝的官制,叫苏绰专管其事,不久苏绰去世,就叫卢辩来完成。于是依照《周礼》设立六官,设置公、卿、大夫、士各级职官,同时制定朝廷礼仪,车服器用多依照古礼,改变了汉魏时候的法制。……太祖在西魏恭帝三年(556)命令实施。在这以后,世代都有增损。到北周宣帝即位,不再师法古人,官员的班次品级,随意变革……又同时使用秦汉时候的职官名称。……

注释 ① 湮(yān):埋没。坠:这里是失去的意思。 ② 因时制宜:根据不同时期的具体情况,采取适宜的措施。 ③ 轨度:规矩法度。 ④ 强(qiǎng)记:记忆力强,记的东西多。默契:在心里领会。 ⑤ 处:这里是决断、决定的意思。 ⑥ 世宗:北周明帝宇文毓,庙号世宗。 ⑦ 宜州:治所泥阳,即今陕西铜川耀州。 ⑧ 损益:增减,增损。 ⑨ 宣帝:北周宣帝宇文赟(yūn),578—579 年在位。 ⑩ 班:班次,位次。

宇文孝伯传

导读

　　自从宇文泰去世,北周朝建立以后,统治集团内部的矛盾斗争就没有间断。最早是晋公宇文护摄政,先后杀掉宇文泰第三子孝闵帝宇文觉和宇文泰长子明帝宇文毓,宇文泰第四子武帝宇文邕即位后杀宇文护而自己掌权。但武帝后期又出现支持和反对皇太子宇文赟的两派,后来宇文赟即位成为北周宣帝而反对派失败。宇文孝伯就是参与这些斗争的重要人物,起初以支持武帝杀宇文护而显达,最终以反对宣帝而被杀(选自卷四〇)。

原文

　　宇文孝伯,字胡三①,吏部安化公深之子也②。其生与高祖同日,太祖甚爱之,养于第内。及长,又与高祖同学。武成元年,拜宗师上士③,时年十六。

翻译

　　宇文孝伯,字胡三,是吏部安化公宇文深的儿子。他和高祖同一天出生,太祖很喜欢他,把他领在宅第里抚养。到长大,又和高祖同学。武成元年(559),拜为宗师上士,当时才十六岁。

注释　①字胡三:胡三本是宇文孝伯的胡名,以后起了"孝伯"这个汉名,就把"胡三"说成是宇文孝伯的字。　②吏部安化公深:宇文深,是宇文泰的同族子侄辈,依《周礼》改革官制后曾任夏官府的吏部中大夫,即掌管选用官员的吏部的长官,又封安化县公,所以这里说"吏部安化公深"。　③宗师上士:改革官制后的天官府下属的官,应作小宗师上士,宗师是管理皇室的机构。

原文

孝伯性沉正謇谔①,好直言,高祖即位,欲引置左右。时政在冢臣②,不得专制③,乃托言少与孝伯同业受经,思相启发,由是晋公护弗之猜也,得入为右侍上士④,恒侍读书。天和元年⑤,迁小宗师⑥,领右侍仪同。及遭父忧⑦,诏令于服中袭爵⑧。高祖尝从容谓之曰:"公之于我,犹汉高之与卢绾也⑨!"乃赐以十三环金带⑩。自是恒侍左右,出入卧内,朝之机务,皆得预焉。孝伯亦竭力尽心,无所回避,至于时政得失,及外间细事,皆以奏闻。高祖深委信之,当时莫与为比。及高祖将诛晋公护,密与卫王直图之⑪,唯孝伯及王轨、宇文神举等颇得参预⑫。护诛,授开府仪同三司,历司会中

翻译

宇文孝伯秉性沉着忠直,敢于说话,高祖即位后,要把他引用在自己身边。可当时冢臣执政,皇帝不得专断,就假托说自己从小和宇文孝伯同读经书,想互相启发,这样使晋公宇文护不再猜疑,宇文孝伯得以进任右侍上士,常陪侍高祖读书。天和元年(566),升迁为小宗师,领右侍仪同。到遭逢父忧,下诏叫他在服中承袭封爵。高祖曾从容地对他说:"公和我,犹如汉高祖和卢绾啊!"就赏赐他十三环金带。这以后让宇文孝伯经常陪侍左右,出入内寝,朝廷机要大事,都得以参与。宇文孝伯也竭尽心力,无所回避,从朝政的得失,到处边的细事,都奏闻高祖。高祖对他信任之深,当时没有人能比得上。到高祖准备诛杀晋公宇文护,和卫王宇文直秘密商议,只有宇文孝伯和王轨、宇文神举等颇得参与。诛杀宇文护后,授宇文孝伯为开府仪同三司,历任司会中大夫、左右小宫伯、东宫左宫正。

大夫、左右小宫伯、东宫左
宫正⑬。

注释 ① 謇谔(jiǎn è)：謇是忠直，谔是正直的话，謇谔就是忠直敢说话。 ② 政在冢臣：当时晋公宇文护任改革后的天官府长官大冢宰，其他地官、春官、夏官、秋官、冬官五府都归大冢宰管辖，所以说政在冢臣，冢臣就是指大冢宰。 ③ 专制：这里指皇帝的独断，专就是独，制就是断。 ④ 右侍上士：天官府下属的皇帝侍卫官。 ⑤ 天和：北周高祖武帝宇文邕的年号(566—572)。 ⑥ 小宗师：天官府下属的官，即小宗师下大夫，是宗师的副长官。 ⑦ 忧：父母之丧叫"忧"。 ⑧ 服中：封建社会父母死了要服丧二十七个月，在此期间叫"服中"，服中一般不能做官受封爵，"诏令于服中袭爵"算是破格。 ⑨ 汉高之与卢绾(wǎn)：汉高祖刘邦的父亲和卢绾的父亲是好朋友，刘邦和卢绾同一天生，一起学书，又是好朋友。 ⑩ 十三环金带：带是围在朝服外面的皮带，用金装饰，十三环也是带的装饰。 ⑪ 卫王直：宇文泰之子，高祖武帝宇文邕的同母弟，《周书》有传。 ⑫ 王轨、宇文神举：宇文神举是宇文泰的同族子侄辈，和王轨、宇文孝伯都是高祖的亲信，最后都被宣帝宇文赟杀害，《周书》中王轨、宇文神举和宇文孝伯同传。 ⑬ 司会中大夫：天官府的官，是大冢宰的助手。左右小宫伯：即左右小宫伯下大夫，天官府里主管宫廷侍卫的副长官。东宫左宫正：东宫设太子左右宫正，是辅佐太子的官。

原文

建德之后①，皇太子稍长，既无令德，唯昵近小人②。孝伯白高祖曰："皇太子四海所属③，而德声未闻，臣忝宫官④，实当其责。且春秋尚少⑤，志业未成⑥，请妙选正人，为其师友⑦，调护

翻译

建德以后，皇太子年龄大了起来，品德不好，光和小人亲近。宇文孝伯对高祖说："皇太子是天下之所注目，但在外边没有好的名声，臣愧为宫官，应当承担责任。好在年纪还小，心意未定，请精心选择正直的人，做他的师友，调教好他的品质，可望日就月将有所成

圣质⑧，犹望日就月将⑨。如或不然，悔无及矣。"帝敛容曰⑩："卿世载鲠直⑪，竭诚所事。观卿此言，有家风矣⑫。"孝伯拜谢曰："非言之难，受之难也，深愿陛下思之⑬。"帝曰："正人岂复过君！"于是以尉迟运为右宫正⑭，孝伯仍为左宫正，寻拜宗师中大夫⑮。及吐谷浑入寇⑯，诏皇太子征之，军中之事，多决于孝伯。俄授京兆尹⑰，入为左宫伯⑱，转右宫伯。尝因侍坐，帝问之曰："我儿比来渐长进不⑲？"答曰："皇太子比惧天威⑳，更无罪失。"及王轨因内宴捋帝须㉑，言太子之不善，帝罢酒，责孝伯曰："公常语我，云太子无过。今轨有此言，公为诳矣。"孝伯再拜曰："臣闻父子之际，人所难言。臣知陛下不能割情忍爱，遂尔结舌㉒。"帝知其意，默然久之，乃曰："朕已委公矣，

就。如果不这么做，将来会悔之莫及。"高祖正容说："卿世代耿直，竭尽忠诚。听卿这段话，可说有家风了。"宇文孝伯拜谢道："不是说起话来难，而是接受起来难，愿陛下深思。"高祖说："要说正直的人哪有比得过你的！"于是派尉迟运任右宫正，宇文孝伯仍任左宫正，不久拜孝伯为宗师中大夫。到吐谷浑入侵，下诏皇太子出征，军中的事情，多由宇文孝伯决定。不久授宇文孝伯为京兆尹，入任左宫伯，转任右宫伯。曾陪侍高祖，高祖趁机问道："我儿近来有长进吗？"宇文孝伯回答说："皇太子近来畏惧天威，再没有出现过失。"后来王轨趁内宴时捋高祖的胡须，说太子的不善，高祖罢酒之后，责备宇文孝伯说："公常对我说，太子没有过失。如今王轨有这话，公是欺骗我了。"宇文孝伯再拜说："臣听说父子之间的事情，外边人很难讲话。臣知道陛下不能割断情爱，所以结舌。"高祖懂得他的意思，沉默了好久，才说："朕已经托付给公了，公努力办吧！"

公其勉之!"

注释 ① 建德:北周高祖武帝宇文邕的年号(572—578)。 ② 昵(nì):亲近,亲昵。 ③ 属(zhǔ):瞩目。 ④ 忝(tiǎn):表示有愧。宫官:太子东宫的官都叫"宫官"。 ⑤ 春秋:这里指年纪。 ⑥ 志业:志向,心意。 ⑦ 师友:这里指陪侍辅导皇子的人。 ⑧ 调护:这里指把人的品质调教好。圣:这里指太子。 ⑨ 日就月将:《诗经·周颂·敬之》有"日就月将,学有缉熙于光明"的话,"日就"是说通过学习使每日有成就,"月将"是说这样学了一月则有可行,总起来说是学习要日积月累才成。 ⑩ 敛(liǎn)容:正容,表示肃敬。 ⑪ 鲠(gěng)直:同"耿直"。 ⑫ 家风:门风,指一个家庭的传统习惯、生活作风。 ⑬ 陛(bì)下:对皇帝的尊称。 ⑭ 尉迟运:尉迟纲之子,也是高祖的亲信,同样见忌于宣帝,离京外任忧卒,《周书》和宇文孝伯同传。 ⑮ 宗师中大夫:宗师的长官。 ⑯ 吐谷(yù)浑:我国古代西北的少数民族,原为鲜卑的一支,西晋末年西迁到今甘肃、青海间,历经南北朝隋唐,到八世纪中叶部族分散,五代时余部散处今河北西北。这次吐谷浑入寇是在高祖武帝建德五年(576)。 ⑰ 京兆尹:北周时改京兆郡守为京兆尹,总管京师长安及周围地区。 ⑱ 左宫伯:天官府设左右宫伯中大夫,是主管宫廷侍卫的长官。 ⑲ 长(zhǎng)进:指学业或人品修养上的进步。 ⑳ 天威:天子的威严。 ㉑ 捋(lǚ):用手顺势抚摩。 ㉒ 结舌:不说话。

原文

　　五年,大军东讨①,拜内史下大夫②,令掌留台事③。军还,帝曰:"居守之重④,无忝战功。"于是加授大将军,进爵广陵郡公,邑三千户,并赐金帛及女伎等⑤。六年,复为宗师。每车驾巡

翻译

　　建德五年(576),高祖统率大军东讨,拜宇文孝伯为内史下大夫,叫掌管留台政事。大军战胜归来,高祖对宇文孝伯说:"留守责任重大,不亚于建立战功。"于是加授他大将军,进封爵为广陵郡公,食邑三千户,并赏赐金帛、女伎等。建德六年(557),宇文孝伯重新任

幸⑥,常令居守。其后高祖北讨⑦,至云阳宫,遂寝疾⑧。驿召孝伯赴行在所⑨,帝执其手曰:"吾自量必无济理⑩,以后事付君。"是夜,授司卫上大夫⑪,总宿卫兵马事,又令驰驿入京镇守,以备非常⑫。

宗师。每当车驾出巡,常叫他留守。后来高祖北伐,到达云阳宫,就病倒了。驰驿召宇文孝伯到行在所,高祖握着他的手说:"我自己估计必无治愈的希望了,把后事托付给你。"当夜,授宇文孝伯为司卫上大夫,总领禁卫兵马,又叫他驰驿进京师镇守,以戒备非常。

注释 ① 大军东讨:指灭北齐之役。 ② 内史下大夫:即小内史下大夫,改革后把废除的门下省设在春官府,称内史,仍掌管诏令,参与军国大事。 ③ 留台:台是台省,改革前指尚书省、门下省、中书省,是中央最高行政机构,改革后指统率五府的天官府第,当时高祖东讨北齐,所以在长安的称留台。 ④ 居守:留守。 ⑤ 女伎:有歌舞技艺的婢妾身份的女子。 ⑥ 车驾:皇帝外出时所乘,作为出行的皇帝的代称。 ⑦ 高祖北讨:征讨北边的突厥。 ⑧ 寝疾:卧病。 ⑨ 行在所:在汉代指皇帝所在的地方,后来专指皇帝行幸中所停留的地方。 ⑩ 济:这里是解救、治愈的意思。 ⑪ 司卫上大夫:东宫有左右司卫上大夫,掌管宫廷禁卫。 ⑫ 非常:突如其来的事变。

原文

宣帝即位,授小冢宰①。帝忌齐王宪②,意欲除之,谓孝伯曰:"公能为朕图齐王,当以其官位相授。"孝伯叩头曰:"先帝遗诏,不许滥诛骨肉。齐王,陛下之叔父,

翻译

宣帝即位,授宇文孝伯为小冢宰。宣帝疑忌齐王宇文宪,想要除掉他,对宇文孝伯说:"公能给朕收拾掉齐王,就把他的官位授公。"宇文孝伯叩头说:"先帝遗诏,不许滥诛骨肉。齐王,是陛下的叔父,亲属关系近而且功劳大,是社稷的重臣,国家的栋梁。陛下如果妄

454 | 周 书

戚近功高，社稷重臣，栋梁所寄。陛下若妄加刑戮③，微臣又顺旨曲从④，则臣为不忠之臣，陛下为不孝之子也。"帝不怿⑤，因渐疏之，乃与于智、王端、郑译等密图其事⑥。后令智告宪谋逆，遣孝伯召宪入，遂诛之。

加刑戮，微臣又顺旨曲从，那臣就成为不忠之臣，陛下也成为不孝之子了。"宣帝听了很不乐意，就此疏远宇文孝伯，而和于智、王端、郑译等人秘密策划这事。后来叫于智控告宇文宪谋反，派宇文孝伯把宇文宪召进来，宣帝就把宇文宪杀了。

注释 ① 小冢宰：小冢宰上大夫，天官府的副长官，当时齐王宇文宪是天官府长官大冢宰，但这时天官大冢宰已不统辖五府，权力大为缩减。 ② 齐王宪：宇文泰第五子，高祖灭北齐时立过大功，《周书》有传。 ③ 戮（lù）：杀。 ④ 微臣：臣下在皇帝前谦称"微臣"。曲从：违背自己的本意而勉强听从。 ⑤ 怿（yì）：喜悦。 ⑥ 郑译：此人后投靠隋文帝，《周书》《隋书》都有传。

原文

帝之西征也①，在军有过行②，郑译时亦预焉。军还，孝伯及王轨尽以白。高祖怒，挞帝数十③，仍除译名④。至是，译又被帝亲昵。帝既追憾被杖，乃问译曰："我脚上杖痕，谁所为也？"译答曰："事由宇文孝伯及王轨。"译又因说王轨捋须事，帝乃诛轨。尉迟运惧，

翻译

宣帝当年西征吐谷浑时，在军中有过失，郑译当时也参与了。回来后，宇文孝伯和王轨把这些事情统统向高祖报告。高祖很生气，打了宣帝几十下，还把郑译除了名。到这时，宣帝又跟郑译亲昵起来。宣帝记恨当年被打的事情，问郑译道："我脚上的杖痕，是谁弄下的啊？"郑译回答说："事情是宇文孝伯和王轨弄下的。"还由此说了王轨捋高祖胡须的事情，宣帝就把王轨杀掉。

私谓孝伯曰："吾徒必不免祸⑤，为之奈何？"孝伯对曰："今堂上有老母，地下有武帝，为臣为子，知欲何之？且委质事人⑥，本徇名义⑦，谏而不入，将焉逃死？足下若为身计⑧，宜且远之。"于是各行其志，运寻出为秦州总管。然帝荒淫日甚，诛戮无度⑨，朝章弛紊⑩，无复纲纪⑪。孝伯又频切谏⑫，皆不见从，由是益疏斥之。后稽胡反，令孝伯为行军总管⑬，从越王盛讨平之⑭。及军还，帝将杀之，乃托以齐王之事，诮之曰⑮："公知齐王谋反，何以不言？"孝伯对曰："臣知齐王忠于社稷，为群小媒孽⑯，加之以罪。臣以言必不用，所以不言。且先帝付嘱微臣，唯令辅导陛下，今谏而不从，实负顾托，以此为罪，是所甘心。"帝大惭，俯首不语，乃命将出，赐死于家⑰，时年三十六。

尉迟运害怕了，私下对宇文孝伯说："我们这些人必定不能免祸，该怎么办？"宇文孝伯回答说："当今堂上有老母，地下有武帝，做臣下做儿子的，该往哪里去呢？况且既已委质事人，就得为君臣名义殉身，劝谏了听不进去，还有什么办法逃避一死呢？足下如果为自身打算，暂且远离一下也好。"于是两个人各行其志，尉迟运不久就出京任秦州总管。这时宣帝更一天比一天荒淫，杀人杀得没个限度，朝章松弛紊乱，不再有什么法纪。宇文孝伯又接连恳切劝谏，宣帝不仅都不采纳，还因此对宇文孝伯更加疏远排斥。后来稽胡造反，派宇文孝伯任行军总管，跟随越王宇文盛去平定。到军队回来，宣帝准备杀害宇文孝伯，就借口齐王宇文宪的事情，责问宇文孝伯说："公知道齐王谋反，为什么不说？"宇文孝伯回答说："臣只知齐王忠于社稷，被那些小人构陷，硬安上了罪名。臣考虑说了也一定没有用，所以不说。而且先帝嘱托微臣，只叫辅导好陛下，如今劝谏了不听，微臣实在辜负了顾命托付，要把这作为微臣的罪状，微臣倒是心甘情愿。"宣帝听了大为羞惭，低下头说不出话来，就叫人把宇文孝伯带出去，带到他家里赐死，这时宇文孝伯才三十六岁。

注释 ① 帝之西征：就是前面所说的当时是太子的宣帝西征吐谷浑。 ② 过行：过失，错误的行为。 ③ 捶（tà）：用鞭子或棍棒打。 ④ 除译名：除名是除去名籍，取消原有的资历，是一种极重的处分，这里是把郑译除名。 ⑤ 吾徒：徒是徒众，吾徒就是我们这些人。 ⑥ 委质：献身做人家的臣下。 ⑦ 徇（xùn）：同"殉"，为了一定目的而牺牲。名义：这里指君臣的名义。 ⑧ 足下：称对方的敬辞，古代下称上或同辈相称都可称"足下"。 ⑨ 无度：没有限度。 ⑩ 弛紊（chí wěn）：松弛紊乱。 ⑪ 纲纪：法制，法纪。 ⑫ 频：接连多次。 ⑬ 行军总管：出征时指挥一军的高级将领。 ⑭ 越王盛：宇文泰之子，《周书》有传。 ⑮ 谯（qiào）：责问。 ⑯ 媒孽：挑拨是非，陷人于罪。 ⑰ 赐死：皇帝下令强迫臣下自杀。

原文

及隋文帝践极①，以孝伯及王轨忠而获罪，并令收葬，复其官爵。又尝谓高颎曰："宇文孝伯实有周之良臣，若使此人在朝，我辈无措手处也②！"……

翻译

到隋文帝登上帝位，考虑到宇文孝伯和王轨忠而获罪，都叫收葬，恢复了原来的官爵。还曾对高颎说："宇文孝伯真是周朝的良臣，如果让此人留在朝廷上，我们哪有措手之处啊！"……

注释 ① 践极：践阼，登上帝位。 ② 措手：下手，指篡夺北周的政权。

王　褒　传

导读

　　魏晋南北朝出现过门阀制度，少数高门大族取得政治、经济上的特权。在北方这些门阀士族和鲜卑贵族相结合，势力绵延到唐初。在南方的经过东晋、宋、齐，到梁代已日见没落。这位王褒就是南方没落门阀士族中的一员。他的九世祖王导曾是东晋南渡初政治舞台上的第一号大人物，这位王褒却在江陵战役之后成了北方宇文氏政权的俘虏。好在他还有文才学识，还能以文学侍从的身份终其天年，得了个不算坏的结局(选自卷四一)。

原文

　　王褒，字子渊，琅邪临沂人也①。曾祖俭，齐侍中、太尉、南昌文宪公。祖骞②，梁侍中、金紫光禄大夫、南昌安侯。父规，梁侍中、左民尚书、南昌章侯③。并有重名于江左④。

翻译

　　王褒，字子渊，是琅邪临沂人。曾祖王俭，是南齐的侍中、太尉、南昌文宪公。祖父王骞，是梁的侍中、金紫光禄大夫、南昌安侯。父亲王规，是梁的侍中、左民尚书、南昌章侯。都在江左享有重名。

注释　　① 琅邪(yá)临沂：这是指魏晋时徐州所属的琅邪国(当时的国实际相当于郡)，琅邪国的治所开阳在今山东临沂北。临沂是琅邪国所属的县，还在开阳的北边。琅邪临沂的王氏是魏晋以来的头等世家大族。　② 骞：音 qiān。　③ 左民尚书:三国魏时开始在尚书省下设左民尚书,南北朝时也多设置,掌管计帐、户口,到隋代和度支尚书合并为民部尚书,成为尚书省六部之一,到唐代改称户部尚书。
④ 江左:也就是江东,因为古代以东为左,以西为右,习惯称今安徽芜湖以东、长江以南地区为江东、江左,又因这里是东晋和南朝的根据地,所以又称东晋,南朝的全部统治地区为江东、江左。

原文

褒识量淹通①,志怀沉静,美风仪②,善谈笑,博览史传③,尤工属文④。梁国子祭酒萧子云⑤,褒之姑夫也,特善草、隶⑥。褒少以姻戚⑦,去来其家,遂相模范⑧,俄而名亚子云,并见重于世。梁武帝喜其才艺,遂以弟鄱阳王恢之女妻之⑨。起家秘书郎⑩,转太子舍人⑪,袭爵南昌县侯,稍迁秘书丞。宣成王大器⑫,简文帝之冢嫡⑬,即褒之姑子也⑭。于时盛选僚佐⑮,乃以褒为文学⑯。寻迁安成郡守⑰。及侯景渡江,建业扰乱,褒辑宁所部,见称于时。

翻译

王褒见识淹通,志怀沉静,风度仪容美好,善于谈笑,博览史传,尤其善于写文章。梁的国子祭酒萧子云,是王褒的姑夫,特别会写草、隶。王褒年轻时因为姻亲关系,常往来他家,就学习他的写法,不久名气仅次于萧子云,和萧子云的字都被世人看重。梁武帝喜欢王褒的才艺,就把弟弟鄱阳王萧恢的女儿嫁给了王褒。王褒起家任秘书郎,转任太子舍人,袭封爵为南昌县侯,逐渐升迁为秘书丞。宣成王萧大器,是简文帝的嫡长子,也是王褒姑母的儿子。当时精选僚属,任王褒为文学。不久王褒迁任安成郡守。到侯景渡江,建业扰乱,王褒安集本郡,为时人所称赞。

注释 ① 淹通：博洽而通达。 ② 风仪：风度和仪容。 ③ 史传：也就是史书，因为纪传体史书里列传占了绝大部分，所以称"史传"。 ④ 属（zhǔ）文：属是缀辑、撰著，属文就是写文章。 ⑤ 国子祭酒：国子监的长官。 ⑥ 草、隶：草书和隶书，但当时的隶书已不是东汉时的八分书，而是已过渡到正书即楷书的一种书体，也可以称之为楷书，到唐代前期有时还称楷书为隶书。 ⑦ 姻戚：由婚姻关系形成的亲戚。 ⑧ 模范：这里是模仿、学习的意思。 ⑨ 鄱：音 pó。 ⑩ 起家：本指从家中征召出来做官，后常用来称开始做官。秘书郎：秘书省掌管图书和撰写本朝史，秘书监是长官，秘书丞是副长官，下面设秘书郎、著作郎、著作佐郎等。 ⑪ 太子舍人：太子东宫的官，掌管秘书、侍从之职。 ⑫ 宣成王大器：萧大器，侯景立简文帝萧纲为皇帝后，他被立为皇太子，后与简文帝同时被侯景杀害。 ⑬ 冢嫡：冢是长子，嫡是妻生的而不是妾生的儿子，冢嫡就是嫡长子。 ⑭ 褒之姑子：萧大器之母王氏也是王褒的姑母，所以说萧大器是褒之姑子。 ⑮ 盛选：就是精选、挑选好的。 ⑯ 文学：汉以来王国设置文学，职掌图籍文书。 ⑰ 安成郡：江州安成郡，治所平都即今江西安福。

原文

梁元帝承制，转智武将军，南平内史①。及嗣位于江陵，欲待褒以不次之位②，褒时犹在郡，敕王僧辩以礼发遣③，褒乃将家西上。元帝与褒有旧，相得甚欢④。拜侍中，累迁吏部尚书、左仆射⑤。褒既世胄名家⑥，文学优赡⑦，当时咸相推挹，故旬月之间，位升端右⑧，宠

翻译

梁元帝承制，王褒转任智武将军，南平内史。到元帝在江陵即位，要对王褒不次任用，当时王褒还在郡治，敕令王僧辩以礼遣送，王褒就携家西上。元帝和王褒为旧交，二人相得甚欢。元帝拜王褒为侍中，王褒经过几次迁升，任吏部尚书、左仆射。王褒既是名门世家子弟，文学优赡，当时人都对他推崇，因此旬月之间，位升端右，宠遇日见隆重。而王褒愈加谦虚，不以官位地望向人夸耀，为舆论所赞誉。

遇日隆。而褒愈自谦虚，不
以位地矜人^⑨，时论称之。

注释 ① 智武将军：梁的中级杂号将军。南平内史：南平是荆州南平郡，治所孱
(chán)陵在今湖北公安西，当时南平曾是个王国，所以长官不叫太守而叫内史。
② 不次之位：不按照升擢的次序而授与的特别高的官职。 ③ 王僧辩：当时王僧辩
打败侯景攻下建康，长江下游是他势力所及，而王褒这时还在原先的江州安成郡，
没有到南平上任，所以梁元帝叫王僧辩以礼遣送王褒来江陵。 ④ 相得：合得来。
⑤ 吏部尚书：尚书省所属管理官吏任用的吏部的长官。 ⑥ 世胄：世家子弟。名
家：名门。 ⑦ 优赡：优美赡博。 ⑧ 端右：东晋南朝称尚书省的长官为"端右"，王
褒当时任尚书左仆射，所以可称"端右"。 ⑨ 位地：官位和地望，地望指门第声望。
矜人：向人夸耀。

原文

初，元帝平侯景及擒武
陵王纪之后，以建业凋残，
方须修复，江陵殷盛，便欲
安之^①。又其故府臣寮，皆
楚人也^②，并愿即都荆郢^③。
尝召群臣议之，领军将军胡
僧祐、吏部尚书宗懍、太府
卿黄罗汉，御史中丞刘毂等
曰^④："建业虽是旧都，王气
已尽^⑤，且与北寇邻接^⑥，止
隔一江，若有不虞，悔无及
矣。臣等又尝闻之，荆南之

翻译

当初，梁元帝平定侯景并拿下武陵
王萧纪之后，考虑建业残破，正待修复，
而江陵繁盛，就想长期住下去。加上原
先府里的僚属，都是楚人，都愿意就建
都在荆州。元帝曾召集群臣商议，领军
将军胡僧祐、吏部尚书宗懍、太府卿黄
罗汉、御史中丞刘毂等人说："建业虽然
是旧都，但王气已尽，况且和北寇邻接，
只隔一条长江，如果发生意外，就悔之
莫及了。臣等又曾听说，荆南地方，有
天子气，如今陛下在这里即位，继承大
业，就该是应验了！天时人事，征祥如
此，依臣等所见，迁徙是不合适的。"元

地⑦,有天子气,今陛下龙飞缵业⑧,其应斯乎!天时人事,征祥如此⑨,臣等所见,迁徙非宜。"元帝深以为然。时褒及尚书周弘正咸侍座⑩,乃顾谓褒等曰:"卿意以为何如?"褒性谨慎,知元帝多猜忌,弗敢公言其非,当时唯唯而已⑪。后因清闲密谏,言辞甚切,元帝颇纳之,然其意好荆楚⑫,已从僧祐等策。明日,乃于众中谓褒曰:"卿昨日劝还建业,不为无理。"褒以宣室之言⑬,岂宜显之于众?知其计之不用也,于是止不复言。

帝认为很对。这时王褒和尚书周弘正都随侍在座,元帝就看着他们说:"卿的意思认为怎么样?"王褒秉性谨慎,知道元帝性多猜忌,不敢公开说不对,当场只是唯唯。后来在清闲时秘密劝谏,言辞极为恳切,元帝颇听得进去,只是他本意喜欢荆楚,已经接受了胡僧祐等人的献策。第二天,当着众人的面对王褒说:"卿昨天劝我还都建业,也并非没有道理。"王褒认为宣室密谈,怎能公之于众?知道自己的计策元帝不会听从,就不再说什么。

注释 ①安之:对环境感到适应叫"安","安之"就是长期住下去的意思。②楚:地理上的习惯用语,因为春秋时楚国建都在郢(yǐng),就在南朝荆州治所江陵,所以当时把荆州及邻近地区称为楚。 ③荆郢:南朝在荆州南边本有个郢州,治所临沅即今湖南常德,但这里的荆郢当仍指荆州治所江陵,因为春秋时楚国郢都在这里,所以叫荆郢。 ④太府卿:梁开始设置的官职,主管金帛库藏等。御史中丞:梁御史台的长官,初名御史大夫,后改称御史中丞。觳:音 jué。 ⑤王气:古人迷信,认为建都的地方应有所谓"王气",有些人还自言能看到这种"王气"。 ⑥北寇:这里指北齐。 ⑦荆南:这里也是指荆州地区。 ⑧龙飞:古人把即位称帝叫"龙飞"。缵(zuǎn):继承。 ⑨征祥:好的预兆。 ⑩尚书周弘正:周弘正《陈书》有

传,所任的尚书是左民尚书。　⑪ 唯唯:应诺声,犹如今说"好好""对对"。　⑫ 荆
楚:也是指荆州地区。　⑬ 宣室之言:宣室,本是西汉未央宫中的一个殿堂。西汉
文帝曾在这里单独召见贾谊谈话,后人就把和皇帝单独谈话叫"宣室之言"。

原文

　　及大军征江陵,元帝授褒都督城西诸军事。褒本以文雅见知①,一旦委以总戎,深自勉励,尽忠勤之节。被围之后,上下猜惧,元帝唯于褒深相委信。朱买臣率众出宣阳之西门②,与王师战③,买臣大败,褒督进不能禁,乃贬为护军将军④。王师攻其外栅,城陷,褒从元帝入子城,犹欲固守。俄而元帝出降,褒遂与众俱出,见柱国于谨,谨甚礼之。……

翻译

　　到西魏大军讨伐江陵,元帝任王褒都督城西诸军事。王褒本凭文章学识受知于元帝,一旦被委任统率兵戎,深自勉励,竭尽忠勤。江陵城被围之后,上下猜疑恐惧,元帝只对王褒依仗信任。梁将朱买臣带兵出宣阳西门,和王师开战,被打得大败逃回,王褒督阵不能制止,被贬为护军将军。王师攻打外栅,把城攻陷,王褒跟随元帝退入子城,还准备死守。但不久元帝出城投降,王褒就和大家一起出来,见到西魏的柱国于谨,于谨对王褒很礼貌。……

注释　① 文雅:文章学识。　② 宣阳之西门:江陵城门袭用建康城门之名,建康城门又袭用洛阳城门之名,宣阳门是南门,这里说"宣阳之西门",或是指宣阳门西边的门。　③ 王师:旧时称自己这一边的大军为王师,写本传的站在西魏、北周的立场上,所以称征讨江陵的军队为王师。　④ 护军将军:掌管禁卫的高级武职。

原文

褒与王克、刘毂、宗懔、殷不害等数十人俱至长安，太祖喜曰："昔平吴之利，二陆而已①。今定楚之功，群贤毕至，可谓过之矣。"又谓褒及王克曰："吾即王氏甥也，卿等并吾之舅氏②，当以亲戚为情，勿以去乡介意③！"于是授褒及克、殷不害等车骑大将军、仪同三司，常从容上席④，资饩甚厚⑤。褒等亦并荷恩眄⑥，忘其羁旅焉⑦。

翻译

王褒和王克、刘毂、宗懔、殷不害等几十人都来到了长安，太祖高兴地说："前人平吴之利，只得到二陆。如今定楚之功，群贤一齐到来，可说超过前人了。"又对王褒和王克说道："我就是王氏的外甥，卿等都是我的舅父，当念亲戚之情，切勿因离开家乡而介意啊！"于是授王褒和王克、殷不害等人为车骑大将军、仪同三司，他们宴会时经常从容地坐在上席，得到丰厚的资饩。王褒等也因为承受恩顾，忘掉客居他乡之苦了。

注释 ① 二陆：指陆机、陆云兄弟，本是吴的世家大族，以文学知名，西晋平吴后，他俩到西晋京师洛阳，名人张华和他俩一见如故，说："伐吴之役，利获二俊。"二俊就是指这二位才俊之士。 ② 吾即……舅氏：宇文泰母姓王，宇文泰确是王氏的外甥，但这个王氏并非高门大族的琅邪王氏（王克也是琅邪王氏），宇文泰羡慕有文化的高门大族，借此来攀一门阔亲戚而已。 ③ 介意：在意，多指对不愉快的事情在意。 ④ 上席：宴会时对坐的位次很有讲究，上席指尊贵者的座位。 ⑤ 资饩（xì）：赠送食粮和其他食物。 ⑥ 恩眄（miǎn）：恩顾，恩遇，厚待。 ⑦ 羁（jī）旅：客居他乡。

原文

孝闵帝践阼，封石泉县子，邑三百户。世宗即位，

翻译

孝闵帝即位，封王褒为石泉县子，食邑三百户。世宗即位，酷爱文学，当

笃好文学,时褒与庾信才名最高①,特加亲待。帝每游宴,命褒等赋诗谈论,常在左右。寻加开府仪同三司。保定中,除内史中大夫②。高祖作《象经》③,令褒注之,引据该洽④,甚见称赏。褒有器局⑤,雅识治体⑥,既累世在江东为宰辅,高祖亦以此重之。建德以后,颇参朝议,凡大诏册⑦,皆令褒具草。东宫既建,授太子少保。迁小司空⑧,仍掌纶诰⑨,乘舆行幸⑩,褒常侍从。……寻出为宜州刺史,卒于位,时年六十四。……

时王褒和庾信才名最高,世宗对待他们特别亲切优厚。世宗每逢游赏宴会,叫王褒等赋诗谈论,让他们常在自己左右。不久加授王褒开府仪同三司。高祖保定年间,除授王褒为内史中大夫。高祖撰写了《象经》,让王褒作注,王褒的注引据详博,很受称赏。王褒有才识度量,素来懂得治体,家族世代在江东充任宰辅,高祖也以此对他很重视。高祖建德以后,常让王褒参议朝政,凡有重要的诏册,都让王褒起草。立了皇太子,授王褒为太子少保。后来他升任小司空,仍旧掌管纶诰。乘舆出行,王褒经常陪侍随从。……不久出任宜州刺史,在任上逝世,享年六十四岁。……

注释 ① 庾信:《周书》与王褒同传。本书选译《北史》中他的传记。 ② 内史中大夫:官制改革后所设,有内史上大夫、内史中大夫和小内史下大夫等,掌管诏令,参与讨论军国大事。 ③《象经》:讲象戏的书,象戏是古代博弈的一种,可能是较原始的象棋。《隋书·经籍志》中著录有《象经》一卷,后来失传了。 ④ 该洽:详备广博。 ⑤ 器局:才识和度量。 ⑥ 雅:这里是素来、向来的意思。治体:治国的体要。 ⑦ 册:古代的一种文体,是皇帝用来封赠或册立的诏书,也作为诏书的泛称。 ⑧ 小司空:小司空上大夫,冬官府的副长官,冬官府主管建筑制造,相当于后来尚书省的工部。 ⑨ 纶(lún)诰:纶是皇帝诏令的通称,诰是赐爵或授官的诏令,纶诰也就是诏令。 ⑩ 乘舆:即车驾,也作为出巡的皇帝的代称。

熊 安 生 传

导读

北周在学术文化上确实不发达,《周书》里虽有《儒林传》,但入传的人要么是从江陵过去的,要么是从东魏北齐过去的,这里入选的熊安生也不例外。关中早在宇文泰手里就用《周礼》来改革官制了,照理应该对《周礼》这部经典大有研究,可许多疑难问题还得向这位熊安生请教,熊安生的解答使北周的使者深为叹服。说明北周即使在经学上也远落后于北齐,更不要说和南朝相比了(选自卷四五)。

原文

熊安生,字植之,长乐阜城人也①。少好学,励精不倦。初从陈达受《三传》②,又从房虬受《周礼》,并通大义。后事徐遵明③,服膺历年④。东魏天平中⑤,受《礼》于李宝鼎⑥。遂博通《五经》⑦,然专以《三礼》教授,弟子自远方至者千余人。乃讨论图纬⑧,捃摭异闻⑨,先儒所未悟者⑩,皆发明之⑪。齐河清中⑫,

翻译

熊安生,字植之,是长乐阜城人。从小好学,精神振奋从不厌倦。起初从陈达学《三传》,又从房虬学《周礼》,都能通晓大义。后来师事徐遵明,认真学习了几年。东魏天平年间,又从李宝鼎学《礼》。这样就博通了《五经》,但专门教授《三礼》,弟子从远方前来的有一千多人。熊安生就和他们讨论图纬,广收异闻,先儒没有领会到的,都有所阐发彰明。北齐河清年间,阳休之特为奏请任命他为国子博士。

阳休之特奏为国子博士^⑬。

注释　① 长乐阜城：冀州长乐郡，州郡的治所同在信都，即今河北冀州。阜城是长乐郡属县，在今河北阜城东。　②《三传》：《春秋左氏传》《春秋公羊传》和《春秋穀梁传》。《公羊传》盛行于西汉，西汉后期又出现《穀梁传》，都对《春秋》作解说，实际是在讲政治哲学。　③ 徐遵明：北魏著名的经学家，《魏书》有传。　④ 服膺(yīng)：膺本指胸，服膺即谨记胸中，衷心信服，这里是认真学习的意思。　⑤ 天平：东魏孝静帝元善见的年号(534—537)。　⑥《礼》：南北朝时儒生往往兼通《三礼》，即《周礼》《仪礼》和《礼记》。《仪礼》记述的是古人礼仪细节，《礼记》即《小戴礼记》，这里的《礼》当也兼指《三礼》。　⑦《五经》：南北朝时多以《周易》《尚书》《毛诗》《礼记》《春秋左氏传》为《五经》，但不妨碍兼通《三礼》《三传》。　⑧ 图纬：西汉末年出现、东汉时盛行的图谶(chèn)和纬书，也叫"谶纬"，基本上是宣扬迷信，但也夹杂一些有用的东西，魏晋南北朝的经学家对此必须兼通。图纬品种极多，唐以后绝大多数失传。　⑨ 捃摭(jùn zhí)：捃和摭都是拾取、摘取，捃摭就是收集的意思。　⑩ 先儒：前辈经学家。　⑪ 发明：这是阐发、阐明的意思。　⑫ 河清：北齐武成帝高湛的年号(562—565)。　⑬ 阳休之：北齐文士，《北齐书》有传。国子博士：北齐设国子寺，以祭酒为长官，博士、助教为教师，向学生讲授《五经》等。

原文

时朝廷既行《周礼》^①，公卿以下多习其业，有宿疑硕滞者数十条^②，皆莫能详辨。天和三年，齐请通好，兵部尹公正使焉^③。与齐人语及《周礼》，齐人不能对，乃令安生至宾馆与公正言。公正有口辩，安生语所未至

翻译

当时北周朝廷推行《周礼》，公卿以下多进行学习，有长期积下的疑难不通的问题几十条，没有人能解释清楚。天和三年(568)，北齐提出和好通问，这边派兵部的尹公正出使。尹公正和齐人谈到《周礼》，齐人回答不了，就叫熊安生去宾客住的地方跟尹公正谈。尹公正能言善辩，有些东西熊安生还没有讲

者,便撮机要而骤问之④。安生曰:"《礼》义弘深,自有条贯,必欲升堂睹奥⑤,宁可汩其先后⑥?但能留意,当为次第陈之。"公正于是具问所疑,安生皆为一一演说⑦,咸究其根本,公正深所嗟服。还,具言之于高祖,高祖大钦重之。

到,尹公正就摘取精义要旨屡屡提问。熊安生说:"《礼》义弘大深远,自成条理,要想升堂睹奥,怎可以乱其先后?只要你能仔细听取,我可给你按次序讲下去。"尹公正于是把疑问都提出来,熊安生给他一一推演阐说,都能追究根本,使尹公正深为叹服。尹公正返回,对高祖都作了报告,高祖对熊安生大为钦佩推重。

注释 ① 朝廷:指北周朝廷。 ② 宿疑:长期积下的疑难问题。碢(zhì)滞:碢同"窒",阻塞不通,滞是滞留、不流通,碢滞就是不通、不理解。 ③ 兵部:当是兵部中大夫或兵部下大夫,夏官府的属官。 ④ 撮(cuō):摘取。机要:精义要旨。骤(zhòu):屡次。 ⑤ 升堂睹奥:堂奥是堂的深处,过去有"升堂入室,究其阃奥"的说法,用来比喻学问达到精深的境界,阃(kǔn)是门槛,阃奥比喻学问的精深境界。 ⑥ 汩(gǔ):扰乱。 ⑦ 演说:推演阐说。

原文

及高祖入邺,安生遽令扫门①。家人怪而问之,安生曰:"周帝重道尊儒②,必将见我矣!"俄而高祖幸其第,诏不听拜,亲执其手,引与同坐。谓之曰:"朕未能去兵,以此为愧。"安生曰:"黄帝尚有阪泉之战③,况陛

翻译

到高祖进入邺城,熊安生急忙叫把门前打扫干净。家里人奇怪,问他原因,熊安生说:"周帝重道尊儒,一定会来见我啊!"一会儿高祖驾临熊宅,叫熊安生不要下拜,亲自握着熊安生的手,请过来坐到一起。高祖对熊安生说:"朕没有能不用兵革,感到很惭愧。"熊安生说:"黄帝尚且有阪泉之战,何况陛

下龚行天罚乎④！"高祖又曰："齐氏赋役繁兴，竭民财力，朕救焚拯溺⑤，思革其弊，欲以府库及三台杂物散之百姓⑥，公以为何如？"安生曰："昔武王克商，散鹿台之财，发巨桥之粟⑦，陛下此诏，异代同美。"高祖又曰："朕何如武王？"安生曰："武王伐纣，悬首白旗⑧，陛下平齐，兵不血刃⑨，愚谓圣略为优⑩。"高祖大悦，赐帛三百匹、米三百石、宅一区⑪，并赐象笏及九环金带⑫，自余什物称是⑬。又诏所司给安车驷马⑭，随驾入朝⑮，并敕所在供给。至京，敕令于大乘佛寺参议五礼⑯。宣政元年⑰，拜露门学博士下大夫⑱，其时年已八十余。寻致仕⑲，卒于家。

下是恭行天罚啊！"高祖又说："齐氏赋役繁重，竭尽了百姓的财力，朕救百姓于水火之中，要革除弊政，准备把府库和三台杂物分散给百姓，公以为怎样？"熊安生说："当年武王克商，散鹿台的财物，发巨桥的粮食，陛下颁布这个诏书，可说和武王异代同美了。"高祖又说："朕比武王怎样？"熊安生说："武王伐纣，要悬首白旗，陛下平齐，能兵不血刃，我说圣略优于武王。"高祖大为高兴，赏赐熊安生帛三百匹、米三百石、宅第一所，并赏赐象笏和九环金带，此外还配上很多物什。又下诏主管部门给熊安生备上安车驷马，让他随驾入朝，还敕令所到之处要很好供应。到了京城，敕令熊安生在大乘佛寺参与讨论五礼。宣政元年(578)，拜熊安生为露门学博士下大夫，这时熊安生已八十多岁。不久致仕，在家里去世。

注释 ① 扫门：打扫家门口，准备欢迎客人。 ② 重道：尊重儒家之道。 ③ 阪泉之战：古代有黄帝和炎帝战于阪泉之野的传说，见《史记·五帝本纪》。 ④ 龚：同"恭"。天罚：犹"天讨""天诛"，意思是上天对有罪者的惩罚。 ⑤ 救焚拯溺：比喻王者之师把处在火热水深中的百姓拯救出来。 ⑥ 三台：在邺城，是北齐皇帝游乐的场所。　⑦ 散鹿台……之粟：见于《史记·周本纪》，鹿台应是殷商的仓库，巨桥附近当有粮仓。　⑧ 武王……白旗：《史记·周本纪》中说，武王用黄钺斩纣头，悬大白之旗，以玄钺斩纣二妾头，悬小白之旗。　⑨ 兵不血刃：血刃是血沾刀口，即杀人，兵不血刃是不战而胜，其实北周灭北齐是经过激烈战斗的，只不过北齐被灭后过了几个月北周才把北齐后主高纬杀死，当场没有杀，所以熊安生说"兵不血刃"的话来讨好北周。　⑩ 圣略：略指谋略，这里指北周高祖武帝的谋略，所以尊称为"圣略"。　⑪ 宅一区：宅第一所，古人习惯说一区。　⑫ 象笏(hù)：笏也叫朝笏，古代大臣朝见时手中所执的狭长板子，用象牙、玉或竹片制成，作为指画及记事之用，象笏就是象牙制成的笏。　⑬ 什物：日用的杂物。　⑭ 驷(sì)马：古代一车套四马，称为驷，安车驷马就是套有四马的坐乘小车。　⑮ 随驾入朝：指随北周高祖武帝到长安。　⑯ 五礼：吉礼、凶礼、军礼、宾礼、嘉礼五种礼制，各个朝代常对这些礼制作修订。　⑰ 宣政：北周武帝宇文邕的年号(578)。　⑱ 露门学博士下大夫：当时的国子学叫露门学，露门学博士就相当于以前的国子博士，是下大夫级。　⑲ 致仕：旧时年老交还官职叫致仕，也就是退休。

原文

　　安生既学为儒宗①，当时受其业擅名于后者，有马荣伯、张黑奴、窦士荣、孔笼、刘焯、刘炫等，皆其门人焉②。所撰《周礼义疏》二十卷、《礼记义疏》四十卷、《孝经义疏》一卷③，并行于世。

翻译

　　熊安生既学为儒宗，当时跟他学习而后来成名的，有马荣伯、张黑奴、窦士荣、孔笼、刘焯、刘炫等人，都是他的门人。他所撰著的《周礼义疏》二十卷、《礼记义疏》四十卷、《孝经义疏》一卷，都在世上通行。

注释　① 儒宗：儒者所宗仰的人。　② 门人：门生、弟子。　③ 义疏：也叫"疏""正义"，是对儒家经典如《五经》《三礼》《三传》《论语》《孝经》等的正文和注分别作解释，开始是单行成为一书，后来也把疏分别附于经、注之下，后来的《十三经注疏》就是经、注、疏的合编本。熊安生的这几种义疏都已失传。

赵 文 深 传

导读

魏晋南北朝是我国书法从隶书演变成楷书的过渡时期，而其中还有个南北书派的问题。大抵从魏晋到南朝宋、齐两代，南北书法基本上处于同一水平，到梁代，南方书法才超过北方。这时北方的东魏、北齐又很快向南方趋同，只剩下了西魏、北周落后于南方。像这位西魏、北周的大书家赵文深就停留在魏晋时代书写碑刻匾额的旧水平上，一旦王褒从江陵入关，就不能不转而"攻习褒书"了(选自卷四七)。

原文

赵文深①，字德本，南阳宛人也②。父遐，以医术进，仕魏为尚药典御③。

翻译

赵文深，字德本，是南阳宛县人。父赵遐，凭医术进用，在北魏出仕，做尚药典御。

注释

① 赵文深：本名文渊，并不叫文深，在北周天和二年(567)的碑刻《华岳颂》上有"南阳赵文渊字德本奉敕书"，可证。唐人修史时要避唐高祖李渊的讳，才把"渊"字改为"深"。 ② 南阳宛：南阳郡治所宛县，即今河南南阳。 ③ 尚药典御：殿中监所属有尚药局，掌管皇帝的医药，长官叫典御。

原文

文深少学楷、隶，年十一，献书于魏帝。立义归

翻译

赵文深从小学习楷、隶，十一岁时，就把写的字呈献给魏帝。立义归朝后，

朝①,除大丞相府法曹参军②。文深雅有钟、王之则③,笔势可观④,当时碑榜⑤,唯文深及冀俊而已⑥。大统十年,追论立义功,封白石县男,邑二百户。太祖以隶书纰缪⑦,命文深与黎季明、沈遐等依《说文》及《字林》刊定六体⑧,成一万余言,行于世。

被除授大丞相府的法曹参军。赵文深的字很有钟、王的法度,笔势可观,当时会写碑刻、匾额的,只有赵文深和冀俊而已。大统十年(544),追论当年立义的功劳,封赵文深为白石县男,食邑二百户。太祖考虑到隶书纰缪,叫赵文深和黎季明、沈遐等人依据《说文》和《字林》订正六体,成书一万多字,在世上通行。

注释 ① 立义归朝:站在西魏的立场上,从东魏投到西魏来就算是"立义归朝"。② 大丞相府法曹参军:西魏建立时宇文泰就任丞相,丞相府里另设长史、司马、参军等官员,法曹参军是职掌刑法的官员。 ③ 雅:这里是很、甚的意思。钟、王:钟是钟繇(yáo),三国魏时的大书法家;王是王羲之,东晋时的大书法家。在传统书法上钟、王是最有影响的人物。 ④ 可观:很可以一看,有水平的意思。 ⑤ 榜:匾额。⑥ 冀俊(jùn):《周书》有传,和赵文深同卷。 ⑦ 隶书纰缪(pī miù):纰缪也作"纰谬",就是错误。隶书是指当时已大体过渡到楷书的通行字体,从北魏以来在字形上很不讲究,经常出现错字,所以宇文泰要进行一番整顿。 ⑧《说文》:全称为《说文解字》,东汉时许慎所著,是我国第一部按部首编排的字典,先列该字的小篆,然后分析字形、解释字义,被研究汉字者尊为经典著作。《字林》:西晋时吕忱(chén)所著,按照《说文解字》部首编排,对《说文解字》的缺漏有所增补,唐以前和《说文解字》同样被重视,后来失传,清代学者有辑本名《字林考逸》。六体:就是"六书",即象形、指事、会意、形声、转注、假借,是古人分析汉字造字方法而归纳出来的六种条例。这里的"六体"则仅泛指字体。

原文

　　及平江陵之后，王褒入关，贵游等翕然并学褒书①，文深之书，遂被遐弃②。文深惭恨，形于言色。后知好尚难反③，亦攻习褒书，然竟无所成，转被讥议，谓之学步邯郸焉④。至于碑、榜，余人犹莫之逮，王褒亦每推先之，宫殿楼阁，皆其迹也。迁县伯下大夫⑤，加仪同三司。世宗令至江陵书景福寺碑，汉南人士⑥亦以为工，梁主萧詧观而美之，赏遗甚厚⑦。天和元年，露寝等初成⑧，文深以题榜之功，增邑二百户，除赵兴郡守⑨。文深虽外任，每须题榜，辄复追之。后以疾卒。

翻译

　　到平定江陵以后，王褒入关，贵游等一致学习王褒的书法，赵文深的书法就此被人抛弃。赵文深羞惭愤恨，形之于言辞容色。后来知道好尚难以扭转，也学习王褒的书法，可终于无所成就，反而被人们讥笑，说他是邯郸学步。至于书写碑刻、匾额，别人还没有能及得上他的，王褒见了他也常推让，宫殿楼阁上面的匾额，都是赵文深的笔迹。赵文深迁任县伯下大夫，加授仪同三司。世宗派赵文深到江陵去书写景福寺的碑刻，汉南人士也认为写得精妙，梁主萧詧看了很赞美，对他大加赏赐。天和元年(566)，露寝等刚建成，赵文深因题写匾额有功，增加食邑二百户，除授赵兴郡守。赵文深尽管在外任职，每逢需要题写匾额，就得把他再召回。后来因病去世。

注释　①贵游：先秦时本指无官职的贵族，后泛指显贵者。翕(xī)然：一致。②遐弃：遐是远，遐弃就是远弃、抛弃。　③好(hào)尚：爱好崇尚。　④学步邯郸：《庄子·秋水》上说，有个寿陵地方的少年到赵国都城邯郸去学走路，没有学会，反而连他原来的走法也忘掉了，结果只好爬着回去。后人就用"学步邯郸"来比喻模仿别人不成，反而丧失固有的技能。　⑤县伯下大夫：地官府的属官，掌管统计百姓的耕地牲畜。　⑥汉南：汉水从江陵的东北流过，所以习惯称江陵及其周围地区为汉南。 ⑦ 遗：赠送。 ⑧ 露寝：也作"路寝"，是当时宫禁里的一大建筑，可在这里大会群臣。 ⑨ 赵兴郡：宁州赵兴郡，州和郡的治所都是定安，即今甘肃宁县。